深圳通史（古代卷）

深圳市人民政府地方志办公室　编著

科学出版社

北京

内 容 简 介

编修史志是中华民族的优秀文化传统。本书为贯彻落实习近平关于史志工作重要论述的精神，深化中华文明探源工程和中华优秀传统文化传承发展工程，加快推进深圳文明典范城市建设，增强深圳文化软实力，涵养粤港澳大湾区同宗同源的文化底蕴，于 2021 年 8 月由深圳市人民政府地方志办公室开始组织编纂，历时两年，始竣其工。

《深圳通史》是一部记述深圳地区历史发展的通史著作。全书以时间为序，分为古代卷、近代卷、当代卷三部。本卷作为全书的首卷，主要记述先秦至 1840 年鸦片战争前，深圳地区的经济、政治、社会、文化等方面的历史。

本书适合对深圳历史、粤港澳大湾区历史感兴趣的读者阅读。

审图号：GS（2023）3801 号

图书在版编目（CIP）数据

深圳通史. 古代卷 / 深圳市人民政府地方志办公室编著. —北京：科学出版社，2023.10
ISBN 978-7-03-076550-5

Ⅰ.①深… Ⅱ.①深… Ⅲ.①深圳–地方史–古代史 Ⅳ.①K296.53

中国国家版本馆 CIP 数据核字（2023）第 185879 号

责任编辑：李春伶　李秉乾 / 责任校对：张亚丹
责任印制：肖　兴 / 封面设计：有道文化

科学出版社 出版
北京东黄城根北街 16 号
邮政编码：100717
http://www.sciencep.com

北京虎彩文化传播有限公司 印刷
科学出版社发行　各地新华书店经销
*
2023 年 10 月第 一 版　开本：787×1092　1/16
2023 年 10 月第一次印刷　印张：32 1/2
字数：323 000
定价：198.00 元

（如有印装质量问题，我社负责调换）

《深圳通史(古代卷)》
编纂委员会

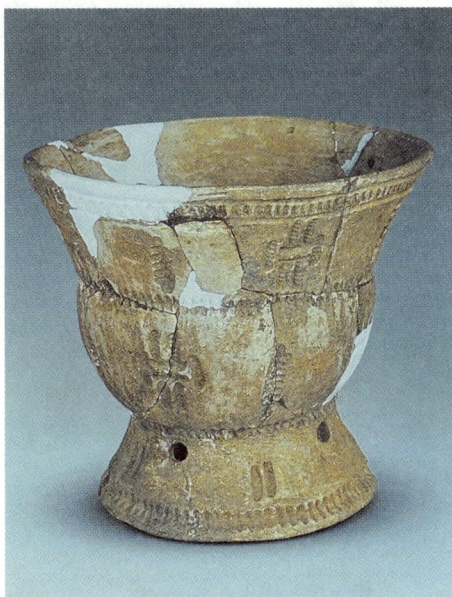

图 1　深圳市大鹏新区咸头岭遗址出土新石器时代中期印纹泥质陶

图 2　深圳市大鹏新区咸头岭遗址西区 2006 年发掘现场

图 3　深圳市南山区屋背岭遗址出土的商时期大口陶尊

图 4　深圳市南山区屋背岭商时期墓地 2001 年考古发掘现场

图 5　深圳市盐田区大梅沙遗址出土的东周时期
青铜长矛

图 6　深圳市南山区叠石山出土的战国铁斧
4 件

图 7　深圳市南山区红花园东汉墓出土的"九九
乘法口诀"陶砖

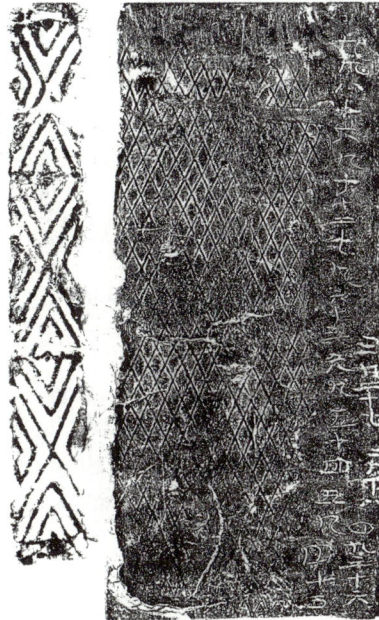

图 8　深圳市南山区红花园东汉墓出土的
"九九乘法口诀"陶砖拓片

图 9　深圳市宝安区富足山东吴墓
　　　出土的青釉虎子

图 10　深圳市南山区南头古城外壕沟出土
　　　　的东晋时期青釉四系罐

图 11　深圳市宝安区 2000 年铁仔山古墓群考古发掘技工在清理东晋砖室墓

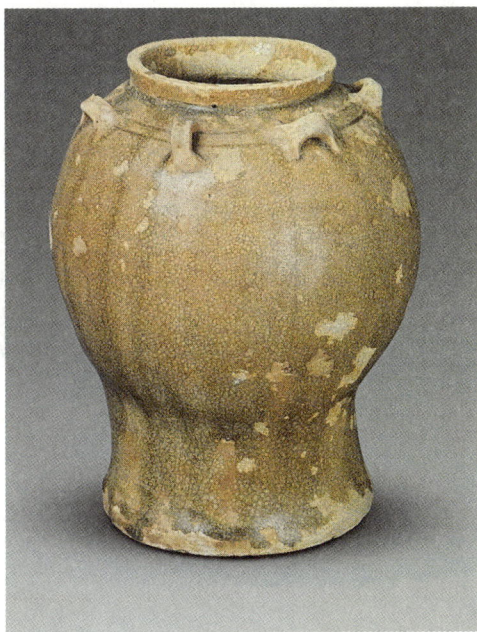

图 12　深圳市南山区南头大王山出土的隋青釉六系罐

图 13　深圳市南山区南头唐墓出土内装稻谷的酱釉带围栏陶魂瓶

图 14　深圳市宝安区沙井街道南宋时期的龙津石塔

图 15　深圳市宝安区松岗沙埔围出土的宋代窖藏铜钱

图16　深圳市南山区南头后海元墓出土的褐彩开光牡丹纹梅瓶

图17　深圳市南山区南头后海元墓出土的褐彩开光牡丹纹梅瓶纹饰

图18　深圳市南山区南头后海出土明代青花瓷器

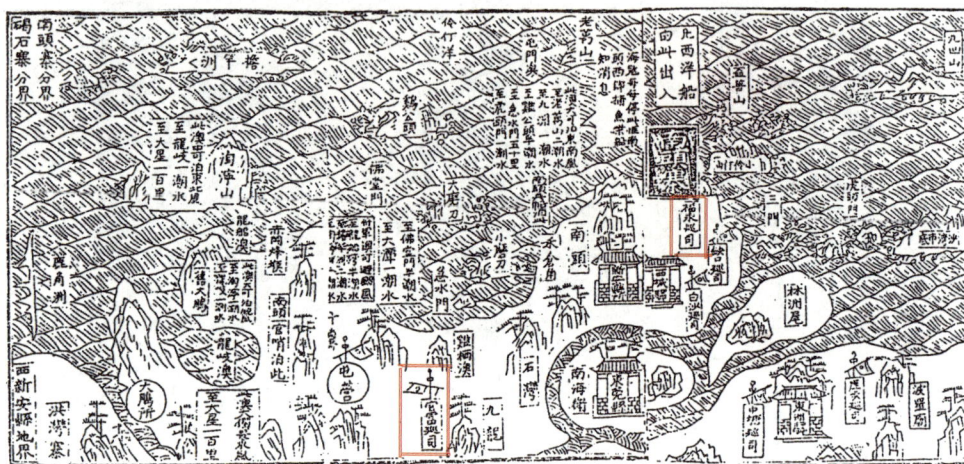

图 19   明万历《苍梧总督军门志》南头寨海防图

图 20   清嘉庆《新安县志》新安县舆图

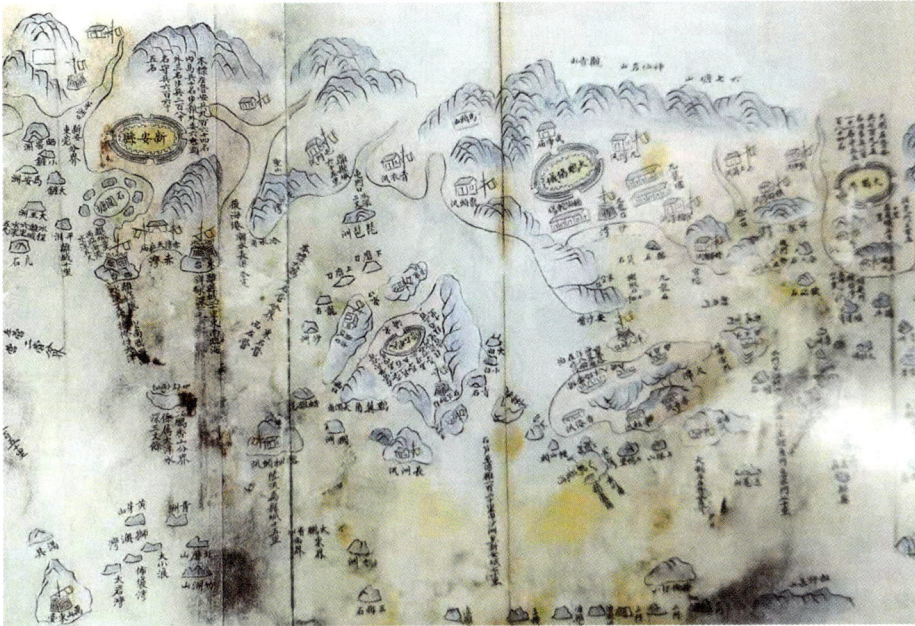

图 21 广东水师营官兵驻防图（《澳门历史地图精选》局部）

图 22 新安八景之杯渡禅踪

图 23　新安八景之赤湾胜概

图 24　新安八景之梧岭天池

图 25　新安八景之参山乔木

图 26　新安八景之卢山桃李

图 27　新安八景之龙穴楼台

图 28　新安八景之鳌洋甘瀑

图 29　新安八景之玉勒汤湖

图 30　深圳市南山区南头古城

图 31　深圳市大鹏新区大鹏所城

图 32　深圳市宝安区凤凰古村

图 33　深圳市罗湖区笋岗元勋旧址

图 34　深圳市宝安区沙井永兴桥

图 35　深圳市宝安区蔡学元进士第

图 36　深圳市坪山区大万世居

图 37　深圳市龙岗区鹤湖新居

前言

　　编史修志是中华民族的优秀文化传统。习近平总书记有浓厚的史志情怀，指出要高度重视修史修志，让文物说话、把历史智慧告诉人们，激发民族自豪感和自信心，坚定实现中华民族伟大复兴中国梦的信心和决心。要深化中华文明探源工程，深入了解中华文明5000多年发展史，把中国文明历史研究引向深入。习近平总书记在党的二十大报告中提出"坚持和发展马克思主义，必须同中华优秀传统文化相结合""我们必须坚定历史自信、文化自信，坚持古为今用、推陈出新""推进文化自信自强，铸就社会主义文化新辉煌""守正才能不迷失方向、不犯颠覆性错误，创新才能把握时代、引领时代"①。

　　深圳市位于中国南海之滨、珠江口东岸，与香港接壤，是广东省辖市、计划单列市、副省级市。深圳又名"鹏城"，

---

① 习近平：《高举中国特色社会主义伟大旗帜 为全面建设社会主义现代化国家而团结奋斗——在中国共产党第二十次全国代表大会上的报告（2022年10月16日）》，《人民日报》2022年10月26日，第5版。

依山傍海，在山海之间蕴藏着曲折悠长的历史。深圳建市以来，虽然市史志部门组织编撰了《深圳市志》《中国共产党深圳历史》《深圳改革开放四十年》《深圳科技创新四十年》等当代深圳史志图书，深圳博物馆等单位组织学者编撰了《深圳古代简史》《深圳近代简史》等以古代、近代深圳史为主题的著作，但迄今尚无由政府组织编撰出版的通史专著。2021年8月，为贯彻落实习近平总书记关于史志工作的重要论述精神，根据国务院《地方志工作条例》《广东省地方志工作条例》和《深圳市党史文献和地方志工作"十四五"规划》，落实《粤港澳大湾区发展规划纲要》《中共中央 国务院关于支持深圳建设中国特色社会主义先行示范区的意见》，深化中华文明探源工程，传承文明，凝聚人心，记录历史，服务社会，加快推进深圳文明典范城市建设，增强深圳文化软实力，推进人文湾区建设，涵养粤港澳大湾区同宗同源的文化底蕴，坚定历史自信和文化自信，深圳市人民政府地方志办公室启动了地方大型历史文献丛书——《深圳通史》的编撰工作。

深圳地区有着深厚的历史文化底蕴。早在新石器时代中期就有先民在此繁衍生息，咸头岭考古发现距今约7000年前的新石器时代沙丘遗址。距今约3000年前，即中原地区的商周时期，在深圳沿海沙丘台地，聚居着"百越"先民部族。秦代统一岭南，今深圳地区属南海郡番禺县，汉代设置番禺盐官，管理盐业生产。东晋咸和六年（331），析南海郡设东官郡，置宝安等六县，郡治、县治均在今南头一带，此为深圳地区建县之始。隋代宝安县改属广州。唐代在宝安县设屯门镇，负责沿海防卫。唐至德二载①（757），宝安县更名为东莞县。宋代盐业兴盛，本地设有多个盐场。明洪武二十七年（1394），设东莞、大鹏两个守御千户所，所城即今南头古城、大鹏所城。明万历元年（1573），东莞县析置新安县，县名取"革故鼎新，去危为安"之义，县治在今南头古城。清代初期，东南沿海地区广泛实施海禁政策。康熙元年（1662），新安县域三分之二的地方划入禁海范围，新安县名存实亡，曾一度被裁撤，并入东莞县。康熙八年（1669），新安县复设，朝廷推行奖励垦荒政策，鼓励移民前来，"民踊跃而归，如获再生"。乾隆、嘉庆年间（1736—1820），大量客家人来当地垦荒，新安县人口急剧增加，当地居民主要有广府、客家、疍家、福佬四大群体，逐渐形成包容兼蓄的地方文化。

19世纪初，英国等西方资本主义国家频繁侵扰新安县等沿海地区。积贫积弱的封建王朝，无法抵御西方列强的坚船利炮和蚕食鲸吞。鸦片战争以后，英国殖民者通过《南京条约》（1842年）、《北京条约》（1860年）、《展拓香港界址专条》（1898年）逐步占据原属新安县的香港岛、九龙和新界地区。1914年新安县复名宝安县。1937年7月，日本帝国主义发动全面侵华战争。1938年10月，日军南支派遣军在大亚湾登陆。同年11月，南头失守，宝安县沦陷，人民流离失所。中国共产党领导的广东人民抗日游击队（后称"东江纵队"），活跃在深圳地区，组织和发动群众，破坏敌人的运输线、开展秘

---

① 唐天宝三年（744），唐玄宗改"年"为"载"；唐至德二载（757），唐肃宗又将"载"改回到"年"。

密大营救、协助盟军对抗日军，为抗战胜利作出了积极贡献。1949 年 10 月，深圳地区解放。

中华人民共和国成立后，1953 年宝安县县治从南头迁至深圳镇。1952 年 2 月、1958 年 10 月，东莞县的观澜和新美小乡先后划归宝安县管辖。1958 年 11 月，惠阳县龙岗（含坪地、横岗）、坪山（含坑梓）、大鹏（含葵涌、南澳，原属宝安）划归宝安县管辖。宝安县开展社会主义革命和建设，进行了艰辛探索。

1978 年 12 月召开的党的十一届三中全会，开启了我国改革开放和社会主义现代化建设新时期。1979 年 1 月 23 日，中共广东省委决定将宝安县改为深圳市，人口约 35.8 万人；同年 3 月 5 日，国务院批复同意。1980 年 8 月 26 日，全国人大常委会批准建立深圳经济特区，范围包括深圳、沙头角二镇和福田、附城、盐田、南头、蛇口公社，面积 327.5 平方千米。1984 年初，邓小平视察深圳并题词："深圳的发展和经验证明，我们建立经济特区的政策是正确的。"[①] 1988 年 10 月，深圳市成为计划单列市。1992 年邓小平视察深圳并发表重要谈话，有力推动深圳及至全国的改革开放进入一个蓬勃发展的历史新时期。1994 年 2 月，深圳升格为副省级市。2010 年 7 月，深圳经济特区范围扩大到全市。

2012 年党的十八大以来，以习近平同志为核心的党中央提出了实现"两个一百年"奋斗目标和中华民族伟大复兴的

---

① 中共中央文献研究室编：《邓小平思想年谱（1975—1997）》，北京：中央文献出版社，1998 年，第 277 页。

中国梦，中国特色社会主义进入了新时代。2012 年 12 月，习近平总书记上任伊始便把离京考察的第一站选在深圳，并赋予深圳"三个定位、两个率先"的重要使命。2018 年 10 月，在改革开放四十周年之际，习近平总书记再次视察深圳，要求深圳"朝着建设中国特色社会主义先行示范区的方向前行，努力创建社会主义现代化强国的城市范例"①。2019 年 2 月，中共中央、国务院印发《粤港澳大湾区发展规划纲要》，粤港澳大湾区包括香港、澳门 2 个特别行政区和广东省珠江三角洲 9 个城市，其中深圳与香港、澳门、广州四大中心城市被确立为区域发展核心引擎。2019 年 8 月，《中共中央 国务院关于支持深圳建设中国特色社会主义先行示范区的意见》印发，深圳被赋予建设中国特色社会主义先行示范区的新使命。2020 年 10 月，习近平总书记在出席深圳经济特区建立 40 周年庆祝大会时指出，"深圳是改革开放后党和人民一手缔造的崭新城市，是中国特色社会主义在一张白纸上的精彩演绎"②，并深刻总结深圳经济特区"五个历史性跨越"辉煌成就和"十条宝贵经验"。至 2022 年底，深圳市下辖福田、罗湖、盐田、南山、宝安、龙岗、龙华、坪山和光明 9 个行政区，大鹏新区、深汕特别合作区 2 个功能区。全市（不含深汕特别合作区）陆域面积 1997.47 平方千米，常住户籍人口 583.47 万人，

---

① 《传达学习贯彻习近平总书记视察广东重要讲话精神 高举新时代改革开放旗帜 把经济特区"金字招牌"擦得更亮》，《深圳特区报》2018 年 10 月 28 日，第 1 版。

② 习近平：《在深圳经济特区建立 40 周年庆祝大会上的讲话》，《深圳特区报》2020 年 10 月 15 日，第 1 版。

常住人口 1766.18 万人，实际管理人口 2000 多万人。

深圳是我国最早建立的经济特区之一，是一座年轻的城市，然而它并非"一夜城"。深圳拥有约 7000 年的人类活动史，近 1700 年的郡县建置史，600 多年的海防史，40 多年辉煌的改革开放史。古代深圳是远离中原地区的偏远之地，成为中原移民的新家园；近代深圳由于西方殖民者入侵，成为中国人民抵抗外国侵略的前沿阵地；当代深圳是改革开放的窗口和试验田，迅速从一个边陲农业县建设成为一座充满魅力、动力、活力和创新力的现代化国际化创新型城市，创造了世界工业化、城市化、现代化发展的奇迹，并成为我国最早实施改革开放、影响最大、建设最好的经济特区。

2021 年 8 月，深圳市人民政府地方志办公室正式启动《深圳通史》编写工作，组织业务骨干并吸纳高校学者成立课题组，开展专题研究和书稿撰写。课题组广泛搜集资料，研究吸纳相关研究成果，邀请文史专家指导。《深圳通史》记述地域以现今深圳市行政区划为主，涉及不同历史时期的相应建置管辖范围，以及经济文化交融且影响深远的邻近之地。全书分为古代卷、近代卷、当代卷三卷。其中古代卷记述时限为先秦至 1840 年鸦片战争前；近代卷记述时限为鸦片战争至1949 年中华人民共和国成立；当代卷记述中华人民共和国成立至今的深圳历史。全书以时间为序，旨在全面客观反映深圳地区自有人类文明以来的经济、政治、社会、文化等方面的历史，力求打造一部内容翔实、体例严谨、贯通古今、通俗易懂的深圳地区通史著作。

　　鉴于《深圳通史》时间跨度大，涉及面广，史料所限，加之编者学识所限，疏漏之处在所难免。又因众手成书，虽经统稿，仍有文体文风不一致之处，尚祈各位专家读者不吝赐教。

本卷概述

《深圳通史》古代卷记述从距今约 7000 年前的新石器时代中期，到 1840 年鸦片战争之前深圳地区的历史进程。①

深圳的历史至少可以上溯到新石器时代中期。深圳地区临海，其地形地貌以低丘陵地为主，间以平缓台地，温润的气候使得这里自然资源丰富多样，水可渔、山可猎、地可耕，成为古越族先民理想的生活场所。大约在距今 7000 年前，他们来到大鹏湾畔，建立起比较稳定、相对密集且面积较大的人类聚落。咸头岭遗址即反映了古越先民聚落而居的原始状况。作为深圳"沙丘遗址"的代表，咸头岭遗址目前是珠江三角洲地区发现最早、面积最大、遗物最丰富、器物制作工艺水平最高的新石器时代遗存。根据这些遗存的考古发现可知，深圳地区的原始人类从事渔猎耕采，并已形成亭棚和巢居相结合的群居聚落。随着生产力水平的不断提高，深圳先

---

① 在古代，深圳地区的范围为新安县（1914 年改名宝安县）所管辖的地区，包括今香港地区。自秦实行明确的行政区划以来，深圳地区先后归属于番禺县、博罗县、宝安县（331 年立，后改名东莞县）、新安县，今深圳市南头曾是东官郡治、宝安县治、新安县治所在地；本卷记述的深圳地区因时代不同而有地域大小和名称之异，但始终以新安县及其所辖的今深、港两地为重点。

民逐步从石器时代走向青铜时代和铁器时代，成为深圳早期历史的开创者。

从咸头岭发现的彩陶、白陶和屋背岭等处发现的夹砂陶片、青铜器等文化遗存的特征判断，先秦时期，深圳地区的文化与北方的仰韶文化和河姆渡文化差不多是同时期存在的。而且，由于河海交汇，地理环境独特，深圳地区形成了一种开放、应变的文化基因，在交流中融合，在融合中衍化。包容、创新长期以来一直是引领深圳地区经济和社会进步的内在动力，这一特点早在远古时代就已经初见端倪。

深圳地区有史可考的建置始于秦汉时期。公元前214年，秦始皇统一岭南，设桂林、象、南海三郡，深圳地区隶属南海郡番禺县。今深圳、香港从此纳入中原王朝的有效管辖之下。秦经二世而亡，赵佗乘中原动乱之机在岭南建立南越国。汉武帝平定岭南后，为防范越人反叛，在此设置交趾刺史部，把岭南三郡析分为九郡，南海郡的建置区划不断缩小。

得益于南越的"和集百越"政策和西汉的"初郡"制度，深圳地区的民族融合和经济社会发展进入一个新的历史发展时期。秦汉时期，大批中原移民迁入岭南地区，以儒家文化为代表的中原文化在岭南（包括深圳地区）不断传播，客观上促进了汉越文化的深度融合和岭南地区的移风易俗。以铁农具和牛耕为代表的先进生产方式和生产技术在本地区持续推广，封建农业经济开始形成。

在诸多历史变化中，汉字的输入和使用具有特别重要的意义。先秦时期，深圳地区的南越人没有自己的文字。西乡铁仔山古墓群是目前环珠江口地区发掘出的墓葬最多、延续时代最长、出土文物丰富的重要考古发现。考古工作者在铁仔山的一座东汉砖室墓中发现了3块"熹平四年"（175）纪年砖，显示汉字文化在当时的深圳地区已落地生根。而在南头古城南发掘出的红花园古墓群，其中出土的"九九口诀"铭文砖，书写工整、笔画清晰，在全国汉墓砖文中尚属首次发现。这说明，汉代的中原数学成就已然传播至深圳地区。

汉代实施盐铁官营制度，在全国28个郡设置35处盐官管理盐政，其中一处为南海郡的番禺盐官，管理南海郡的盐政。深圳地区的盐业归番禺盐官管理。

秦汉时期，深圳地区的经济社会发展还表现在其他方面，其中包括金属货币的广泛使用。在深圳上步禾镰坑发现有汉代窖藏铜钱，出土有大量西汉五铢、西汉四铢半两、新莽货泉、东汉五铢等两汉时期货币；在香港的扫管笏遗址发现有汉代灰坑，出土有西汉半两钱和五铢钱。这说明两汉时期，深圳已是南海郡商品经济较为活跃的地区。

三国两晋南北朝是中国历史上政权更迭频繁、南北长期对峙的时期。深圳地区行政隶属关系亦几经变更。东晋咸和六年（331），南海郡的东部和南部划分出来，设立东官郡，并在今深圳地区新置宝安县。"宝安"名字的由来，最广泛的说法是源于县境内的宝山。宝山位于今东莞市的黄江镇及樟木头镇，主峰海拔486.9米，凌空挺立，蔚为壮观。据考证，宝山之宝，乃是银矿，古代曾在此开设银场，挖山取宝，故曰"得宝而安"。宝安县管辖今深圳、东莞、中山、珠海的主要地区以及香港、澳门一带。今南头一带是郡治和县治所在地，为当时粤东首府。南齐时，东官郡郡治一度迁至安怀、增城等地，但宝安县县治未变。至隋开皇十年（590），废东官郡，宝安县改属广州总管府管辖，县治所在地不变。

三国时期，深圳地区的盐业生产已经有了较大规模的发展，成为岭南地区最重要的盐业生产基地，在全国占有举足轻重的地位。为了加强对盐业的控制与管理，东吴于甘露元年（265）设置"司盐都尉"一职，以军官管理盐政。作为盐官驻地。司盐都尉的设置不仅使深圳地区成为重要的海盐生产基地，也使这里成为一个重要的军事基地。

西晋永嘉年间，北方战乱频繁，南方相对稳定，北方士民为躲避战乱，纷纷渡江南下，有的大姓带领宗人部曲数百、数千家相携南下，史称"永嘉南渡"。深圳地区所处的岭南迎来了人口大迁入、经济大开发、文化大融合。北方人口南迁加速了南方地区的民族融合，对岭南地区的风俗民情产生了重要影响。这些南迁人口成为后世广东地区客家民系、潮汕民系和广府民系的先民。

三国两晋南朝时期，随着北方移民的迁入，中原文化对今深圳地区产生了影响。东晋时的黄舒即为当地儒家孝道的代表人物，是深圳历史上有明确记载的第一位大孝子，也是深圳地区儒家文化发展的重要标志。南朝时，岭南道教、佛教文化迅速发展，今深圳、香港地区的佛教可考历史最早就是在南朝。据传，天竺高僧杯渡禅师曾在屯门停留传教。今香港屯门青山山腰"青山禅院"牌坊刻有"杯渡遗迹"四字，寺院后山石佛岩（又称杯渡岩）供奉一杯渡禅师石像，为近代人按五代十国南汉时杯渡禅师石像仿制。

唐初重新统一岭南后，宝安县归属广州都督府管辖，在政治上迎来较长时间的稳定。天宝十四载（755），安禄山、史思明发动叛变，史称"安史之乱"。至德二载（757），唐肃宗李亨因憎恶安禄山的名字，下令对全国带"安"字的地名进行更改，宝安县改名东莞县，此后县城迁至"到涌"（今东莞莞城）。深圳地区开始进入东莞县管辖时期，"宝安"之名一度成为历史，直至1150多年后才再次进入世人视野。

唐代政府大力支持对外交流交往，对外贸易兴起，与日本、新罗、西亚等国家及地区的航海线路渐趋稳定。"广州通海夷道"，以广州为起点，通往东南亚、印度洋、红海、东北非和波斯湾诸国的海上航路，是海上丝绸之路的最早叫法。屯门在广州对外贸易方面起着重要作用，被认为是广州的外港，常有中外船舶在此停泊补给。唐朝在屯门设置军镇，募兵驻守，护卫航道。

屯门除作为军事重地及重要港口以外，还以壮美的自然景象闻名，成为文人墨客描绘岭南地理风貌的重要意象，在全国的知名度甚高。刘禹锡、韩愈等文人都曾诗兴大发，对此有过描述。

隋唐科举制度实行以后，登科者大多为北方人，南方地区考中进士的较少。东莞县人姜诚于唐贞元六年（790）登第，成为唐代宝安（东莞）县唯一的一位进士，官居少府少监。

唐代进士数量极少，宝安（东莞）县有士人及第，说明该地区的教育文化水平发展较快。

907年，唐朝灭亡。藩镇割据，国家动荡不安。在此后的半个多世纪，中国形成了十几个地方政权，建立在岭南的政权称南汉。南汉统治者极尽奢靡，带动岭南地区采珠业的相对繁荣。南汉政权专门成立了一支从事珍珠采集的军队，号"媚川都"，位于今新界东侧的大步海（现称吐露港）是媚川都的重要采珠池。

宋代吸取唐末五代藩镇割据的教训，加强中央集权，通过各种方式削弱地方财权军权。屯门镇改为仅维持地方治安的屯门寨，寨官为巡检，驻军从正规的驻防军变为准军事部队土军，兵员人数比唐代大幅减少。之后，又增设固戍角寨（位于今深圳市宝安区固戍村一带）。元代继承宋代的巡检制度，先设置屯门寨、固戍寨两个巡检司，后又设置官富巡司检司，并修建了官富寨（在今香港九龙半岛一带）。

宋代广东地区海盐业有较大发展。东莞县境内的东莞盐场在今南头一带；归德盐栅在今深圳市宝安区沙井一带；黄田盐栅在今深圳市宝安区黄田一带；海南盐栅在今香港大屿山一带。北宋后期至南宋前期，随着盐业生产规模的扩大，海南、黄田、归德三个盐栅都升格为盐场，而且还增设官富盐场（位于今香港九龙半岛）、叠福盐场（位于今深圳市大鹏新区叠福老村、咸头岭一带）。

宋元时期，养殖蚝业在今深圳地区发端。虽说唐代人们对蚝已有比较深刻的认识，但彼时还是野生蚝，人们只是采蚝来食用。而到宋代，人们从采蚝转为养蚝。到元代，本地人工养蚝的产量已经比较可观和稳定，专门养蚝的蚝民要像种田农户那样每年向官府纳税。"静康蚝"[①]成为地方名产。

整体而言，宋代社会稳定、经济发展，岭南地区得到进一步开发，吸引了大量人口移民岭南。两宋之交、南宋末年的战乱也迫使不少人口辗转迁入岭南，今深圳地区人口数量在宋代上了一个大台阶。宋元时期很多移民迁入今深圳地区一带，随后又在本地区进一步扩散。今香港新界望族邓氏的祖先邓符原是江西吉水人，北宋进士及第，他于崇宁年间宦游迁居此地，在今香港元朗东部桂角山下创办了"力瀛斋"（深圳、香港地区有文献记载最早的书院）。今宝安福永的凤凰村文氏开基祖为南宋末年民族英雄文天祥侄孙文应麟，文氏后代避隐到此，秉承了先祖对国家、对人民深沉的爱，留下了"烟楼世泽，正气家风"的祖训。

移民的迁入也使得儒家文化在深圳地区进一步传播。开庆元年（1259）进士黄石为沙头东涌（今福田区沙头街道下沙一带）人；咸淳十年（1274）进士曾宋珍为罗田（今宝安区燕罗街道罗田）人。此二人为今深圳市境内最早的两位进士。虽说元代儒家文人的政治地位有所降低，施展抱负的途径有所限制，但以文应麟为代表的本地文人，仍保留儒家文人的风骨和价值，延续了本地的文脉。

宋元时期，深圳地区作为进出广州的海上门户和海上丝

---

① "静康蚝"即为宋代东莞县静康盐场一带海域养殖的蚝，静康（靖康）盐场位于今东莞市长安镇一带。

绸之路的重要交通节点，海上贸易以及渔、盐等海洋产业在彼时当地社会经济生活中占重要比重，因此与海洋相关的天妃（妈祖）信仰在这里有很深的影响，成为本地重要的特色文化。始建于北宋初年的佛堂门天后庙是今深圳、香港地区有记载最早的天后庙，见证了宋元时期海上丝绸之路的繁荣发展。

宋末海上行朝以位于今香港九龙半岛的官富场为中心，曾在今深圳、香港沿海地区驻扎近一年时间，这既是中国历史上的一件大事，也对本地区的历史文化产生了深远的影响。宋末皇族游历此地，与当地有很深的情缘，留下了许多传说。香港九龙的宋王台和侯王庙是后人对他们的追念。民族英雄文天祥在茫茫大海中留下千古绝唱《过零丁洋》，在宋元鼎革之际为宋朝守住了最后的尊严。

宋元时期，包括今深圳地区在内的东莞县的盐业生产在整个广东地区所占比重最大，有大量的盐户、盐贩。贩私盐成为与国家盐业专卖制度相伴相生的历史现象。南宋大奚山（今香港大屿山）盐民起义是在今深圳、香港地区历史上有文字确切记载的第一场较大规模的战争。

元末，中原兵起，"岭海骚动"，东莞县豪强何真以生民为念，弃官归乡，保境安民，率众归顺，使岭南地区在和平状态下进入明朝。

明朝在深圳历史上是个重要时期。明初承袭元制，深圳归属广州府东莞县管辖。由于南头、大鹏离县治遥远，政府管理成本较高，百姓备受动乱之苦。嘉靖四十年（1561），乡绅吴祚平息"辛酉之变",深圳地区单独设县已成民意所向。隆庆六年(1572),广东提刑按察司副使刘稳为民请命,力促当地建县。明万历元年(1573),朝廷同意析东莞县建新安县,县名取其"革故鼎新,去危为安"之义。县治设在东莞守御千户所城所在地南头古城。新安县初建时,地域包括今深圳和香港。新安县的建立标志着深港地区与东莞县正式分开。

明朝深圳地区的农业、制盐业、渔蚝业等传统产业得以持续发展,尤其以莞香名扬天下。今深圳、香港地区的燕村、李松蓢、沙田、东涌以西的滨海地区多种植白木香树,品质甚好。莞香形成收购、加工、交易一条龙的完整产业链,产品销往国内各地及东南亚一带。外销的莞香多数先运到九龙的尖沙头(今香港尖沙咀),通过专供运香的码头,用小船运到石排湾(今香港仔)集中,再用大船运往广州,由陆路分散到全国各地。由于莞香堆放在码头,香飘满堂,尖沙咀古称"香埠头",石排湾这一转运香料的港口,就被称为"香港",其后延伸到整个地区,总称为香港。

明朝初年,社会相对稳定,农业、手工业的繁荣发展,促进海外贸易的发展。明正统以后,明朝国势衰落,海外贸易开始转型,商舶贸易取代朝贡贸易,逐渐获得了合法的主导地位。南头一带洋面日益成为民间贸易集聚之处,呈现"中国商品集散地"与国际商埠的特色,形成与广州相互配合的运作机制,今深圳、香港地区的粤海交通门户地位进一步得到凸显。

明朝推行文教治国政策，试图改变元代蒙古治下"惟识干戈，莫识俎豆"的世风，恢复到以儒家礼教为主流指导的文治传统上来。新安县除设置官办学校——学官之外，各地还兴办蒙学教育——社学。其中，南头寨首任参将汤克宽与东莞县令舒应龙在南头县城外恩德乡中市铺捐建梯云社学，因其培养的学生陈果、吴国光相继进士登科，一时声名大噪，号称"最盛"。

14世纪以后，海盗、倭寇和西方殖民主义者不断侵扰中国沿海各地，深圳地区由于特殊的海防位置，首当其冲成为被侵扰的目标。为抗击外来侵略，明前中期，朝廷在南头设东莞守御千户所城；在大鹏设大鹏守御千户所城。明正德五年（1510），又设备倭总兵府，衙署位于今南头古城内的东南面。明中期以后，倭寇之患愈演愈烈。朝廷又在南头设海防参将，还曾移镇总兵驻守。卫所制衰落后，广东设六寨。其中，南头寨是中路海防重点。南头寨管辖六汛，牵制范围东到潮汕，西至台山广海上下川岛的广大海域，成为六寨的指挥中心。广东海道副使以朝廷监察系统"外台"命官身份，通常驻扎在南头，处理沿海地方海防等事务。南头成为"虎门之外卫，省会之屏藩"。明万历二十三年（1595），在郭棐所著《粤大记》附"广东沿海图"中，"香港"地名首次出现，被明确标注。

16世纪，西欧部分国家进入资本主义原始积累时期，开始海外扩张与掠夺。深圳的海防功能从早期的以抵御海盗为主逐渐转到以抵御外敌入侵为主。明正德十二年（1517），葡萄牙远东武装船队闯入香港屯门，设立营寨，配备火药枪炮，修筑堡垒，在中国东南沿海大肆进行抢劫和海盗行为。广东巡海道汪铉率领军队及南头乡民英勇出击，将葡萄牙入侵者驱逐出海，保卫深圳，巩固海防。中葡屯门海战成为中国与西方国家之间的第一场反侵略战争。

　　清代初期，东南沿海地区广泛实施禁海政策。康熙元年（1662），新安县域三分之二的地方划入禁海范围，香港地区则全域被迁。新安县名存实亡，曾一度被裁撤，并入东莞县。康熙八年（1669），新安县复设，朝廷通过推行免地租、送耕牛、赠谷种等奖励垦荒政策，鼓励移民前来。乾隆、嘉庆年间，大量客家人来当地垦荒，导致新安县人口急剧增加。当地居民主要有广府、客家、疍家、福佬四大群体。此外，在大鹏所城还有戍边官兵。广府文化、客家文化、疍家文化、福佬文化及海防文化在新安县相互交融，形成深圳地区包容兼蓄的地方文化，初步奠定深圳地区移民文化的早期特质。

　　由于当地客籍居民众多，新安县对客籍村落与本籍村落实行分区管理。各村庄之间又因血缘、地缘等结成乡约组织。政府通过行政型乡约制度，间接加强民间社会管理，形成极具特色的乡村管理结构，成为基层社会保甲制度的有益补充。

　　新安县的两次迁界移民，使当地兴盛一时的盐业遭受重创。新安县被裁撤后，东莞及归德两盐场的盐课归并到东莞县征收。大量盐田被荒废丢弃，甚至由政府盈余的备用金来抵交盐场课税。自此，新安县的盐业由盛转衰，一蹶不振。曾经兴盛一时，见证千年沧海桑田的盐田不复存在，而历史悠久的盐业文化则深深地植根于深圳这片土地上。

与盐业的衰落形成对比的是，当地的蚝养殖与贸易却得以蓬勃发展。新安县复界后，原先的盐民、渔民大多转变成专业养蚝者，蚝业得到迅猛发展。沙井一带成为珠江口海湾的主要蚝产区，这一海域出产的蚝，名称也逐渐由"归靖蚝"转为"沙井蚝"，是深圳为数不多的传承下来的地方特色名产，成为当今深圳一张响当当的特色名片。

明清时期，商品经济有较大发展。新安县复界后，各行各业有序恢复。在新安县沿海西部、南部以及城区交通要道、人口稠密地区兴起一大批商业集市。南头古城内有六纵一横的道路网，辟有县前街等九条街道，故乡民俗称南头古城为"九街"。到鸦片战争前夕，新安县有市 7 个、墟 29 个。墟市商业经济随着历史发展的进程不断扩展壮大，成为今天深圳发展湾区经济、建设 21 世纪海上丝绸之路重要节点城市的历史前提。

现存的南头古城始建于明洪武二十七年（1394）。古城历史上多次遭受台风灾害，城楼受损严重，清初五任知县接续修葺，才使古城得以保持明代建筑风格。清初，历任新安县知县重视官学，督办私学，兴修书院、社学等蔚然成风，形成前所未有的文教兴盛局面。知县丁棠发、段巘生、孙树新先后捐建宝安书院、文冈书院、凤冈书院。此外，民间宗族大姓均竞相设立书室、家塾以培养家族人才，"广教化，育英才"风气之盛不亚于内陆地区，新安县的科举教育"渐冠岭南"。由于科举学额不因人口迁入而增加，客籍村落为增设客籍生员名额奔波，与本籍村落屡兴词讼。清顺治至嘉庆朝，新安县进士科共有 8 人及第，乡试近 50 人中第。其余各类贡生、钦赐恩爵不胜枚举。

清代是中国方志发展的一个高峰。清代统治者继承宋、元、明以来修志传统，形成了一整套成熟的志书编纂制度。清代深圳地区先后编纂有康熙十一年《新安县志》（知县李可成修）、康熙二十七年《新安县志》（知县靳文谟修）、嘉庆二十四年《新安县志》（知县舒懋官修）三部。不过，后世存者仅后两部《新安县志》。目前有据可查的"深圳"地名最早见于今存世的康熙二十七年《新安县志》，其卷三记有"深圳墟"，卷八记有"深圳墩台"，等等。嘉庆二十四年《新安县志》体例较精当、内容较全面、叙事较准确，是中国古代最后一部记载包括现今深圳、香港地区历史的官修县志，具有较高的学术价值。

新安县作为"全广门户"，其海防和军备历来受到重视。新安县展界后，清廷以大鹏所城和南头城东西两路为重心，增设营兵、墩台、塘房、营盘、汛房及炮台，形成较为严密的海防军备体系。嘉庆中后期，以张保仔为首的海盗武装盘踞在香港部分岛屿，对新安县频频侵扰。同时，英国殖民者也蓄谋霸占香港地区。清嘉庆十四年（1809），新安县府积极配合广东水师，一举荡平华南海寇。张保仔投诚后，当地居民将香港最高峰从硬头山改名为太平山。

清道光十九年（1839），"林维禧事件"成为九龙海战的导火索。为抵御外敌入侵，广东水师参将赖恩爵进驻九龙湾，与英军激战五小时，取得鸦片战争前哨战的胜利，并由此拉开鸦片战争的序幕。

本卷从政治、经济、文化、社会、军事等多个方面叙述古代深圳地区的历史发展。希望本卷能为各界读者描绘出古代深圳多彩的历史画面，也能为专家学者的进一步研究构建历史文化基础。

目录

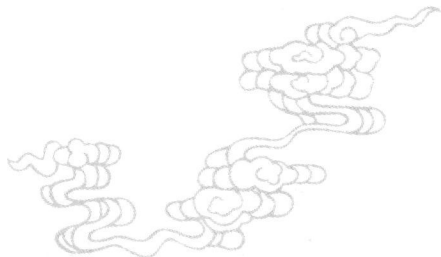

第一章　先秦时期的深圳地区

在距今约 7000 年的新石器时代中期，珠江三角洲地区已遍布原始百越族先民群落。今深圳、香港地区的咸头岭、大黄沙、大梅沙、深湾、东湾等沙丘遗址保存了这些地区古人类活动的遗迹。其中，深圳咸头岭遗址在目前珠江三角洲同一类遗存中最具代表性。咸头岭文化与中原的仰韶文化和长江流域河姆渡文化几乎是同时期存在的。目前发现挖掘的商周时期遗址主要集中于今宝安区石岩湖和南山区西丽湖一带。其中，屋背岭遗址最具代表性。这一时期深圳地区"古百越"先民的生产关系呈现较为明显的原始社会特征，既立足于当地独特地理优势，又海纳百川。先秦时期深圳地区就形成了一种包容开放、随机应变的文化特质，并在历史演进中不断衍化。多元文化衍生的创新基因在彼时得以孕育。

第一节　地　理　环　境

深圳地区临海，以低丘陵地为主、间以平缓台地的地形地貌，以及温润的气候，使得当地自然资源丰富多样，水可渔、山可猎、地可耕，成为先民理想的生活场所。新石器时代的咸头岭等沙丘遗址和商周时期的屋背岭等遗址均反映了这一时期的地理环境空间格局。

一、地形地貌

深圳市位于广东省中南部，属岭南地区，在珠江三角洲的东南，陆域东临大亚湾，西靠珠江口伶仃洋，北与东莞市和惠州市接壤，南隔深圳河与香港的新界相接，东南和西南分别隔大鹏湾和深圳湾与香港相望。深圳地区所处的珠江三角洲，旧称粤江平原，地处北回归线以南，北纬22°02′—23°18′、东经112°35′—113°57′，是中国南亚热带最大的冲积平原，东起东江石龙，西至西江羚羊峡，北起北江芦苞，南至南海沿岸，呈倒三角形，面积约1万平方千米。

珠江三角洲边缘地区的陆地上升运动从距今约4000年起已趋稳定[①]，深圳地区地形地貌亦自此基本确立下来。深圳在地貌上分为三角洲平原和岛丘两类，东部和中部以丘陵地为主，间以平缓台地，西部是珠江入海口冲刷而成的滨海平原。由南向北纵向看，可分为南、中、北三个地貌带：南带为半岛海湾地貌带，自东向西依次有大亚湾（-13—16米）—大

---

① 黄镇国、李平日、张仲英，等：《珠江三角洲地区晚更新世以来海平面变化及构造运动问题》，《热带地理》1982年第1期。

鹏半岛（七娘山867.4米）—大鹏湾（-18—-24米）—九龙半岛（马鞍山700米）—伶仃洋（-4—-9米）。此带半岛与海湾相间，半岛东岸曲折而西岸平直。中带为海岸山脉地貌带，粤东莲花山脉延至大亚湾顶的铁炉嶂（743.9米）后，山脉逼近海岸，高程降至千米以下，经现深圳境内延伸到现香港的大帽山。北带为丘陵谷地带，10条主要河流切割高程100—150米的低丘陵，形成宽谷（盆地）和窄谷（峡谷），谷地高程多为30—50米。

由东西横向看，今深圳的陆域则又可以明显地分为东西两大块：西半壁的地貌是环状结构，巨大的椭圆状阳台山花岗岩穹隆体被多组方向的断裂交切，地貌上形成四个不完整的"环"，第一环（即中心）是阳台山，第二环是三大水库（西沥水库、铁岗水库和石岩水库）区及观澜河谷地，第三环是凤凰山、塘朗山、鸡公山、吊神山等丘陵，第四环是低平的台地和平原。而东半壁的地貌结构则是东北向的平行岭谷，形成山地与谷地相间的地貌。咸头岭遗址所处的大鹏半岛区域即在南带半岛海湾地貌带的东部。旁边香港的山陵与今深圳乃至今华南地区可视为一体，地貌构造体系与广东省一样，其山脉走向为东北—西南。其中，以新界中部的大帽山为第一高峰（958米，一说959米）向多方面伸延，西南面大屿山岛上的凤凰山（934米）及大东山（869米）则为另一条主要山脉。香港自然形成的较大型平地，主要集中于最接近深圳的新界，如新界西北的元朗、新界东北的粉岭，都是由河流自然形成的冲积平原。

二、气候环境

深圳地区位于南亚热带，自1万多年前的全新世以后，气候一直温和湿润，有充足的光照、热量和水分，全年基本无冬少霜。夏长而不酷热，冬暖但有阵寒，属亚热带海洋性季风气候。深圳地区境内气候也有一定的差别，西南部属于低湿大风型，中东部属于温凉湿润型，北部属于夏热冬暖型。①《吕氏春秋》云"禹之时，天先见草木秋冬不杀""孟春之月……候雁北"②，即反映了当地的物种和气候特征。温润多雨的气候一方面为各类物种的生长提供了较好的气候环境，但另一方面也导致台风频繁和气候炎热潮湿，害虫和细菌容易滋生，瘟疫容易蔓延，对古人类繁衍生息形成不利因素。

现今的研究表明，先秦时期的深圳地区在历史上有"凉—暖—温—热"的气候期变化过程。其中，距今22 000—7500年前的晚更新世晚期至早全新世为较凉的时期，距今7500—2500年前的中全新世为由暖转温的时期，距今2500年前至今的晚全新世为由温转热的时期（图1-1）。这种气候环境变化比较适合人类生存。

---

① 深圳市文物考古鉴定所编著：《深圳咸头岭：2006年发掘报告》，北京：文物出版社，2013年，第6页。
② （秦）吕不韦编，许维遹集释：《吕氏春秋集释》卷一三、卷一，北京：中华书局，2009年，第284页、第5—6页。

地质时期	碳十四年代地层	气候变化	
晚全新世 （距今2500年前至今）	层3以上	热	
	层3	热	由温转热
中全新世 （距今7500—2500年前）	层4	温	由暖转温
	层5	暖	由凉转暖
	层6	凉	
晚更新世晚期至早全新世 （距今22 000—7500年前）	层7	凉	

层3以上由温转热的现象表现为马尾松显著增多；栎、杉、柏明显减少，苏铁、水松的数量变化不大，藜科花粉明显增多，则是反映海滩环境的特征

层5向层4由暖转温的现象表现为暖温带的柏属增多；马尾松减少；水龙骨科减少；栎和杉减少。可见各项标志也不可能完全吻合

层6向层5由凉转暖的现象表现为暖温带的栎、杉、柏的比例明显减少；马尾松增多，喜热湿的水龙骨科和里白属增多。不过，苏铁和水松反而从层6向层5减少。可见，孢粉对气候的反映，只能从主要趋势来判断

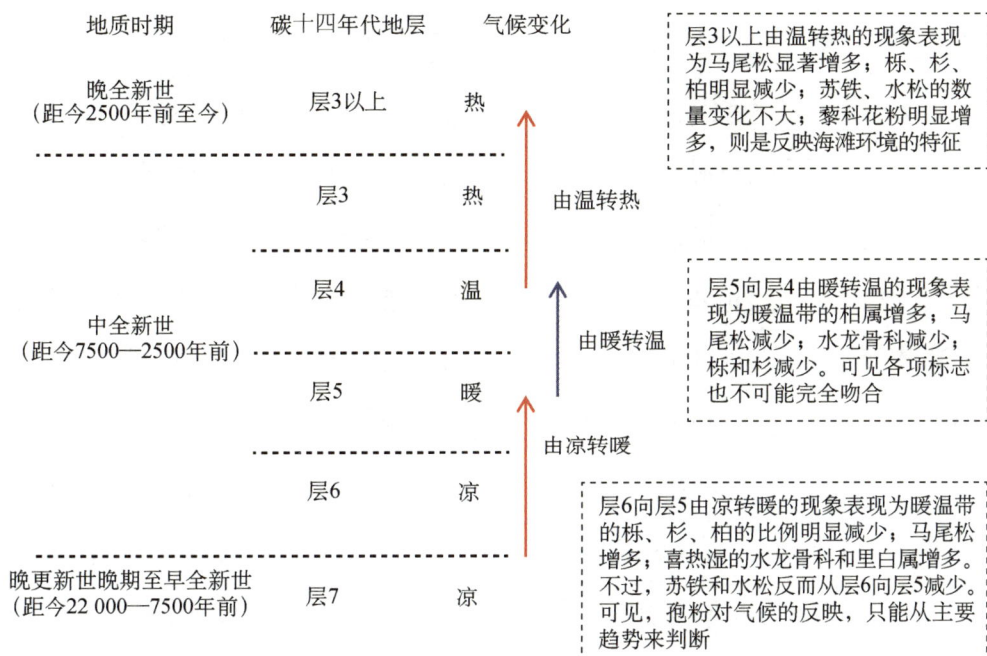

图1-1　深圳渔民村碳十四年代地层反映的地质时期和气候变化
资料来源：黄镇国、李平日、张仲英，等：《深圳地貌》，广州：广东科技出版社，
1983年，第116—129页

三、自然资源

新石器时代中期以后，珠江三角洲地区的植被种类已经非常丰富，大致有栲属、杜英属、胡椒科、棕榈科、夹竹桃科、柞木属、石柯属、木榄属、桉属、松属、水松属、杨梅属、栎属、栗属、桑科、胡桃属等木本植物，莎草科、禾本科、藜科等草本植物，以及水龙骨科、凤尾蕨科、芒萁属、铁线蕨属、鳞盖蕨属等蕨类植物。[①]与人类生计密切相关的根茎主要含淀粉类、籽实主要含脂肪类、籽实主要含维生素类

---

① 参见深圳市史志办公室编纂：《深圳市十九镇简志》，深圳：海天出版社，1996年，第202—203页。

和植株主要含纤维类等植物资源是非常丰富的。①

　　动物种类也较为丰富。深圳大鹏一带，今有野生动物30多种，包括蟒蛇、眼镜蛇、金环蛇、银环蛇、白鹳、穿山甲、大小灵猫、大壁虎、野猪、果子狸、豪猪、小鹿、野兔等。②珠江口特别是深圳、香港一带的海域，是海洋生物栖息繁衍的理想场所，水产资源种类和数量都很多。海产鱼类有几十种（如带鱼、石斑鱼、鲈鱼、中华青鳞、蓝圆鲹、金色小沙丁、金线鱼、棘头梅童、凤尾、泥猛、乌头、鲱鲤等），还有虾类（如赤虾、毛虾和各种对虾等）、蟹类（如青蟹、花蟹、三点蟹等）、贝类（如牡蛎蚝、扇贝、鲍鱼、蓝蛤等），此外附近海域还出产墨鱼、鱿鱼、海参、海胆、海蜇和沙虫等。深圳的河口地带和山塘、水库的淡水鱼类资源也很丰富，自然生长繁殖的主要有黄鳝、白鳝、泥鳅、赤眼、鳜鱼、塘鲺、鲶鱼、乌鳢、鲂鱼和水鱼等。③

　　这些自然资源与自然环境一起，形成了此处独特的"沙堤-潟湖生境"。④山海相间的地理环境以及温润的气候使得自然源丰富；良好的沿岸地形为食物的获取提供了方便，也便于获取燃料和制作工具；而小面积的古潟湖平原和沙丘也

① 深圳市文物考古鉴定所编著：《深圳咸头岭：2006年发掘报告》，北京：文物出版社，2013年，第346—347页。
② 深圳市史志办公室编纂：《深圳市十九镇简志》，深圳：海天出版社，1996年，第207页。
③ 深圳市文物考古鉴定所编著：《深圳咸头岭：2006年发掘报告》，北京：文物出版社，2013年，第7—8页。
④ 深圳市文物考古鉴定所编著：《深圳咸头岭：2006年发掘报告》，北京：文物出版社，2013年，第345页。

为粗放式种植提供了最易翻掘的沙土。①

第二节　文化遗存

珠江三角洲目前已知的先秦时期遗址较多，从坐落位置和地貌形态来分，可分为沙丘（沙堤）、贝丘、台地、山岗四类，其中山岗遗址数量居多，沙丘遗址最具特色，形成年代为距今7000—6000年。②新石器时代的咸头岭遗址和商周时期的屋背岭遗址成为当地最具代表性的沙丘遗址。

一、新石器时代咸头岭等文化遗存

深圳地区的遗存开始于新石器时代，且主要为中、晚两期。考古学家在今深圳、香港，发现了距今7000年左右新石器时代的大量文化遗址③，其中深圳有大黄沙、咸头岭、大梅沙、小梅沙、下洞等遗址；香港有深湾、大湾、东湾、春坎湾等遗址。④深圳地区目前已发掘的商周时期文化遗存主要有屋背岭遗址、向南村遗址、叠石山遗址等；香港则有大屿山万角嘴遗址、蟹地湾遗址等（图1-2）。

从图1-2深圳新石器时代的遗址位置可以看出，它们主要

---

① 深圳博物馆编：《深圳古代简史》，北京：文物出版社，1997年，第9—10页。
② 杨式挺等：《广东先秦考古》，广州：广东人民出版社，2015年，第213页。
③ 目前尚缺一个准确的统计数据。
④ 参见深圳博物馆、中山大学人类学系：《广东深圳市大黄沙沙丘遗址发掘简报》，《文物》1990年第11期。

分布在距海水涨潮线少则几米，多则二三百米的海边，越靠近珠江入海口，先民聚落的分布就越密集。

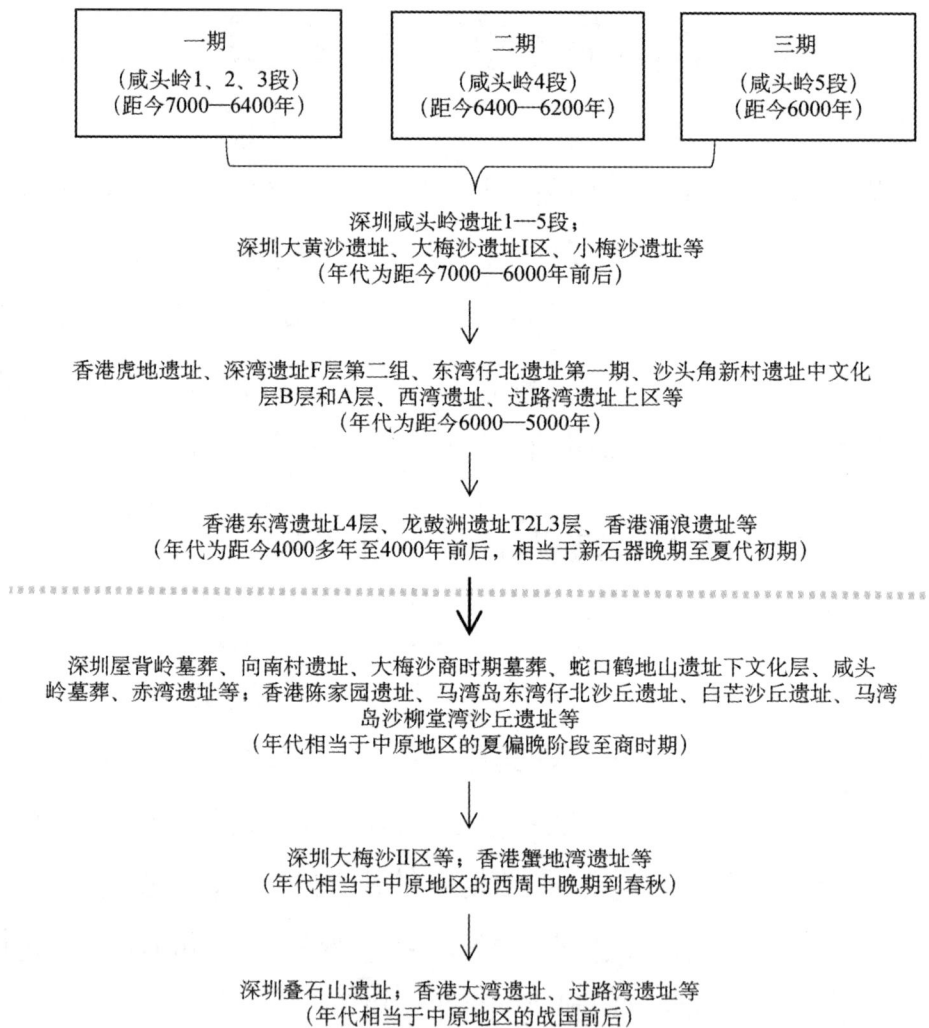

一期 （咸头岭1、2、3段） （距今7000—6400年）	二期 （咸头岭4段） （距今6400—6200年）	三期 （咸头岭5段） （距今6000年）

深圳咸头岭遗址1—5段；
深圳大黄沙遗址、大梅沙遗址I区、小梅沙遗址等
（年代为距今7000—6000年前后）

↓

香港虎地遗址、深湾遗址F层第二组、东湾仔北遗址第一期、沙头角新村遗址中文化层B层和A层、西湾遗址、过路湾遗址上区等
（年代为距今6000—5000年）

↓

香港东湾遗址L4层、龙鼓洲遗址T2L3层、香港涌浪遗址等
（年代为距今4000多年至4000年前后，相当于新石器晚期至夏代初期）

↓

深圳屋背岭墓葬、向南村遗址、大梅沙商时期墓葬、蛇口鹤地山遗址下文化层、咸头岭墓葬、赤湾遗址等；香港陈家园遗址、马湾岛东湾仔北沙丘遗址、白芒沙丘遗址、马湾岛沙柳堂湾沙丘遗址等
（年代相当于中原地区的夏偏晚阶段至商时期）

↓

深圳大梅沙II区等；香港蟹地湾遗址等
（年代相当于中原地区的西周中晚期到春秋）

↓

深圳叠石山遗址；香港大湾遗址、过路湾遗址等
（年代相当于中原地区的战国前后）

图1-2 深圳、香港代表性遗址的年代序列

资料来源：深圳市文物考古鉴定所编著：《深圳咸头岭：2006年发掘报告》，
北京：文物出版社，2013年，第231页

这些遗址大多坐落在海湾内的二级和三级沙堤上，考古学上称这类遗址为"沙丘遗址"。沙丘遗址的位置，往往处于海湾内侧，以利于避风，有一条发源于丘陵的淡水河流经沙

丘入海，能解决人类饮水问题，附近有可供人类捕捞和采集的生态资源（图1-3、图1-4）。①选址是由当时的气候和地理环境决定的，也体现古人的生存智慧。

图1-3　深圳咸头岭遗址外景
资料来源：深圳市文物考古鉴定所编著：《深圳咸头岭：2006年发掘报告》，北京：文物出版社，2013年，彩页

图1-4　香港白芒遗址外景
资料来源：邓聪：《邓聪考古论文选集》，香港：香港中文大学中国考古艺术研究中心，2021年，第188页

咸头岭遗址位于广东省深圳市大鹏新区咸头岭村，坐落在大鹏半岛的西北岸的迭福湾内二级和三级沙堤上。

自1981年在考古普查中发现该遗址后，先后于1985年、1989年、1997年、2004年和2006进行五次发掘，总发掘面积近2300平方米，出土大量新石器时代的遗存，以及少量商时期的遗存和宋代墓葬。遗址出土的大量彩陶、白陶、夹砂陶片和数量可观的石器（图1-5）经碳十四准确测年，处于6000—7000年前新石器时代中期，为目前可确认的、今珠江三角洲最早的文化遗存。②此外，该遗址面积最大，出土遗物最为丰富，而且器物制作工艺水平最高，成为整个珠江三角洲新石器时代沙丘文化遗址的代表，被命名为"咸头岭文

① 杨式挺等：《广东先秦考古》，广州：广东人民出版社，2015年，第215—216页。
② 赵善德：《先秦秦汉时期岭南社会与文化考索：以考古学为视角》，广州：暨南大学出版社，2014年，第68页。

化"。①以咸头岭遗址为代表的这一类新石器时代遗存，发掘的陶器和石器具有表1-1所示特征。

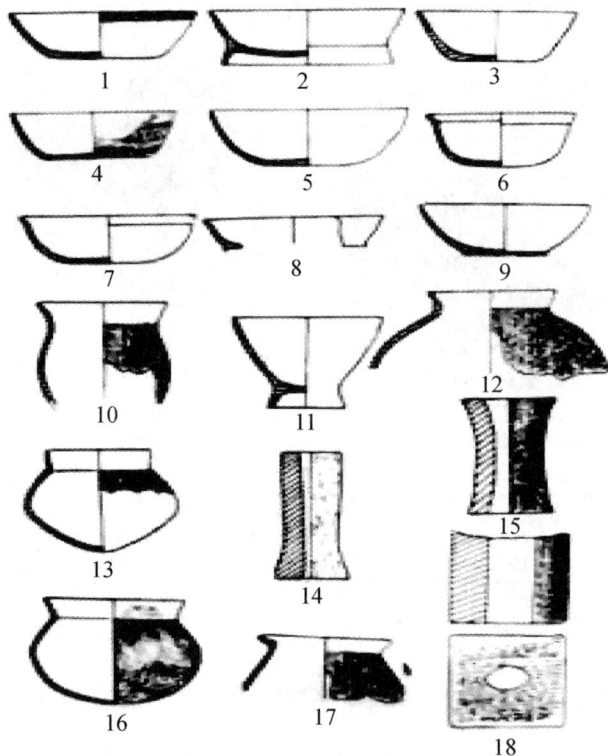

图 1-5　深圳咸头岭遗址陶器

资料来源：深圳博物馆、中山大学人类学系：《深圳市大鹏咸头岭沙丘遗址发掘简报》，《文物》1990年第11期

注：1、4、5为盘；2为圈足盘；3、8、9为碗；6为小盆；7、12、13、16为釜；10、17为罐；11为豆；14、15、18为器座

表1-1　深圳地区新石器时代遗存的特点

项目	典型器物	组合情况 （基本没变）	演变情况（序列清晰）
陶器	（1）夹砂的陶釜、碗、圆底盘、支脚、器座	圈足盘、釜和支脚的陶器基本组合没有变化	（1）泥质彩陶和白陶器由繁盛逐渐走向衰落，数量逐渐变少；夹砂陶器则越来越多

① 深圳市文物考古鉴定所编著：《深圳咸头岭：2006年发掘报告》，北京：文物出版社，2013年，第250页。

续表

项目	典型器物	组合情况 （基本没变）	演变情况（序列清晰）
陶器	（2）泥质的圈足盘、罐、杯、钵等		（2）一直有彩陶（晚于咸头岭一类遗存的珠江三角洲地区先秦时期遗存中则极少发现彩陶） （3）各种纹饰和彩陶纹样的演变序列也很清楚：绳纹由细逐渐变粗；戳印纹由复杂细密到疏朗，再到细密；贝划（印）纹由没有到出现，再到数量较多；彩陶纹样由简单到复杂，再到简约
石器	锛、饼形器、凹石、拍、杵、尖状器、砧、砺石等	锛、饼形器、凹石和砺石的石器基本组合没有大的变化	

在珠江三角洲地区晚于咸头岭一类的先秦时期遗存中，白陶仍然存在，至少延续到商时期，但不发达；而彩陶则极少发现。① 而以咸头岭遗址为代表的这类遗存自始至终都有彩陶，纹饰多弧形、三角形、波折形以及组合图案，与中原仰韶文化彩陶及福建、台湾出土的彩陶都有较明显的差别，成为与珠江三角洲地区先秦时期其他遗存相区别的重要标志之一（图1-6）。②

咸头岭文化地方特色明显，彩陶高领圈足罐、白陶戳印纹圈足杯等陶器，饼形器、凹石、拍、杵等石器，以及

① 广东省博物馆：《广东南海县灶岗贝丘遗址发掘简报》，《考古》1984年第3期；杨式挺：《试论西樵山文化》，《考古学报》1985年第1期；广东省博物馆、佛山市博物馆编著：《佛山河宕遗址——1977年冬至1978年夏发掘报告》，广州：广东人民出版社，2006年。

② 深圳博物馆编：《深圳古代简史》，北京：文物出版社，1997年，第14页；深圳市文物考古鉴定所编著：《深圳咸头岭：2006年发掘报告》，北京：文物出版社，2013年，第249页。

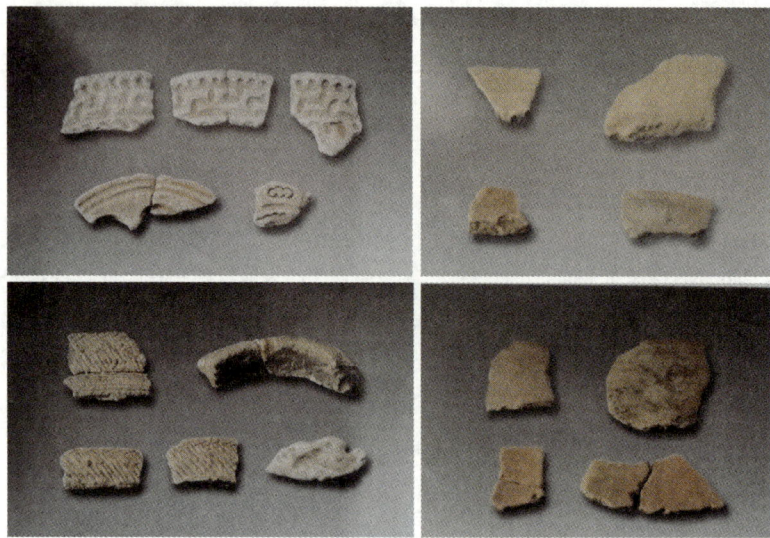

图 1-6 深圳咸头岭遗址新石器时代第 5 段陶片
资料来源：深圳市文物考古鉴定所编著：《深圳咸头岭：2006 年发掘报告》，
北京：文物出版社，2013 年，彩页
注：左上、左下：泥质白陶片；右上：泥质彩陶片；右下：红陶衣陶片

戳印纹和彩陶纹样等都具有地方特点（图1-7），如高庙文化中大量的大型片状砍砸器和片状亚腰网坠不见于咸头岭文化，而咸头岭文化中的石拍①等则不见于高庙文化。但也能看到其与广西、湖南境内早一期和同期考古学文化有着比较密切的联系，如咸头岭文化与湖南的高庙文化和松溪口文化相似的因素主要是圈足盘、兽面纹和鸟纹，而其他大部分的陶器器形和纹饰则不同或有差别。因此，新石器时代深圳地区的文化遗存具有很强的地方特色，表明外来文化对它的影响在逐渐减弱，地方特色的文化因素越来越多，也越来越强。②

————————————

① 石拍是距今 6000 多年前最早出现在珠江三角洲地区的一种石器，其功用可能与制作树皮布有关。

② 参见深圳市文物考古鉴定所编著：《深圳咸头岭：2006 年发掘报告》，北京：文物出版社，2013 年，第 250 页。

图 1-7　新石器时代中期深圳咸头岭的部分出土陶器和石器

资料来源：深圳市文物考古鉴定所编著：《深圳咸头岭：2006 年发掘报告》，
北京：文物出版社，2013 年，彩页

注：从左至右，从上到下：彩陶高领圈足罐；白陶戳印纹圈足杯；凹石；有肩石锛
（前三种都是本地特有，有肩石锛受广西影响）

二、商周时期屋背岭等文化遗存

商周时期，中原等地出现了比较完善的文字，创造了灿烂夺目的青铜文化，并完成了由青铜时代向早期铁器时代的转变。岭南的文明进程相对滞后于中原地区，但青铜文化仍能找到遗迹。在深圳地区发现的用夔纹做装饰的陶器和数量不少的青铜器，其时代大约在商代晚期。[①]深圳一带商时期文

①　珠江三角洲地区在商代晚期已经开始自己铸造青铜器，目前既有晚商青铜器的发现，也有晚商铸造铜器石范的发现。深圳境内迄今虽然还没有发现晚商和西周的铜器，但是整个珠江三角洲区域应该可以看作基本同步的一个地理单元。

化遗存主要有今深圳屋背岭遗址、向南村遗址、大梅沙村商时期墓葬、蛇口鹤地山遗址下文化层、咸头岭墓葬等。春秋战国时期文化遗存有大梅沙Ⅱ区、观澜追树岭遗址、西丽水库西北区山岗遗址、叠石山遗址、屋背岭战国墓葬等（表1-2）。今香港商周时期文化遗存有香港大屿山万角嘴、蟹地湾、东湾和南丫岛的卢须城、沙埔村①等。

表1-2　深圳商周时期的部分考古发掘

遗址名称	发掘时间	发掘面积/平方米	发掘品特点	年代
屋背岭遗址	1999年文物普查时发现，2001—2002年先后进行过两次发掘	1 400	墓葬出土和采集的遗物多为商代的，有陶罐、陶豆、陶钵、陶纺轮、玉矛、石锛、石镞、石环、石料等；另有东周墓葬2座，出土铜矛、铜斧、铜剑等；明墓1座，出土瓷罐、瓷碗、银簪、铜钱、铁剪等；灰坑中出土有玉玦、石锛、石镞、砺石、陶纺轮，有的灰坑还出土米字纹陶片、方格纹陶片等	商时期（夏商之际到晚商）
向南村遗址	1996年发掘	—	文化遗物极其丰富，分陶器、石器和骨角器三大类。陶器以夹砂陶为主，纹饰除绳纹、菱格凸点纹外，还有曲折纹、方格纹、叶脉纹和云雷纹等。典型器物有折肩罐、凹底罐、磨制精良的有肩有段石锛、直内石戈等。所发现的12件骨器制品，是深圳其他遗址未见的	商时期
大梅沙村商时期墓葬	2001年发掘	—	发掘的18座商周时期的墓葬，属商时期的墓葬有5座。在其中一座商墓中出土泥质折腹罐和玉璧各1件。这件玉璧是深圳地区目前出土的唯一一件玉璧，其形状与安阳等地的商墓出土玉璧较相似	商周时期（大梅沙村还有春秋前后的墓葬）

① 以上5处遗存的资料，可参阅香港博物馆编：《岭南古越族文化论文集》，香港：香港市政局，1993年。

遗址名称	发掘时间	发掘面积/平方米	发掘品特点	年代
蛇口鹤地山遗址下文化层	1980年发掘	—	出土的石器磨制光滑，尤以有段或双肩石锛为突出。陶器以夹砂黑陶为多，纹饰多绳纹、蓝纹，也有编织纹等，器形以圜底釜、罐为主，也有大口尊等	商时期
咸头岭墓葬	1985年、1994年和2004年三次发掘都出土有商周时期的墓葬；2006年考古发现商时期的文化层	—	商时期墓葬出土的高把豆、束颈带流圜底罐与屋背岭商时期墓葬所出相近	商时期
大梅沙II区	1992—1993年发掘	—	出土大量几何印纹陶器，其中多为夔纹陶器，也有原始瓷豆。陶器纹样多为组合纹，如夔纹与方格纹、云雷纹、凸格或凸点纹组合，以夔纹居多，被认为属夔纹陶时期遗存	青铜时代（春秋，代表了西周春秋时期的土著文化）
观澜追树岭遗址	1982年发掘	—	商时期和春秋战国时期文化遗存，包括纹饰精美的夔纹陶罐、瓮、簋形器、鼎等	春秋战国时期
西丽水库西北区山岗遗址	1987—1989年发掘	—	其中属青铜时代夔纹陶类型的遗物有罐、瓮、尊等，还有一些新石器时代晚期的	青铜时代（新石器时代晚期）
叠石山遗址	1987年发掘	30 000	在深圳地区同期已知的遗址中面积最大、出土文化遗物数量最多、种类最全	战国中晚期（叠石山遗址还出土有春秋前后的夔纹陶）
屋背岭战国墓葬	2001—2002年发掘	—	6座战国时期"米"字纹陶类型墓葬。出土随葬物品有青铜器、陶器、原始瓷器和石器	战国

这一时期深圳地区的文化遗存特点如下：有夹砂陶和泥质陶，以几何印纹泥质软陶为主；陶器有复线方格纹、叶脉纹、曲折纹、云雷纹、弦纹和交错粗绳纹等纹饰（图1-8）；

流行圜底、凹底和圈足器；石器有打制和磨制两种，以磨制为主，且较为精致。①至东周时，墓葬则有出土青铜器物，包括铜斧、铜矛和铜剑等。

深圳屋背岭出土大口陶尊（方格纹）	深圳屋背岭出土陶钵（重菱格纹）	深圳屋背岭出土陶罐（菱格凸块纹）
深圳屋背岭出土陶罐（云雷纹）	深圳屋背岭出土陶罐（重菱格纹）	深圳屋背岭出土带把壶（重菱格纹）
深圳向南村出土陶釜（绳纹）	深圳向南村出土圜底陶釜（绳纹）	深圳大梅沙出土陶罐（曲折纹）

图1-8 深圳地区青铜时代早期遗存

资料来源：深圳市文物管理委员会办公室等编：《深圳7000年：深圳出土文物图录》，北京：文物出版社，2006年，第52—87页

---

① 商志䆾：《香港考古论集》，北京：文物出版社，2000年，第105页。

屋背岭遗址位于深圳南山区西丽福光村屋背岭山上，2001—2002年先后进行过两次发掘，共发掘商时期的墓葬94座，出土大批陶器和石器（图1-9）。屋背岭墓葬群是深圳商周时期文化遗存的典型代表，其与周边地区的曲江石峡遗址、东莞圆洲和村头遗址、龙川坑仔里遗址、珠海亚婆湾遗址、普宁池尾后山遗址、香港涌浪遗址、马湾遗址等出土的器物有相近或相似之处。[①]

图1-9　深圳屋背岭遗址出土物品

资料来源：深圳市文物管理委员会办公室等编：《深圳7000年：深圳出土文物图录》，北京：文物出版社，2006年，第52页

注：上排从左至右：商时期陶尊、陶豆、陶罐、陶罐；下排从左至右：商时期梯形石锛、商时期有肩有段石锛、战国铜矛、战国铜斧

虽说学者在先秦时期深圳地区的考古分期方面还未取得共识，但对其不同时期的文化内涵和文化特征却有比较清晰

---

① 深圳市地方志编纂委员会编：《深圳市志·社会风俗卷》，北京：方志出版社，2014年，第423页。

的认识：整个新石器时代以陶器为主要器物；中期出土精美的彩陶、白陶和丰富的绳纹陶；晚期以发达的几何印纹陶为特征。[①]其中，几何印纹陶被公认为中国南方史前文化的代表性器物。[②]

与中原地区发达的新石器时代文化对比，华南地区的新石器时代文化具有"起源早、发展慢、结束晚"即"早—慢—晚"这一特点[③]，这从咸头岭文化与国内其他几种文化（遗址）的同时期比较中可见端倪（表1-3）。

深圳咸头岭遗址与北方的河姆渡文化、仰韶文化差不多同时期存在，深圳地区文化或者说岭南文化是与中原文化并存的一种文化。后来，大多数南方地区的文明发展与中原拉开距离，主要原因在于农耕文明的到来和南北地理环境的差异。南方地势复杂、森林密布、沼泽遍地，农田的垦辟要比北方困难得多。[④]珠江三角洲地区在采猎时代多山面海的优势，在中国后来进入几千年农耕文明时代时却变成发展的劣势，一直到近代随着海洋文明的崛起，濒海的珠江三角洲地区才又一次迎来发展机遇。

---

① 摘自商志䃟：《香港地区新石器时代文化分期及与珠江三角洲地带的关系》，《香港考古论集》，北京：文物出版社，2000年，第4页。原文是对香港地区的描述，对于深圳地区也是一样。

② 深圳博物馆编：《深圳古代简史》，北京：文物出版社，1997年，第12页。

③ 黄崇岳：《华南新石器时代文化的领先性与滞后性初探》，《中原文物》1995年第2期。

④ 沈长云主编：《中国大通史2·夏商西周》，北京：学苑出版社，2017年，第13页。

表 1-3　咸头岭文化与同时期国内其他文化（遗址）的比较

名称	时期	概念	考古内容	考古结论	文化特质
河姆渡文化	距今约7000年前（持续时长2000年左右）	是指长江下游以南地区古老而多姿的新石器时代文化	黑陶是河姆渡陶器的一大特色；在建筑方面，遗址中发现大量"干栏式房屋"的遗迹，面积约4万平方米	河姆渡文化是长江下游以南的一种较早的新石器时代文化	新石器时代文化，黑陶是其一大特色；建筑为干栏式房屋
仰韶文化	距今7000年至5000年（持续时长2000年左右）	是指黄河中游地区一种重要的新石器时代彩陶文化	（1）参照学术界传统看法，将仰韶文化划分为六区、五段、19个类型（或遗存）：在仰韶文化区系中，关中豫西晋南区是仰韶文化分布的中心区，发现遗址约2000多处。自1921年发掘仰韶村开始至2000年，开展80年的考古工作，发掘遗址最多、揭露面积最大、发现遗迹遗物最为丰富（2）自1921年安特生对仰韶文化遗址开展考古调查和研究开始，到2000年，经过80年的仰韶文化考古研究，调查发现遗址5000多处，试掘或发掘过的遗址200多处，揭露面积19.4万平方米	华夏族（汉族前身）是在仰韶文化和龙山文化的基础上孕育的	有定居的村落和集中的墓地；出土的红陶器上绘有几何形或动物形花纹
咸头岭文化	距今近7000年（持续时长1000年左右）	是指珠江三角洲地区的新石器时代彩陶文化	1981年全市文物调查时发现。先后进行过五次考古发掘，出土大量白陶、彩陶、石器等史前人类文化遗存	咸头岭文化孕育岭南本土南越族	是一支具有特色的珠江三角洲地区彩陶文化，并具有典型的海洋文化特质，包括向海而生、轻土好迁、开放包容等
结论	（1）咸头岭文化与河姆渡文化、仰韶文化差不多同时期存在（2）岭南文化是与中原文化并存的一种文化				

第三节　生　产　生　活

岭南地区野外食物资源丰富，且易于攫取，季节性波动较小，可保证以渔猎采集为主导产业的谋生活动。随着海侵的影响和北方农耕文明的发展，春秋时期深圳地区先民开始使用青铜工具，而且陶器大量出现，这表明当地习水部族从渔猎弋射、泛舟采伐的渔猎时代迈入更高一级的农耕时代。

一、新石器时代先民的生产生活

岭南地区远古人类文化源远流长。广东云浮磨刀山遗址是目前广东发现的最早的人类遗存，这一考古发现将广东最早的人类活动时间从距今13万年左右的马坝人时代，大幅提前到了距今80万—60万年的旧石器时代早期（与北京猿人同期）。原始先民从山地洞穴走向丘陵、平原和海滨。大约在7000年前，原始人类在今深圳大鹏湾畔过着适应滨海环境的渔猎兼农耕生活，不断生息繁衍，足迹几乎遍及深圳地区。他们建立了相对稳定的聚落，逐步从石器时代走向了青铜时代和铁器时代，成为深圳地区早期历史的开创者。[①]

（一）渔猎耕采

咸头岭等遗址的发掘，证实了深圳地区早在距今7000

---

① 深圳博物馆编：《深圳博物馆基本陈列·古代深圳》，北京：文物出版社，2010年，第9页。

年左右就已有人类活动。从该遗址留下成千上万的陶器残片及其他文化遗物来看，当时居住于此地的族群具有一定规模，聚居地有时达上万平方米。①先秦时期，生活在岭南地区的古人类被称为"古越族"。他们主要在海边活动，以渔猎为主。这可以从遗址中出土的一些较为锋利的石刀上得到证明。②考古学家根据咸头岭遗址的植硅石分析，证实咸头岭史前存在稻亚科遗存，但是否存在稻作农业，尚难得出结论。③

陶器主要有烹煮食物和贮藏食物两种用途，一般被认为是农业经济的伴生物。咸头岭、大黄沙、大梅沙、小梅沙等沙丘遗址中出土的陶器占比较大，且从其图案等文化特征来看，至少至新石器时代中期深圳地区的先民已经能够制造相当精美的陶器，也可以制造出满足多种加工需要的石制工具。大黄沙遗址中还出土了一些已经炭化了的粮食颗粒④，说明此时的生产生活不仅有采集、渔猎、制作生产生活工具，还有可能已形成简单的原始农业。

---

① 深圳博物馆编：《深圳古代简史》，北京：文物出版社，1997 年，第 3 页。

② 参见杨耀林、文本亨：《从深圳青铜时代遗址管窥广东先秦时期的社会性质》，见深圳博物馆编：《深圳考古发现与研究》，北京：文物出版社，1994 年，第 212—231 页。

③ 参见吕烈丹：《咸头岭遗址植物硅酸体的初步研究》，见深圳市文物考古鉴定所编著：《深圳咸头岭：2006 年发掘报告》，北京：文物出版社，2013 年，第 422—431 页。

④ 参见深圳博物馆、中山大学人类学系：《广东深圳市大黄沙沙丘遗址发掘简报》，《文物》1990 年第 11 期。

活动于沙丘遗址的先民应该也使用一些易于得到的工具，比如石质尖状器在贝丘遗址和沙丘遗址中都有，有的研究者又称之为牡蛎啄，可能用于采蚝和开蚝。咸头岭文化二期、三期所见的贝划（印）纹一般认为是用毛蚶（蛤）等贝壳做工具制作的；咸头岭文化中极具特色的戳印纹（或称印纹），经过实验证明应该是用竹制的工具戳印的。贝划（印）纹和戳印纹在咸头岭文化的贝丘遗址和沙丘遗址中都有（图1-10）。贝丘遗址普遍使用骨器、蚌器和木器等有机材料制成的工具。沙丘遗址则由于酸性的埋藏环境，有机材料难以保存，不能判断有没有此类工具。这些石器文化表现在物质生产上，采集、捕鱼在生产活动中所占的比重就比较大。[①]

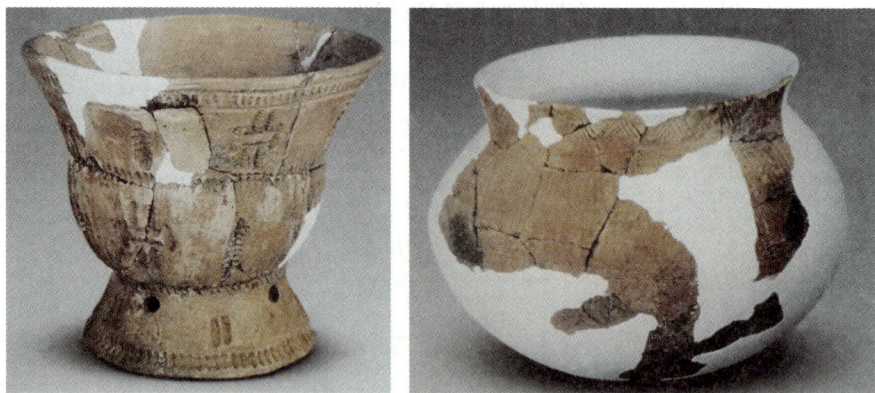

图1-10 深圳咸头岭新石器时代中期出土的戳印纹泥质陶杯（左）与贝划纹
夹砂陶釜（右）

资料来源：深圳市文物管理委员会办公室等编：《深圳7000年：深圳出土文物图录》，
北京：文物出版社，2006年，第26、28页

由于狩猎、捕鱼、采集仍属于攫取型经济，因此对环境条件

---

① 王震中、李衡眉主编：《中国大通史 1·导论·史前》，北京：学苑出版社，2017年，第285页。

的依赖性很强,破坏性也比较大。①当某一地域的自然资源不足以支撑先民生活所需时,人们会迁移到新的地域,继续这种采捕狩耕的生产生活。深圳地区新石器时代的古越族先民选择这些地方居住生活,是对当时的自然环境和生产力水平的适应。

(二)"树皮布"制衣

咸头岭遗址一期2段出土的石拍约有6800年的历史,是世界上发现距今最早的石拍(图1-11)。石拍的作用推断有几种:砸坚果或其他硬物;制作陶器上的花纹;用于拍打树皮制作无纺布衣物来遮寒蔽体。随着对石拍功用研究的深入,多数学者更倾向于石拍与制作树皮布有关(图1-12至图1-14)。

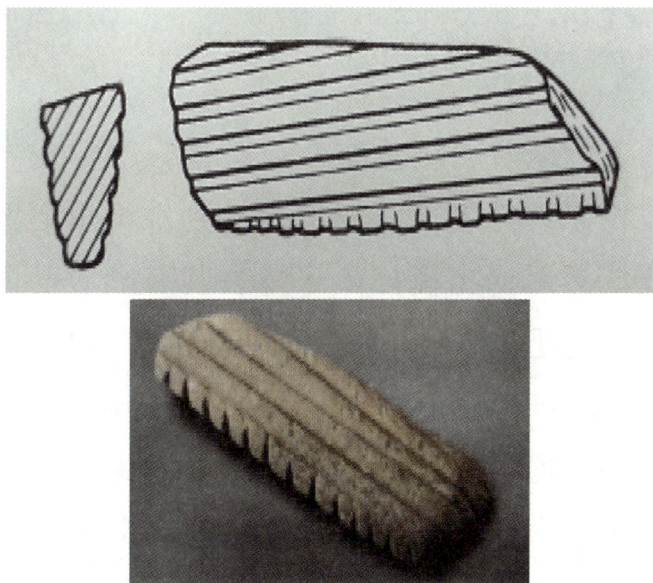

图 1-11 咸头岭遗址一期 2 段出土的石拍侧立面、正立面及文物照片

资料来源:深圳市文物考古鉴定所编著:《深圳咸头岭:2006 年发掘报告》,
北京:文物出版社,2013 年,第 244—245、265 页

---

① 王震中、李衡眉主编:《中国大通史 1·导论·史前》,北京:学苑出版社,
2017 年,第 284 页。

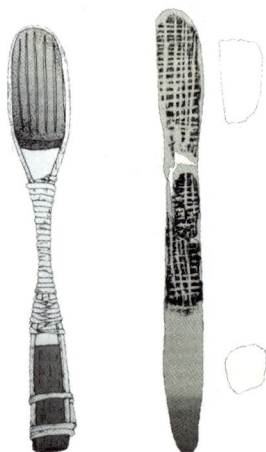

图 1-12　史前石拍两大类型

资料来源：邓聪：《邓聪考古论文选集Ⅳ》，香港：香港中文大学中国考古艺术研究中心，2021年，第355页
注：左为复合型石拍；右为棍棒型石拍

图 1-13　伊巴雅特岛上巴丹人制作的树皮衣及木槌

资料来源：邓聪：《邓聪考古论文选集Ⅳ》，香港：香港中文大学中国考古艺术研究中心，2021年，第652页

图 1-14　海南五指山黎族王成全穿着自制的树皮布

资料来源：邓聪：《邓聪考古论文选集Ⅳ》，香港：香港中文大学中国考古艺术研究中心，2021年，第643页

　　当时的人们缝合"树皮布"以蔽体。"树皮布"的做法与加工麻披相似：把剥下的树皮投放到水坑里沤发数天，使其变得柔软，然后捞出捶打，尽量去其海绵质而留其纤维，再经过干燥、梳理、捶压，即为一块块的"树皮布"。[①]用麻线将其若干块缝合，便可做成简易的蔽体之物（参考图1-15）。"树皮布"并非后世人概念中用纤维线编织出来的布，其制成品也非现在概念中的衣服。分布在海南岛中南部的黎族人也曾制作"树皮布"。参照制作粗糙麻线的方法，可以推断，咸头岭人可利用各种石器制作"树皮布"。

---

① 深圳市文物考古鉴定所编著：《深圳咸头岭：2006年发掘报告》，北京：文物出版社，2013年，第360页。

图 1-15　亚洲中南半岛的克木人制作"树皮布"

资料来源：邓聪：《邓聪考古论文选集Ⅳ》，香港：香港中文大学中国考古艺术研究中心，
2021年，第388—389页

注：①以木棍拍打开松树皮；②把开松后树皮内皮翻露出来；③树皮呈空心桶形被抽离木芯后，
内皮外露，被置于石砧上双手持木棍猛力拍打，另一边洒水在树皮上；
④制作完成树皮内皮外露，悬挂晾干

（三）"亭棚""巢居"

咸头岭遗址发现的几处与居所相关的遗迹，均分布在沙堤上。咸头岭新石器时代中期古文化遗址上发现过大小不等、分布无规律的27个房屋柱洞，相对集中于两块地上，形成两组柱洞，每一组柱洞都有一个特大柱洞，位置靠近这一组柱洞的中部，而每一组柱洞都散布在一片用较硬的灰褐色土铺垫出来的房基上，推断当时的房屋可能是圆锥状的棚屋。① 咸

① 深圳博物馆编：《深圳古代简史》，北京：文物出版社，1997年，第29页。

头岭居所的最大可能是亭棚（图1-16）和巢居的结合。在4000多年前的香港，下白泥吴家园沙丘遗址的夯土房基背山面海，为正东西向，其上有排列有序的51个柱洞，推断是一座面阔6间、进深2间、前面出廊的悬山顶式大型房子，面积达107.5平方米（图1-17），房基经多层夯实处理，可能是氏族首领的居所或氏族公共活动的场所，其西南侧亦发现有夯土房基，应是一组建筑群。①

图1-16　由深圳咸头岭遗址F1复原的亭棚

资料来源：深圳市文物考古鉴定所编著：《深圳咸头岭：2006年发掘报告》，
北京：文物出版社，2013年，第362页

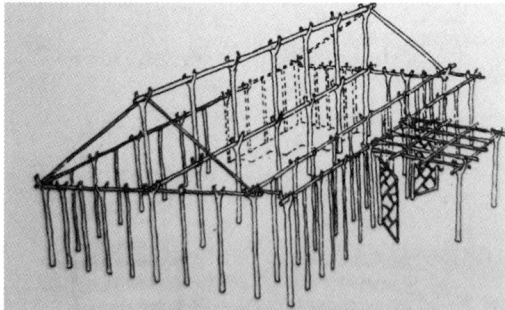

图1-17　香港下白泥吴家园沙丘遗址的夯土房基外观复原和建筑结构
复原示意图

资料来源：莫稚：《南粤文物考古集（1955—2002）》，北京：文物出版社，2003年，第344页

_____

① 莫稚：《南粤文物考古集（1955—2002）》，北京：文物出版社，2003年，第338—354页。

另一种居所或为巢居。远古人对居所功能的追求，立足于避害。根据咸头岭遗址状况，考古学家推断巢居的制作过程，提供了巢居搭建的可行性。[①]到新石器时代晚期，深圳地区原始居民的居住地不再集中于沿海沙丘上，而是分散开来，既有留在原有沙丘住地的，也有来到较靠内地的山岗坡地、台地居住的。在沿海沙丘上居住的环境[②]，与新石器时代中期原始居民的居住环境没有太大差别，但与山岗遗址[③]的地理环境有所不同。

（四）族群结构

中国距今六七千年前的先民聚落一般都是以血缘关系为纽带的"家庭—家族—氏族"结构。[④]在咸头岭文化第一期时，他们以独立采掘或捕捞为主，可能有些简单协作，主要采掘各种薯蓣科块根以及各种植物果实，采摘加工黑莎草、山柚和露兜等，捕捉各种两栖动物和爬行动物，照海、打蟹和筌鱼等，以及捶制"树皮布"和缝制蔽体之物。这些谋生手段均较简单，不需集体协作。一般情况下远古人都是"一专多

---

① 深圳市文物考古鉴定所编著：《深圳咸头岭：2006 年发掘报告》，北京：文物出版社，2013 年，第 360—361 页。

② 根据深圳博物馆编的《深圳古代简史》（北京：文物出版社，1997 年，第 16 页），经初步发掘有此时期遗存的有葵涌上洞遗址、盐田大梅沙遗址、大鹏咸头岭遗址、葵涌水沥村遗址、内伶仃岛南湾遗址等。

③ 根据深圳博物馆编的《深圳古代简史》（北京：文物出版社，1997 年，第 16 页），经初步发掘有此时期遗存的有西丽水库西北区遗址、追树岭遗址、虎地山遗址、蚌地山遗址等。

④ 王震中、李衡眉主编：《中国大通史 1·导论·史前》，北京：学苑出版社，2017 年，第 190 页。

能"的①，人群中也不太可能有具体的分工。诸如刺打豪猪、蟒蛇，涸渔、捕鱼及砍斫树木搭建居所等生产活动，需要3—5人的合作或协作。出于资源总量的限制，一般谋生于一处沙堤-潟湖生境中的人数不宜太多，但又考虑到繁衍人口的情况，族群当为由4—6个血缘单位、40—50人组成的队群。由于协作性的劳作极为个别，以及野外生活资源的丰富和季节性互补，族群中还没有较明确的权威人物。维系这个队群的根本要素是血缘关系，人与人之间的关系或者是血亲，或者是亲戚，平等而相互尊重（表1-4）。②

表1-4　珠江三角洲地区距今7000—6000年遗址与族群结构分析表

期	段	遗址	分工协作	族群维系要素
一期（距今7000—6400年）	1段	咸头岭1段、麒麟山庄果场、龙鼓洲第一组	（1）分工协作极少：可独立采掘根块、果实，捕捉动物、鱼蟹等，制作竹器、石器和陶器等，捶制"树皮布"和缝制蔽体之物，等等 （2）仅刺打豪猪、蟒蛇，涸渔、捕鱼及砍斫树木搭建居所等生产活动，需要3—5人的合作或协作	血缘：基本为直系血亲（无须权威人物）
	2段	咸头岭2段、盐田港东山、龙鼓洲第二组		
	3段	咸头岭3段，万福庵，蚝壳洲第一组、深湾村东谷、龙鼓洲第三组		
二期（距今6400—6200年）	4段	蚝岗一期、后沙湾、龙穴、白水井、蚝壳洲第二组、春坎湾	分工协作很多：麻网的发明需完成数道工序而必须协作；多种捕鱼法并用不但需要多人协作，而且还是群体共有资源的阶段性分享，因而涉及诸如合理协作的技术问题和公平分享的利益问题，这需要权威人物裁定	血缘：有直系有旁系（需要权威人物）
	5段	咸头岭4段、大黄沙、小梅沙、蚝岗二期、黑沙、长沙栏、蟹地湾、大湾、丫洲、涌浪、龙鼓洲第四组、深湾F层第一组		

① "在大洋洲的岛上，每个人通常都是农夫和渔夫，同时也能干木匠活，修草屋，搓绳子，以及从事当地社会的其他手艺。"参见〔英〕雷蒙德·弗思：《人文类型》，费孝通译，北京：商务印书馆，1991年，第63页。
② 深圳市文物考古鉴定所编著：《深圳咸头岭：2006年发掘报告》，北京：文物出版社，2013年，第365页。

续表

期	段	遗址	分工协作	族群维系要素
三期 （距今6000年左右）	6段	咸头岭5段、大梅沙、蚝岗三期、草堂湾、棠下环、金兰寺		

资料来源：深圳市文物考古鉴定所编著：《深圳咸头岭：2006年发掘报告》，北京：文物出版社，2013年，第225页

在咸头岭文化第二期和第三期，出现分工、分配等社会性需求。分工可能直接来源于麻网的发明。[1]麻网的制作流程较为复杂，需要完成砍回原材料、纺麻线、织网和补网等数道工序，必须依赖协作。此外，还有一种"清湖"式捕鱼，不但需要多人协作，而且还涉及成果分配，可能还需要类似酋长之类的权威人物裁定。对于较为稀缺的资源，如位置更好的居所等的分配，也需要类似的裁定规则。随着人口的繁衍而产生的人口数量的增长，对环境条件依赖性很强的狩猎、捕鱼、采集等攫取型经济在资源不足以支撑生活所需时，迁移会发生在更大的区域范围内。这也是"靠天吃饭"时期先民的一种智慧应对。人们放弃原来较差的居住点，迁至新开发的地区，或是季节性地回迁，这些过程给与其他地区的交流和影响创造条件。珠江三角洲地区水网密布，百川归海之处的珠江入海口就像一个漏斗，将散布的水系引归南海中。周边的文化要素通过水流一路传播，汇聚到珠江口一带。深圳地区又位于珠江入海口一侧，这种天然的地理优势决定了

---

[1] 深圳市文物考古鉴定所编著：《深圳咸头岭：2006年发掘报告》，北京：文物出版社，2013年，第365页。

它自古以来就有条件接纳流经的各地文化。这种流向既有从内地流入大海方向的，也有从海外进来再运往内地的。在这种天时与地利的交织中，深圳地区在立足于当地资源和生产生活方式的基础上，从先秦时期就形成了一种开放的、随机应变的文化基因，在交流中不断融合，在融合中形成本地特色，在历史中流传衍化。"咸头岭文化"是深圳地区多元文化融合创新的"先行基因"。

二、商周时期古"南越"人的生产生活

商周时期生活在珠江三角洲（包括深圳、香港在内）的原住民应为古"南越"人，他们生产方式处于由狩猎、渔猎和采集向简单农业、手工业过渡，并迈入更高等级的农耕文明时代。青铜工具的使用显示当地的社会生产力较前时有了较大的发展。除了社会关系大调整外，深圳地区在商周时期的社会结构出现阶级，并产生了前国家形态的社会结构。

（一）青铜工具的使用

商周时期，长江以南，今浙江、福建、江西、广西、广东等省区生活着的族群被称为"百越"，其中广东境内这一支又被称为"南越"。西晋张华所著《博物志》卷一云："诸国境界，犬牙相入。春秋之后，并相侵伐，其土地不可具详，其山川地泽，略而言之，正国十二。……楚，后背方城（今河南方城县东北），前及衡岳，左则彭蠡（今江西鄱阳湖），右则九疑（嶷）（今湖南宁远县南），有江汉之流，实险阻之国也。南越之国，与楚为邻。五岭已前至于南海，负海之邦，交趾（古地区名，

泛指五岭以南至越南北部的广大地区）之土，谓之南裔。"[1]
《博物志》把"南越之国"与秦、赵、齐、鲁、楚、吴等春秋大国相提并论，表明即使南越的"国力"还不足以与其他大国相抗衡，但至少也已经形成了一个不可忽视的力量集团。故而"南越"作为一个族体，应该形成于春秋之前，即春秋、战国时期生活在广东包括深圳、香港在内的原住民应为古"南越"人。

商周时期，生活在深圳地区的"南越"人开始使用青铜工具。从已发现的80余处青铜时代文化遗址来看，当时先民的生产和生活方式大致为两类：一类以捕捞为主业，居住在深圳东部和西部地区海边；一类以种植为主业，居住在深圳中部和北部沿河流两岸山岗坡地。这一时期墓葬和遗址中出土了若干精美文物，如大梅沙出土的青铜器以及大量陶片和石器（图1-18）、叠石山出土的4件铁器等，在广东省同时代沙丘遗址中罕见[2]。铁制工具与青铜工具共同使用，必然大大提高劳动生产率，并由此对社会发展产生巨大的影响。

深圳地区还没有发现大型的、专门化的制陶、冶铜等基地。[3]珠江三角洲冲积平原中，东江冲积平原出土春秋时期的

---

[1]　（晋）张华：《博物志》，赵娣评译，北京：北京联合出版公司，2016年，第7—8页。

[2]　深圳市地方志编纂委员会编：《深圳市志·社会风俗卷》，北京：方志出版社，2014年，第389页。

[3]　黄崇岳在《华南新石器时代文化的领先性与滞后性初探》（《中原文物》1995年第2期）一文中也提出新石器时代早期文化遗址陶器较原始；制陶技术处于手制陶坯和露天烧造阶段，不见陶窑。

图 1-18　深圳大梅沙Ⅱ区青铜时代（春秋）部分文化遗存

资料来源：深圳市文物管理委员会办公室等编：《深圳7000年：深圳出土文物图录》，

北京：文物出版社，2006年，第73—78页

注：第1排从左至右分别为青铜戈、青铜长矛、青铜矛（上）、青铜篾刀（下）、青铜钺（上、下）；

第2排从左至右分别为兽把镂孔高圈足陶杯、陶纺轮、硬陶豆、方格戳点纹圜底陶罐；

第3排从左至右分别为原始青瓷豆、回纹双系圜底陶罐、夔纹陶罐

青铜器最多，邻近的深圳也有可能出土较多的青铜器。[1]相邻
地区极有可能存在贸易往来和文化交往。[2]东江冲积平原的居

---

[1]　赵善德：《先秦秦汉时期岭南社会与文化考索：以考古学为视角》，广州：暨
南大学出版社，2014年，第152页。

[2]　赵善德在《先秦秦汉时期岭南社会与文化考索：以考古学为视角》（广州：暨
南大学出版社，2014年，第154页）一书中认为，惠州博罗横岭山墓地出土
的122件青铜器，集中于西周中晚期至春秋时期，其中有土著的、铸造难度
高的甬钟和鼎。统计广东出土的东周的青铜器发现，出土地点集中在惠阳平
原，其次是虎门以东的滨海地区、粤北丘陵和粤东丘陵，其他地方难得一见。
并且，在确认为岭南土著的青铜器中，惠阳平原出土的钟、鼎重器较多，其
他地方出土的为武器或日常用器类。综合之可认为，横岭山是春秋时期岭南
的青铜器生产重地。

民较大规模地聚居，充分利用冲积平原发展农业经济，建设了功能有别的专门聚落，用硬陶、原始瓷器和青铜器等优势产品与周边地区进行物品交换，为深圳地区出土大量陶制品、青铜制品等提供了一种可能性来源。[1]深圳地区的西周时期考古成果较少，参考周边最近且规模最大的博罗横岭山墓地考古成果，可侧面了解深圳地区此时的生产生活状况。横岭山墓地出土的122件青铜器，集中于西周中晚期至春秋时期，其中有铸造难度高的甬钟和鼎，显示当地的社会生产力较前时有了较大的发展。

（二）干栏式建筑

商周时期，深圳地区的聚落比新石器时代的亭棚和巢居更为先进，它是由木结构组成的一种高架房屋，属于干栏式结构。叠石山遗址的房屋基址较为典型。[2]叠石山青铜时代晚期房屋基址的面积有所增大，考古学家在一块约106平方米的遗址范围内发现了49个柱洞，其中大部分柱洞围成4—5个近似方形的空框，柱洞范围内发现有一个较大的灰坑，没有居住及踩踏硬地面[3]，可以推断这里的原始居民居住在木结构高架房屋中。这种房屋一般被称为干栏式建筑。这些房屋柱洞中的一部分排列很不规则，可能是修缮或改建时临时添

---

[1]　赵善德：《先秦秦汉时期岭南社会与文化考索：以考古学为视角》，广州：暨南大学出版社，2014年，第155—156页。

[2]　深圳博物馆：《深圳市叠石山遗址发掘简报》，《文物》1990年第11期。

[3]　深圳博物馆编：《深圳古代简史》，北京：文物出版社，1997年，第29页。

加一些柱子导致的。这些柱洞排列组合而成的房间具有连续性，其中处在中间位置，下有一个长 1 米、宽 0.4 米、深 0.5 米的大灰坑的房间面积最大。[1]考古学家推测这些房屋里当时可能居住着一个很大的家庭或氏族，这些大小和位置不同的房屋具有不同的功能，反映屋主不同的地位和身份。

（三）前国家形态的社会结构

商周时期，深圳地区陶器大量出现，间接佐证了珠江三角洲一带的习水部族从渔猎文明迈入更高等级的农耕文明时代，标志着古越族生产关系、生产资料、生活方式等社会形态的根本改变。除了社会关系的大调整以外，深圳地区在商周时期的社会结构还出现了阶级，并产生了前国家形态的社会结构。此时，广东境内许多部落的社会性质普遍由以血缘关系为纽带的原始氏族社会，进化为以经济利益为纽带、以阶级分化为特征的早期阶级社会。[2]广东地区（包括深圳）以夔纹硬陶和米字纹硬陶为主要特征的青铜器时代的文化遗存，反映此地已有相当发达的农业经济、渔业经济和有相当高度水平的手工业，并且青铜器工业深刻地影响石器、陶器工业，这种经济水平反映奴隶制的存在，是奴隶制生产力水平的体现。[3]

商周时期，深圳周边的岭南地区的社会发生了一些变化，出现了一些被称为"国"的地域性统治、管理单位。《吕

---

① 深圳博物馆编：《深圳古代简史》，北京：文物出版社，1997 年，第 29 页。
② 深圳博物馆编：《深圳古代简史》，北京：文物出版社，1997 年，第 4、35 页。
③ 莫稚：《南粤文物考古集（1955—2002）》，北京：文物出版社，2003 年，第 294—295 页。

氏春秋·恃君览》中列举有"缚娄、阳禺、骓兜之国"[①]。有学者认为它们已经超越部落联盟制的社会发展阶段，而形成了建立在不发达的奴隶制基础上的部族王国。[②]部族王国也是国家的早期形态，但还没有进入典型的奴隶制发展阶段。[③]这时的岭南地区也产生了前国家形态的社会结构，以及"君""王""将""长"等等级分明的统治管理阶层。"越人以此散，诸族子争立，或为王，或为君。"[④]当时深港地区的青铜器文化相对于广东中部而言，发展得不是很充分，且尚未见春秋战国时期以青铜器为主要随葬品的奴隶主的墓葬[⑤]，这反映出深港地区原始社会延续的时间较长，南越族在广东地区所建立的"君侯小国"的中心并不在此处。

---

① 对于这几个"国"的地理位置，学术界的意见不一致。有一种说法认为：缚娄地名保留至今，由于古今语音变化，现在已经改称博罗，其中心地区在今惠阳地区博罗县，距深圳市直线距离40千米。阳禺在北江流域的阳山县境内，骓兜则在广西与越南交界处。先秦时期的"国"大概有三层意思：一为有城墙包围的城市；二为族群；三为国家。这三个"国"都处在汉初南越国疆域之内，因此其族属都是南越。参见深圳博物馆编：《深圳古代简史》，北京：文物出版社，1997年，第34页。

② 参见杨耀林、文本亨：《从深圳青铜时代遗址管窥广东先秦时期的社会性质》，见香港博物馆编：《岭南古越族文化论文集》，香港：香港市政局，1993年，第64—79页。今按：另有学者认为部落联盟制一直持续到秦统一，参见吴曾德、叶杨：《论广东青铜时代三个基本问题》，见香港博物馆编：《岭南古越族文化论文集》，香港：香港市政局，1993年，第56—63页。

③ 参见徐恒彬：《广东青铜器时代概论》，见广东省博物馆、香港中文大学文物馆合编：《广东出土先秦文物》，1984年。

④ 《史记》卷四一《越王勾践世家》，北京：中华书局，1959年，第1751页。

⑤ 莫稚：《南粤文物考古集（1955—2002）》，北京：文物出版社，2003年，第45页。

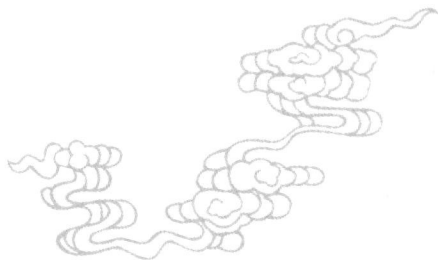

第二章　秦汉时期的深圳地区

深圳地区有史可考的行政建置始于秦汉时期。公元前214年，秦始皇统一岭南地区，设桂林、南海、象三郡。深圳地区隶属南海郡番禺县，并被纳入秦版图。西汉初至元鼎六年（前111），岭南地区进入南越国统治时期，南越国保留南海郡、桂林郡，取消象郡，新设立交趾、九真二郡，深圳地区隶属南海郡。汉武帝平定南越后，深圳地区再次归属中央政府管辖，隶属南海郡番禺县。

在秦、南越国、两汉的初步开发下，深圳地区的经济和文化都有了一定程度的发展。秦统一岭南后，对岭南水陆交通进行了整治，水陆交通线的开辟促进了岭南地区的发展；南越国统治时期，赵佗①推行"和集百越"的政策，保持了社会的相对稳定，为岭南地区的经济发展奠定了基础；两汉时期，岭南经济有了初步发展，深圳地区的盐业、农业、货币流通和手工业亦随之有所发展。

---

① 毛泽东曾因赵佗在管理岭南地区时所展现出的杰出治理才能而盛赞其为"中国历史上的南下干部第一人"。参见中共广东省委组织部、广东省人民政府地方志办公室编：《广东资政志鉴》，广州：广东人民出版社，2015年，第168页。

早在先秦时期，岭南地区与中原文明便存在不同程度的交往。秦汉时期，中原地区的人口开始大规模地迁入岭南地区。秦代向岭南地区迁入移民始于秦军征伐百越的战争，先后向岭南地区组织过多次较大规模的移民活动。与秦代有组织的数次大规模军事移民不同，两汉时期岭南地区的移民活动大多是中原士族和农民为躲避战乱而自发进行的。随着移民的大量迁入，以儒家文化为代表的中原文化在岭南、深圳地区不断传播。与此同时，得益于秦汉时期中央和地方政府对岭南地区采取因地制宜的统治政策，通过移民和教化的方式，客观上促进了汉越文化的深度融合和岭南地区的移风易俗。大批移民的迁入，为深圳地区的人口繁衍和经济文化发展作出了巨大的贡献，深圳地区由此进入新的历史发展时期。

第一节 建置沿革

深圳地区有史可考的行政建置开始于秦汉时期。从公元前214年秦始皇统一岭南，到公元220年两汉结束，历经434年，深圳地区先后隶属秦、南越国、两汉统治。

一、隶属秦南海郡番禺县[①]

公元前221年，秦国灭齐国，统一全国，秦王嬴政改称始

---

① 今深圳东部龙岗及坪山部分区域在古代隶属博罗。

皇帝（后世称其为秦始皇）。秦朝建立中央集权式的统治，不再采用以前分封诸侯的制度，改为设置郡县，把天下分为三十六郡，后来逐渐增加，达到 40 多个；郡下设置县，郡、县的长官都由朝廷直接任免和调动，不得世袭。

公元前 218 年①，秦始皇发动攻打岭南的战争，根据《淮南子》的记载，秦始皇发兵岭南，岭南抗秦的大致过程为："（秦始皇）又利越之犀角、象齿、翡翠、珠玑，乃使尉屠睢发卒五十万，为五军，一军塞镡城之岭，一军守九嶷之塞，一军处番禺之都，一军守南野之界，一军结余干之水，三年不解甲弛弩。使监禄（无以）转饷，又以卒凿渠而通粮道，以与越人战，杀西呕君译吁宋。而越人皆入丛薄中，与禽兽处，莫肯为秦虏。相置桀骏以为将，而夜攻秦人，大破之。杀尉屠睢，伏尸流血数十万，乃发适戍以备之。"②据《史记》记载"又使尉屠睢将楼船之士南攻百越，使监禄凿渠运粮，深入越，越人遁逃。旷日持久，粮食绝乏，越人击之，秦兵大

---

① 关于秦统一岭南的战争的发动时间，史学界主要有四种说法：一是认为秦军进取岭南的战争开始于公元前 218 年，参见张荣芳、黄淼章：《南越国史》，广州：广东人民出版社，1995 年；〔越南〕陶维英：《越南古代史》，刘统文、子钺译，北京：商务印书馆，1976 年；章深主编：《广州通史·古代卷》，北京：中华书局，2010 年。本书认同此说。二是认为战争开始于公元前 222 年，参见（清）仇巨川纂：《羊城古钞》，陈献猷校注，广州：广东人民出版社，2009 年。三是认为战争开始于公元前 221 年，参见（明）郭棐纂修：《广东通志》，万历三十年刻本；〔法〕鄂卢梭撰：《秦代初平南越考》，冯承钧译，上海：上海古籍出版社，2014 年。四是认为战争开始于公元前 219 年，参见余天炽：《秦统一百越战争始年诸说考订》，见百越民族史研究会编：《百越民族史论丛》，南宁：广西人民出版社，1985 年，第 303—311 页。

② 陈广忠译注：《淮南子》卷一八《人间训》，北京：中华书局，2012 年，第 1090 页。

败。秦乃使尉佗将卒以戍越"①。秦始皇命尉屠睢和赵佗率50万大军经广西、湖南，以及江西南康和余干等地兵分五路，进讨今两广地区的越人，但此次三年②的征战失败。屠睢因为滥杀无辜，引起当地人的顽强反抗，被当地人杀死。从《史记》等书的记载来看，这次出征的主将应是屠睢，赵佗可能是副将，屠睢战死后，赵佗取代其位，将卒以戍越。③

为解决秦军的粮草、装备等供给问题，尽快攻打岭南，公元前217年，秦朝命令史禄负责开凿灵渠，沟通了珠江水系和长江水系。根据《史记》记载，"三十三年，发诸尝逋亡人、赘婿、贾人略取陆梁地，为桂林、象郡、南海，以适遣戍"④，《资治通鉴》记述："发诸尝逋亡人、赘婿、贾人为兵，略取南越陆梁地，置为桂林、象郡、南海；以谪徙民五十万人戍五岭，与越杂处。"⑤公元前214年，秦始皇重新任命任嚣为主将，率赵佗等部属再次进攻百越，秦军兵力加强，粮草充足，进展顺利。任嚣、赵佗除了懂得用兵外，还善于"和集百越"，对越人进行优抚，很快扭转了被动局面，统一了整个岭南地区。

公元前214年，秦始皇统一岭南后，在岭南地区设立南海、桂林、象三郡，使岭南首次归入秦版图。任嚣为南海郡尉。

---

① 《史记》卷一一二《主父偃传》，北京：中华书局，1959年，第2958页。

② "三年"可能不是确数，"三年不解甲弛弩"形容战斗的艰难、时间跨度较大。

③ 胡守为：《岭南古史》，广州：广东人民出版社，1999年，第29页。

④ 《史记》卷六《秦始皇本纪》，北京：中华书局，1959年，第253页。

⑤ 《资治通鉴》卷七《始皇帝三十三年》，北京：中华书局，1956年，第242页。

南海郡下设诸县，首县为番禺，当时的深圳地区属于南海郡番禺县。

从公元前214年秦平定南越，到公元前207年秦国灭亡，深圳地区隶属秦统治仅7年时间。秦统治时间虽短，但秦朝实行以郡县制为基础的中央集权制，使岭南包括今深圳地区在历史上第一次归属中央政权，改变了越族先民互不统属的分散状态，开启了封建文明。

二、隶属南越国南海郡

公元前209年，陈胜、吴广领导的农民起义爆发。公元前208年，正值中原战乱之时，南海郡尉任嚣突然病重，任嚣召龙川县令赵佗到番禺一起商量割据岭南以躲避战乱，并委任他日后代理南海郡尉。任嚣死后，赵佗派兵封锁了中原进入岭南的通道，并清除异己势力，委派亲信掌握郡中兵马。公元前207年，秦朝灭亡。在随后的楚汉相争期间，"楚兵数千人为聚者，不可胜数"[1]，全国各政治势力纷纷自立或独立。公元前205年，赵佗"击并桂林、象郡"[2]。公元前204年，赵佗占据岭南桂林、南海、象三郡，以番禺为首都，建立南越国，自称南越王。赵佗承袭秦朝的郡县制，设立南海郡、桂林郡、交趾郡、九真郡。深圳地区在当时隶属南越国南海郡。

南越国承袭秦汉制度。汉初实行郡国并行制，赵佗仿汉制度，南越国内也实行郡国并行制，即郡县制和分封制

---

① 《史记》卷四八《陈涉世家》，北京：中华书局，1959年，第1953页。
② 《史记》卷一一三《南越列传》，北京：中华书局，1959年，第2967页。

并行。郡县制方面，在秦始皇"桂林、象、南海"三郡的
基础上，仍设立南海郡、桂林郡，取消象郡，设立了交趾、
九真二郡，桂林郡下设的县，可以考证的有布山、四会等，
南海郡下设的县，可以考证的有番禺、龙川、博罗、揭阳、
浈阳、含洭，交趾、九真二郡下设的县，除象林县外，其
余的不见于记载。分封制方面，南越国也效仿汉朝实行分
封制，分封为几个侯、王，据文献记载有苍梧王赵光、西
于王、高昌侯赵建德。职官制度方面，南越国也效仿汉朝，
建立了一套从王国中央到地方王侯的官制系统。南越国中
央设立了丞相、内史、御史、中尉、太傅等重臣，也设有
郎、中大夫、将、将军、左将、校尉、食官、景巷令、私
府、私官、乐府、泰官、居室、长秋居室、大厨、厨官、
厨尉、厨丞、常御、少内等文武百官；南越国地方王侯官
职中可以考证的有假守、郡监、使者、县长、啬夫等。①

　　赵佗"和集百越"，采取对百越人民团结利用的政策，因
而南越国统治期间，古越族人很少发生有组织的反抗，《史记》
记载，"佗能集杨越以保南藩"②。赵佗"和集百越"的具体
做法有：南越国包括步兵、舟兵、骑兵在内的军队实行以"故
俗"治国的特殊政策；吸收越人进入政权，以达到以越治越
的目的；遵从越人风俗习惯，入境随俗，使汉越人民和睦相
处；大力提倡汉越通婚，促进民族融合；因地制宜，让部分
越人"自治"。

---

①　张荣芳：《秦汉史与岭南文化论稿》，北京：中华书局，2005 年，第 175—179 页。
②　《史记》卷一三〇《太史公自序》，北京：中华书局，1959 年，第 3317 页。

　　南越国政治制度承袭秦汉，且两度臣服汉王朝。汉越关系的建立有特殊的历史背景。南越国方面，南越国刚建立，南越王赵佗需要一个相对安定的环境来巩固对岭南的统治；汉王朝方面，中原汉王朝在经过秦王朝连年征战、秦末农民起义、楚汉之争后，急需休养生息以便恢复元气，且北方匈奴日益强大造成极大威胁，汉高祖刘邦对南越采取了怀柔之策，希望南越国不要成为"南边患害"。据《史记·南越列传》记载，"汉十一年，遣陆贾因立佗为南越王，与剖符通使，和集百越，毋为南边患害，与长沙接境"①。汉高祖十一年（前196），陆贾出使南越国，赵佗受封，建立了对汉的臣属关系，首次对汉臣服，其地位得到了中央政府的承认，同时促进了汉越双方的贸易。汉越之间的这种关系持续到吕后执政的第五年（前183）中断。

　　汉惠帝死后，吕后临朝执政。最初汉越关系仍得以维持，汉高后五年（前183）春，吕后听取了个别官员请禁南越关市的建议，实行"别异蛮夷"，断绝了与南越国的边境贸易，赵佗派官员前往汉都长安请求改变封锁南越经济的政策，吕后扣留三位官员，还诛杀了赵佗在中原的宗族，捣毁了赵佗祖先在河北真定的坟墓，赵佗指责吕后："高皇帝立我，通使物，今高后听谗臣，别异蛮夷，隔绝器物，此必长沙王计，欲倚中国，击灭南海并王之，自为功也。"②于是赵佗反汉，吕后遣兵征讨，赵佗针锋相对，阻击汉军，汉军未能逾岭，

---

① 《史记》卷一一三《南越列传》，北京：中华书局，1959年，第2967页。
② 《汉书》卷九五《西南夷两粤朝鲜传》，北京：中华书局，1962年，第3848页。

赵佗抗汉成功，在南越国声望提高，汉高后五年（前183），赵佗"自尊号为南越武帝""乃乘黄屋左纛，称制，与中国侔"①，公开称帝，再度割据。从公元前183年吕后采取"别异蛮夷"政策，到公元前179年陆贾再次出使南越前，南越国与汉朝经济上的交流基本中断，政治上针锋相对，这段时间也为赵佗称帝时期。

汉文帝元年（前179），汉文帝即位之后，陆贾再次受命出使南越，赵佗遂去帝号，复上书称臣，重新恢复了对汉的臣属关系，"乃顿首谢，愿长为藩臣，奉贡职"②。自此，赵佗再次臣服汉朝，这种关系一直延续到元鼎六年（前111）南越国灭亡。③

《汉书·西南夷两粤朝鲜传》详细记载了汉文帝元年（前179），汉廷招安南越王赵佗的具体经过：

> 文帝元年，初镇抚天下，使告诸侯四夷从代来即位意，谕盛德焉。乃为佗亲冢在真定置守邑，岁时奉祀。召其从昆弟，尊官厚赐宠之。诏丞相平举可使粤者，平言陆贾先帝时使粤。上召贾为太中大夫，谒者一人为副使，赐佗书曰："皇帝谨问南粤王，甚苦心劳意。朕，高皇帝侧室之子，弃外奉北藩于代，道里辽远，壅蔽朴愚，未尝致书。高皇帝弃群臣，孝惠皇帝即世，高后自临事，不幸有疾，日进不衰，以故悖暴乎治。诸吕为变

---

① 《汉书》卷九五《西南夷两粤朝鲜传》，北京：中华书局，1962年，第3848页。
② 《史记》卷一一三《南越列传》，北京：中华书局，1959年，第2970页。
③ 胡守为：《岭南古史》，广州：广东人民出版社，1999年，第24—45页。

故乱法，不能独制，乃取它姓子为孝惠皇帝嗣。赖宗庙之灵，功臣之力，诛之已毕。朕以王侯吏不释之故，不得不立，今即位。乃者闻王遗将军隆虑侯书，求亲昆弟，请罢长沙两将军。朕以王书罢将军博阳侯，亲昆弟在真定者，已遣人存问，修治先人冢。前日闻王发兵于边，为寇灾不止。当其时长沙苦之，南郡尤甚，虽王之国，庸独利乎！必多杀士卒，伤良将吏，寡人之妻，孤人之子，独人父母，得一亡十，朕不忍为也。朕欲定地犬牙相入者，以问吏，吏曰'高皇帝所以介长沙土也'，朕不得擅变焉。吏曰：'得王之地不足以为大，得王之财不足以为富，服领以南，王自治之。'虽然，王之号为帝。两帝并立，亡一乘之使以通其道，是争也；争而不让，仁者不为也。愿与王分弃前患，终今以来，通使如故。故使贾驰谕告王朕意，王亦受之，毋为寇灾矣。上褚五十衣，中褚三十衣，下褚二十衣，遗王。愿王听乐娱忧，存问邻国。"[1]

汉武帝时期，国力日渐强盛，藩国势力已被削弱，匈奴威胁基本解除。汉武帝不满足于南越政权对汉朝名为臣服，实则割据的状况，决定平定南越。元鼎五年（前112）秋，汉军分五路从北江（古称曲江以下为北江）、郁江（今西江）挺进。其中，"归义"越人带领的三路水军，"出零陵，或下离

① 《汉书》卷九五《西南夷两粤朝鲜传》，北京：中华书局，1962年，第3849—3850页。

水，或抵苍梧""咸会番禺"。①经过一年的激战，汉军擒获南越王赵建德及丞相吕嘉，灭南越国。

从秦末赵佗乘中原动乱之机在岭南建南越国，到元鼎六年（前111）汉武帝灭南越国止，南越国共传5世（赵佗、赵胡、赵婴齐、赵兴、赵建德）历93年。这期间，深圳地区隶属南越国南海郡。

三、隶属汉南海郡番禺县

汉武帝在平定岭南后，于元鼎六年（前111）在此设置交趾州刺史，同时将岭南地区划分为南海、苍梧、郁林、合浦、交趾、九真、日南、珠崖、儋耳九郡。②其中，南海郡下辖番禺、博罗、中宿、龙川、四会、揭阳六县。这次郡县重新划分是汉朝拓展岭南经济的战略决策，有着重要的政治意义。汉朝的南海郡建置已不是秦朝南海郡的规模，地盘大为削减，原来湟浦关以北的含洭、贞阳、曲江三县被划入了桂阳郡的范围，守粤的咽喉要地横浦关、湟溪关已失，北江上游的军事要冲控制在桂阳郡内。豫章郡的地盘跨越了大庾岭，统辖了今南雄、始兴的关防要塞，汉政府的用心是防范越族人的反叛，提防以南海郡为中心的割据势力的重演。作为南海郡治的番禺县，统领的区域也大为缩小。③深圳地区在西汉时期

---

① 《汉书》卷九五《西南夷两粤朝鲜传》，北京：中华书局，1962年，第3857页。
② 《汉书》卷六《武帝志》，北京：中华书局，1962年，第188页。
③ 章深主编：《广州通史·古代卷》（上册），北京：中华书局，2010年，第145页。

隶属南海郡番禺县。

汉武帝在原南越国、西南夷地区创立并推行"初郡"制度，岭南地九郡与西南夷八郡加一起共17个"初郡"。根据《史记·平准书》记载："汉连兵三岁，诛羌，灭南越，番禺以西至蜀南者置初郡十七，且以其故俗治，毋赋税。南阳、汉中以往郡，各以地比给初郡吏卒奉食币物，传车马被具。而初郡时时小反，杀吏，汉发南方吏卒往诛之，间岁万余人，费皆仰给大农。大农以均输调盐铁助赋，故能赡之。然兵所过县，为以訾给毋乏而已，不敢言擅赋法矣。"[①] 可以看到，"初郡"与汉朝中原地区的"以往郡"相比，有三个主要特点：一是"以其故俗治"，尊重当地人原有的风俗习惯，不因属于汉属郡而改变原有的社会结构及管理制度；二是"毋赋税"，17个"初郡"不需要如"以往郡"那样向当地民众征收各种赋税；三是"各以地比"，"初郡"所需的财政开销由邻近的数郡负担。综上，汉朝在岭南、西南地区实行的"初郡"政策，对于这个区域内的深圳地区的发展起到了一定的蓄势作用。

东汉岭南行政区的设置基本沿袭西汉，直至东汉末年才有大的改变。建安六年（201），析番禺、博罗县地，增设增城县，此后南海郡下辖番禺、博罗、中宿、龙川、四会、揭阳、增城七县。析番禺、博罗县地增设增城县后，深圳地区仍隶属南海郡番禺县。关于两汉时期深圳地区的隶属问题，

---

① 《史记》卷三〇《平准书》，北京：中华书局，1959年，第1440页。

史志和学界主要有三种观点：一是属番禺县说。康熙《新安县志》记载，"汉元鼎五年分南越，置九郡。南海郡领县六，邑于时属番禺"①。张一兵在《深圳通史·图文版01》中记载，秦、汉到东晋初年的500多年间，深圳地区属于番禺的管辖范围。②二是属博罗县说。《嘉庆新安县志》阮元序开篇即写"新安，汉博罗县地"，明确点明新安在汉朝时属于博罗县，在卷一《沿革志》"县志沿革表"中，也列明了汉朝时属博罗县。③三是分属番禺、博罗两县说。深圳博物馆编的《深圳古代简史》一书中认为，深圳地区在秦汉时期分属于番禺县和博罗县。④本书认为，1955年在香港九龙半岛南端发现的李郑屋东汉砖室墓出土的墓砖上摹印有"大吉番禺""番禺大治历"等记述墓葬所在地及吉祥语的文字，"番禺"二字指明墓葬所在地区归番禺管辖，据此可判断今香港地区在汉时属于番禺，而当时的香港与深圳为一体，故深圳同属于番禺。

东汉末年，皇室衰微，群雄割据，逐鹿中原。岭南地区因其独特的地理位置和丰富的自然资源，也成为汉廷、荆州牧刘表和吴主孙权等势力的必争之地。原交趾刺史朱符死后，汉廷派遣张津担任交趾刺史。建安二年（197），汉廷准许时

① 张一兵校点：《深圳旧志三种·康熙新安县志》，深圳：海天出版社，2006年，第238页。
② 张一兵主编：《深圳通史·图文版01》，深圳：海天出版社，2018年，第6页。
③ 张一兵校点：《深圳旧志三种·嘉庆新安县志》，深圳：海天出版社，2006年，第569、633页。
④ 深圳博物馆编：《深圳古代简史》，北京：文物出版社，1997年，第52页。

任交趾太守士燮的奏表，改交趾刺史部为交州，任命张津为交州牧。张津后来为其部将区景所杀。此时，荆州牧刘表为控制交州，派遣零陵人赖恭接替张津，担任交州刺史。为进一步控制岭南地区，在苍梧太守史璜死后，刘表又派遣吴巨接替史璜。与此同时，汉廷在听闻张津去世的消息后，为继续控制交州，赐予士燮有玺印、封号的诏书，任命其为绥南中郎将，督领各郡，"交州绝域，南带江海，上恩不宣，下义壅隔，知逆贼刘表又遣赖恭窥看南土，今以燮为绥南中郎将，董督七郡，领交阯太守如故"①。士燮派遣州吏张旻前往京都朝贡，汉廷又下诏任命其为安远将军，加封为龙亭度侯。

苍梧太守吴巨后来与交州刺史赖恭失和，吴巨起兵驱逐赖恭，赖恭兵败逃回零陵。建安十五年（210），吴主孙权为加强对岭南地区的控制，派遣步骘担任交州刺史。步骘到达交州后，一方面斩杀怀有异心的吴巨，另一方面安抚接受节调的士燮，孙权更是加封士燮为左将军。建安末年，士燮遣送其子去东吴做人质，同时诱导益州豪族东附孙权，孙权加封士燮为卫将军，封为龙编侯。士燮经常派遣使者觐见孙权，进献各种香料和布匹，还有琉璃、翡翠、玳瑁、犀角、象牙之类珍品。东吴政权对岭南地区的控制日益加深。建安二十二年（217）步骘将交州治所从广信迁至番禺，交州局势逐渐稳定。延康元年（220），孙权任命吕岱接替步骘为交州刺史。

---

① 《三国志》卷四九《吴书四》，北京：中华书局，1959 年，第 1192 页。

第二节　经济状况

　　秦始皇进军和统一岭南后，对岭南水陆交通进行了整治，水陆交通线的开辟促进了岭南地区社会的发展。南越国时期，赵佗推行"和集百越"的统治政策，保持了岭南社会的相对稳定，也为岭南地区的经济发展奠定了基础。汉武帝平定南越后，逐步推行封建赋税制度，推行移民实边垦荒种植，发展农业生产。东汉进一步贯彻重农政策，兴修水利，整治交通，推广先进的生产技术，岭南经济得以发展，深圳地区的盐业、农业、货币流通和手工业亦有较大程度的进步。1981年，深圳考古工作者在南头红花园发现了汉墓群，在其中一座东汉墓里发现了一块刻有"九九乘法口诀"的铭文砖，可见当时深圳民间在日常生活中已经能运用乘法口诀进行运算，数字运算的广泛使用，从一定程度上反映了当时经济的发展。

一、番禺盐官专管下的盐业

　　汉武帝平定岭南后，为贯彻落实官营盐铁的中央政策，分别在南海郡的番禺县和苍梧郡（治今广西梧州）的高要县设置了盐官，专门控制两地的盐业生产。官营盐铁，即中央政府在盐、铁的主要产地，分别设置相应级别的盐官和铁官，专门负责当地盐和铁的统一生产和销售，所得利润尽入国库，这也是推动西汉帝国的经济基础得到空前强固的有效经济政策之一。

番禺盐官是汉武帝在南海郡设立的专职。汉武帝统治时期推行官营盐铁制度，汉以大农领盐铁，大农之下，有两丞，一丞掌盐事，一丞掌铁事；武帝太初元年（前104年），改大农为大司农。①汉武帝时期②，在全国28郡设置35处盐官③，其中一处为南海郡番禺县的番禺盐官，管理南海郡的盐政。

深圳地区的盐业归番禺盐官管理。关于番禺盐官的驻地，学术界尚有争议。有学者认为番禺盐官设在今深圳市南头一带。例如，叶农在《宋元以前香港地区的工商业及发展》一文中表示，汉武帝实行盐铁官营，番禺盐官驻今深圳市南头。④彭全民在《从考古材料看汉代深港社会》一文中表示，番禺盐官曾设于今深圳的南头，与粤西的苍梧郡高要盐官遥遥相对。⑤彭全民和廖虹雷在《深圳历史上的东官郡太守》一文中表示，汉初设于南海郡番禺县的盐官，即史籍上所称的"东

---

① 《汉书》卷一九《百官公卿表》，北京：中华书局，1962年，第731、745页。

② 有观点认为是元鼎元年（前116）设立28郡盐官，本书认为应是元鼎元年开始设立盐官，但28郡的35个盐官的设立是一个逐步的过程，并非在一年内全部设置。

③ 《汉书》卷二八下《地理志下》，北京：中华书局，1962年，第1610、1615—1619、1621、1624—1626、1628—1629页。根据《汉书·地理志》的记载，西汉设置有35处盐官，后人关于西汉盐官数量及分布有所考补，有36处、37处、38处、43处等不同观点，有关不同考补观点的记述可参见王子今：《秦汉盐史论稿》，成都：西南交通大学出版社，2019年，第38—49页。

④ 叶农：《宋元以前香港地区的工商业及发展》，《暨南学报（哲学社会科学版）》1998年第4期。

⑤ 彭全民：《从考古材料看汉代深港社会》，《南方文物》2001年第2期。

官"，其地即在今深圳市的南头。①陈海滨在《深圳古代史》一书中表示，早在元封元年（前110），汉武帝就在南头设立了番禺盐官。基本上可以认定南头就是番禺盐官的驻地。番禺盐官又称"东官"。东莞盐场原称东官场，后来治所在南头的东官郡也沿用了这一名称。②《深圳古代简史》一书记载，汉武帝元封元年（前110）在深圳南头古城设立番禺盐官。③《深圳通史·图文版01》一书记载，番禺盐官为深圳地区第一个正式的官方机构；汉代番禺盐官的官署在今深圳南头一带。④但也有学者持否定观点。例如，容达贤在《深圳历史上的盐业生产》一文中指出盐官是设于"尉佗都"（即今日广州）。⑤李海荣在《也谈"番禺盐官"》一文中表示负责南海郡全郡盐政的番禺盐官的驻地，如果说在今深圳市南头，这种说法既无确凿的文献依据，更无任何的考古证据，甚至也没有证据能说明其一定在今深圳境内。依据现有资料，现在连秦汉时期番禺县治的地点都还有争论，番禺盐官的驻地更是难以说清楚。在没有新的文献和考古资料的发现之前，任何说法都是未经证实的假说。⑥《汉书·地理志》

① 彭全民、廖虹雷：《深圳历史上的东官郡太守》，《深圳特区报》2013年8月14日，第B2版。
② 陈海滨：《深圳古代史》上册，深圳：深圳报业集团出版社，2015年，第94—95页。
③ 深圳博物馆编：《深圳古代简史》，北京：文物出版社，1997年，第64页。
④ 张一兵主编：《深圳通史·图文版01》，深圳：海天出版社，2018年，第88页。
⑤ 容达贤：《深圳历史上的盐业生产》，见深圳博物馆编：《深圳文博论丛（2003）》，北京：中华书局，2003年，第151页。
⑥ 李海荣：《也谈"番禺盐官"》，见广州市文化广电旅游局、广州市文物博物馆学会编：《广州文博·拾肆》，北京：文物出版社，2021年。

记载，"番禺，尉佗都，有盐官"①，根据这句话可以判断，"尉佗都"所在的番禺有盐官，而"尉佗都"在今广州，可以推断盐官在今广州而非深圳。

二、农业经济初步发展

秦汉时期，推广铁农具和牛耕，改变了"刀耕火种""火耕水耨"的耕作方法，农业生产水平有了一定的提高。汉代番禺农业有了很大的发展，开始向封建社会的农业经济过渡。②

（一）铁农具及牛耕

秦朝统一岭南后，随着大批中原人南下，铁器在岭南地区的使用明显增加。南越国时期，岭南相对比较安定，南越王赵佗十分重视发展南越国的经济，从中原引入铁农具等；在与长沙国接壤的边境，南越国设有"关市"，境内外产品在此交换。铁农具和牲畜不断输入岭南，使岭南地区的经济实现了初步发展。两汉时期，中原先进生产技术在岭南推广，农业生产发生了质变。③

中原人迁移岭南，带来了先进的生产技术，其中牛耕是耕作技术上的重大进步。《百越先贤志》关于番禺罗威的记载

① 《汉书》卷二八下《地理志下》，北京：中华书局，1962年，第1626页。
② 章深主编：《广州通史·古代卷》（上册），北京：中华书局，2010年，第158页。
③ 章深主编：《广州通史·古代卷》（上册），北京：中华书局，2010年，第103、150页。

中提到："邻家牛数犯其稼，威刈刍，潜纳其门而去。牛主惊怪，阴使人广求，乃觉是威，感其长者。"①记述了番禺贤人罗威的田禾数次被邻家牛所侵食，他割草放邻家门口而偷偷离去的事迹，其中提到了农田，也提到了家牛，从中可以看到当时已有农田，也有家庭饲养的耕牛。广州汉墓中雕塑得栩栩如生的黄牛，以及以牛拉车的泥塑，都说明耕牛在当时是主要的牲口。佛山出土的东汉水田模型中，有一牛牵引短辕犁的牛耕形象。香港李郑屋汉墓发现的屋、仓、井、灶等陶模型明器，附有畜禽栏圈的曲尺形房屋，房屋内的持杵舂米俑和簸米俑，显示出当时小农经济的生产形态，农耕在经济生活中占有重要地位。②上述史料说明南海郡番禺县的耕牛使用普遍，推测当时的深圳地区也有牛耕的推广。

（二）农作物

1. 水稻

先秦时期，岭南的水稻栽培是以"刀耕火种"的方式进行的，以后发展为"火耕水耨"。据《史记·货殖列传》记载："楚越之地，地广人希。饭稻羹鱼，或火耕而水耨。"③农民先把地上的树木全部砍倒，再将枯死或风干的树木用火焚烧后，在林中清出一片土地，用掘土的棍或锄，挖出一个个小坑，投入几粒种子，再用土埋上，靠自然肥力获得粮食，这便是"刀耕火种"的耕作方式。后来，逐步发展为"火耕水

① （明）欧大任撰：《百越先贤志》，上海：商务印书馆，1937年，第77页。
② 白云翔：《香港李郑屋汉墓的发现及其意义》，《考古》1997年第6期。
③ 《史记》卷一二九《货殖列传》，北京：中华书局，1959年，第3270页。

耨"，即农民先用火烧荒地灭草，以草灰为肥料，然后引水浸地，再直接播种，任其自生自灭。"刀耕火种""火耕水耨"都是比较原始的耕作方式。

汉代的番禺栽培水稻已采用水田耕作法，佛山澜石东汉墓出土的水田模型反映了当时的耕作水平。当时已经垦辟出方整齐平的水田，田间有田埂连接，以便于施肥或进行田间管理；灌溉主要靠人工水渠，在田埂上作水口调节水流；水田模型的水稻田被十字形的田埂分为六块，面积较大，体现了三角洲平原的特色；水田模型上画有纵横成行的秧苗，说明当时的水稻栽培已经注意到行距、株距的疏密布置；水田模型上有泥俑作插秧状，水田中还有秧苗痕迹，可以证明育秧移栽技术已在当时推行；水田模型上有堆肥，说明当时已懂得以基肥增加地力，提高产量。[1]

2. 荔枝

《西京杂记》曰："（南越王）尉佗献高祖鲛鱼荔枝。高祖报以蒲桃锦四匹。"[2]《荔枝谱》中有载："荔枝之于天下，唯闽粤、南粤、巴蜀有之。汉初南粤王尉佗以之备方物，于是始通中国。"[3]据此可见，汉初南越王赵佗就已经向汉高祖贡献荔枝，证明汉时岭南已有荔枝。汉朝为促进岭南地区特有农产品的生产，还特别设立了一些专门机构。例如，南海郡为了促进

---

[1] 广东省文物管理委员会：《广东佛山市郊澜石东汉墓发掘报告》，《考古》1964年第9期。
[2] 《笔记小说大观》（一），扬州：江苏广陵古籍刻印社，1983年，第6页。
[3] 董运来主编：《荔枝谱》，海口：南海出版公司，2010年，第153页。

岭南园圃业的发展，专门设立了圃馐官①，负责龙眼、荔枝、橘子、柚等珍果的岁贡。此外，还设立扶荔宫，专门管理移植到长安的荔枝生长。崔弼《白云山志》中载："汉武帝破南越，移荔支种于长安，为扶荔宫。迨永元间，五里一堠，十里一置，亦取诸交州，不闻取诸闽、蜀也。"《三辅黄图》曰："元鼎六年，破南越，起扶荔宫，以植所得奇草异木。荔支自交趾移植百株，无一生者。连年犹移植不息，偶一株稍茂，终无华实，帝亦珍惜之。一旦萎死，守吏坐诛者十人；遂不复莳矣。其实则岁贡焉。"《丹铅总录》载："汉武帝破南越，建扶荔宫，以荔支得名也。"谢承《后汉书》载："永元十五年，岭南旧贡生龙眼、荔支，十里一置，五里一堠，昼夜传送。唐羌上书曰：'伏见交趾七郡，献生荔支、龙眼等，触犯死亡之害。此二物升殿，未必延年益寿。'帝下诏敕大官勿复受献。"②

三、出现货币的商品经济

深圳地区发掘出土的汉代窖藏以及灰坑中发现的两汉时期货币，均在一定程度上反映出当地两汉时期的经济发展状况。1984年，深圳博物馆调查发现位于深圳上步禾镰坑铜钱窖藏，为东汉时期的窖藏，当中发现有大量西汉五铢、西汉四铢半两、新莽货泉、东汉五铢等两汉时期货币（图 2-1）。③ 2000年，在

---

① 颜师古在《汉书》的注解中提及，汉朝时南海郡设有圃馐官。参见《汉书》卷二八下《地理志第八下》，北京：中华书局，1962年，第1628页。

② 转引自（唐）刘恂等：《历代岭南笔记八种》，鲁迅、杨伟群点校，广州：广东人民出版社，2011年，第317—343页。

③ 深圳市地方志编纂委员会编：《深圳市志·社会风俗卷》，北京：方志出版社，2014年，第420页。

香港的扫管笏遗址发现有汉代灰坑，藏有半两钱和五铢钱。[1]
货币是在商品生产和商品交换中产生的，是固定充当一般等
价物的特殊商品，其本身直接体现社会劳动，是财富的一般
代表。深圳窖藏和灰坑发现的两汉时期货币，说明两汉时期
深圳使用货币进行交易，也反映出当时有一定水平的商品经
济（表2-1）。

图 2-1　1984 年深圳上步禾镰坑铜钱窖藏出土的两汉货币
资料来源：杨耀林供图

表 2-1　深圳地区出土窖藏中的两汉时期货币

窖藏	古墓发现时间及地址	两汉时期货币	窖藏年代
禾镰坑铜钱窖藏	1984年，位于深圳上步禾镰坑	西汉五铢、西汉四铢半两、新莽货泉、东汉五铢	东汉窖藏
香港扫管笏遗址	2000年，位于香港扫管笏	半两钱和五铢钱	汉代灰坑

四、初具多样性的手工业

　　秦汉时期深圳地区陶器、铜器、银器制造技术有一定进

---

[1]　周佳荣：《香港通史——远古至清代》，香港：香港三联书店，2017年，第
34页。

步。在李郑屋汉墓、红花园墓葬、岗面山墓葬、铁仔山墓葬和咸头岭等两汉墓葬中都出土了很多陶、铜、银制品，在一定程度上反映了当时手工业的发展。1955年发掘于香港九龙西北部深水埗东京街北端李郑屋村的李郑屋汉墓，出土有罐、釜、鼎、尊、卮、豆、盒、壶等27件陶器，2件陶器残件，屋、仓、井、灶等7件陶制模型、14件陶器盖，以及铜镜、铜碗、铜洗、铜铃等铜器8件。1981年发掘的位于今南山区的红花园汉墓，出土有罐、鼎、壶、釜、三足盒、瓿、碗、盆、杯、带把三足杯、盂、尊、熏炉、豆形灯、案、灶、井、器盖等61件陶器，3件铜镜，2件银镯，4件银指环及料珠（图2-2）。[①]1984年发掘的位于宝安区西乡镇西乡中学北侧山岗上的岗面山墓葬，出土有四耳提筒、两耳平底壶、两耳圈足壶、高脚盏、簋、平底釜、碗、器盖等17件汉代陶器。1984年发掘的位于宝安区西乡镇铁仔山东坡的铁仔山墓葬，出土有1件陶器及少量酱褐色陶片。1985年发掘的位于龙岗区大鹏镇咸头岭村东边沙丘上的咸头岭墓葬，出土有六耳大陶罐、两耳小陶罐2件陶器。上述出土文物统计具体见表2-2。[②]

---

① 广东省博物馆、深圳博物馆的《深圳市南头红花园汉墓发掘简报》（《文物》1990年第11期）中记载出土有料珠6颗，分别出于M6和M12，但在《深圳7000年：深圳出土文物图录》（北京：文物出版社，2006年）第89页图155中有一整串料珠，共有15颗，图注为1981年红花园汉墓出土。此两处对于红花园汉墓出土的料珠数量记载有差异。
② 深圳市地方志编纂委员会编：《深圳市志·社会风俗卷》，北京：方志出版社，2014年，第424—425页。

图2-2　1981年深圳红花园汉墓出土的东汉料串珠、铜镜及陶盒

资料来源：深圳市文物管理委员会办公室等编：《深圳7000年：深圳出土文物图录》，
北京：文物出版社，2006年，第91、96、98页

表2-2　深圳地区出土的两汉文物一览表

汉代墓葬	古墓发现时间及地址	出土的两汉手工品				墓葬年代
		陶器	铜器	银器	其他	
李郑屋汉墓	1955年，九龙西北部深水埗东京街北端李郑屋村	27件陶器、2件陶器残件、7件陶制模型、14件陶器盖	8件铜器			东汉墓葬
红花园墓葬	1981年，南山区红花园	61件陶器	3件铜镜	2件银镯、4件银指环	6颗料珠	1座西汉墓葬，8座东汉墓葬
岗面山墓葬	1984年，宝安区西乡镇西乡中学北侧山岗	17件陶器				东汉墓葬
铁仔山墓葬	1984年，宝安区西乡镇铁仔山东坡	1件陶器，少量陶片				东汉墓葬
咸头岭墓葬	1985年，龙岗区大鹏镇咸头岭村东边沙丘	2件陶器				东汉墓葬

第三节　移民迁入

秦汉时期，中原地区的人口开始大规模地迁入岭南地区，深圳地区的人口也逐渐增多。秦代在统一岭南地区前后，向当地组织了多次大规模的移民，尤其是大规模的军事移民。汉代向岭南地区的移民大多是中原地区的士族和农民为躲避战祸而自发进行的。秦汉时期大批移民的迁入，为岭南、深圳地区的人口繁衍作出了巨大的贡献。

一、秦代向岭南地区的移民

据《史记·六国年表》记载，秦始皇三十三年（前214），秦军经多年苦战后最终统一岭南地区，在此设置南海、桂林、象三郡。[①]其中，南海郡下辖诸县当中有据可考的是番禺、博罗和龙川三县。[②]有现代学者认为，深圳地区在当时属番禺县

[①]　《史记》卷一五《六国年表》，北京：中华书局，1959年，第757页。

[②]　有关秦代南海郡辖县的问题，学界众说纷纭，除番禺、博罗、龙川三县有据可考，尚未出现任何争议外，还有四会、揭阳、乐昌、南海等县也属于南海郡辖县的说法。其中，争论的焦点主要集中在四会县的归属和揭阳县的始设年代上。实则，据李吉甫考证，四会县，本秦旧县也，属桂林郡。参见（唐）李吉甫撰：《元和郡县图志》卷三四《岭南道一》，贺次君点校，北京：中华书局，1983年，第891页。据顾祖禹考证，秦置四会县，属桂林郡，汉属南海郡，后汉因之。揭阳县为汉置县，属南海郡，后汉因之。参见（清）顾祖禹撰：《读史方舆纪要》卷一〇一《广东二》，贺次君、施和金点校，北京：中华书局，2005年，第4637、4718页。学界围绕该问题的相关讨论可参见吴宏岐、周玉红：《秦南海郡辖南海县说商榷》，《中国历史地理论丛》2010年第4期。

管辖。①秦王朝在经略岭南地区的过程中，为了弥补因军事行动造成的人口损失，发展当地经济文化，推行移民实边政策，组织大批中原军民迁徙岭南地区。秦代中央王朝向岭南地区组织大规模移民具有重要而深远的历史意义：一方面，秦代统一岭南地区，在当地设郡置县，将其纳入中央政府的统一管理，组织大量移民迁居于此，这是秦完成统一历史进程中的重要内容②；另一方面，随着大批中原移民的不断迁入，岭南、深圳地区与中原文明之间的经济文化交流更为频繁，开始进入崭新的历史发展时期。

秦代中原地区向岭南地区进行的移民始于秦军征伐百越的战争。秦始皇二十四年（前223），秦军在攻陷楚国之后，随即发动对百越的征服战争。据《史记·白起王翦列传》记载："岁余，虏荆王负刍，平荆地为郡县。因南征百越之君。而王翦子王贲，与李信破定燕、齐地。秦始皇二十六年，尽并天下，王氏、蒙氏功为多，名施于后世。"③由上述内容可知，秦将王翦率60万大军，在取得伐楚战争的关键性胜利后，随即南征百越之君，而亡燕灭齐的军事作战任务则交由王贲和李信来完成。史书上对王翦南征百越的记载不多，但大规模军队的东征南讨会给被征伐地区带来大量的军事移民。据《史记·秦始皇本纪》记载，王翦在秦始皇二十五年（前222）

① 张一兵主编：《深圳通史·图文版01》，深圳：海天出版社，2018年，第74页。
② 王子今：《论秦始皇南海置郡》，《陕西师范大学学报（哲学社会科学版）》2017年第1期。
③ 《史记》卷七三《白起王翦列传》，北京：中华书局，1959年，第2341页。

"遂定荆江南地，降越君"①，秦王朝在此设置会稽郡②。虽无相关材料证实王翦大军的活动范围是否触及岭南地区，但有部分军队在五岭一线驻守，专门对付来自南越的威胁。③此次军事行动可以视作秦军向岭南地区发动战争的序曲，但是秦军此时显然未能征服南越。④

　　据相关史料记载，秦代统治者先后向岭南地区组织过多次较大规模的移民活动。秦始皇二十九年（前218），尉屠睢率领秦军对岭南地区进行的征伐过程中，便给当地带来了大批较早的移民。据《淮南子·人间训》记载："（秦始皇）又利越之犀角、象齿、翡翠、珠玑，乃使尉屠睢发卒五十万，为五军……杀西呕君译吁宋。而越人皆入丛薄中，与禽兽处，莫肯为秦虏。相置桀骏以为将，而夜攻秦人，大破之。杀尉屠睢，伏尸流血数十万。乃发适戍以备之。"⑤上述史料表明，屠睢率领50万秦军，兵分五路进军岭南，初战告捷，击败西呕越人，但最终败于南越军民的游击战和夜袭战，主将屠睢被杀。这场声势浩大的征伐战争虽然未能征服南越军民，但

---

① 《史记》卷六《秦始皇本纪》，北京：中华书局，1959年，第234页。

② 秦时所设会稽郡的地理范围大致相当于今江苏南部、安徽东南部、上海及浙江北部等地区，与南越人活动的岭南地区相去甚远。参见谭其骧主编：《中国历史地图集第二册（秦·西汉·东汉时期）》，北京：中国地图出版社，1982年，第11—12页。

③ 张一兵主编：《深圳通史·图文版 01》，深圳：海天出版社，2018年，第81页。

④ 王翦大军对百越的战争发生在秦灭六国、统一中原进程中表明，攻打岭南地区是其完成统一霸业的重要组成部分。

⑤ 陈广忠译注：《淮南子》卷一八《人间训》，北京：中华书局，2012年，第1090页。

带来了大批移民，一方面屠睢麾下的残存军士留驻当地，成为岭南地区较早的中原移民；另一方面在经历军事失败后，秦军为进一步充实边防军事力量，再次向岭南地区征发和遣驻大批新的移民。

秦始皇三十三年（前214），秦军再次征发中原民众充当士卒前往岭南地区。据《史记·秦始皇本纪》记载："三十三年，发诸尝逋亡人、赘婿、贾人略取陆梁地，为桂林、象郡、南海，以适遣戍。"①由此可见，在秦军对岭南地区发动最后一次战争的过程中，又征发了大批不同类型的中原人补充军队前往攻打岭南地区，并驻守当地。

在秦军完成统一岭南地区的作战任务后，秦朝中央政府根据当时制定的移民徙边政策，向岭南地区组织迁徙大批中原地区的普通民众，与当地的越族人杂居相处、共同生活。据《史记·南越列传》记载："秦时已并天下，略定扬越，置桂林、南海、象郡，以谪徙民，与越杂处十三岁。"②这批迁徙而来的北方民众中贾人数量较多，他们多是有固定经营地点的生意人，有助于推动岭南地区的商业贸易发展。③这批中原移民与南越部族实现了长期和平共处。譬如，唐代翰林学士韦昌明，其祖上生活在陕西关中一带，在秦统一岭南后，举家搬迁至南海郡龙川县，历经35代，800余年，与当地越

---

① 《史记》卷六《秦始皇本纪》，北京：中华书局，1959年，第253页。
② 《史记》卷一一三《南越列传》，北京：中华书局，1959年，第2967页。
③ 张一兵主编：《深圳通史·图文版01》，深圳：海天出版社，2018年，第82页。

人共同居住生活。①

秦始皇三十四年（前213），秦朝再次向岭南地区流放移民。据《史记·秦始皇本纪》记载："三十四年，适治狱吏不直者，筑长城及南越地。"②众所周知，秦朝律法严苛，对有法不依、执法不严、司法不公和违法不究的官吏均严惩不贷，当时便出现了将这些触犯秦法的官吏流放至偏远地区的情况。

秦朝末年，中央王朝恩准赵佗所奏请的特殊移民请求，向岭南地区迁徙15 000名单身女子。据《史记·淮南衡山列传》记载："（秦始皇）又使尉佗逾五岭攻百越。尉佗知中国劳极，止王不来，使人上书，求女无夫家者三万人，以为士卒衣补。秦皇帝可其万五千人。"③其目的在于解决驻守岭南地区秦军士兵的婚姻问题，部分士兵与这些移民的单身中原女子组建家庭，繁衍后代，其余士卒只能与当地越族女子通婚。关于秦代向岭南地区的移民情况，具体见表2-3。

表2-3　秦代向岭南地区的移民表

移民时间	移民主体
秦始皇二十九年（前218）	屠睢率领的五十万秦军
秦始皇三十三年（前214）	逋亡人、赘婿、贾人
秦统一岭南后	贾人
秦始皇三十四年（前213）	治狱吏不直者
秦朝末年	女无夫家者万五千人

① （清）董诰等编：《全唐文》卷八一六《韦昌明》，北京：中华书局，1983年，第8592—8593页。
② 《史记》卷六《秦始皇本纪》，北京：中华书局，1959年，第253页。
③ 《史记》卷一一八《淮南衡山列传》，北京：中华书局，1959年，第3086页。

如上所述，秦在攻打岭南地区前后，向当地组织了大规模的移民活动。秦代向岭南地区的实际移民情况应当不局限于上述内容。根据史料所载，秦代中央政府组织的移民运动，无论在移民的次数，还是在移民的人口规模上，比起其以前的各代，都是有过之而无不及的。落户于岭南地区的中原军民，在当时岭南的全部人口中占据相当大的比例，但尚未形成数量上的优势。[①]然而，大规模移民的到来，给岭南地区注入了新的发展活力，深圳地区所在的南海郡也得益于此，实现了新的户口充实和文化更新。

二、汉代向岭南地区的移民

秦末天下大乱，时任南海郡尉赵佗趁势割据岭南地区，于汉高祖三年（前204）建立南越国，号称"南越武王"，定都番禺。[②]赵佗承袭秦朝的郡县制，深圳地区在当时属南越国南海郡辖地。汉武帝元鼎六年（前111）冬，汉军最终平定南越国，分设南海、苍梧、郁林、合浦、交趾、九真、日南、珠崖、儋耳九郡。[③]其中，南海郡下辖番禺、博罗、中宿、龙

---

① 葛剑雄根据相关史料估算，秦末中原王朝向岭南地区组织的移民人数为10万—15万人，中原移民在南越并没有数量上的优势。参见葛剑雄：《中国移民史（先秦至魏晋南北朝时期）》（第二卷），福州：福建人民出版社，1997年，第73页。有学者估算，战国晚期岭南的人口约有70万。参见赵善德：《先秦秦汉时期岭南社会与文化考察：以考古学为视角》，广州：暨南大学出版社，2014年，第180—181页。
② 《史记》卷一一三《南越列传》，北京：中华书局，1959年，第2967页。
③ 《汉书》卷六《武帝纪》，北京：中华书局，1962年，第188页。

川、四会和揭阳六县。①深圳地区在两汉时期均属南海郡番禺县管辖。相关史料表明，在南越国和汉王朝统治时期，中原移民不断迁入南海郡和深圳地区。

西汉元鼎五年（前112），汉武帝派遣充军的罪犯和"南方楼船卒二十余万"②分兵五路，征讨南越国。据《史记·南越列传》记载："卫尉路博德为伏波将军，出桂阳，下汇水；主爵都尉杨仆为楼船将军，出豫章，下横浦；故归义越侯二人为戈船、下厉将军，出零陵，或下离水，或抵苍梧；使驰义侯因巴蜀罪人，发夜郎兵，下牂柯江：咸会番禺。"③五路大军经水路，长驱南下，在番禺城下集结，对南越国发动总攻。在完成统一南越国的作战任务后，绝大部分军士都留驻在当地，这是汉代向岭南地区组织的一次大规模移民。

然而，与秦代有组织的数次大规模军事移民不同，两汉时期岭南地区的移民活动大多是中原人为躲避战乱，自发进行的。譬如，西汉末年，中原社会动乱不断，导致大量人口南迁，岭南地区的外来移民人数陡增。政治斗争中的失败者流徙岭南在当时极为常见。汉哀帝时的关内侯张由因诬告中山国王室行蛊谋逆罪行坐实，"幸蒙赦令，请免为庶人，徙合

---

① （元）马端临撰：《文献通考》卷三二三《舆地考》，北京：中华书局，1986年，第8861页。另，东汉时期在南海郡增置增城县。参见（宋）徐天麟撰：《东汉会要》卷三八《方域下》，北京：中华书局，1955年，第404页。

② 《史记》卷三〇《平准书》，北京：中华书局，1959年，第1438—1439页。

③ 《史记》卷一一三《南越列传》，北京：中华书局，1959年，第2975页。

浦"①。王莽篡汉当政期间，汝南郡西平县人郅恽上书讥笑王莽窃国，为当朝所不容，"会赦得出，乃与同郡郑敬南遁苍梧"②。南郡华容县人胡广同样对王莽当政深感不满，"值王莽居摄，刚解其衣冠，县府门而去，遂亡命交趾，隐于屠肆之间"③。到了东汉时期，在皇权争夺和外族侵扰的内忧外患之下，北方民众纷纷南逃避祸。中原士族和农民构成了两汉时期向岭南地区自发性移民潮的主体，他们给当地带来了中原的先进技术和生产工具，以及农作物种子，使得岭南地区的耕作水平出现较大的提升。再如，东汉末年，中原大乱，战事频仍，士人纷纷避难交州。

需要指出的是，岭南地区素有"蛮荒瘴疠""化外绝域"之称，在汉代的中原人看来，南越之地环境恶劣，不宜前往，"南州水土温暑，加有瘴气，致死亡者十必有四五"④。"林中多蝮蛇猛兽，夏月暑时，欧泻霍乱之病相随属也……曾未入其地而祸已至此矣。"⑤这就会产生两个方面的问题：一是岭南地区恶劣的气候环境似乎可以在某种程度上阻止中原大批移民的自发性迁移；二是大量移民会在迁移过程中因水土不服或其他非自然因素患病甚至丧生，这就导致最终顺利移

---

① 《汉书》卷九七下《外戚传》，北京：中华书局，1962年，第4007页。
② 《后汉书》卷二九《申屠刚鲍永郅恽列传》，北京：中华书局，1965年，第1025页。
③ 《后汉书》卷四四《邓张徐张胡列传》，北京：中华书局，1965年，第1504页。
④ 《资治通鉴》卷五二《汉纪四十四》，北京：中华书局，1956年，第1681页。
⑤ 《汉书》卷六四上《严朱吾丘主父徐严终王贾传》，北京：中华书局，1962年，第2779页。

驻岭南地区的中原人口数量减少。然而，相关史料表明，岭南地区的人口规模在两汉之际出现大幅增长，除当地人口自然增长因素外，中原移民的持续增多是其主要原因，且当地可统计的外来移民数量会远低于中原向岭南地区的实际移民人数。

三、岭南地区的移民特征

秦代与汉代向岭南地区的移民具有不同的特征。在移民类型上，秦代主要是有组织的军事移民，移民主体构成包括军队官兵、普通民众、逃犯、赘婿、贾人、不秉公执法断案的官吏和单身女子。其中，秦始皇二十九年（前218）移民的主体都是军队官兵，他们投入攻打岭南地区的战争当中，除了部分战死或随军回归故土之外，其余官兵均驻守在岭南；秦始皇三十三年（前214）移民的主体是由逃犯、赘婿和贾人组建的军队，这反映出秦代社会对上述群体的歧视；秦统一岭南后移民的主体是平民，当中贾人数量较多；秦始皇三十四年（前213）移民的主体是"治狱吏不直者"，这批人或者北上修筑长城，或者南下流放岭南，反映出秦代社会对严刑峻法的推崇；秦末组织的大批单身女子移民，其目的在于解决驻守军士的婚配问题，更能反映出秦代移民的大规模组织性特征。

反观汉代移民，虽然在汉武帝征伐南越国时期，以及其后的平叛过程中，不乏大规模的军事移民，如元鼎五年（前

112）秋，汉武帝任命伏波将军路博德和楼船将军杨仆率领大军南下，与南越军队会战于番禺城。[1]又如，东汉建武十七年（41），交趾女子征侧揭竿而起，"攻没其郡，九真、日南、合浦蛮夷皆应之"，占据岭南六十余城，自立为王，光武帝任命马援为伏波将军，南下征讨起义军，"斩首数千级，降者万余人"，很快镇压了起义军，当时追随马援南下的大量官兵最终移居岭南地区。[2]譬如，青州人黄万定曾跟随马援南征交趾，因有军功，留守边境，其后人累世为官。[3]但是，两汉时期中原向岭南地区的移民更多为自发性的士人和农民，其移民目的也多为躲避中原战祸。

两汉时期的中原居民不断向岭南地区迁徙，在充实当地人口规模的同时，也促进了岭南地区经济文化的发展。深圳地区所属的南海郡也存在较大规模的人口迁入情况。据史料记载，西汉时期，南海郡辖"户万九千六百一十三，口九万四千二百五十三"[4]。至东汉时期，南海郡辖"七城，户七万一千四百七十七，口二十五万二百八十二"[5]。百余年内，户口数均出现大幅增长，这主要得益于当地长期的社会稳定和大批移民的迁入。

---

[1] 《汉书》卷九五《西南夷两粤朝鲜传》，北京：中华书局，1962年，第3857—3858页。

[2] 《后汉书》卷二四《马援列传》，北京：中华书局，1965年，第838页。

[3] （清）屈大均撰：《广东新语》卷七《人语》，北京：中华书局，1985年，第233页。

[4] 《汉书》卷二八下《地理志》，北京：中华书局，1962年，第1628页。

[5] 《后汉书》志二三《郡国五》，北京：中华书局，1965年，第3530页。

倘若将两汉时期岭南各郡的户口数加以对比研究，则会发现增长最多的分别是南海郡和苍梧郡。以南海郡为例，东汉时期的户数约是西汉时期的3.6倍，人口数约是2.7倍。[1]这反映出深圳地区所在的南海郡在两汉时期，是岭南地区外来移民的主要迁居地之一。根据《汉书·地理志》《后汉书·郡国五》的相关记载，可以对两汉时期岭南诸郡户口产生直观的认识，具体如表 2-4 所示。

表 2-4　两汉时期岭南诸郡户口表[2]　　　　　　　单位：人

郡名	西汉		东汉	
	户	口	户	口
南海郡	19 613	94 253	71 477	250 282
苍梧郡	24 379	146 160	111 395	466 975
郁林郡	12 415	71 162	——	——
合浦郡	15 398	78 980	23 121	86 617
交趾郡	92 440	746 237	——	——
九真郡	35 743	166 013	46 513	209 894
日南郡	15 460	69 485	18 263	100 676

资料来源：《汉书》卷二八下《地理志》，北京：中华书局，1962年，第1628—1630页；《后汉书》志二三《郡国五》，北京：中华书局，1965年，第3530—3532页

[1]　户口表当中的数据显示，南海郡在西汉时期每户约为 4.8 人，东汉时期每户约为 3.5 人，某种程度上反映出东汉时期存在隐瞒人口的现象，间接表明东汉时期南海郡的人口数应当远超 25 万人，甚至超过 30 万人。当地的人口迁移盛况可见一斑。

[2]　汉昭帝始元五年（前 82），"罢儋耳郡并属珠厓"。汉元帝初元三年（前 46），珠崖郡反，"上乃罢珠崖郡"。参见《汉书》卷六四下《贾捐之》，北京：中华书局，1962年，第 2830 页；《汉纪》卷二一《孝元皇帝纪》，北京：中华书局，2002年，第 376 页。

从表 2-4 可以明显看出，两汉时期岭南各郡的户口数在总体上呈现大幅增长的势头。其中，南海郡和苍梧郡的户口数增长幅度最大，苍梧郡的人口增长最快，东汉时期的人口数约为西汉时期的3.2倍，其次为南海郡和日南郡。除东汉时期郁林郡和交趾郡的户口数据缺失之外，其余五郡均出现较大幅度的人口增长情况，这反映出两汉时期北方人口南迁的规模较大，中原移民向岭南地区的迁移方向大多集中在苍梧郡和南海郡。

根据《广东省志·人口志》当中的记载，以西汉平帝元始二年（2）和东汉顺帝永和五年（140）的全国人口统计数据为参考标准，来估算当时广东省的人口数据，得出的结论是：公元2年广东省有37.52万人，占当时全国人口总数的0.65%，人口密度为每平方千米1.7人；至公元140年全省有86.3万人，占当时全国总人口的1.71%，人口密度为每平方千米3.9人。与此同时，秦汉之际岭南地区的人口分布密度与北方汉人南迁的两条路线有关：一是由湘桂走廊下西江，在高要、罗定等地定居，有的甚至南达雷州半岛；二是经折岭的隘口顺连江而下到达连县、阳山等粤北一带，形成秦汉之际广东人口分布以粤北山地最多，西江流域次之，滨海低地最少的态势。①这与梁方仲对两汉时期岭南诸郡人口密度的整理情况大致相符，具体如表 2-5 所示。

———————
① 广东省地方史志编纂委员会编：《广东省志·人口志》，广州：广东人民出版社，1995年，第34—35页。

表 2-5　两汉时期岭南诸郡人口密度表

郡名	西汉		东汉	
	面积/千米²	每平方千米的人口数/人	面积/千米²	每平方千米的人口数/人
南海郡	95 670	1.0	96 230	2.6
苍梧郡	57 510	2.5	57 510	8.1
郁林郡	125 190	0.6	125 190	—
合浦郡	56 970	1.4	56 970	1.5
交趾郡	77 490	9.6	25 830	—
九真郡	55 620	3.0	18 540	11.3
日南郡	94 500	0.7	31 500	3.2

数据来源：梁方仲编著：《中国历代户口、田地、田赋统计》，上海：上海人民出版社，1980年，第19、27页

从表 2-5 可以看出，尽管两汉时期中原移民向岭南地区的迁移方向大多集中在苍梧郡和南海郡，但是苍梧郡的人口密度超过南海郡的两倍，显然承载了数量更多的移民群体。与此同时，南海郡各时期的人口密度均低于同时期广东省统计的人口密度，符合秦汉之际的人口分布规律，与当时深圳地区的人口分布状况也更为接近。据此保守估算，秦汉时期深圳地区盛时的人口规模当有数千人[①]，已然成为当时的人口聚居区和经济文化活跃区。

另有考古资料表明，深圳红花园、铁仔山（图 2-3）等地发现有较为密集的汉墓群，其中红花园 M4 汉墓长 8 米、宽 6.7

---

① 与广东省的人口密度统计数据相比，梁方仲对两汉时期南海郡的人口密度统计数据更为接近当时深圳地区的人口分布情况。此外，根据户口表中的数据统计，南海郡在西汉时期的大概每户 4.8 人，东汉时期在人口明显增长的情况下，每户降至约 3.5 人，不排除存在瞒报人口的情况。因此，本书依据相关史料数据，对秦汉时期深圳地区盛期人口规模的大致推断应是合理的。

米，属于东汉时期的大型规格墓葬。已知广州发掘出的同等规格墓葬被考证为属于当地贵族所有，根据墓葬规格和出土文物可知，墓主的身份高贵，且具有一定的社会地位，可以推断出东汉时期已有地位相当于上级郡城贵族的人物在深圳地区居住。1984年6月中旬，考古工作者在深圳上步禾镰坑挖掘出的一批铜钱，重约3.5千克（约2800枚），据统计有西汉五铢、西汉四铢半两、新莽货泉、东汉五铢，并发现4枚四出五铢，这批铜钱的入土年代应在东汉时期，进一步佐证了深圳地区在当时的经济文化地位。上述资料均表明，当时深圳地区已是居民较为稠密且经济也较为发达的区域。①秦汉时期大批移民的迁入，为深圳地区的人口繁衍作出了巨大的贡献。随着移民的大量迁入，中原文化在岭南、深圳地区得以不断传播，汉越文化逐步融合，当地的风土人情也呈现出崭新的面貌。

图2-3　1987年，深圳铁仔山汉墓挖掘出土的东汉人面纹砖
资料来源：深圳市地方志编纂委员会编：《深圳市志·社会风俗卷》，
北京：方志出版社，2014年，第3页

① 彭全民：《从考古材料看汉代深港社会》，《南方文物》2001年第2期。

第四节　中原文化传播

秦汉时期，随着郡县制的巩固，中央强化了对岭南地区的统治。伴随中原移民的大量迁入，中原文化也不断地输入和传播开来，汉越两族人民在岭南、深圳地区共同生活、相互通婚，汉越文化逐渐融合。

一、中原文化的广泛传播

先秦时期，五岭作为极难逾越的自然屏障，加之古代交通的落后，极大地限制了岭南与中原地区深入的文化交流。由于地理位置所隔，岭南地区并未接受吴越的鸟篆文，也没有形成自己的文字，只有少量汉字传播至此。秦统一岭南和赵佗建立南越国，是岭南文化发展极为重要的时期。随着秦军多次组织的移民实边和大量汉人南迁，秦王朝推行的"书同文、车同轨"和"统一度量衡"等制度在岭南实行，汉字开始在岭南流通，也大量出现在当时的遗址和墓葬中。[①]经过南越国时期近一个世纪的推广和普及，汉字已成为南越国的官方文字并在国内普遍流行。中原文化在岭南的广泛传播进入新的历史时期。

两汉时期，随着大批中原士人的南迁，中原儒学思想在

---

① 张荣芳、黄淼章：《南越国史》，广州：广东人民出版社，1995 年，第 319—320 页。

岭南地区也得以广泛传播。岭南地区对中原儒家文化的深度接纳，首先得益于地方统治者所倡导的文化开明政策。汉武帝平定南越后，岭南地区的文化开发更加深入，岭南出现了越来越多的学校。两汉之际，苍梧郡的陈钦、陈元父子，已成为全国闻名的经学大家。陈钦师从经学大师贾护，与刘歆齐名，曾亲自教授王莽《左氏春秋》，陈元少传父业，潜心研究，在东汉初年"与桓谭、杜林、郑兴俱为学者所宗"①。中平四年（187），苍梧郡广信县人士燮被任命为交趾太守。时任交州刺史朱符被杀后，州郡秩序混乱。士燮上表奏请其弟士武兼任南海太守。东汉末年，诸侯逐鹿，天下大乱，士燮雄踞一州之地，"威尊无上，出入仪卫甚盛，震服百蛮"②。士燮在执政交趾期间不仅治理有方，还重视研习和传播儒学，他体器宽厚，谦虚下士，有数以百计的中原名士，如袁徽、许靖、刘巴、程秉、薛综等，皆前往投奔，促进了儒学思想在岭南地区的深入传播。③

在南迁士人当中，许靖和袁徽儒学涵养甚高，得到了士燮的礼遇。其中，许靖是汝南郡平舆县人，为躲避中原战乱，举家渡海逃往交州。他先抵达南海郡，几经周折后来到交趾，

① 《后汉书》卷三六《郑范陈贾张列传》，北京：中华书局，1965年，第1230页。
② 《资治通鉴》卷六六《汉纪五十八》，北京：中华书局，1956年，第2105页。
③ 汉武帝元鼎六年（前111）置交趾刺史，辖岭南九郡，治龙编（今越南河内东）。汉献帝建安八年（203），改称交州，治苍梧广信县。建安二十二年（217），交州治所迁至南海番禺县。今深圳地区隶属的南海郡在交趾太守士燮执政后期，属于岭南地区的政治和文化中心。参见《资治通鉴》卷七八《魏纪十》，北京：中华书局，1956年，第2487页。

士燮对其礼遇有加。许靖寄身交州期间，时人评价其"英才伟士，智略足以计事。自流宕已来，与群士相随，每有患急，常先人后己，与九族中外同其饥寒。其纪纲同类，仁恕恻隐，皆有效事，不能复一二陈之耳"[1]。由此可见，许靖时常以儒家的人伦纲常立身处世，为世人所称道。许靖后来历任巴蜀、广汉和蜀郡太守，刘备称帝后，任命其为司徒，位列三公。

袁徽与士燮之间的儒学交流颇多，在他写给时任尚书令荀彧的信中，对士燮的治理才能和学术造诣均给予了高度的评价："交趾士府君既学问优博，又达于从政，处大乱之中，保全一郡，二十余年疆场无事，民不失业，羁旅之徒，皆蒙其庆，虽窦融保河西，曷以加之。官事小阕，辄玩习书传，《春秋左氏传》尤简练精微，吾数以咨问传中诸疑，皆有师说，意思甚密。又《尚书》兼通古今，大义详备。闻京师古今之学，是非忿争，今欲条《左氏》、《尚书》长义之上。"[2]

从信件的内容可以看出，士燮日常利用治国理政的余暇时间，致力于研习经传，不仅达到了答疑解惑、思想深邃的较高境界，还尝试对《春秋左氏传》《尚书》当中的深微大义进行逐条论析，呈报朝廷，以解决京师古文经学派和今文经学派的争端。岭南地区儒学思想的繁荣程度由此可见一斑。

中原地区的数学、音乐、舞蹈、美术等文化，也逐渐通过中原移民传播至岭南地区，对当地的社会文化生活产生不同程度的影响。与此同时，岭南本土文化也可以通过相互交

---

[1] 《三国志》卷三八《蜀书八》，北京：中华书局，1959年，第964页。
[2] 《三国志》卷四九《吴书四》，北京：中华书局，1959年，第1191—1192页。

流的方式传播至中原地区。譬如，南越国时流行的一种名为"越讴"的音乐，深受当时中原人的喜爱。据《百越先贤志》记载，粤人张贾曾在西汉惠帝时期"侍游苑池""能为越讴"。①

深圳地区已发掘出土的大量考古资料表明，两汉时期中原文化对当地产生了深刻的影响。其中，已发掘出的红花园古墓群分布在南头古城南面，1981年为配合基建工程，清理出一批各时期的墓葬，包括西汉墓1座、东汉墓8座。东汉砖室墓可分为"凸"字形、"中"字形和"卜"字形三种形式，出土的文物有陶器、铜器、银器和料器等类。尤为重要的考古发现，是在红花园M3东汉墓中出土的"九九乘法口诀"铭文砖（文前图8），砖呈长方形，长37厘米、宽17厘米、高4厘米，色青灰，质地坚硬，局部表面烧成玻璃状釉层，两面均模印菱形网格纹。铭文砖一面右侧约三分之一处的砖面，抹去纹饰，竖刻两行乘法口诀，左行文："九九八十一 八九七十二 七九六十三 六九五十四 五九四十五。"右行起于中段："三九二十七 二九一十八 四九三十六。"书写工整，笔画清晰，这在全国的汉墓砖文中尚属首次发现，不仅为汉代数学史的研究提供了珍贵的实物资料，也直接表明，中原数学方面的成就此时已然传播至深圳地区，为当地人所熟知。②

---

① （明）欧大任撰：《百越先贤志》，上海：商务印书馆，1937年，第9页。

② 深圳市文物管理委员会办公室等编：《深圳7000年：深圳出土文物图录》，北京：文物出版社，2006年，第92页。

二、岭南地区的风俗习惯

　　秦汉时期中央和地方政府对岭南地区采取因地制宜的统治策略，客观上促进了汉越文化的深度融合。南越国统治时期的"和集百越"政策，为岭南地区的移风易俗奠定了坚实的基础，赵佗便是其中的代表性人物。据史料记载，赵佗本为秦军将领，在统一岭南地区的战争中功勋赫赫。据《秦会要订补·四裔》记载："南越古洞蛮，秦时最强，俗尤善弩，每发铜箭，贯十余人。赵佗畏之。蛮王有女兰珠，美而艳，制弩尤精。佗乃遣子赘其家。不三年，尽得其制弩、破弩之法，遂起兵伐之，虏蛮王以归。"[①]在秦军最终统一岭南地区后，赵佗因其战功担任南海郡龙川县令。在时任南海郡尉任嚣死后，赵佗接任南海郡尉。秦末天下大乱，赵佗趁势割据岭南地区，建立南越国，号称"南越武王"。

　　赵佗在建立南越国政权后，顺势采取"和集百越"的统治政策，让部分越人参与治国理政，尊重越人的风俗习惯，鼓励汉越通婚、共同居住生活，在王权力量薄弱的地方采取越人自治方针，从而得到了百越的认可和遵从，社会秩序较为稳定，民族关系得以缓和。赵佗的施政举措促进了汉越融合，稳定和发展了岭南地区的社会文化。据《汉书·高帝纪》记载，汉高祖十二年（前195）五月，汉廷在写给赵佗的诏书中声称："粤人之俗，好相攻击，前时秦徙中县之民南方

---

① （清）孙楷撰，徐复订补：《秦会要订补》卷二六《四裔》，北京：中华书局，1959年，第425页。

三郡，使与百粤杂处。会天下诛秦，南海尉陀居南方长治之，甚有纹理，中县人以故不耗减，粤人相攻击之俗益止，俱赖其力。"①

汉武帝元鼎六年（前111），汉朝在统一岭南和西南夷地区后，在当地创立并推行"初郡"制度。南海郡作为十七"初郡"之一②，与"以往郡"相比，享受着中央政府赋予的"以其故俗治""毋赋税""各以地比"等优惠政策。其中，"以其故俗治"即按照当地旧有风俗和制度进行治理，不因其为汉属郡，而施行与汉王朝旧郡相同的管理制度；"毋赋税"即不向当地百姓征收其他汉郡内民众必须负担的各种赋税；"各以地比"即由南阳郡和汉中郡给予初郡财政支持，使其得以正常运转和发展。

西汉时期在南海郡施行的"初郡"制度，充分尊重当地越人风俗习惯，减轻百姓负担，缓和边疆地区与中央政权之间的矛盾，为稳定地区局势、增进汉越文化交流，奠定了良好的政治基础。然而，岭南地区的移风易俗任重道远，直至元始二年（2），当地仍然存在言语不通、不知耕稼、嫁娶无法、不识礼仪的蛮化现象。据《后汉书·南蛮西南夷列传》记载："凡交趾所统，虽置郡县，而言语各异，重译乃通。人

---

① 《汉书》卷一下《高帝纪》，北京：中华书局，1962年，第73页。
② 晋灼在《汉书·食货志》注中提出了十七"初郡"的准确范围，即南越地九郡：南海、苍梧、郁林、合浦、交趾、九真、日南、珠崖、儋耳；西南夷八郡：武都、牂柯、越巂、沈黎、汶山、犍为、零陵、益州。参见《汉书》卷二四下《食货志》，北京：中华书局，1962年，第1174页。

如禽兽，长幼无别，项髻徒跣，以布贯头而著之。"[1]又据《后汉书·循吏列传第六十六》所载："九真俗以射猎为业，不知牛耕，民常告籴交阯，每致困乏……又骆越之民无嫁娶礼法，各因淫好，无适对匹，不识父子之性、夫妇之道。"[2]

汉王朝通过移民和教化的温和方式，逐渐实现了岭南地区的移风易俗。一方面，通过移民与越人相处，在日常生活中越人耳濡目染，实现对汉朝先进文化的接纳和吸收，"徙中国罪人，使杂居期间，乃稍知言语，渐见礼化"[3]。另一方面，选任合适的地方官员教化百姓，锡光和任延是其中的代表人物。据《资治通鉴·汉纪》所载："锡光者，汉中人，在交阯，教民夷以礼仪；帝复以宛人任延为九真太守，延教民耕种嫁娶；故岭南华风始于二守焉。"[4]在两位太守的谆谆教化之下，岭南地区的汉化程度不断加深。

锡光和任延对岭南地区百姓施行的教化举措具有针对性和代表性，主要体现在教导农业生产，使百姓丰衣足食；推广婚嫁制度，使百姓遵奉礼仪；建立学校教育，使礼仪得以延续。据《后汉书·南蛮西南夷列传》记载："光武中兴，锡光为交阯，任延守九真，于是教其耕稼，制为冠履，初设媒娉，始知姻娶，建立学校，导之礼义。"[5]《后汉书·循吏列

---

① 《后汉书》卷八六《南蛮西南夷列传》，北京：中华书局，1965 年，第 2836 页。
② 《后汉书》卷七六《循吏列传》，北京：中华书局，1965 年，第 2462 页。
③ 《后汉书》卷八六《南蛮西南夷列传》，北京：中华书局，1965 年，第 2836 页。
④ 《资治通鉴》卷四一《汉纪三十三》，北京：中华书局，1956 年，第 1339 页。
⑤ 《后汉书》卷八六《南蛮西南夷列传》，北京：中华书局，1965 年，第 2836 页。

传》对任延的举措及其影响进行了更为翔实的记载。其中，为解决农业生产问题，"延乃令铸作田器，教之垦辟。田畴岁岁开广，百姓充给"。为解决婚嫁制度问题，"乃移书属县，各使男年二十至五十，女年十五至四十，皆以年齿相配。其贫无礼娉，令长吏以下各省奉禄以赈助之。同时相娶者二千余人"。任延的施政举措很快产生了积极成效，深受百姓爱戴，"是岁风雨顺节，谷稼丰衍。其产子者，始知种姓。咸曰：'使我有是子者，任君也。'多名子为'任'。"①

深圳地区的考古发现，为有效论证秦汉时期岭南、深圳地区的移风易俗，提供了大量坚实的佐证。譬如，深圳市南头红花园M9汉墓中，出土了两件具有典型北方风格的三足小陶盒，经专家鉴定，该类型陶盒流行于西汉早中期，西汉后期即已消失，可见北方文化在西汉中期以前，已经影响到处于南海之滨的深圳地区。②与此同时，包括红花园汉墓和李郑屋汉墓在内的深港地区考古发现的汉代墓葬，其结构、形制与广东其他地方的汉墓类似，随葬品的器类、造型及组合也与中原地区的基本一致，体现出汉越文化历经多年深度融合的结果。③汉代深圳地区的墓葬文化具有典型的中原文化特征。譬如，位于深圳市宝安区铁仔山公园南坡的古墓群，是目前环珠江口地区所发掘出的墓葬最多、延续时间最长、出

---

① 《后汉书》卷七六《循吏列传》，北京：中华书局，1965年，第2462页。
② 广东省博物馆、深圳博物馆：《深圳市南头红花园汉墓发掘简报》，《文物》1990年第11期。
③ 彭全民：《从考古材料看汉代深港社会》，《南方文物》2001年第2期。

土文物丰富的重要考古发现。铁仔山古墓群中各朝代墓葬分布极具规律性，自西向东依次按照汉、东晋、南朝、明和清的时代顺序排列，这种有规划的布局说明铁仔山古墓地极有可能在当时是作为公共墓地使用。[①]考古工作者在铁仔山古墓群中的一座东汉砖室墓中发现了3块"熹平四年"（175）纪年砖（图 2-4），显示汉字文化在深圳地区落地生根。此外，在深圳上步禾镰坑铜钱窖藏挖掘出土的大量两汉时期货币，也反映出当时本地商品经济渐趋发达。上述考古发掘资料表明，汉代深圳地区的汉越经济文化已然出现深度融合的新局面。

图 2-4　1987 年深圳铁仔山东汉墓出土的"熹平四年"纪年砖
资料来源：深圳市地方志编纂委员会编：《深圳市志·社会风俗卷》，
北京：方志出版社，2014 年，第 2 页

---

① 李怀诚:《深圳铁仔山古墓群出土铜器腐蚀情况研究》,《文物保护与考古科学》2015 年第 1 期。

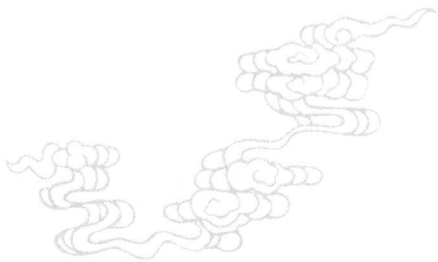

第三章 三国两晋至南朝时期的 深圳地区

　　三国两晋南北朝时期政权更迭频繁、南北长期对峙，今深圳地区行政隶属关系亦几经变更。三国时，孙吴政权于甘露元年（265）在广州南海郡设置司盐都尉，管理本地区盐业，并修建"司盐都尉垒"。汉末至南朝，北方战乱不息、南方相对稳定，以两晋之际的"永嘉南渡"为代表，百姓大量南迁，这一时期岭南人口增加、生产规模扩大，增设了数量较多的郡、县等行政机构，以加强管理。东晋咸和六年（331），析南海郡设东官郡，东官郡辖区辽阔，囊括今粤东南地区，下辖宝安等六县，宝安县管辖范围包括今深圳地区。东官郡郡治和宝安县县治可能都设在今南头附近，东官郡治和宝安县治所在地可被称为当时的粤东首府，这是历史上首次设置在今深圳地区的郡县建置机构。

　　三国至南朝时期，岭南地区盐业、渔业、农业和海上贸易不断发展。深圳地区的制盐业已颇具规模，是当时重要的海盐产地。随着农业耕作方式改进和蚕桑等商品农作物的出现，深圳地区农耕经济得到发展，南朝墓葬中出现了"滑石蛋"。东晋末年卢循领导的反晋起义失败，溃散部众在沿海以捕鱼为生，被称为"卢亭"。孙吴政权组织大规模周边航海，至东晋、南朝时期与海外诸国来往更为密切，通商地区主要有广州南海等地，出现商业繁荣的面貌。中原传统儒家文化和当地文化进一步融合，释、道文化进一步传播，出现了孝子黄舒、杯渡禅师等名人。

第一节　建置沿革

东汉末年，今深圳地区属交州南海郡。交州是当时各方势力激烈争夺的对象。建安十五年（210），交州被纳入孙权集团势力范围。永安七年（264），孙吴政权将交州一分为二，分设交州和广州，广州州治番禺，今深圳地区属广州南海郡番禺县，后在今深圳地区设置司盐都尉。东晋咸和六年（331）析南海郡设东官郡，并增设宝安县，东官郡的郡治在宝安县，今深圳地区从此有了郡、县建置机构，开启了近1700年的郡县史。

一、设置司盐都尉

东汉末年，交州下辖南海、苍梧、郁林、合浦、交趾、九真、日南、珠崖、儋耳九郡，今深圳地区属南海郡。建安十三年（208）赤壁之战后，孙吴集团利用统治区域毗邻交州的有利条件，向交州扩充势力。建安十五年（210），孙权任命步骘为交州刺史、立武中郎将，率武射吏1000人往交州。步骘先派人通知并晓谕在广信的苍梧太守吴巨，吴巨亲迎步骘至广信，后又生反悔。步骘以邀请吴巨和将领区景议事为名，将二人诱杀，然后治舟船，扩军至2万人，进取南海。吴巨旧部在今高要羚羊峡口阻击失败，步骘顺利占领番禺。分据交州数郡的士燮兄弟归附孙权，还派遣子弟到孙权处为人质。孙权对士燮兄弟实行笼络政策，加士燮为左将军，从此岭南划入孙吴势力范围，今深圳地区属之。步骘在南海登高望远，"睹巨海之浩茫，观原薮之殷阜"，认为"斯诚海岛膏腴之地，宜为都邑"，建安二十二年（217），将交州州治从广信迁至番禺，至此，"绥和百越，遂用宁集"，交州局势逐渐稳定。①黄武五年（226），孙权乘士燮死去之机，为消减士燮家族的影响，加强对交州的控制，趁机调整交州行政建制，将交州一分为二，《三国志》载"权以交址县远，乃分合浦以北为广州，吕岱为刺史；交址以南为交州，戴良为刺史。又遣陈时代燮为交址太守"，又任士燮的儿子士徽为安远将军、九真太守。这些措施都是针对士氏的，士氏家族发动叛乱，士燮之子士徽自署交趾太守，"发宗兵拒良"。②吕岱在广州闻士徽抗命，发兵三千，渡海前往交趾，士徽兄弟六人投降后被处斩，传首武昌，士氏存者全部被免为庶人，士氏割据势力被一举消灭。士氏既平，孙吴复合广州、交州为交州。交州地域宽广，颇不便于统一管理。永安六年（263），交趾郡吏吕兴发动叛乱，九真、日南两郡响应，三郡降魏，吴与魏（后为晋）开始了长达9年争夺三郡的战争。为便于指挥作战

① （北魏）郦道元撰：《水经注》卷三七《淹水、叶榆河、夷水、油水、澧水、沅水、浪水》，陈桥驿译注，王东补注，北京：中华书局，2012年，第311页。
② 《三国志》卷四九《吴书四》，北京：中华书局，1959年，第1193页。

和战后管理，永安七年（264），孙吴再次把广州从交州分离出来单设为一州，辖南海、苍梧、郁林、高凉四郡，南海郡辖番禺、四会、增城、龙川、博罗、揭阳、平夷七县，郡治番禺，今深圳地区隶属广州南海郡番禺县。孙吴时，地方政权分为州、郡（国）、县三级，交、广二州郡县的职官，与汉代基本相同，没有大的变动。①

　　三国时期，各国继承汉制，盐业实行国家专卖制度，盐利收入在国家财政中占有十分重要的地位，各国统治者都非常重视对盐业的管理。曹操曾说："察观先贤之论，多以盐铁之利，足赡军国之用。"②孙吴境内海盐、沙中均是著名的产盐地，分设有司盐校尉③、司盐都尉④。赤乌元年（238），青州牧朱桓卒，家无余财，孙权赐盐五千斛以办理丧事⑤，可见孙吴时盐是政府掌控的重要财政资源。263—271年，孙吴与曹魏（后西晋）爆发争夺交州的战争。甘露元年（265），吴末帝孙皓将都城从建邺（今南京）迁到武昌（今湖北鄂州），由于长年战争，国库空虚，迁都后孙吴财政问题更为紧张。食盐关乎国计民生，孙吴推行盐业专卖，由地方官府领受食盐，然后分发给辖区内郡吏、县吏和普通民众销售，出售食盐所得的米被称为"盐贾米"⑥，可见国家控制了食盐，用盐

① 汪廷奎主编：《广东通史》（古代上册），广州：广东高等教育出版社，1996年，第314页。
② 《三国志》卷一一《魏书十一》，北京：中华书局，1959年，第348页。
③ 《三国志》卷四八《吴书三》，北京：中华书局，1959年，第1161页。
④ 《宋书》卷三五《志第二十五·州郡一》，北京：中华书局，1974年，第1040页。
⑤ 《三国志》卷五六《吴书十一》，北京：中华书局，1959年，第1315页。
⑥ 赵义鑫：《孙吴长沙郡的盐政与地方行政权力运作的变化》，《湖南社会科学》2020年第4期。

代替钱币流通，盐业事关国家财政。

　　孙吴在境内主要产盐地区设有专门的盐业管理机构。甘露元年（265），东吴在南海郡设置"司盐都尉"，管理盐业。[①]司盐都尉是三国时期始置的官职，掌管盐政，管理食盐的生产与销售，魏晋时期为六品官。[②]司盐都尉突出特点是以军官管理盐政，属于典兵之官。司盐都尉的设置使今深圳地区在当时不仅是一个重要的海盐生产基地，也成为一个军事重要区域。为此，孙吴修建了司盐都尉的官署——"司盐都尉垒"。[③]今宝安区至南山区出土的东汉末期和东晋南

---

① （宋）乐史撰：《太平寰宇记》卷一五七《岭南道一》，王文楚等点校，北京：中华书局，2007年，第3015页。

② （唐）杜佑撰：《通典》卷三六《职官十八》，王文锦、王永兴、刘俊文，等点校，北京：中华书局，1988年，第992页。

③ 关于司盐都尉垒的位置，学术界有不同观点。例如，广东省博物馆、深圳博物馆的《深圳市南头红花园汉墓发掘简报》中提到"有学者考证，认为番禺盐官便设置于今深圳南头。三国东吴时已在南头筑司盐都尉垒"（《文物》1990年第11期）。黄崇岳在《深圳文博工作的回顾与思考》一文中认为"三国吴及晋代亦于南头设立司盐都尉，并修筑司盐都尉垒，又称'芜城'"（《中原文物》1992年第3期）。彭全民在《从考古材料看汉代深港社会》一文中认为"南头东晋时为东官郡治，吴时置有'芜城'，即'司盐都尉垒'，地名也叫'东官'"（《南方文物》2001年第2期）。张一兵主编的《深圳通史·图文版01》（深圳：海天出版社，2018年）提出东吴在汉代番禺盐官旧地，即今深圳南头一带设置"司盐都尉"，并修建"司盐都尉垒"作为盐官驻地，认为考古发现的今南头古城南门外的"」"形护濠应该是三国时期东吴在南头设置的"司盐都尉垒"城的遗迹。陈海滨的《深圳古代史》（深圳：深圳报业集团出版社，2015年）认为吴国在今南头古城一带修建了司盐都尉官署，并开始修筑城池——司盐都尉垒。李海荣则在《对"司盐都尉"主要文献记载的梳理和认识》（《炉峰古今——香港历史文化论集2019》，香港：珠海学院香港历史文化研究中心，2019年，第28—45页）一文中则提出，明崇祯《东莞县志》及其以后文献的说法可信度不高，通过对文献的梳理与辨析，只能得出司盐都尉垒在东晋所设东官郡的辖区和万历元年设置新安县之前的东莞县境内；从考古学的角度也难以得出南头城南门外西侧的护濠的年代为三国吴或者东晋的结论。

朝时期的墓葬数量多、葬品丰富、形制精美，说明这一带在汉末至两晋南朝时期已是一个人口聚集，经济社会文化得到较大发展的地区。关于司盐都尉和司盐都尉垒的描述，诸文献记载如下（表3-1）。

表3-1　古文献有关南海郡司盐都尉和司盐都尉垒记载简表

文献	内容	司盐都尉垒位置
南朝梁《宋书·州郡志》	"东官太守，何志：'故司盐都尉，晋成帝立为郡。'"①	在东晋东官郡辖区内
唐《酉阳杂俎续集》	"东官郡，汉顺帝时属南海，西接高凉郡，又以其地为司谏都尉。东有芜地，西邻大海。有长洲，多桃枝竹，缘岸而生。"②	在东晋东官郡辖区内
北宋《太平寰宇记》	"东官郡故城，晋义熙中置，以宝安县属焉。……《郡国志》云：东官郡有'芜城'，即吴时司盐都尉垒。"③	在北宋东莞县辖区内
北宋《县令旧题名记》	"晋成帝析南海置东莞郡，其地在东莞场，公宇东二百步，颓垣断堑，犹有存者。'莞'字本作'官'，盖当时置司盐都尉领之，如'铁官'、'盐官'之类是也。宋、齐而下因之。……按《唐史》云：'至德二年，更名东莞。'则'官'字之易始于此耶？自晋迄今七八百年间，其为令长者不知几何人，而声迹湮灭，岂其治皆不足纪哉？"④	在北宋东莞县辖区内，推测东莞（官）场原是司盐都尉的管辖地
元《大德南海志》	（东莞县）"本汉南海郡地。吴甘露三年，始置司盐都尉。晋成帝咸和六年，立东莞郡，领县六：宝安，安德，兴宁，海丰，海安，欣乐是也。"⑤	在元代东莞县辖区内

---

① 《宋书》卷三八《州郡四》，北京：中华书局，1974年，第1199页。

② （唐）段成式撰，许逸民校笺：《酉阳杂俎校笺·续集卷十·支植下》，北京：中华书局，2015年，第2146页。

③ （宋）乐史撰：《太平寰宇记》卷一五七《岭南道一》，王文楚等点校，北京：中华书局，2007年，第3015页。

④ 成化《广州志》，见广东省地方史志办公室辑：《广东历代方志集成·广州府部（一）》，广州：岭南美术出版社，2007年，第48页。

⑤ 马蓉、陈抗、钟文，等点校：《永乐大典方志辑佚》（第4册），北京：中华书局，2004年，第2434页。

续表

文献	内容	司盐都尉垒位置
明天顺《东莞旧志》	"东莞县，汉南海郡地，吴甘露二年始置司盐都尉。晋成帝咸和六年立东莞郡，其治在东莞场。'莞'字本作'官'。"①	在明代东莞县辖区
明万历《广东通志》	"东筦县……本秦番禺县地，汉因之。吴甘露二年，始置司盐都尉于东官场。晋咸和六年立为东官郡，治宝安，即城子冈②，今新安治。"又载："新安县，本晋东官郡宝安县地。"③	在东官场
明崇祯《东莞县志》	"吴甘露间，始置司盐都尉于东官场，场名'东官'，谓东方盐官。晋成帝咸和元年，分南海立东官郡，治宝安（在东官场北，即城子冈，今为东莞守御千户所）。"④	在东官场，而东官场在东晋东官郡治和明代东莞守御千户所城所在地城子冈的南边
清《读史方舆纪要》	"宝安废县……本东官盐场。三国吴甘露二年，置司盐都尉于此。晋改置县，并立东官郡，亦曰东官城。……明洪武三年，改筑新城。其废县亦曰城子冈，地平旷，千户所置于此。"又载："新安县……本东莞县地。隆庆六年析置新安，治城子冈。"⑤	在东官盐场，而东晋东官郡治、宝安县治在东莞盐场的城子冈，明代的东莞守御千户所和新安县治也在城子冈
清康熙《新安县志》	"置司盐都尉于东官场，即今城外盐课司也。晋成帝咸和六年，分南海，立东官郡于场之地，治宝安，即今东门外城子冈。"⑥	在东官场，具体在新安县城外的盐课司所在地

北宋《太平广记》、明《图经志》、清康熙《东莞县志》、清雍正《东莞县志》、清嘉庆《新安县志》《东莞县志》、清道光《广东通志》、清宣统《东莞县志》等也对孙吴在南海郡设置的司盐都尉进行了记载。南朝沈约撰《宋书·州郡志》是

① 张一兵校点：《深圳旧志三种·天顺东莞旧志》卷三《盐场》，深圳：海天出版社，2006年，第28页。
② 位于今南头古城东门外。
③ 万历《广东通志》，见广东省地方史志办公室辑：《广东历代方志集成·省部（五）》，广州：岭南美术出版社，2006年，第348页。
④ 崇祯《东莞县志》，见广东省地方史志办公室辑：《广东历代方志集成·广州府部（二二）》，广州：岭南美术出版社，2007年，第57页。
⑤ （清）顾祖禹撰：《读史方舆纪要》卷一〇一《广东二》，贺次君、施和金点校，北京：中华书局，2005年，第4603页。
⑥ 张一兵校点：《深圳旧志三种·康熙新安县志》，深圳：海天出版社，2006年，第238页。

较早记载司盐都尉的古籍。北宋成书的《太平寰宇记》引用了《郡国志》的说法,《郡国志》记载吴时司盐都尉垒在东官郡境内,且已经变成"芜城"。北宋东莞县令李岩撰写的《县令旧题名记》则认为东莞场是司盐都尉的管辖地。东莞场作为盐业生产基地至少在北宋时期就已经存在,南宋嘉定元年(1208)广州所属盐场被裁撤时,东莞场还作为仅有的4个盐场(东莞县内有东莞、靖康、归德)之一被保留下来,明天顺年间东莞县有靖康、归德、东莞、黄田四盐场,东莞场在恩德乡第十一都、辖有四栅,清初期东莞场辖"南头、辛甲、海北上、海南、巷头、市心、海北下、叠福半栅"。[①]需要说明的是,在表3-1古文献中,"官""莞""箟"互假互通。

二、东官郡的设立

东吴政权设置东官郡,郡治设立于增城县,旋废。[②]280

---

① 张一兵校点:《深圳旧志三种·康熙新安县志》,深圳:海天出版社,2006年,第171、362页。

② (唐)杜佑《通典·州郡》载:"增城,汉番禺县地,吴置东官郡于此,有增江。"(《通典·州郡十四》,北京:中华书局,2016年,第4904页)《旧唐书》也在"增城县"条载,"后汉番禺县地。吴于县置东官,有增江"(《旧唐书》卷四一《地理志四》,北京:中华书局,1975年,第1713页)。北宋乐史在《太平寰宇记·岭南道一》"广州"条云:"增城县……汉番禺县地,吴黄武中于此置东郡而立增城县,因增江为名。"参见(宋)乐史撰:《太平寰宇记》卷一五七《岭南道一》,王文楚等点校,北京:中华书局,2007年,第3016页。杨守敬在《隋书地理志考证》中认为:"《通典》:'吴于增城置东官郡',《旧唐志》同。《寰宇记》:'吴黄武中置东官郡而立增城县。'然则吴之东官本治增城县,而《宋志》之东官郡领宝安等六县,《齐志》之东官郡领怀安等八县,俱无增城县,其增城则属南海郡,是宋、齐之东官不在增城审矣。此当是吴置,旋废。""东晋咸和六年,又于司盐都尉立东官郡,志于此乃云,平陈郡废,是隋以前广州有两东官郡矣,最为巨谬。"参见杨守敬:《隋书地理志考证附补遗》,上海:开明书店,1937年,第179页。

年，吴主孙皓降晋，孙吴灭亡，西晋取代了孙吴在岭南的统治。晋的地方政制沿袭汉魏，州长官为刺史，下置别驾、治中从事、诸曹从事等员。郡的长官为太守，下置主簿、主记室、门下贼曹、议生、门下史、记室史、录事史、书佐、循行、干、小史、五官掾、功曹史、功曹书佐、循行小史等员。①晋武帝平吴后，设置了平越中郎将，居广州，负责南越军事。两晋在地方实行州、郡、县三级制。晋太康中，广州辖 10 郡 68 县，其中南海郡辖番禺、四会、增城、博罗、龙川、平夷等县，今深圳地区属南海郡番禺县。

西晋末年，皇族司马氏内讧引发"八王之乱"，中原地区大规模战争此起彼伏。向中原迁徙的匈奴、鲜卑、羯、氐、羌等民族趁机逐渐建立自己的政权。建兴元年（313），晋怀帝在平阳遇害，晋愍帝在长安继位，建兴四年（316）长安失守，西晋灭亡。317年，司马睿在中原大族和江南地方势力支持下，在建邺重建政权，是为晋元帝，并改建邺为建康（今江苏南京），史称东晋。东晋据有的主要领土在淮水以南，其建置大体延续西晋。由于北方人口大量南迁，东晋大量增置州郡，其中在江淮等地大量设置侨置或遥立州郡。

东晋时的岭南地区行政区划也趋于细密，增置郡县。至东晋一朝，广州在西晋末年领六郡的基础上又增置了 7 个郡，即太兴元年（318）增置晋兴郡，咸和六年（331）增置东官郡，永和七年（351）增置晋康、新宁二郡，升平五年

① 《晋书》卷二四《职官》，北京：中华书局，1974 年，第 745—746 页。

（361）增置永平郡（今广西藤县），义熙九年（413）增置义安郡，元熙二年（420）增置新会郡。至东晋末，广州共辖13郡109县。[①]

咸和六年（331），东晋析南海郡东部地区设东官郡，为今深圳地区建立郡一级机构之始。根据记载，东官郡管辖范围多次变迁。《晋书•地理志》载"成帝分南海，立东官郡"[②]。《宋书•州郡志》载"晋安帝义熙九年，分东官立"。东官太守领宝安、安怀、兴宁、海丰、海安、欣乐；义安太守领海阳、绥安、海宁、潮阳、义招。[③]《南齐书•州郡志》载东官郡领怀安、宝安、海安、欣乐、海丰、齐昌、陆安、兴宁。[④]

通过梳理文献记载可知，东官郡范围随着时代发展有所变化，郡治也有所移动。东晋初建东官郡时，下辖宝安、欣乐（怀安）、兴宁、海丰、海阳、绥安六县[⑤]，其范围包括

[①] 胡阿祥、孔祥军、徐成：《中国行政区划通史•三国两晋南朝卷》，上海：复旦大学出版社，2017年，第881—903页。

[②] 《晋书》卷一五《地理下》，北京：中华书局，1974年，第468页。

[③] 《宋书》卷三八《志第二十八•州郡四》，北京：中华书局，1974年，第1199页。

[④] 《南齐书》卷一四《志第六•州郡上》，北京：中华书局，1972年，第263页。

[⑤] 关于东晋初建东官郡时所领县主要有以下几种说法："九县说"，明崇祯《东莞县志•建制沿革》和清康熙《新安县志•沿革》载东官郡领宝安、怀安、兴宁、海丰、海安、海阳、绥安、海宁、潮阳；"六县说"，清嘉庆《新安县志》认为领县六，首宝安，不详何年及所领县；"四县说"，清代洪亮吉撰写的《东晋疆域志》认为领宝安、兴宁、海丰、海安，明隆庆《潮阳县志》卷一载东官郡治宝安，统兴宁、海丰、揭阳。参见黄崇岳：《东官郡地理沿革考略》，见深圳博物馆编：《深圳文博论丛（2003）》，北京：中华书局，2003年，第163页。

今广东省中东部的深圳、东莞、惠州、河源、梅州、潮州、汕头、揭阳、汕尾等市，增城、从化、新丰、翁源四县，以及中山、珠海部分地区，还有香港特别行政区、澳门特别行政区，福建省诏安、漳浦地区也属东官郡。晋安帝义熙九年（413），东官郡一分为二，从东官郡析出义安郡。南朝齐将东官郡的郡治从宝安县迁到怀安县（在今东莞，一说在今惠州市惠东县梁化镇）。宝安县失去东官郡首县地位。南朝梁时从南海郡、东官郡析出梁化郡，东官郡辖增城、宝安、陆安、兴宁、齐昌五县①，郡治迁至增城②。隋开皇十年（590），东官郡建置被撤销③，设置时间共259年，具体见表3-2。

表3-2 东官郡地理沿革简表

年代	下辖县	郡治	分立情况
东晋咸和六年（331）	宝安、欣乐、兴宁、海丰、海阳、绥安	宝安	
东晋义熙九年（413）至南朝宋	宝安、安怀、兴宁、海丰、海安、欣乐	宝安	析出义安郡
南朝齐	怀安（由安怀改称）、宝安、海安、欣乐、海丰、齐昌、陆安、兴宁	怀安	
南朝梁、陈	增城、宝安、陆安、兴宁、齐昌	增城	东官郡、南海郡析出梁化郡

资料来源：《宋书》卷三八《州郡四》，北京：中华书局，1974年，第1199页；《南齐书》卷一四《州郡上》，北京：中华书局，1972年，第263页

---

① 深圳博物馆编：《深圳文博论丛（2003）》，北京：中华书局，2003年，第163—164页。

② 民国《东莞县志（一）》，见广东省地方史志办公室辑：《广东历代方志集成·广州府部（二四）》，广东：岭南美术出版社，2007年，第93页。

③ （唐）李吉甫撰：《元和郡县图志》，贺次君点校，北京：中华书局，1983年，第1007页。

东晋初设东官郡时郡治所在地在今南头一带[1]，有关东官郡及其郡治所在地的主要古文献如下（表3-3）。

表3-3　古文献有关东官郡记载简表

文献	内容	东官郡郡治位置
南朝梁《宋书·州郡志》	"东官太守，何志故司盐都尉，晋成帝立为郡。广州记，晋成帝咸和六年，分南海立。领县六。"[2]	东官郡和司盐都尉关系密切，司盐都尉垒在东官郡境内
南朝梁《南齐书·州郡志》	"东官郡：怀安、宝安、海安、欣乐、海丰、齐昌、陆安、兴宁。"[3]	南朝梁时东官郡郡治迁至怀安县
唐《晋书·地理下》	"成帝分南海立东官郡。"[4]	
唐《元和郡县图志·岭南道一》	"东莞县，本汉博罗县地，晋成帝咸和六年于此置宝安县，属东莞郡。隋开皇十年废郡，以县属广州。至德二年改为东莞县，取旧郡名也。"[5]	
北宋《太平寰宇记》	"《南越志》云：义安郡，本属南海郡，后隶东官郡，晋义熙八年割立。"[6]	《南越志》为南朝宋沈怀远所著

[1]　关于东官郡郡治，学者有不同的看法。例如，张一兵主编的《深圳通史·图文版01》（深圳：海天出版社，2018年）认为是在今南头古城东门外；陈海滨的《深圳古代史》（深圳：深圳报业集团出版社，2015年）则认为在南头，今南头古城外的"」"形护濠可能就是东官郡郡治城池遗迹；李海荣在《对岭南东晋时期"东官郡"郡治主要文献记载的梳理和认识》（《炉峰古今——香港历史文化论集2019》，香港：珠海学院香港历史文化研究中心，2019年，第28—45页）一文提出，南头古城至铁仔山之间的滨海地带及其附近区域的某处有可能是东晋时期东官郡治的所在地。

[2]　《宋书》卷三八《州郡四》，北京：中华书局，1974年，第1199页。"何志"是南朝宋时何承天所撰。

[3]　《南齐书》卷一四《州郡上》，北京：中华书局，1972年，第263页。

[4]　《晋书》卷一五《地理下》，北京：中华书局，1974年，第468页。

[5]　（唐）李吉甫撰：《元和郡县图志》卷三四《岭南道一》，贺次君点校，北京：中华书局，1983年，第890页。

[6]　（宋）乐史撰：《太平寰宇记》卷一五八《岭南道二》，王文楚等点校，北京：中华书局，2007年，第3034页。

续表

文献	内容	东官郡郡治位置
北宋《太平寰宇记》	"东官郡故城。晋义熙中置，以宝安县属焉。……《郡国志》云：东官郡有芜城，即吴时司盐都尉垒。"①	《南越志》为南朝宋沈怀远所著
北宋李岩《县令旧题名记》	"晋成帝析南海置东筦郡，其地在东筦场，公宇东二百步，颓垣断堑，犹有存者。'筦'字本作'官'，盖当时置司盐都尉领之，如'铁官'、'盐官'之类是也。……按《唐史》云：'至德二年，更名东莞'。则'官'字之易始于此耶？自晋迄今七八百年间，其为令长者不知几何人，而声迹湮灭，岂其治皆不足纪哉？"②	在北宋东莞县东莞盐场官署东二百步
南宋王中行《县令旧题名记》	"县于晋成帝时为东官郡，至安帝分置义安郡，不知割置余几矣。随析为县曰宝安，若增城、政宾，亦郡也。唐至德二载革今名……初为郡治于东莞场之东二百步，颓址尚存。后移到涌，今治所也。"③	在南宋东莞县东莞盐场官署东二百步
明嘉靖《广东通志初稿》	"东官郡城，在东筦县南二百里东莞场，晋咸和间为郡，隋开皇间改县，唐至德二年徒至倒涌，即县治故址，今为东莞守御千户所。"④	在东莞守御千户所，即今南头一带
明天顺《东莞旧志》	"故郡，即今东莞场也，其地旧为郡，复改为监，又改为场。南山、城子冈，皆故郡山。"⑤	在明代东莞盐场官署一带

---

① （宋）乐史撰：《太平寰宇记》卷一五七《岭南道一》，王文楚等点校，北京：中华书局，2007年，第3015页。《太平寰宇记》说东官郡是"晋义熙中置"有误。

② 成化《广州志》，见广东省地方史志办公室辑：《广东历代方志集成·广州府部（一）》，广州：岭南美术出版社，2007年，第48页。

③ 成化《广州志》，见广东省地方史志办公室辑：《广东历代方志集成·广州府部（一）》，广州：岭南美术出版社，2007年，第49页。

④ 《广东通志初稿》第四十卷，明嘉靖刻本，第420页。

⑤ 张一兵校点：《深圳旧志三种·天顺东莞旧志》，深圳：海天出版社，2006年，第195页。

续表

文献	内容	东官郡郡治位置
清嘉庆《新安县志》	"东官郡城,在城子冈。晋咸和间,为郡城。隋开皇间,省东官郡,以宝安属广州。唐至德二年,改东莞县,徙置到涌,故址为东莞守御千户所,即今新安县城。"①	在城子冈一带

对于东官郡郡名的由来,后人推测东官是东方盐官之义,明崇祯《东莞县志》记载吴甘露间始置司盐都尉于东官场,场名"东官",谓"东方盐官"。②

东官郡设立后,广州刺史邓岳推荐道教学者、著名炼丹家、医药学家葛洪任东官郡首任太守,葛洪辞谢不做,前往罗浮山炼丹修道。③南朝宋明帝泰始四年(468)三月,晋康太守刘思道叛乱,广州刺史羊希被杀,岭南大震,东官太守萧惠徽率郡文武千余人攻刘思道,也战败被杀。后羊希被追赠辅国将军,萧惠徽被追赠中书郎。羊希的部将陈伯绍平定刘思道叛乱,于泰始四年(468)升任东官太守,泰始五年(469)升任交州刺史。陈伯绍为南朝陈开国皇帝陈霸先的伯

① 深圳市史志办公室整理编辑:《嘉庆新安县志》,广州:华南理工大学出版社,2020年,第256页。
② 崇祯《东莞县志》,见广东省地方史志办公室辑:《广东历代方志集成·广州府部(二二)》,广州:岭南美术出版社,2007年,第57页。另,关于东官名字的由来,还有一种说法是东官即番禺盐官,彭全民在《从考古材料看汉代深港社会》(《南方文物》2001年第2期)中认为汉武帝时期在南海郡设置的番禺盐官与粤西苍梧郡的高要盐官在地理位置上一东一西,所以番禺盐官即"东官"。李海荣在《岭南历史上的"东官"、"东莞"、"东筦"等溯源考略》(《广州文博》15辑,北京:文物出版社,2022年)中则认为东晋所置东官郡的郡名源自三国吴所设的东官郡。
③ 《晋书》卷七二《葛洪传》,北京:中华书局,1974年,第1911页。

父，陈霸先称帝后追尊其为越州王。①南朝东官郡太守任职相关情况具体见表3-4。

表3-4　南朝东官郡部分太守任职简表

姓名	任职时间	备注
阮长之	刘宋元嘉初年	字茂景，陈留尉氏人。《宋书》载："（阮长之）寻补庐陵王义真车骑行正参军，平越长史，东莞太守。"②
萧惠徽	刘宋泰始三、四年	《宋书》载："泰始三年，（羊希）出为宁朔将军、广州刺史。希初请女夭镇北中兵参军萧惠徽为长史，带南海太守，太宗不许。又请为东莞太守……东莞太守萧惠徽率郡文武千余人攻思道，战败，又见杀。时龙骧将军陈伯绍率军伐俚，还击思道，定之。"③
陈伯绍	刘宋泰始四、五年	颍川人，以龙骧将军。《宋书》载："任泰始五年秋七月己酉，以辅国将军王亮为徐州刺史，东莞太守陈伯绍为交州刺史。"④
陶季直	南齐永明年间	秣陵人。《梁书》载："季直又请俭为渊立碑，终始营护，甚有吏节，时人美之。迁太尉记室参军。出为冠军司马、东莞太守，在郡号为清和。还除散骑侍郎，领左卫司马，转镇西谘议参军。齐武帝崩，明帝作相。"⑤
臧灵智	南齐永明后期	《南齐书》载："（隆昌元年）秋七月庚戌，以中书郎萧遥欣为兖州刺史，东莞太守臧灵智为交州刺史。"⑥
孙瑒	南梁承圣年间	字德琏，吴郡吴人。《陈书》载："（孙）瑒从大军沿流而下，及克姑熟，瑒力战有功，除员外散骑常侍，封富阳县侯，邑一千户。寻授假节、雄信将军、衡阳内史，未及之官，仍迁衡州平南府司马。破黄洞蛮贼有功，除东莞太守，行广州刺史。寻除智武将军，监湘州事。敬帝嗣位，授持节、仁威将军、巴州刺史。"⑦

① 《宋书》卷五四《羊希传》，北京：中华书局，1974年，第1538页。
② 《宋书》卷九二《良吏·阮长之》，北京：中华书局，1974年，第2268页。
③ 《宋书》卷五四《列传第十四》，北京：中华书局，1974年，第1537—1538页。
④ 《宋书》卷八《明帝纪》，北京：中华书局，1974年，第165页。
⑤ 《梁书》卷五二《止足·陶季直》，北京：中华书局，1973年，第761页。
⑥ 《南齐书》卷四《郁林王纪》，北京：中华书局，1972年，第72页。
⑦ 《陈书》卷二五《孙瑒》，北京：中华书局，1972年，第319页。

三、宝安建县

东晋咸和六年（331）设置东官郡时，下辖六个县，首县就是宝安县，这也是宝安县建置的源头。当时的宝安县辖地大约为今深圳、东莞、香港、澳门、中山、珠海一带。[①]

东晋南朝时期，东官郡的郡治和管辖范围几经变迁，但宝安县一直归属东官郡管辖。隋开皇十年（590）废除东官郡[②]，唐至德二载（757），宝安县更名为东莞县，至此宝安县共历426年。

关于宝安县县名由来，一种说法是县内有一座产银矿的山——宝山，古时人们在此设炼银场，挖山取宝。明天顺《东莞县志》载："宝山，在归城里……旧以为山有宝，置场煎银。"[③]清康熙《新安县志》载："八十里曰宝山，亦名百花林""宝山，在县北八十余里，上有潭，潭下有石瓮二，飞瀑注之，奔响如雷，水撞之，散出如芙蓉。"[④]明崇祯《东

---

① （宋）王象之撰：《舆地纪胜》卷八九《广南东路·广州》（北京：中华书局，1992年，第2831页）载，香山县"在州东南四百里。本东莞县香山镇"。清代顾祖禹撰的《读史方舆纪要》卷一〇一《广东二·广州府·香山县》（贺次君、施和金点校，北京：中华书局，2005年，第4178页）载，香山县在"（广州）府南百五十里，东至东莞县三百里，唐为东莞县之香山镇"。香山县位于今中山、珠海一带，可见东晋宝安县建县时包含今中山、珠海一带。

② （唐）李吉甫撰：《元和郡县图志》卷三四《岭南道一》，贺次君点校，北京：中华书局，1983年，第1007页。

③ 张一兵校点：《深圳旧志三种·天顺东莞旧志》，深圳：海天出版社，2006年，第48页。

④ 张一兵校点：《深圳旧志三种·康熙新安县志》，深圳：海天出版社，2006年，第228、272页。

莞县志》认为：东晋宝安县"邑有宝山，故名"①。清顾祖禹《读史方舆纪要》也载，"又东十里为宝山。昔尝置场煎银于此，名石瓮场，久废。山巅有潭，悬流下注，居民引以灌田"②。另一种说法是宝安有珍宝之气。清康熙《新安县志》就载，"山辉泽媚，珍宝之气萃焉，故旧郡名以'宝安'"③。

第二节　社会变迁与移民迁入

三国两晋南朝时期，深圳地区所处的岭南迎来了人口不断迁入、经济得到发展、文化逐渐融合的局面。特别是西晋"八王之乱"和"永嘉之乱"时，岭南相对稳定，大量北方士民南下。移民给岭南带来了较为先进的农业和手工业生产技术，岭南政治经济文化得到一定发展。

一、岭南地区社会形势

三国时期，孙吴集团统治交州、广州约70年，社会局势整体平稳，没有发生大的战争，人民稍得安居舒息。特别是

---

① 崇祯《东莞县志》，见广东省地方史志办公室辑：《广东历代方志集成·广州府部（二二）》，广州：岭南美术出版社，2007年，第57页。

② （清）顾祖禹撰：《读史方舆纪要》卷一〇一，贺次君、施和金点校，北京：中华书局，2005年，第4604页。

③ 张一兵校点：《深圳旧志三种·康熙新安县志》，深圳：海天出版社，2006年，第228页。

孙吴设置广州，在番禺建立起政治中心，有力地促进了包括今深圳地区在内的南海郡的开发。

东吴政权并不依赖交州的粮食和布类，只求满足官府和军队的用度，如《三国志·薛综传》记载："田户之租赋，裁取供办，贵致远珍名珠、香药……充备宝玩，不必仰其赋入，以益中国也。"[1]珠、香药等物（属于调的范围）大量贡纳到吴都，如岭南地区产珠，采珠民要输珠到吴都。这些调被征收后，不仅供皇室享用，还用来赏赐给有功的文武官员，或者出卖。孙权时"魏使以马求交换珠玑、翡翠、玳瑁"[2]。交州人民在吴时所服的劳役也比以前重得多，他们不但要在本州的郡县内服力役，还经常被大批抽调至京城劳作。吴得交州后，还以交州、广州作为提供兵员之所。晋左思《吴都赋》记载，吴都的"榜工楫师，选自闽禺"，即选取闽和广州人加入水师。孙吴后期，孙吴统治者奢侈浮华，军队一贯实行世袭兵制，人民负担加重。吴主孙皓统治的末年，吴有杨、荆、交、广4州，"郡四十三，县三百一十三，户五十二万三千，吏三万二千，兵二十三万，男女口二百三十万"。[3]每100人要养10名士兵。孙皓还在建业大兴土木，导致反抗不断。

西晋建立后，晋武帝免除吴地所有苛政，也不改变孙吴

---

① 《三国志》卷五三《吴书·薛综传》，北京：中华书局，1959年，第1252页。
② 《三国志》卷四七《吴书·吴主传第二》，北京：中华书局，1959年，第1140页。
③ 《晋书》卷三《武帝纪》，北京：中华书局，1974年，第71页。

所设的牧守以下官吏，命"牧守以下，皆因吴所置，除其苛政，示之简易"①。东晋实行门阀大族共治，琅琊王氏、颍川庾氏、谯国桓氏、陈郡谢氏等大族把持朝政，门阀制度的特点是重"门第"，士庶等级森严。统治阶级内部皇族与大族之间、南北大族之间、早渡江与晚渡江的中原大族之间，士庶之间、地主与农民之间，始终存在复杂的冲突与矛盾。隆安初年王恭之乱后，桓玄、刘牢之、高雅之分别割据长江中游、长江下游江北地区及淮南等地，朝廷实际控制只有三吴、浙东地区，各地人民租调徭役加重。

隆安三年（399），信奉五斗米道的琅琊人孙恩发动起义，聚众数十万。元兴元年（402），孙恩战败投海自杀，众推其妹夫卢循为首领。卢循在浙、闽沿海受到晋将刘裕的追剿，转而进攻岭南。元兴三年（404）十月，卢循部将徐道覆率军攻占始兴。义熙元年（405），卢循遣使向东晋献贡，东晋由于无暇南顾，乃授卢循为征虏将军、广州刺史、平越中郎将，徐道覆为始兴相。义熙六年（410），卢循分兵两路北伐，一路由徐道覆统兵从大庾岭出发进击豫章，一路由卢循率领从北江攻长沙，击江陵，顺长江而下。三月两军会师，顺江直逼江宁，晋朝急令刘裕回师。卢循并没有乘胜进击，给了晋朝喘息之机。十月以后，卢循连遭败绩，往广州撤退，最后为交州刺史杜慧所败，卢循投水自尽，余众遁入海岛，以渔捞为业。卢循占据广州达6年之久。

---

① 《晋书》卷三《武帝纪》，北京：中华书局，1974年，第71页。

　　三国两晋南朝时期，由于交州、广州地处国家最南边陲之地，为加强统治，朝廷往往赋予地方官员较大的权力。东汉建安年间任命张津为交州牧时，就"诏以边州使持节，郡给鼓吹，以重城镇，加以九锡六佾之舞"[①]。孙吴广州主官滕修的官职就为持节、都督广州事、镇南将军、广州牧，降晋后被晋武帝委"为安南将军，广州牧、持节、都督如故，封武当侯，加鼓吹，委以南方事"[②]。南朝时，一些有野心的都督刺史利用其掌握的政治和军事资源发动叛乱。萧梁太平二年（557）广州刺史萧勃，以及陈朝太建元年（569）阳山郡公、都督交广等十九州诸军事、广州刺史欧阳纥反叛，原因都是其拥有强大势力。孙吴实行世袭领兵制，孕育了一个世代为将、领兵固化了的特权阶层，并且和世袭领郡制相结合，出现了地方分权的问题。东晋南朝时期皇权削弱和门阀势力膨胀，岭南由于民族杂居，地方豪强势力更为强大，他们拥有大批部曲、家兵和财富、土地。齐末时，南海郡人覃元先乘乱招募民兵，据有番禺，梁时官至东宁州刺史。梁末，陈霸先在广州起家，在岭南地方豪强势力支持下，北伐侯景，建立陈朝。

二、移民迁入

　　三国两晋南朝时，岭南和其他地方一样，地方豪族势力

① 《晋书》卷一五《地理下》，北京：中华书局，1974年，第465页。
② 《晋书》卷五七《滕修传》，北京：中华书局，1974年，第1553页。

较为强大，他们隐占大量部曲、典客脱离政府的户籍，官府鞭长莫及，于是产生了编户脱籍问题，岭南人口隐没和流失现象严重。西晋太康初年（280），交州刺史陶璜上奏云："广州南岸，周旋六千余里，不宾属者乃五万余户，及桂林不羁之辈，复当万户。至于服从官役，才五千余家。"①西晋初年，岭南诸郡户口官方统计总数远少于东汉，为东汉的15.78%。东汉时南海郡户数为71 477户，西晋太康初年仅为9500户，约为东汉户数的13.29%。吴晋交替之际，民众叛离郡县和隐瞒户口的数量增大，与东汉永和年间相比，整个交州的户口减少了84%以上。②这些官方统计数据并不能反映岭南人口的实际情况。大致在东晋始至南朝，官府采用"别置督护，专征讨之"③的武力征服和"以越治越"羁縻笼络等方式，把"不宾服"的户口纳入郡县编户。

西晋末期永嘉年间，北方战乱频繁，南方相对稳定，北方士民为躲避战乱，纷纷渡江南下，有的大姓带领宗人部曲数百、数千家相携南下，史称"永嘉南渡"。南朝时期，人口南迁从不间断。南朝宋时东官郡有1332户，15 696人。④陈太建二年（570）诏曰："怀远以德，抑惟恒典，去戎即华，民之本志。顷年江介襁负是随，崎岖归化，亭候不绝，宜加

① 《晋书》卷五七《陶璜传》，北京：中华书局，1974年，第1560页。
② 汪廷奎主编：《广东通史》（古代上册），广州：广东高等教育出版社，1996年，第326页。
③ 《南齐书》卷一四《州郡上》，北京：中华书局，1972年，第262页。
④ 《宋书》卷三八《州郡四》，北京：中华书局，1974年，第1199页。

恤养，答其诚心。"①陈朝认为江北士民为逃避"戎"的统治而迁居南方，这种行为是值得鼓励的，到了陈朝境地就是华夏，朝廷给予优惠政策。梁侯景之乱使江南地区的社会经济遭到毁灭性的破坏，一些江东士民南迁，以致梁朝、陈朝都在广州增置大批郡县，以安置南下百姓，今深圳地区海域由此成为移民岭南的重要途经点，大批江东诸郡百姓为逃避苛重赋役，从江东经海道入珠江口，然后在番禺上岸并散居南海郡一带。②《晋书》载："时东土多赋役，百姓乃从海道入广州……逃逸渐多。"③北燕王室后裔冯业就率亲党300余人浮海奔番禺，其后代冯宝官至高凉太守，娶越族女首领冼氏为妻。东晋晚期，卢循率兵攻占广州，就是从今浙闽海上南行，经过珠江口到番禺；刘裕派兵奔袭卢循据有的番禺时，也是走的相同的路线。南朝时，东海人徐伯明弃官浮海至广州，投靠广州刺史萧勃。可见东晋南朝时期东南沿海经今深圳海域至番禺已经成为一条常用的航线。

移民岭南的有大量士族、官僚。孙权曾放虞翻于番禺，孙皓时流放官员及其家属到交、广者尤多。流入岭南的虞翻等士人还在交州讲学授徒，教化百姓。西晋长沙豪族王机为广州刺史，率领奴客门生千余人入岭南。丹阳人葛洪见天下动乱，避地南方，"乃参广州刺史嵇含军事"。东晋孙泰、王

---

① 《陈书》卷五《宣帝纪》，北京：中华书局，1972年，第78页。
② 汪廷奎主编：《广东通史》（古代上册），广州：广东高等教育出版社，1996年，第332页。
③ 《晋书》卷七三《庾亮传》，北京：中华书局，1974年，第1932页。

诞流广州时还分别担任过郁林太守及卢循平南府长史。①桓玄篡晋失败，余众进入岭南，"开山聚众，谋掩广州"②。来自中原地区的移民逐渐改变了岭南地区的风俗民情，加速了民族融合。西晋末年，"江扬二州……民多流入广州，诏加存恤"③。明天顺《东莞县志》记载："邑在晋为郡，东晋永嘉之际，中州人士避地岭南，多留兹土，衣冠礼仪之俗，实始于此。"④清道光《广东通志》也载："自汉末建安至于东晋永嘉之际，中国之人士避地者多入岭表，子孙往往家焉，其流风遗韵、衣冠气习，熏陶渐染，故习渐变而俗庶几中州。"⑤

　　这个时期迁入岭南的人口多数分布在南海郡和沿五岭南麓的晋康、苍梧、始兴、义安等郡，其中以广州治所所在的南海郡人数为多。北方移民带来了黄河、长江流域的先进生产工具和耕作技术，加快了岭南开发进程，包括今深圳地区在内的整个岭南地区农业、手工业得到很大发展。移民和土著的融合也加速了岭南地区文化的进一步发展。

① 汪廷奎主编：《广东通史》（古代上册），广州：广东高等教育出版社，1996年，第330页。
② 《宋书》卷五二《褚叔度传》，北京：中华书局，1974年，第1504页。
③ 同治《番禺县志》，见广东省地方史志办公室辑：《广东历代方志集成·广州府部（二〇）》，广州：岭南美术出版社，2007年，第241页。
④ 张一兵校点：《深圳旧志三种·天顺东莞旧志》，深圳：海天出版社，2006年，第32页。
⑤ （清）阮元修，（清）陈昌齐等纂：（道光）《广东通志》卷九二，道光二年刻本，第1556页。

第三节 经 济 发 展

三国两晋南朝时期，北方战乱，人口南迁，"江左"①统治者大力经营南方，有利于包括深圳地区在内的岭南经济开发，今深圳地区的盐业生产已经发展到较大规模，是岭南地区最重要的盐业生产基地。随着铁器农具的推广应用和商品农作物的种植不断增加，农业生产得到发展，渔业方面则出现了"疍户""卢亭"。三国时期的孙吴政权即已组织大规模周边航海，至东晋、南朝时期与海外诸国来往更为密切，通商口岸主要有广州南海郡的番禺，交州的龙编、西卷。随着航海技术的进步和航海经验的积累，这一时期还开辟了从广州起航，穿越海南东部海域进入南海的深海航线，远达印度洋、波斯湾，这是南海交通史上的一大进步。广州沿海地区水上交通便利，中国与南海各地的货物多经由广州进出，出现商业繁荣的面貌。宋齐时期在广州为官可发大财②，"南土沃实，在任者常致巨富，世云'广州刺史但经城门一过，便得三千万也'"③。东晋褚叔度任广州刺史"在任四年，广营贿货，家财丰积，坐免官，禁锢终身。还至都，凡诸旧及有一面之款，无不厚加赠遗"④。历朝统治者每年都要在岭南地区征收大量珍珠宝玩，加重了岭南人民的负担。

---

① 长江下游南岸地区。
② 何兹全、张国安：《魏晋南北朝史》，北京：人民出版社，2013 年，第 207 页。
③ 《南齐书》卷三二《王琨传》，北京：中华书局，1972 年，第 578 页。
④ 《宋书》卷五二《褚叔度传》，北京：中华书局，1974 年，第 1505 页。

一、物产与种植业

历史上的珠江三角洲地区由于海平面波动较大，自然地理环境不稳定，长期以渔猎经济为主，较为落后。汉末至三国两晋南北朝时期，由于气温变化、北方的自然灾害和战乱，北方移民南迁[1]，自然条件改善，生产环境得到开发，沙洲不断并联，河网水系不断成形，珠江三角洲平原上的农业生产得以成规模发展[2]。

得益于独特的自然环境与地理位置，岭南地区历来盛产奇珍异果。魏晋南朝时今深圳地区自然不乏产出，甘蔗、荔枝、槟榔等作物均为当时种植的主要品种。《齐民要术》引《南中八郡志》"交趾特出好橘"注中提到：《太平御览》引"《异物志》……有'交趾有橘，置长官一人，秩三百石，主岁贡御橘'。"[3]汉武帝时交趾设桔（橘）官，晋嵇含《南方草木状》曰："吴黄武中，交趾太守士燮献桔十七实同一蒂，以为瑞异，群臣毕贺。"说明三国时贡橘的事例。《广东新语·果语》、《艺文类聚》引《异物志》均载"交趾有桔官"之语。[4]可见，三国两晋南北朝时期，岭南地区广泛种植着

① 葛剑雄：《中国人口史（导论、先秦至南北朝时期）》（第一卷），上海：复旦大学出版社，2002年，第560—569页。

② 李平日、乔彭年、郑洪汉，等：《珠江三角洲一万年来环境演变》，北京：海洋出版社，1991年，第90—91页。

③ （魏）贾思勰原著，缪启愉校释：《齐民要术校释》卷十，北京：农业出版社，1982年，第579—580页。

④ 转引自（汉）杨孚撰，吴永章辑佚校注：《异物志辑佚校注》，广州：广东人民出版社，2010年，第150—154页。

各类水果，人们对水果品种也有了更明确的认识，而因交趾所产的橘好，甚至专设官职，御贡果品。

珠江三角洲地处亚热带，气候非常适合甘蔗生长。东汉杨孚《异物志》曰："甘蔗，远近皆有。交趾所产甘蔗特醇好，本末无薄厚，其味至均。围数寸，长丈余，颇似竹。斩而食之，甚甘。笮汁如饴饧，名之曰糖，益复珍也。又煎而曝之，既凝而冰，破如砖棋，食之，入口消释。"[1]"甘蔗，远近皆有"的记述说明当时广州"远近"一带的地区均种植了一定规模的甘蔗，而交趾所产的甘蔗味道更为醇好。当时的人们已掌握榨取甘蔗汁，并利用"煎""曝"等工艺将其加工凝结为固态"石蜜"的技术。这种糖制品已在一定范围内得到传播。汉代以前，甘蔗常用于榨汁及药用，汉代以后，制糖技术逐渐发展起来，陈寿《三国志》中吴国废帝孙亮曾"使黄门以银碗并盖就中藏吏取交州所献甘蔗饧"[2]，说明三国时期交州已懂得长时间熬煮甘蔗汁，使其浓缩为黏稠的糖浆——饴饧。将甘蔗饧作为当地特产进献朝廷，也说明当时甘蔗饧这一取自甘蔗的副产物已经有了极高的地位。

魏晋时期甘蔗也流传到了北方，魏文帝与将军对饮，以甘蔗作剑比试。《晋书·顾恺之传》记载了顾恺之吃甘蔗先食

---

① （汉）杨孚撰，吴永章辑佚校注：《异物志辑佚校注》，广州：广东人民出版社，2010 年，第 131 页。
② 《三国志》卷四八《吴书三·三嗣主传第三》注引，北京：中华书局，1959 年，第 1154 页。

尾至头，人问何以如此，答道"渐入佳境"的故事。据载："恺
之每食甘蔗，恒自尾至本。人或怪之。云：'渐入佳境。'"①

除甘蔗外，荔枝等果木也是岭南地区历来盛产之物。荔
枝在汉代已成为深圳地区向皇帝进贡之物。三国时期，据说
魏文帝诏进岭南荔枝，还将其与葡萄、石蜜作比较，告群臣
曰："南方有龙眼、荔支，宁比西国蒲桃、石蜜乎？今以荔
支赐将吏啖之，则知其味薄矣。"②唐张九龄说："龙眼凡果，
而与荔枝齐名，魏文帝方引蒲桃及龙眼相比，是时二方不通，
传闻之大谬也。"③龙眼、荔枝产于交州，隶属吴国，而当时
魏、吴对峙，荔枝大概难以传入魏文帝之手，因此魏文帝认
为荔枝不如葡萄、石蜜味美的说法大概是谬传。④即使岭南
物产难以传入魏国，但掌管岭南的吴国则不成问题。东汉末
年，士燮兄弟雄长交趾郡，治龙编（今越南河内），年奉孙
权"奇珍异果"，其中包括出产于海外的琉璃、翡翠、玳瑁、
犀、象等。⑤

《齐民要术》引《广志》曰"南广荔枝熟时，百鸟肥，其
名之曰'焦核'，小次曰'春花'，次曰'胡偈'，此三种为美。

① 《晋书》卷九二《顾恺之传》，北京：中华书局，1974年，第2405页。
② （宋）李昉等撰：《太平御览》卷九七一《果部·荔支》，北京：中华书局，1960年，第4306页。
③ （宋）李昉等编：《文苑英华》卷一四四《荔枝赋序》，北京：中华书局，1966年，第665页。
④ 胡守为：《岭南古史》，广州：广东人民出版社，2014年，第349页。
⑤ 《三国志》卷四九《吴书四·士燮传》，北京：中华书局，1959年，第1192—1193页。

似'鳖卵',大而酸,以为醢和,率生稻田间"①。可见当时广州一带地区荔枝树的分布很普遍,至少已有三种味道较好的品种了。②

1988年,深圳地区南朝墓葬中发现随葬品滑石蚕③,说明当时宝安县蚕桑种植业也有了一定发展。

西晋武帝太康元年(280)颁行户调式,包括占田制、户调制和官员贵族按品级占田荫食客制,"又制户调之式:丁男之户,岁输绢三匹,绵三斤,女及次丁男为户者半输。其诸边郡或三分之二,远者三分之一。夷人输賨布,户一匹,远者或一丈。男子一人占田七十亩,女子三十亩。其外丁男课田五十亩,丁女二十亩,次丁男半之,女则不课。男女年十六已上至六十为正丁,十五已下至十三、六十一已上至六十五为次丁,十二已下六十六已上为老小,不事"④。南海郡番禺一带大致按照户调制计丁纳调服役。僚人酋长控制下的地方,则按户调制的另一种方式输纳:"远夷不课田者输义米,户三斛,远者五斗,极远者输算钱,人二十八文。"⑤两晋之际中原战乱,岭南地区相对和平,这里的人们生活相对安定,

① (魏)贾思勰原著,缪启愉校释:《齐民要术校释》卷十,北京:农业出版社,1982年,第610页。
② 佛山地区革委会《珠江三角洲农业志》编写组(1963—1976)编:《珠江三角洲农业志》,广州:广东人民出版社,2020年,第505页。
③ 《深圳市宝安南朝墓发掘简报》,见深圳博物馆编:《深圳考古发现与研究》,北京:文物出版社,1994年,第115—120页。
④ 《晋书》卷二六《食货志》,北京:中华书局,1974年,第790页。
⑤ 《晋书》卷二六《食货志》,北京:中华书局,1974年,第790页。

广州即出土了刻有"永嘉世，九州荒，余广州，平且康"铭文的晋砖。① 东晋成帝咸和五年（330）"初税田，亩三升"②，从而将税赋改为按亩征收，史称"度田"。此后屡有变更，宋文帝元嘉三年（426），始兴太守徐豁上表说："郡大田，武吏年满十六，便课米六十斛；十五以下至十三，皆课米三十斛，一户内随丁多少，悉皆输米。"③ 可见这时岭南耕种大田（公田）人户的税赋是按丁计征的。

三国两晋南朝时期迁入岭南的中原移民增加，促进了岭南地区的土地开发和农业发展，突出表现为水稻栽培技术的提高。耕作方式改进和农耕区的扩大，使岭南农耕区由两汉时期沿带状河谷冲积平原分布扩展到深山腹地及边远地区，并逐渐联系起来，成为自成一体的地方经济区。④

二、"疍户""卢亭"与渔业

三国两晋至南朝时期，今深圳地区的渔业有了一定程度的发展，以捕鱼为业的居民称为"疍户""卢亭""卢亭户"。

明嘉靖《广东通志》记载"蛋（疍）户者，以舟楫为宅，捕鱼为业，或编篷濒水而居，谓之水栏，见水色则知有龙，故又曰龙户，齐民则目为蛋（疍）家。晋时广州南岸，周旋六十余里，不宾服者五万余户，皆蛮蛋（疍）杂居。自唐以

---

① 范文澜：《中国通史》（第二册），北京：人民出版社，2008年，第455页插图。
② 《晋书》卷七《成帝纪》，北京：中华书局，1974年，第175页。
③ 《宋书》卷九二《徐豁传》，北京：中华书局，1974年，第2266页。
④ 刘希为、刘磐修：《六朝时期岭南地区的开发》，《中国史研究》1991年第1期。

来计丁输课于官，洪武初编户立里长，属河泊所，岁收渔课。然同姓婚配，无冠履礼，貌愚蠢，不谙文字，不自记年岁，此其异也。东莞、增城、新会、香山以至惠潮尤多"。并引《惠州志》，"疍长又称疍家里长，其种不可知。考之秦始皇使尉屠睢统五军监禄鉴河通道，杀西瓯王，越人皆入丛薄中与禽兽处，莫肯为秦意者，此即丛薄之遗民耳"。①崇祯《东莞县志》也有类似记载，"蛋（疍）户皆以舟楫为宅，捕鱼为业……其来未可考，按秦始皇使尉屠睢统五军监禄杀西瓯王，越人皆入丛薄中与禽兽处，莫肯为秦意者，此即丛薄之遗民"②。清朝学者屈大钧在《广东新语》记载："越人则今之'瑶''僮''黎''疍'……诸族是也。"③宋《太平寰宇记》记载："蜑（疍）户，县所管，生在江海，居于舟船，随潮来往，捕鱼为业。若居平陆，死亡即多，似江东白水郎也。卢亭户，在海岛上，乘舟捕海族蚝、蠔、蛤蜊为业。"④

从上述古籍记载可以得知，大概"疍户"生活在流动的舟船上，"卢亭户"生活在偏僻的海岛中，均以捕捞海洋生物为生。

① 嘉靖《广东通志（三）》卷六八《外志五》，见广东省地方史志办公室辑：《广东历代方志集成·省部（四）》，广州：岭南美术出版社，2006年，第1819页。
② 崇祯《东莞县志》卷八《外志》，见广东省地方史志办公室辑：《广东历代方志集成·广州府部（二二）》，广州：岭南美术出版社，2007年，第832页。
③ （清）屈大钧撰：《广东新语》卷七《人语》，北京：中华书局，1985年，第232页。
④ （宋）乐史撰：《太平寰宇记》卷一五七《岭南道一·广州》，王文楚等点校，北京：中华书局，2007年，第3021页。

东晋末年，孙恩领导农民反晋起义。元兴元年（402）首领孙恩败死，"恩穷戚，乃赴海自沈，妖党及妓妾谓之水仙，投水从死者百数。余众复推恩妹夫卢循为主"①。起义群众又推孙恩妹夫卢循为首领，于元兴三年（404）由海道攻占番禺（今广州），《晋书·卢循传》记载："裕先遣孙处从海道据番禺城，循攻之不下。道覆保始兴，因险自固。循乃袭合浦，克之，进攻交州。至龙编，刺史杜慧度谲而败之。循势屈，知不免……因自投于水。慧度取其尸斩之。"②刘裕遣孙处攻卢循，卢循败退，至龙编，被刺史杜慧度击败，投水自尽。

起义群众溃散于沿海岛屿居住，以下海捕鱼为生。《广东通志·舆地志》也记载了卢循农民起义。有"卢循城：在府城南十里南岸，上与广相对，其东为古胜寺，今废。南汉时以为仓廪，乡人呼为刘王廪。今故址隐然，断砖废瓦往往为人所得。《南粤志》云，河南之洲，状如方壶，乃循旧居，相传沈田子破循时焚其巢穴即此地也，其子孙留居之，为卢亭蛋（疍）户云"③。所谓"卢亭"的原意就是卢循起义群众的后裔。

《晋书·陶璜上疏》中"广州南岸，周旋六千余里，不宾属者乃五万余户，及桂林不羁之辈，复当万户"④。嘉靖、万

---

① 《晋书》卷一〇〇《孙恩传》，北京：中华书局，1974年，第2634页。
② 《晋书》卷一〇〇《卢循传》，北京：中华书局，1974年，第2636页。
③ 嘉靖《广东通志（一）》卷一九《舆地志七》，见广东省地方史志办公室辑：《广东历代方志集成·省部（二）》，广州：岭南美术出版社，2006年，第487页。
④ 《晋书》五七《陶璜传》，北京：中华书局，1974年，第1560页。

历《广东通志》中均记载"晋时广州南岸，周旋六十余里，不宾服者五万余户，皆蛮蜑（疍）杂居"[1]。其中五万余户不宾属的"蛮蜑（疍）杂居"者，也反映了当时大有类似孙恩和卢循起义群众的不屈服于统治阶级的群体。[2]

新石器时代晚期之后，今深圳沿海地区的居民，不仅大量采集天然蚝为食，也使用蚝壳作为他们砌墙建屋的材料。唐代刘恂《岭表录异》载，"卢亭者：卢循昔据广州，既败，余党奔入海岛野居，惟食蚝蛎，垒壳为墙壁。""海夷卢亭，往往以斧揳取壳，烧以烈火，蚝即启房，挑取其肉，贮以小竹筐，赴墟市以易酒。卢亭好酒，以蚝肉换酒也"。[3]文献记载了晋代卢循农民起义军战败后，余众采蚝取蚝肉加工，在墟市换酒，将蚝壳应用于砌墙建筑材料以蚝壳建屋的生活图景；反映出晋时深圳沿海一带自然地理与生态环境，需半咸水海岛环境的蚝蛎大量生长，"卢亭"靠海而生。[4]

关于"卢亭"，还有另一类传说。传说中，"卢亭"又称为"卢馀"，同样是东晋时期农民起义首领卢循所部的后裔，但却被描述成一种半人半鱼的生物，居于大奚山。《广东新

① 万历《广东通志（三）》卷七〇《外志五》，见广东省地方史志办公室辑：《广东历代方志集成·省部（七）》，广州：岭南美术出版社，2006年，第1602页。
② 佛山地区革委会《珠江三角洲农业志》编写组（1963—1976）编：《珠江三角洲农业志》，广州：广东人民出版社，2020年，第304页。
③ （唐）刘恂撰：《岭表录异》，鲁迅校勘，广州：广东人民出版社，1983年，第9、31页。
④ 李平日、乔彭年、郑洪汉，等：《珠江三角洲一万年来环境演变》，北京：海洋出版社，1991年，第74页。

语》有"蛋（疍）家本鲸鲵之族"①。"人鱼之种族有卢亭者，新安大鱼山与南亭竹没老万山多有之。其长如人，有牝牡，毛发焦黄而短，眼睛亦黄，面鼍黑，尾长寸许，见人则惊怖入水，往往随波飘至，人以为怪，竞逐之。有得其牝者，与之淫，不能言语，惟笑而已。久之，能著衣，食五谷。携至大鱼山，仍没入水。盖人鱼之无害于人者。人鱼长六七尺，体发牝牡亦人，惟背有短鬣微红，知其为鱼。间出沙汭，能媚人，舶行遇者，必作法禳厌。海和尚多人首鳖身，足差长无甲。"②崇祯《东莞县志》中张惟寅《上宣慰司采珠不便状》亦有类似表述："海门之地，控接诸番，又有深山绝岛，如大奚山……况蛋（疍）蛮种类，并系晋时海贼卢循子孙，今皆名为卢亭，兽形鴂（䫏）舌，椎髻裸体，出入波涛，有类水獭。"③这类神秘传说大概与《山海经》等古籍中对人鱼的描述殊途同归，反映了当时对南方民族的认识。

三、制盐业

海盐生产是古代深圳地区的重要产业。适宜产盐的特性也使"岭南"一词较早记载于《史记》中。④汉武帝元封元年

---

① （清）屈大均撰：《广东新语》卷七《人语》，北京：中华书局，1985年，第250页。

② （清）屈大钧撰：《广东新语》卷二二《鳞语》，北京：中华书局，1985年，第550页。

③ 崇祯《东莞县志》卷六《艺文志》，见广东省地方史志办公室辑：《广东历代方志集成·广州府部（二二）》，广州：岭南美术出版社，2007年，第272页。

④ 《史记》卷一二九《货殖列传》，北京：中华书局，1959年，第3949页。

（前110），根据桑弘羊的建议，实行盐业专卖，在全国设35处盐官，其中，深圳地区的盐业归南海郡番禺县的番禺盐官管理。三国时期，孙吴迁都武昌，为加强盐业国家专卖，以军官管理盐政，在珠江口东岸设司盐都尉。南朝宋、齐、梁允许民间私煮，陈文帝时，开始由政府征收煮海的盐赋。①《太平御览》记载"《晋令》曰：凡民不得私煮盐，犯者四岁刑，主吏二岁刑"②。

今南头及其周边地区汉代墓葬的发现证实了两汉时期今南头附近就已经有了相当规模的居民聚居地，而当时该地区并无盐政以外的其他行政设置，表明盐业生产是其经济繁荣的重要原因。三国两晋南朝时期延续和发展了盐业生产。

盐产按照其来源可分海盐、湖盐、井盐等不同种类，对于不同出处的盐需使用不同的提炼方式。深圳地区富有广阔的海岸线，盐产资源禀赋得天独厚，加之地处亚热带地区，日照充足，自然气候条件适宜海盐生产。

第四节 文 化 融 合

随着三国两晋南朝时期北方移民的增加，岭南地区呈现汉越文化交融加深、儒家文化影响突出，佛教文化迅速发展

---

① 王仲荦：《魏晋南北朝史》，上海：上海人民出版社，2020年，第483页。

② （宋）李昉等撰：《太平御览》卷八六五《饮食部二三》，北京：中华书局，1960年，第3840页。

的特点。这一时期今深圳地区出现了孝子黄舒这一历史文化名人，杯渡禅师也在今深圳、香港地区传播佛教。

一、孝子黄舒与孝道文化

三国两晋南朝时期，随着北方移民迁入，中原传统儒家文化对今深圳地区产生影响。东晋时的黄舒即为本地儒家孝道的代表人物，是深圳历史上有明确记载的第一位大孝子，也是深圳地区儒家文化发展的重要标志。

黄舒，字展公，东晋江夏（今湖北武汉市）人，生卒年不可考，随其父黄教迁居东官郡宝安县。《东莞县志》有"黄舒，字展公，父教始迁莞，舒事亲至孝，家贫力业，以供滫瀡。当奉养时，虽盛暑未尝脱冠带，亲所颐指，虽艰难必往，不为劳，咸谓其善养志。父卒，躬负土为坟，结庐藉苫以居，深野无人，豺狼左右嗥，而舒安之。每寒夜号哭，声出林薄，人为泣下。却酒肉不御，日进淖糜一盂。久之，形容枯槁，人劝其还，哭而弗答。母丧，亦如之。人曰：舒生能致养，殁能致哀，今之曾参也。有司奏旌其门，目其居曰参里，里之旁有山，旧未有名，亦以舒故，遂称为参里山。宋沈怀远《南越志》载舒事，不让古人云"[1]。

黄舒的孝迹引来后世赞叹，明汤显祖为其作《晋孝子参里黄先生祠记》，明陈琏作《孝乌行——为孝子黄舒作》，明

---

[1] 民国《东莞县志（二）》卷五四《人物略一》，见广东省地方史志办公室辑：《广东历代方志集成·广州府部（二五）》，广州：岭南美术出版社，2007年，第589页。

潘楫作《参山怀黄孝子》，明祁顺作《参里山》，清李可成作《参山乔木》。清康熙《新安县志》在为黄舒立传时，录入明代新安县知县丘体乾写的一篇赞：

> 厥初生民，爰有五常，厥先维何，父子之纲。百行根底，经训维彰。祗见夔夔，视膳跄跄。圣贤迹远，孝道榛荒。彼君子兮，挺自僻壤。贫而甘旨，盛暑冠裳，岂鼎而丰，岂爵而扬。生则致养，没而孔伤，负土为坟，结庐其旁。夜月哀号，大块茫茫。乌鹊绕树，虎豹潜藏。鱼也悲木，奇也履霜，律之于古，谁其雁行。金曰曾参，庶几可方。里以参名，董德善良，山以参名，表厥孤芳。哲人云萎，陵谷沧桑，蓼莪载咏，涕泗浪浪。呜呼，访故里则黍禾在望，睇故山则云树郁苍；不知者谓先生既亡矣，而知者谓先生之孝久而弥光。①

从古文献记载中可知，黄舒家贫，但极力孝顺父母。父母亲去世后，黄舒痛不欲生，在坟侧筑茅庐守墓三年。黄舒孝行传出，"乡曲争传黄孝子"，邑人将其比作春秋战国之际的孝子曾参，经官府批准，匾其门曰"参里"，宅旁山名为"参里山"或"参山"，村名也随之改为"参里"。明万历元年（1573）建新安县后，列为新安八景之一"参山乔木"。

清嘉庆《新安县志》记载："晋孝子黄舒墓在大田乡猪母冈。"②大田乡即今宝安区沙井镇北步涌村一带。黄舒墓始建

---

① 张一兵：《康熙新安县志校注》卷一〇《人物志》，北京：中国大百科全书出版社，2006年，第314页。

② 深圳市史志办公室整理编辑：《嘉庆新安县志》卷一八《胜迹略》，广州：华南理工大学出版社，2020年，第261页。

于东晋时期，经历代多次修缮，现为清代重修时的太师椅形，坐南朝北，长7.3米，宽4.8米，由墓堂、拜堂组成。宝珠印碑顶，碑材质为花岗岩，碑额处浮雕云纹图案，刻有"晋钦旌孝子乡贤始祖考参里黄公之墓"字样。2005年7月，宝安区人民政府公布黄舒墓为宝安区区级文物保护单位。

二、杯渡禅师与佛教传入

佛教约于两汉之际传入中国，三国两晋南北朝时期，统治阶级大多信奉提倡佛教，佛教兴盛。[1]南朝齐萧子良崇尚佛教，梁陈时佛教较宋齐两朝又有发展，从扶南国来的高僧真谛曾辗转广东一带译经，曾居于南海郡（今广州），梁武帝时，南朝佛教极盛。[2]

深圳地区佛教历史相传可追溯至南北朝时期。清嘉庆《新安县志》记载杯渡禅师曾"以木杯渡海，憩邑屯门山，后人因名曰杯渡山"[3]。北宋文人蒋之奇撰有《杯渡山纪略》，中引《广州图经》中记载的"杯渡山，在屯门界三百八十里，旧传有杯渡师来此"[4]。"杯渡庵，在杯渡山瑞应岩上。"[5]

---

[1] 何兹全、张国安：《魏晋南北朝史》，北京：人民出版社，2013年，第300页。

[2] 范文澜：《中国通史》（第二册），北京：人民出版社，2008年，第515—544页。

[3] 张一兵：《嘉庆新安县志校注》卷二一《人物志》，北京：中国大百科全书出版社，2006年，第741页。

[4] 张一兵：《嘉庆新安县志校注》卷二四《艺文志》，北京：中国大百科全书出版社，2006年，第816页。

[5] 深圳市史志办公室整理编辑：《嘉庆新安县志》卷一八《胜迹略》，广州：华南理工大学出版社，2020年，第261页。

　　相传杯渡禅师拥有神通之力，行动不拘小节，具有卓越的神力，神秘莫测，世人都不知他从什么地方而来。"尝乘木杯渡水，因而为号。游止靡定，不修细行，神力卓越，世莫测其由。"因为他常以木杯放于水中泛行渡海，故此称其为"杯渡"（亦写作杯度）。杯渡禅师先在河北一带活动，后南下九华山弘扬佛法。南朝刘宋元嘉年间，杯渡禅师对一批信徒表示"当往广、交之间"。①其后杯渡禅师来到宝安县，渡海到羊坑山（今香港新界屯门青山）驻居。杯渡本名与法号俱已失考，因其随身带着一个大木杯，遇河渡河，遇海泛海，时人称之为杯渡和尚，其神迹类似另一高僧达摩的"一苇渡江"。杯渡禅师的信徒在羊坑山建起杯渡庵，并把羊坑山改名为杯渡山，又在附近的灵渡山上修建灵渡寺和杯渡井。李白有"门深杯渡松"，杜甫《题玄武禅师屋壁》有"杯渡不惊鸥"，明代郑文炳《杯渡山》有"闻说禅踪此旧游，一杯飞渡渺沧洲"。北宋文人蒋之奇撰有《杯渡山纪略》，南宋文人周紫芝有七言绝句《游衡廊山山中有梁武帝杯渡禅师像》。清朝的《新安县志》中记载杯渡山、杯渡岩、杯渡井、杯渡庵、杯渡石柱等景点。现今香港屯门青山山腰"青山禅院"牌坊刻有"杯渡遗迹"四字，寺院后山石佛岩（又称杯渡岩）供奉一杯渡禅师石像，为近代人按五代十国南汉时杯渡禅师石像仿制。

---

① 张一兵：《嘉庆新安县志校注》卷二一《人物志》，北京：中国大百科全书出版社，2006年，第741页。

三、文化遗存

三国两晋南北朝时期来自中原的大量移民带动了汉越文化的进一步融合，促进了当时深圳地区经济文化的发展。

311年，北方永嘉之乱，北方移民来到岭南躲避战乱，风俗文化传入岭南。道光《广东通志》记载："自汉末建安至于东晋永嘉之际，中国人之避地者多入岭表，子孙往往家焉，其流风遗韵，衣冠气习，薰陶渐染，故习渐变，而俗庶几中州。""古称鴃舌者为南蛮，猺（徭）岐诸种是也，自秦以中土人与赵佗风俗已变。东晋南宋，衣冠望族向南而趋，占籍各郡"。①说明随着中原地区的缙绅、士大夫举族迁入岭南定居，岭南当地的风俗习惯已发生改变。这一影响在墓葬中也有所体现。广东的晋代墓葬有合族而葬的习俗，并出土有卧室暖床（即今北方的"炕"）模型和青瓷砚、石砚等，这些都是北方社会生活的遗风②，可见当时中原文化在广东地区已产生深刻影响。

今深圳地区出土的三国两晋南北朝时期墓葬，根据历代构筑条件与构筑材料的不同，分为土坑墓、砖室墓等。

土坑墓是在地面挖出长方形竖穴土坑作为墓室，坑底或用木板、瓦片、砖石板、砂灰等不同材料构筑墓壁墓室。深圳地区土坑墓自先秦一直延续到清代。土坑墓东汉以后墓圹

---

① 道光《广东通志（三）》卷九二《舆地略十》，见广东省地方史志办公室辑：《广东历代方志集成·省部（一六）》，广州：岭南美术出版社，2006年，第1556—1557页。
② 李权时主编：《岭南文化》，广州：广东人民出版社，1993年，第177页。

深度有所加深，汉代出现墓道，东晋、南朝砖室墓道普遍存在。其中，东晋砖室墓中有纪年墓，纪年砖印刻东晋年号和吉祥语，一般砌于墓葬券顶内侧或墓壁上部内侧。[1]目前发掘出土的新石器晚期至南朝时期的土坑墓均为单人墓，可见，直到南朝时期，尚不流行夫妻合葬的习俗。[2]

1985 年，深圳西乡镇流塘村富足山发掘出一座三国东吴时期的土坑墓，出土一件做工精细、造型别致的青瓷虎子。墓葬因在当地基本建设中遭到破坏，形制不明。东晋时期土坑墓还有南头红花园 1981 年发掘的 4 座和铁仔山 2000 年发掘的 7 座，共 11 座。南朝时期土坑墓有南头大王山 1981 年发掘的 1 座和铁仔山 2000 年发掘的 8 座，共 9 座。[3]

东汉中晚期，深圳出现砖室墓，其墓葬布局、结构与建造方式与中原地区完全相同，东汉至南朝的砖室墓规格大小不一，建造形制呈多样化。大型砖室墓分为前室、左右耳室、中室、后室，模仿墓主人生前所住房屋的前堂后室、左右侧室的格局，也反映出墓主生前的身份和社会地位。[4]

深圳地区的砖室墓自东汉中晚期开始出现和流行，在东晋、南朝时期发展到较高的水平。这段时期，深圳地区社会环境相对稳定，大量中原汉人南迁，将先进的农业生产技术和生产工具带至岭南，推动了这一时期深圳地区社会经济水

---

① 周军、吴曾德编著：《深圳市第二次文物普查报告》（下编），北京：科学出版社，2012 年，第 5 页。
② 孙明：《深圳墓葬与研究》，杭州：西泠印社出版社，2018 年，第 97 页。
③ 孙明：《深圳墓葬与研究》，杭州：西泠印社出版社，2018 年，第 104 页。
④ 孙明：《深圳墓葬与研究》，杭州：西泠印社出版社，2018 年，第 104 页。

平的发展和文化风俗交融，这在墓葬中也有所体现。

深圳地区东晋和南朝时期的砖室墓结构复杂、形制多样、规模较大，装饰繁缛。墓室形状有多种样式，有多间耳室或侧室。建造墓室所有的砖也装饰有多种纹饰。南朝以后，墓葬的地下部分用砖砌成墓室现象逐渐减少，或规模小、数量少、结构造型趋于简单。从形制上看，这一时期墓葬还保留着本地东汉晚期的墓葬风格，同时受到长江中下游地区的影响。砖室墓以单棺墓为主，未见多棺室墓。单棺室墓的平面形制有长方形、中字形、凸字形等；一般由墓道（甬道）、墓室组成，有的墓室分前、后两室，部分墓葬还带耳室，墓顶多为券顶或叠涩顶。随葬品常见罐、碗、碟、壶、熏炉等；此外还有灶、屋等模型明器。网纹砖、手纹砖均有发现。砖室墓基本上先由地面向下掘一竖坑，再在坑中以砖块砌成墓室，置棺其中。东晋、南朝墓均设有壁龛，南朝墓出现砖柱。南朝砖室墓普遍筑有斜坡墓道和排水道，墓室内建有假直棂窗。如铁仔山南朝墓 M24，东、西两壁中部有一对称假直棂窗，是模仿墓主人生前所居住房屋而建。[1]总体而言，这一时期深圳地区的墓葬体现出的墓葬形制和随葬品与中原地区趋同的特点，反映出深圳地区与中原文化所产生的交汇融合。

深圳地区砖室墓有东晋时期墓葬14座，包括铁仔山2000年发掘的9座长方形砖室墓、南头大王山1981年发掘的1座

---

① 孙明：《深圳墓葬与研究》，杭州：西泠印社出版社，2018年，第97—98、105页。

"凸"字形墓，南头红花园1981年发掘的4座长方形墓。有南朝砖室墓95座，包括铁子山1988年、2000年、2014年、2015年发掘的共85座，南头大王山1981年发掘的4座，沙井大钟山2003年发掘的5座，光明2009年发掘的1座，有长方形、"凸"字形、"卜"字形、"中"字形、"十"字形等多种形制。[①]

1980—1981年，南头大王山、红花园古墓群发掘东晋墓9座、南朝墓4座、隋墓1座[②]，出土一批青釉器（图3-1），其中罐14件、陶盒2件、黄绿釉陶瓶1件、黄绿釉陶碗6件、黄绿釉陶杯7件、黄绿釉陶碟1件。这些器物与广州、高要晋墓，韶关河西"建元"至"永和"年间墓葬出土器物，中原、长江流域同期墓葬所出土的随葬品具有相似性，墓葬形制与北方地区同期状况基本一致。这说明当时深

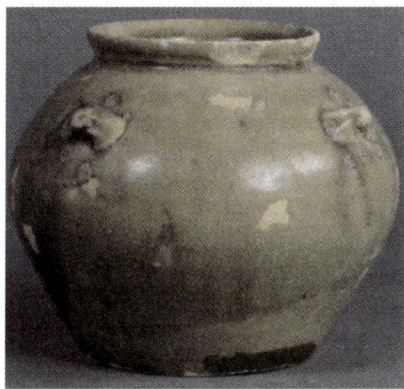

图3-1　东晋青釉四系瓷罐
资料来源：深圳博物馆藏

圳地区深受岭南其他地区及中原文化的影响。[③]

1984年，深圳博物馆工作人员在宝安沙井先后调查发现了两处南朝时期烧造青瓷的馒头窑厂遗址。沙井步涌六朝窑

① 孙明：《深圳墓葬与研究》，杭州：西泠印社出版社，2018年，第99页。
② 《深圳市南头东晋南朝隋墓发掘简报》，见深圳博物馆编：《深圳考古发现与研究》，北京：文物出版社，1994年，第104—114页。
③ 张一兵主编：《深圳通史·图文版01》，深圳：海天出版社，2018年，第121—122页。

址位于宝安区沙井步涌小学西侧山坡，共发现青瓷窑遗址 3 座，呈直线排列，中间一座保存稍好，窑壁用砖砌成椭圆形，有长条形、圆锥状的支垫窑具和一些青瓷片。瓷片施青黄釉，烧制的温度略高于一般陶器，但远低于现代瓷器。窑壁砖呈红色，饰有大方格纹和菱形纹，规格与深圳出土的南朝墓砖类似。沙井冈头村六朝窑址位于宝安区沙井冈头山南坡下，遗物散布范围约 1200 平方米，露出窑址 2 座。其中一座平面略呈半圆形，短径 1.25 米，长径 1.6 米，残高 23 厘米，窑壁厚 20 厘米，窑已塌毁，上面堆满窑壁残片、红烧土块、锥状窑具及瓷片。出土长圆锥状支垫窑具 100 多条、残青瓷碗 2 个及部分青瓷残片。

1984 年 9 月，沙井万丰村大边山发掘晋朝墓 3 座，编号为沙万 M1、M2、M3。沙万 M1 为长方形砖室墓。墓室因基建被毁去一部分，残长 1.86 米，宽 0.92 米。墓室头部墓墙第二层上有一宽 16 厘米、高 10.5 厘米的头龛，墓底砖为平铺一横一竖放置，人骨架及葬具无存。出土物为若干碎烂的釉陶片。沙万 M2 为长方形砖室墓。墓室也因基建被毁一大半，残长 1.2 米，宽 1.65 米。券顶从第二十层砖起拱，墓室头部墓墙第一层砖上带一头龛，长 13 厘米，宽 13 厘米。墓底砖平铺竖放。出土物仅见若干破碎的釉陶片，人骨架及葬具均无存。沙万 M3 为长方形砖室墓。墓向北偏东 45 度。墓室全长 5.2 米，宽 1.35 米，均用方格纹砖，规格为 32 厘米×15 厘米×4 厘米，墓壁筑法为五横一竖法，中间还砌有假棂窗，墓底砖平铺一横一竖放置，上面设有垫棺砖。出土物仅见一些釉陶碗碟及碎片，人骨架及葬具均无存。从 M1、M2、M3墓出土文物来看，为西晋至东晋时墓葬。此墓葬区露出可见的古墓还有5座。

1984年10月，新安镇臣田村铁仔山东坡上发掘的西蔗M3、M9两座墓葬，均为东吴至西晋时期墓葬。西蔗 M4为东晋时期墓葬。西蔗 M3为砖室券顶墓，墓底砖"大"字形铺法，砖印方格纹，墓中底部有木炭和红烧土块，出土物有青釉、酱釉陶片，曾被盗挖。西蔗 M9为"凸"字形砖室券顶墓，分墓室、墓道，出土物有青釉陶小杯1件、青釉陶片、酱釉陶片。西蔗 M4为砖室券顶墓，墓底未铺砖，仅见数块垫棺砖，墓底见有灰烬及木炭，墓墙为横竖相间的砌法，带头龛。砖两面饰有方格纹，见有少量釉陶砖，出土物有青釉陶片一大批。[①]

1986年4月，麻布乡流塘村西北富足山脚发掘的东晋南朝墓群中22座墓葬，大多数为中、小型墓；较大型墓葬构筑讲究，如编号M19的一座，平面呈"中"字形，长7.6米，宽1.9米，分墓道（斜坡式）、前室、中室、后室和左右耳室六个部分。中室左右壁上砌有棂窗，后室后墙上砌有壁龛。出土物有青瓷器20件。[②]

1988年4月，宝安区西乡铁仔山发掘南朝墓22座，均为

---

① 宝安县地方志编纂委员会编：《宝安县志》，广州：广东人民出版社，1997年，第734页。

② 宝安县地方志编纂委员会编：《宝安县志》，广州：广东人民出版社，1997年，第734页。

砖室墓，除一座墓葬形制不明外，另21座可分为3个类型：长方形券顶单室墓16座，前、后室券顶墓1座，长方形叠涩顶墓4座。共出土青釉陶器101件、陶器3件、滑石器3件、铁器3件。[1]与竖穴土坑墓相比，砖室墓的规格普遍大得多，说明砖室墓墓主的社会经济地位，普遍要高于竖穴土坑墓墓主。这也从一个侧面说明当时深圳地区社会上存在明显的等级划分。南朝早期的刘宋、南齐墓葬，与广州及中原同期的墓葬类似，这些墓葬充分体现了南北文化的融合。[2]

2001年12月，南头古城内首次发现东晋墓（乐平街东晋墓），该墓是东晋时期单室砖室墓，墓室长3米，宽1.4米。出土四孔罐、青瓷碗、铜饰件等珍贵文物。南头古城东门外西晋墓随葬品丰富，有陶牛、陶俑、陶灶屋模型、四系青瓷罐、青瓷钵、青瓷盘及素面金手镯等。在南门西侧发现东晋时期的壕沟，壕沟只发掘了一部分，东西长110米，面宽5.6—6米，底宽1—1.6米，深2.2—2.6米，坡度为45度，出土了大量东晋南朝时期的珍贵文物，对研究东晋东官郡城有重要意义。南头城小学M2南朝墓为凸字形砖室墓，由墓道、前室和后室组成，墓顶损毁。墓室长6米，宽1.4米，残高0.8米，随葬品有四系罐、碗等。南头古城内的墓葬年代集中在两晋南朝时期，其中，西晋墓1座、东晋墓4座、南朝墓3座。随葬品主

---

[1] 《深圳市宝安南朝墓发掘简报》，见深圳博物馆编：《深圳考古发现与研究》，北京：文物出版社，1994年，第115—120页。

[2] 张一兵主编：《深圳通史·图文版01》，深圳：海天出版社，2018年，第121—122页。

要为青瓷器、陶器，常见器物有带系罐、碗等，个别墓葬出土陶俑、金手镯、铜饰件及灶、屋模型明器等。

从深圳地区东晋、南朝墓葬形制及出土随葬品与中原地区同步情况可看出，当时不少北方移民进入今深圳。这一时期中原地区长期战乱，岭南地区相对稳定，今深圳南头一带人口较快增长，政治经济地位越趋重要，得以实现较快的经济发展与文化融合，此时的深圳地区已成为粤东南地区政治、军事、经济、文化的重要中心。

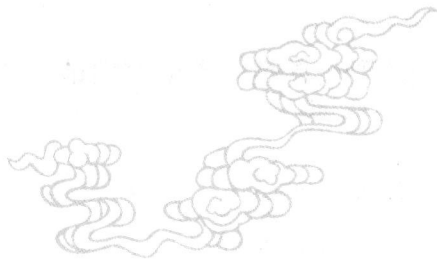

第四章　隋唐南汉时期的深圳地区

开皇九年（589），隋朝统一岭南，宝安县被纳入大一统政权的统治。隋末天下大乱，宝安县所处岭南地区也陷入动荡。唐初重新统一岭南后，宝安县归属广州都督府管辖，在政治上迎来较长时间的稳定。至德二载（757），宝安县因避安禄山恶讳改名东莞县，其名称则来自东官旧郡。后梁贞明三年（917），南汉建立，东莞县为兴王府属县。隋唐南汉时期，宝安县（东莞县）是岭南重要的产盐区，东莞县的大步海是南汉媚川都的重要采珠场。在科举方面，姜诚成为东莞县第一位进士。宝安县（东莞县）流行佛教信仰，屯门山在南汉时被封为瑞应山。

开元二十四年（736），为保护近海航道，唐朝中央政府在宝安县设置屯门镇，兵额2000人，归岭南五府经略使（后为岭南节度使）直接管辖。屯门不仅是维护海防的重要军事基地，也是广州港的重要外港，是我国海上丝绸之路最早称谓"通海夷道"的重要中转站。屯门还以壮美的自然景象闻名，成为刘禹锡、韩愈等文人笔下的重要主题。

第一节　建置沿革

隋朝统一全国后，在全国范围内省并州郡，东官郡被废，宝安县改属广州总管府。隋末天下大乱，但唐朝很快重新统一，宝安县迎来了政治上较长时期稳定的局面。至德二载（757），宝安县因避讳改名东莞，随后县治北迁到涌。后梁贞明三年（917），南汉建立，改广州为兴王府，东莞县属之。

一、隋至唐初的岭南局势

开皇八年（588），隋文帝杨坚发动平陈之战。次年，隋军攻破建康，南陈灭亡，自永嘉之乱以来分裂近三百年的中国重新归于一统。

隋朝大军虽然很快攻入建康，俘获陈后主，但对遥远的岭南却并未深入征讨。当时"岭南未有所附，数郡共奉高凉郡太夫人冼氏为主，号圣母，保境据守"[1]，于是隋文帝命襄阳郡公韦洸到岭南安抚招降，但在岭北南康郡（治今江西赣州市）被豫章太守徐璒阻拦不得入。晋王杨广于是命陈叔宝"遗夫人书，谕以国亡，令其归化，并以犀杖及兵符为信。夫人见杖，验知陈亡，集首领数千，尽日恸哭。遣其孙魂帅众

---

[1] 《资治通鉴》卷一七七，"隋文帝开皇九年正月"条，北京：中华书局，1956年，第5515页。

迎洸，入至广州，岭南悉定"①。

隋朝统一岭南后，延续南朝的一贯做法，尊重土著豪族如冯氏、宁氏等势力，赖之以维持统治。但即使如此，地方叛乱仍然不断，地方豪酋王仲宣、李光仕、莫崇、梁慧尚先后起兵反抗隋朝统治。②在岭南特别是岭南西部许多地区，朝廷仅在名义上统领其地，如开皇十年（590），番禺夷王仲宣反叛，给事郎裴矩在击败王仲宣后，"苍梧首领陈坦等皆来谒见，矩承制署为刺史、县令，使还统其部落，岭表遂定"③。开皇十七年（597），令狐熙为桂州总管时，"许以便宜从事，刺史以下官得承制补授"④。裴矩、令狐熙被赋予补授地方豪族为州县官吏的权力，可见其势力之大。在整个岭南地区，豪酋势力的强大是一个重要的地域特征，隋廷仅在岭南东部的广州、北江流域及东江中下游地区维持有效统治。⑤这些史籍中记载的豪酋、俚酋实际上就是土著民族首领，他们依靠各自部落占据部分区域，维持地方影响，宝安县所处的东江中下游区域则未见有豪酋统治的记载，朝廷控制得比较紧密。

隋代享国日短，统一南方后不久便陷入动乱。大业七年（611），齐郡邹平人王薄在长白山发动起义，掀开了隋末反抗

---

① 《隋书》卷八〇《列女传》，北京：中华书局，1973年，第1802页。
② 相关事迹见《隋书》《资治通鉴》等记载。
③ 《资治通鉴》卷一七七，"隋文帝开皇十年十一月"条，北京：中华书局，1956年，第5533页。
④ 《隋书》卷五六《令狐熙传》，北京：中华书局，1973年，第1386页。
⑤ 廖幼华：《历史地理学的应用：岭南地区早期发展之探讨》，台北：文津出版社，2004年，第84页。

炀帝暴政的序幕。同年，窦建德在高鸡泊起事。其后，薛举、李轨等纷纷起事，隋王朝处于风雨飘摇之中。在全国范围内反隋的气氛之下，岭南地区也出现动荡，各方势力层出不穷，割据地方。大业九年（613），陈瑱率众三万攻陷信安郡（治今广东肇庆），梁慧尚率众四万攻陷苍梧郡。大业十二年（616），高凉通守洗珤彻举兵作乱，"岭南溪洞多应之"。[1]此后，冯盎占据高州、罗州，宁长真占郁林，邓文进占广州，杨世略占循州（今广东惠州）、潮州。到大业末年，又有宁宣控制合浦，庞孝恭据有南州（今广西博白），李光度占据永平郡，陈智略占据信安郡等。除此之外，当时岭南的政治势力还有忠于隋朝的李袭志据守桂州（今广西桂林）、丘和占据交州（今越南河内）等。[2]各方势力为抢夺地盘，相互攻伐，岭南大乱。在各方势力中，除忠于隋朝的李袭志、丘和为汉人官僚，邓文进为南迁广州的汉人后裔外，其余冯盎、宁长真、杨世略等皆为岭南土著豪族。隋代宝安县隶属南海郡，但其地与循州接壤，则宝安县在隋末岭南乱局中很有可能被拥有循、潮两州的杨世略控制。

在大业末年天下大乱的政治形势下，岭南各地虽然分属不同政治势力，但与岭北逐鹿天下的群雄相比，其势力仍然显得弱小。为此，岭南各豪酋不得不依附于岭北各割据政权。大业十三年（617），梁宣帝曾孙萧铣在罗川（今湖南汨罗）

---

① 《隋书》卷四《隋炀帝本纪下》，北京：中华书局，1973年，第85、91页。
② 各方势力消长情况见罗凯：《隋末唐初岭南政治势力探析》，《中国历史地理论丛》2013年第2期。

起兵，次年称帝，国号为梁。萧铣的势力范围主要在今湖南地区，与岭南直接相邻。为避免腹背受敌，萧铣随即派军占据郁林、钦州、桂州等地，在名义上占有了岭南西部地区。至于岭南东部，则为林士弘所据。大业十二年（616），鄱阳（今江西鄱阳）人林士弘起兵，并迅速占领赣江流域诸郡，次年攻占虔州（今江西赣州）后称帝，国号楚。林士弘兵锋极盛，直接威胁到岭南东部地区。高压之下，冯盎被迫以苍梧、高凉、珠崖、番禺等地来附，杨世略也以循、潮之地归降。攻占岭南大部地区之后，林士弘势力范围广阔，"北至九江，南泊番禺，悉有其地"①。此时宝安县周边诸势力都投降了林士弘，则宝安在名义上也归属于林楚政权。但需要指出的是，冯盎、杨世略等对林楚政权更多的是一种名义上的归附，这些盘踞在岭南的豪酋势力仍然牢固地控制着各自地盘。在隋末唐初天下大乱的局势下，岭南各势力之间虽然也相互攻伐，但战争规模较小，对社会的破坏程度远不如北方特别是中原地区。

武德元年（618），李渊在长安称帝，建立唐朝。唐王朝的统治核心在关陇地区②，其主要对手也都在中原及江淮地区，因而在统一天下的过程中遵循先北后南的地缘优先原则，对岭南地区暂时无暇顾及。直到武德四年（621）消灭王世充、窦建德后，唐朝才将目光转向南方。该年，赵郡王李孝恭、

① 《旧唐书》卷五六《林士弘传》，北京：中华书局，1975年，第2276页。
② 陈寅恪：《陈寅恪集·唐代政治史述论稿》，北京：生活·读书·新知三联书店，2001年，第197—203页。

行军长史李靖率大军从巴蜀顺长江东下，迅速消灭萧铣政权。十一月，李靖受命越过南岭，招降岭南各地势力。在唐朝大军的威逼之下，岭南各势力纷纷归顺，原先归附萧铣的岭南西部地区全部纳入唐朝版图。在岭南东部，武德五年（622）正月，"岭南俚帅杨世略以循、潮二州来降"①，被唐朝任命为循州总管。杨世略归唐后，林士弘大为震动，即派其弟鄱阳王林药师以兵二万围循州，但被杨世略击败。②在岭南大部分地区均已降唐的情况下，武德五年（622）七月，岭南势力最强的冯盎归降，"以盎为高州总管，封耿国公"③。至此，岭南全境纳入唐朝版图，隋末以来各方势力割据的局面就此结束。总的来说，唐朝取得岭南的过程相对比较顺利，武德四年（621）灭萧铣后，次年即基本占有岭南，且几乎都是在唐廷的招抚之下，当地各势力主动来降，兵不血刃，并未发生大的战事。在此时期，宝安县的具体归属缺乏明确记载，但从地缘来看，最有可能被杨世略或冯盎控制。

唐朝统一岭南后，先是沿袭隋朝的招抚政策，对归顺的豪酋如杨世略、冯盎、宁长真等均授予总管等职务，予以笼络。但即便如此，唐初岭南局势仍然不稳，各地不断有叛乱发生。如贞观时期，盘踞在北部湾沿岸的龚州、钦州土著就

① 《资治通鉴》卷一九〇，"唐高祖武德五年正月己酉"条，北京：中华书局，1956年，第5943页。
② 《新唐书》卷八七《林士弘传》，北京：中华书局，1975年，第3729页。
③ 《资治通鉴》卷一九〇，"唐高祖武德五年七月丁酉"条，北京：中华书局，1956年，第5952页。

发动规模不小的叛乱，唐廷不得不从岭北调派府兵南下平叛。[①]不过总体而言，在唐朝收服岭南各地势力，并设立州县统治以后，包括宝安县在内的岭南各地迎来了政治、社会安定的局面。

二、宝安县更名东莞县

开皇十年（590），隋朝在全国范围内省并州郡，东官郡被废，宝安县改属广州总管府。其后，隋炀帝废总管府并改州为郡，宝安县属南海郡。唐初统一岭南后，基本沿袭了隋朝在当地的行政设置，分别以广州、桂州为中心对岭南东西部实行统治。在岭南东部，广州地位最为重要，是唐代维持岭南统治的核心。其间，宝安县隶属广州总管府（武德七年改为都督府）。广州都督府层级较高，不仅统辖宝安、南海、清远、增城、政宾等县[②]，还在军事上对循州、南康州、高州都督府有专摄之权[③]。天宝元年（742），唐玄宗改州为郡，广州为南海郡，宝安县隶属之。乾元元年（758），南海郡复为广州都督府，宝安县仍为其属县。

[①] 《大唐故辅国大将军荆州都督虢国公张公（士贵）墓志铭并序》，见吴钢主编：《全唐文补遗》第 1 辑，西安：三秦出版社，1994 年，第 42 页。

[②] 《旧唐书》卷四一《地理四》，北京：中华书局，1975 年，第 1711 页。

[③] 陈国保认为这种关系是军事上而非行政上的，罗凯则将这种可以统辖一般都督府的较高层次的都督府称为"统府"，两人观点参阅陈国保：《唐初南疆交州地方建制中的几个问题的考释——兼对两〈唐书·地理志〉几则史料的考订》，见林超民主编：《西南古籍研究 2011 年》，昆明：云南大学出版社，2012 年，第 199 页；罗凯：《隋唐政治地理格局研究——以高层政治区为中心》，复旦大学博士学位论文，2012 年，第 250 页。

唐代的州县存在等级之分。根据政治地位、地理位置、人口等因素，县一级分为赤、次赤、畿、望、紧、上、中、中下、下九个等级。①根据《新唐书·地理志》的记载，岭南地区仅有南海、番禺、曲江、临桂、桂阳、宋平（治今越南河内）、朱鸢（治今越南兴安省快州）七个上县。②广州都督府下辖诸县中，除南海、番禺为上县外，其余县皆为中县。与之对比，岭南其他各州属县等级皆为中下、下，这也与广州属县开发时间相对较早、人口相对岭南其他地区更为稠密有关。

唐代的宝安为中县，根据规定，其官吏设置有"令一人，正七品上；丞一人，从八品下；主簿一人，从九品上；尉一人，从九品下；录事一人，史二人；司户佐三人，史五人，帐史一人；司法佐三人，史六人；典狱八人；问事四人；白直八人；市令一人，佐一人，史一人，帅二人，仓督一人；博士一人，助教一人，学生二十五人"③。其中，县令、县丞、

---

① 翁俊雄：《唐代的州县等级制度》，《北京师范学院学报（社会科学版）》1991年第1期。

② 《新唐书》卷四三上《地理七上》，北京：中华书局，1975年，第1095—1115页。

③ （唐）李林甫等撰：《唐六典》卷三〇《三府督护州县官吏》，陈仲夫点校，北京：中华书局，1992年，第752页。按：民国《东莞县志（二）》卷四一《职官一》（见广东省地方史志办公室辑：《广东历代方志集成·广州府部（二五）》，广州：岭南美术出版社，2007年）载"东莞，唐第为中县，置令，若尉，若簿。凡县，自晋后无丞，宋初亦不置丞，其后乃置，居簿尉之上"，陈海滨《深圳古代史》根据这条记载，认为唐代东莞不置县丞，实际上为误读，主要是错将刘宋理解为赵宋。县志原文意思是晋及刘宋不置县丞，"其后乃置"，唐朝显然是有县丞的。相关论点见（清）陈伯陶修：《东莞县志》卷四〇一《职官一》，见《中国方志丛书·华南地方·第五十二号》，台北：成文出版社，1967年，第1359页；陈海滨：《深圳古代史》，深圳：深圳报业集团出版社，2015年，第143页。

县主簿、县尉为县的主要治理者，其余为流外官，主要协助县令等处理各项具体事务。唐初沿用隋制，县令任期为3年，高宗显庆年间改为4年，个别延至5年①，但在具体实施过程中，其任期往往会短于制度上的规定②。据此推算，隋唐时期宝安县（后为东莞县）令应有60位以上，但可惜的是，这些县令的名字已全部失载。③

唐代疆域在不同时期变动较大，开元二十一年（733），全国共有1573个县④，宝安县僻处岭南滨隅，史籍记载不多，其名仅散见于诸书，如《唐六典》在记载岭南时曾提及岭南道"名山有黄岭及郁水之灵洲焉"，小注"黄岭在广州宝安县"。⑤《唐六典》是唐代中前期最为重要的官方政典，由宰相李林甫负责撰修，其在记述岭南道名山时仅有黄岭（今东莞黄旗山）及灵洲，可见当时宝安县的黄岭已颇具盛名，成为岭南重要的地理标志。

至德二载（757），宝安县之名存在446年后，终被唐朝废

---

① 《唐会要》载"县令四考为限，无替者，宜至五考"，见（宋）王溥撰：《唐会要》卷八一《考上》，北京：中华书局，1955年，第1505页。

② 张玉兴：《唐代县令任期变动问题研究》，《史学月刊》2007年第9期。

③ 《新唐书·宰相世系表》记载后周行台左丞郑挧有子郑弼谐，官居东莞令。陈伯陶的《东莞县志》根据这条史料将郑弼谐误记为岭南东莞县令，陈海滨的《深圳古代史》也采用这一说法。按：郑挧活动年代为北周、隋之际，则其子郑弼谐任东莞令的时间不会超过唐初，而宝安县更名为东莞县的时间则为至德二载（757），明显不符合逻辑。事实上，此处郑弼谐所任职的东莞县应当为位于今山东的高密郡属县，岭南历代方志记载皆误。

④ 胡戟、刘后滨主编：《唐代政治文明》，西安：西安出版社，2013年，第13页。

⑤ （唐）李林甫等撰：《唐六典》卷三《尚书户部》，陈仲夫点校，北京：中华书局，1992年，第72页。

弃。该年，宝安县更名为东莞县。关于宝安更名为东莞的原因，前人较少述及。而细究其由，则需与天宝、至德年间唐朝的政治形势联系起来。天宝十四载（755），平卢、范阳、河东三镇节度使安禄山于幽州发动叛乱。马嵬之变后，太子李亨与逃亡蜀中的唐玄宗分道扬镳，北上灵武即位，是为唐肃宗。至德二载（757），郭子仪等率军从安史叛军中收复长安、洛阳两京。唐肃宗回到长安后，以安禄山为国仇，恶闻其姓，即所谓"憎讳"，于是下令天下州县凡带"安"字者，皆改易其名。清代考据大家钱大昕总结为"盖肃宗恶禄山，凡郡县名有'安'字，皆易字"①。陈垣《史讳举例》称之为"恶意避讳"，"避讳有出于恶意者，唐肃宗恶安禄山，凡郡县名有安字者多易之。试以新唐书地理志核之，凡至德二载所改郡县名，皆因其有安字也"。②除郡县名外，唐肃宗还进一步下令改"安化门为达礼门、安天门为先天门，及坊名有'安'者悉改之"③，如安兴坊、安邑坊、安善坊等都在改名之列。

至德二载（757），在唐廷上下憎恶安禄山的气氛下，全国数十个带"安"字的郡县改名。当时郡县改名的方式主要有两种，一种是以"宁""保"等字替代"安"字，如改保安县为保宁，安海县为宁海，军安县为军宁，安静县为保静，

---

① （清）钱大昕撰：《廿二史考异》卷四九《唐书九·方镇表六》，陈文和、张连生、曹明升校点，南京：凤凰出版社，2008年，第881页。

② 陈垣：《史讳举例》卷二《避讳之种类·恶意避讳例》，北京：中华书局，2004年，第33页。

③ （宋）王溥撰：《唐会要》卷八六《城郭》，北京：中华书局，1955年，第1584页。

安城县为保城，安京县为保京。一种是直接改为他名，如改安邑县为虞邑，尚安县为万全，同安县为桐城，绥安县为广德、齐安县为恩平、安昌县为义昌、始安县为临桂县等。[①]宝安更名东莞也属于这种情况。

关于东莞得名由来，历来也是个争论不休的话题，近人多持莞草说，即认为东莞之名由当地盛产莞草而来，此外还有"移民说"等。[②]考究史源，莞草说的最早出处为天顺《东莞县志》所载"县名莞，草名，可以为席，邑在广州之东，海傍多产莞草，故名"[③]，清人屈大均所著《广东新语》也说"东莞人多以作莞席为业。县因以名"[④]，此后该说逐渐占据主流。但若细究，该说主要出自明清时的方志、笔记撰者，其时距宝安更名东莞时间已久，也无史料依据，并不一定就符合唐代时的实际情况。[⑤]事实上，宝安县之所以更名为东莞

① 陈垣：《史讳举例》卷二《避讳之种类·恶意避讳例》，北京：中华书局，2004年，第33—34页。

② 黎诚：《"东莞"地名来由考辨——基于文献史料的"移民说"探析》，《岭南文史》2015年第3期。

③ 天顺《东莞县志》，见广东省地方史志办公室辑：《广东历代方志集成·广州府部（二二）》，广州：岭南美术出版社，2007年，第41页。

④ （清）屈大均撰：《广东新语》卷一六《器语》，北京：中华书局，1985年，第455页。

⑤ 唐代宝安县（东莞县）并不以莞席闻名。据《唐六典》《通典》等记载，唐代扬州等地生产的莞席最为有名，是当地最为主要的贡品，而同期的广州土贡名单却不见有莞席。由此可见，天顺《东莞县志》等明清史料所说的当地因莞席得名并不符合唐朝的实际情况。相关材料见（唐）李林甫等撰：《唐六典》卷三《尚书户部》，陈仲夫点校，北京：中华书局，1992年，第69页；（唐）杜佑撰：《通典》卷六《食货六》，王文锦、王永兴、刘俊文，等点校，北京：中华书局，1988年，第119页。

县应与东官旧郡有直接关系。由于唐代的官方档案未能存世，目前记载宝安更名东莞的最原始资料应为《元和郡县图志》和《旧唐书》。据《旧唐书》，东莞为"隋宝安县。至德二年（载）九月，改为东莞。郡，于岭外其为名也"[1]，"郡，于岭外其为名也"句意不通，难以理解，颇疑《旧唐书》在传抄过程中有脱字。该句虽然不通，但根据残存字大致可以判定与郡名有关。宝安县在隋以前属于东官郡，隋后改隶南海郡（广州），显然《旧唐书》此句是在揭示东莞县之名与东官郡有直接联系。[2]光绪《广州府志》在引用《旧唐书》此句时也说"语不可解，疑有误"，"此处当有脱文，盖谓取东官郡之名以名县"[3]，可谓一语中的。而元和年间由宰相李吉甫撰修《元和郡县图志》的记载最为清楚，"至德二载，改为东莞县，取旧郡名也"[4]，旧郡即指东晋南朝曾经设置的东官郡。因此，唐代宝安县更名为东莞的原因就是取该地所属旧郡东官之名，而与所谓当地盛产莞草或莞香无关。

至德二载（757），宝安县更名为东莞后，今深圳地区开

---

① 《旧唐书》卷四一《地理四》，北京：中华书局，1975年，第1713页。

② 今人在研究东莞得名由来时，大多根据明清时的地方志资料或东莞立县以后的物产及社会发展情况论证，但这些观点却恰恰忽略了宝安县更名为东莞的时间是在唐代，用唐以后东莞的资料去论证当时更名的原因，显然是不恰当的。要理解东莞之名由来，就必须将探讨的时间范围限定在唐及唐以前。

③ 光绪《广州府志（一）》卷六《沿革表一》，见广东省地方史志办公室辑：《广东历代方志集成·广州府部（六）》，广州：岭南美术出版社，2007年，第109、120页。

④ （唐）李吉甫撰：《元和郡县图志》卷三四《岭南道一》，贺次君点校，北京：中华书局，1983年，第890页。

始进入东莞县管辖时期,宝安之名一度成为历史,直至1157年后才再次进入世人视野。

三、唐代对岭南的治理

隋代时,"自岭已南二十余郡,大率土地下湿,皆多瘴厉,人尤夭折"①。当时岭南地区的经济文化还很落后。至唐代,岭南进入全面开发时期。

唐官府首先面对的是削弱岭南豪族的问题。隋唐易代之际,岭南豪族借助王权瓦解,势力得到进一步扩展。唐初由于尚无力采取有效控制,只得采取招抚、安抚岭南豪族的政策。唐太宗时依山河形势之便,将全国划分为十道,岭南地区划为岭南道。唐朝在岭南还设置广州、桂州、容州、安南、邕州（今广西南宁）五个总管府。随着唐政府在岭南设置州县、羁縻府州,特别是直隶州的增加,一方面开辟了大量新的州县,另一方面又把豪族势力加以分割。之后,唐王朝逐步改变对岭南豪族的妥协政策,对岭南豪族的反叛进行大规模用兵平叛,使在岭南推行的郡县制度得以巩固。

因黔中、岭南、闽中等地的州县官,"不由吏部,委都督选择土人补授"②,"岭南州县,多用土人任官,不顾宪章,唯求润屋"③。这种选官方式导致用人不当,因此唐政府在岭

① 《隋书》卷三一《地理志下》,北京:中华书局,1973年,第887页。
② 《资治通鉴》卷二〇一,"唐高宗总章二年十一月"条,北京:中华书局,1956年,第6362页。
③ 《宋本册府元龟》卷六八九《牧守部·革弊》,北京:中华书局,1989年,第2391页。

南等地实行"南选"制度。"其岭南、黔中三年，一置选补使，号为南选"①，"高宗上元二年，以岭南五管、黔中都督府得即任土人，而官或非其才，乃遣郎官、御史为选补使，谓之'南选'"②。关于南选的程序与内容，《唐会要》记载更为详细，高宗上元三年（676）八月七日敕："桂、广、交、黔等州都督府，比来所奏拟土人首领，任官简择，未甚得所。自今已后，宜准旧制，四年一度，差强明清正五品以上官，充使选补，仍令御史同往注拟。其有应任五品以上官者，委使人共所管督府，相知具条景行艺能、政术堪所职之状，奏闻。"③由中央直接派遣的选补使连同御史前往岭南等地选择官吏，代替原来由各都督府掌握的选官权。有应任五品以上官的，由选补使与所管都督府将该官员品行等情况禀报朝廷，由中央除授。如此便将岭南地区重要官吏的选官权收归中央，从根本上革除了岭南豪族的特权。

岭南地区是否实行过均田制，尚无资料佐证，但租庸调制在岭南推行。唐前期岭南地区不以丁为本，"岭南诸州则以户计"④。赋税纳米，"先是，扬州租、调以钱，岭南以米，安南以丝，益州以罗、绸、绫、绢供春彩。因诏江南亦以布代租"⑤。且夷僚户，从半输，以示优待。"凡岭南诸州税米

① 《旧唐书》卷四三《职官志二》，北京：中华书局，1975年，第1820页。
② 《新唐书》卷四五《选举志下》，北京：中华书局，1975年，第1180页。
③ （宋）王溥撰：《唐会要》卷七五《南选》，北京：中华书局，1955年，第1369页。
④ （宋）郑樵撰：《通志二十略》卷二〇《食货略第一》，王树民点校，北京：中华书局，1995年，第1390页。
⑤ 《新唐书》卷五一《食货志一》，北京：中华书局，1975年，第1345页。

者，上户一石二斗，次户八斗，下户六斗；若夷、獠（僚）之户，皆从半输。"①关于租庸调制在岭南地区的实行，出土吐鲁番文书也有记载②：

4　所配桂广交都督府庸调等物，　若管内

5　诸州有路程远者，　仍委府司量远近处

6　受纳，　讫具显色目便申所管，　应支配外

7　有乘（剩）物，请市轻细好物，递送纳东都，　仍

8　录色目申度支、金部。

9　岭南诸州折纳米粟及杂种，　与料供足外，　有

10　下湿处，　不堪久贮者，　不得多贮，　致令损坏。

11　桂广二府受纳诸州课税者经贮二年，　应

12　须用外，　并递送纳东都。其二府管内有

13　州在府北，　□庸调等物应送杨府道便

14　者，　任留州贮，　运次随送，　不得却将南出，

15　致令劳扰。每年请委录事参军勾会

16　出纳，　如其欠乘（剩），　便申金部、度支，若有不同，随

17　□□□。

由上可见，第4—8行说明桂、广、交都督府作为赋税的集散地，除自身经费外，剩余财物转输往东都。第 9—10行是对岭南特殊气候条件的补充规定。第11—17行指出桂、广

①　（唐）李林甫等撰：《唐六典》卷三《尚书户部》，陈仲夫点校，北京：中华书局，1992年，第77页。

②　转引自顾成瑞：《韩国国博藏〈唐仪凤四年金部旨符〉残卷释录与研究》，见包伟民、刘后滨主编：《唐宋历史评论》第八辑，北京：社会科学文献出版社，2021年，第74—75页。

二都督府所受纳诸州的课税需贮存两年，除去本府所支用外，其余要转运至东都。有处在桂、广二都督府府北，并往扬州方便的州，这些州的庸调物不必集中到都督府，可以先留存在当州，与其他转送扬州途中经过当州的财物随时运送。宝安县属于广州，则县内所课赋税要先转运至广州，再由广州都督府统一运送至东都洛阳。

出土文物亦有佐证。著名的何家村窖藏文物中出土有庸调银，其中刻有铭文的两块文字分别为："洊安县开元十九年庸调银拾两专知官令彭崇嗣典梁诲匠王定""怀集县开十庸调银拾两专当官令王文乐典陈友匠高童。"[1]"洊安""怀集"属唐代岭南道广州都督府，是重要的产银、用银地区。"凡金银宝货绫罗之属，皆折庸调以造。"[2]唐代税收有变造制度，即将庸调所收的绢或布折变成价值高、体积小、便于运输的物品送往京师。这两块带铭文银饼反映了唐代岭南地区用银交纳庸非常普遍[3]，也从侧面反映了当时的岭南盛产银矿，宝安县（东莞）境内的宝山就是重要的银器产地[4]。

自南朝以来，岭南地区便存在奴隶问题。"岭南以口为

① 陕西历史博物馆编：《大唐遗宝：何家村窖藏出土文物展》，西安：陕西人民出版社，2010年，第68页。
② 《旧唐书》卷四三《职官志二》，北京：中华书局，1975年，第1827页。
③ 六朝时期，岭南就形成了以金银为货币的传统，到唐代，金银的普遍生产对岭南地方政治和社会产生了深刻影响，见王承文：《论唐代岭南地区的金银生产及其影响》，《中国史研究》2008年第3期。
④ （宋）王象之原著，李勇先校点：《舆地纪胜校点》卷八九《广南东路·广州·景物上》，成都：四川大学出版社，2005年，第3053页。

货，其荒阻处，父子相缚为奴"①，"如闻岭外诸州居人，与夷獠（僚）同俗，火耕水耨，昼乏暮饥，迫于征税，则货卖男女"②，"民贫以男女相质，久不得赎，尽没为隶"③。唐政府发布了一系列限制奴隶买卖的敕令，以下略引几条：

天宝八载六月十八日敕：其南口请禁蜀蛮及五溪、岭南夷獠（僚）之类。

大历十四年五月诏曰：邕府岁贡奴婢，使其离父母之乡，绝骨肉之恋，非仁也，宜罢之。

元和四年闰三月敕：岭南、黔中、福建等道百姓，虽处遐俗，莫非吾民，多罹掠夺之虞，岂无亲爱之恋。缘公私掠卖奴婢，宜令所在长吏，切加捉搦，并审细勘责，委知非良人百姓，乃许交关，有违犯者，准法处分。

（元和）八年九月诏：自岭南诸道，辄不得以良口饷遗贩易，及将诸处博易。又有求利之徒，以良口博马，并敕所在长吏，严加捉搦。如长吏不任勾当，委御史台访察闻奏。

大和二年十月敕：岭南、福建、桂管、邕管、安南等道百姓，禁断掠买饷遗良口，前后制敕，处分重叠，非不明白。卫中行、李元志等，虽云买致，数实过多，宜各令本道施行，准元和四年闰三月五日及八年九月十八日敕文，切加约勒，仍逐管各差判官。

（大中）九年闰四月二十三日敕：岭南诸州，货卖男

---

① （唐）韩愈：《韩愈文集汇校笺注》卷二三《唐故正议大夫尚书左丞孔公墓志铭》，刘真伦、岳珍校注，北京：中华书局，2010年，第2518页。

② （宋）宋敏求编：《唐大诏令集》卷一〇九《禁岭南货卖男女敕》，北京：中华书局，2008年，第567页。

③ （唐）韩愈：《柳州罗池庙碑》，见《柳宗元集·附录》，北京：中华书局，1979年，第1437页。

女，奸人乘之，倍射其利，今后无问公私土客，一切禁断。若潜出券书，暗过州县，所在搜获，以强盗论。如以男女佣赁与人，贵分口食，任于当年立年限为约，不得将出外界。①

此外，唐中后期所推行的两税法也限制了奴隶买卖的发展。两税法"以资产为宗"，"不以丁身为本"，在此之下，奴婢成为次于田屋宅社的财产内容，成为国家征收赋税的重要对象。大量占有奴隶要缴纳沉重的资产税。这样奴婢的占有量必会减少。唐政府颁布诏令，对质卖为奴婢的采取计佣折直的方法放免。前引大中九年（855）《禁岭南货卖男女敕》："如以男女佣赁与人，贵分口食，任于当年立年限为约。"②

唐代岭南地区在各族人民的共同开发下，与内地的经济文化联系逐渐加强。安史之乱后，经济重心南移，南方经济发展逐渐赶超北方，岭南更是成为中原汉族的重要避难场所。经过唐朝的稳定统治，岭南地区的经济文化得到全面开发。

唐朝末年，朋党之争、宦官专权和藩镇割据等问题愈演愈烈，严重削弱皇权，社会矛盾激化。乾符元年（874）、五年（878），王仙芝、黄巢等相继发动农民起义。起义军采取流动作战方式，纵横大半个中国，严重威胁唐朝统治。乾符六年（879），黄巢率军从福建攻入岭南，围困广州，并向唐

---

① （宋）王溥撰：《唐会要》卷八六《奴婢》，北京：中华书局，1955年，第1570—1573页。
② （宋）王溥撰：《唐会要》卷八六《奴婢》，北京：中华书局，1955年，第1573页；（宋）宋敏求编：《唐大诏令集》卷一〇九《禁岭南货卖男女敕》，北京：中华书局，2008年，第567页。

廷索要岭南节度使职位。唐廷拒绝，仅授其率府率。据《资治通鉴》，"（乾符六年）九月，黄巢得率府率告身，大怒，诟执政，急攻广州，即日陷之，执节度使李迢，转掠岭南州县"。胡三省《资治通鉴考异》引唐人王坤《惊听录》云："拥李迢在寇，复并爇海隅。"[1]直言黄巢军队劫掠了广州周边滨海地区，则当时的深圳地区也在黄巢活动范围之内。明天顺《东莞县志》载"归城里梅塘村，耆旧相传为黄巢地"[2]，说明直到明代时，当时的东莞县还流传有黄巢在当地活动的传说。

四、南汉的统治

黄巢起义后，唐朝中央的威权日渐衰弱，各地藩镇不断发展自身力量，实际上形成了中央宦官专权、地方强藩林立的政治局面。在北方，朱温、李克用、李茂贞等多股势力长期对峙；在南方，则有杨行密、钱镠、马殷等纷纷崛起，割据地方。

在唐末硝烟并起、群雄逐鹿的乱局中，岭南地区也有势力乘机而起。黄巢起义军离开岭南后，广州牙将刘谦因军功被任命为封州刺史、贺江镇遏使，"岁余，有兵万人，战舰百余艘"[3]，成为岭南一股重要的军事力量。刘谦死后，其子刘

---

① 《资治通鉴》卷二五三，"唐僖宗乾符六年九月"条，北京：中华书局，1956年，第8217页。

② 天顺《东莞县志》卷三《古迹》，见广东省地方史志办公室辑：《广东历代方志集成·广州府部（二二）》，广州：岭南美术出版社，2007年，第39页。

③ 《新五代史》卷六五《南汉世家第五·刘隐》，北京：中华书局，1974年，第809页。

隐继之。此后，刘隐因功取得岭南节度使李知柔、徐彦若信任，逐渐掌握岭南军政大权。天祐元年（904），徐彦若病死，刘隐遣使贿赂把持唐朝政权的朱温，被任命为岭南节度使。朱温篡唐后，刘隐因拥戴之功陆续兼任静海军节度使、安南都护，获封南海王。刘隐死后，其弟刘岩（又名刘陟、刘龑）继承兄业，并于后梁贞明三年（917）在广州称帝，国号大越，以广州为兴王府，次年改国号为汉。在刘谦、刘隐、刘岩两代三主的经营下，南汉逐步翦除邕州叶广略、容州庞巨昭等势力，尽取岭南之地，建立了一个相对稳定的割据政权。

南汉建立后，在政治上基本上沿袭唐朝制度，但刺史等地方官皆由文官充任。①南汉疆域极盛时有60余州，首都兴王府辖番禺、增城、东莞等14县。与北方地区连年战乱相比，南汉较少受战火波及，社会相对稳定，吸引了大批北方移民，东莞县也成为移民落脚的一个重要据点。如梁旻为京兆万年人，南下为刘氏政权效力，但在刘氏称帝后，却"耻非王命，不从所署，遁于东筦"②。

南汉时期，东莞县曾经出现象灾，县内大象繁衍，四处践踏庄稼。此后，官府组织民众捕杀大象，禹余宫使邵廷琄捐资修建石塔，以镇灾异。③该塔被称作镇象塔，早在南宋王

① 陈欣：《南汉国史》，广州：广东人民出版社，2010年，第267页。
② （宋）余靖撰，黄志辉校笺：《武溪集校笺》卷二〇《宋故光禄寺丞梁君墓表》，天津：天津古籍出版社，2000年，第619页。
③ 崇祯《东莞志》卷三《贤迹附古迹》"镇象塔"条、卷八《外志·寺》"资福寺"条，《中国公共图书馆古籍文献珍本汇刊·史部》影民国修志局抄本，第336、1294页。

象之的《舆地纪胜》中就有载录①，成为东莞一方胜迹。

后周显德七年（960），后周大将赵匡胤夺取政权，建立宋朝，随即开展统一战争。宋开宝三年（970），宋将潘美大破南汉象阵，占领韶州（今韶关市），南汉起用东莞人植廷晓"统众六万屯马径"②。次年二月，植廷晓力战不敌，兵败被杀。随后，宋军进入兴王府，南汉末主刘𬬮投降，南汉遂亡。

第二节　制盐与采珠

隋唐南汉时期，宝安县（东莞县）是岭南重要的海盐产区。这一时期，宝安县（东莞县）的采珠业也开始见诸史籍。南汉大宝年间，统治者成立了一支专事采珠的军队——媚川都，东莞县的大步海则是媚川都的重要采珠地。

一、制盐业的兴盛

盐是自然界存在的一种重要资源，号称"百味之王"。由于制取方式复杂，盐历来被当作珍贵物资。自汉武帝实行盐铁专卖以来，历代皆对盐的生产、贸易实行严格控制。③到隋

---

① （宋）王象之原著，李勇先校点：《舆地纪胜校点》卷八九《广南东路·广州·景物下》，成都：四川大学出版社，2005年，第3062页。

② （宋）李焘撰：《续资治通鉴长编》卷一一，"宋太祖开宝三年十二月"条，上海师范大学古籍整理研究所、华东师范大学古籍整理研究所点校，北京：中华书局，2004年，第254页。

③ 郭正忠主编：《中国盐业史（古代编）》，北京：人民出版社，1997年，第26页。

文帝时，"通盐池、盐井，与百姓共之"①，在由政府掌管盐业生产的同时，允许私人盐业生产的存在。唐初沿袭隋朝政策，允许盐业私营，不课盐税。②唐中期以后，特别是安史之乱以后，国家财力不足，财政濒临崩溃，不得不在农业税外开辟新税源。乾元元年（758），第五琦出任盐铁转运使，开始推行榷盐法，"就山海井灶收榷其盐，官置吏出粜。其旧业户并浮人愿为业者，免其杂徭，隶盐铁使，盗煮私市罪有差。百姓除租庸外，无得横赋"，政府对盐实行专卖。榷盐法实行以后，成效明显，"人不益税而上用以饶"③，大大缓解了国家财政的紧张状况。

唐代时，宝安县（东莞县）是重要的海盐产地。《新唐书》载，"东莞，中，本宝安，至德二载更名，有盐"④，由此可见制盐业在当地经济活动中的重要地位。1935年以来，考古工作者在香港的海岸沙堤上发现了一批南朝至唐代的、习惯上辨识为"壳灰窑"的相关遗迹，总数达59处之多，其中34处遗址上发现有炉灶遗迹，总数有108座。据李浪林研究，这批沙堤遗存就是南朝至唐代的煮盐炉灶。⑤这批遗存数量众多，分布广泛，足见唐代时宝安县（东莞县）近海区域制盐

① 《隋书》卷二四《食货》，北京：中华书局，1973年，第681页。
② 刘玉峰：《唐代盐业政策新论》，《西北师大学报(社会科学版)》2002年第4期。
③ 《旧唐书》卷一二三《第五琦传》，北京：中华书局，1975年，第3517页。
④ 《新唐书》卷四三《地理七》，北京：中华书局，1975年，第1096页。
⑤ 关于香港沿海发现的唐代沙堤和煮盐炉遗址的详细论证，参阅李浪林：《香港沿海沙堤与煮盐炉遗存的发现和研究》，见燕京研究院编：《燕京学报》新24期，北京：北京大学出版社，2008年，第239—282页。

业之兴盛。

根据唐代盐法，未经官府批准私自制盐是违法的，但由于盐业的暴利，民间制盐难以禁绝，刘恂《岭表录异》记载了唐代盛行于岭南的所谓"野煎盐"，即民间制盐的生产情况，"广人煮海其□无限。商人纳榷计价极微数。……商人于所司给一百榷课，支销杂货二三千。及往本场，盐并官给；无官给者，遣商人。但将人力收聚咸池沙，掘地为坑，坑口稀布竹木，铺蓬簟于其上，堆沙。潮来投沙，咸卤淋在坑内。伺候潮退，以火炬照之，气冲火灭，则取卤汁，用竹盘煎之，顷刻而就。竹盘者，以篾细织。竹镬表里，以牡蛎灰泥之。自收海水煎盐之，谓之野盐，易得如此也"①。

这条材料详细记载了野煎盐的生产技术及经营方式。所谓煎盐，指的是以卤水煎煮的方式制盐。②在宋代以前，这是海盐制取的最主要方式之一。煎盐的过程主要分为三步：一是取卤，通过制作土坑来收藏和储备卤水；二是验卤，即在土坑口点火测试，验证卤水浓度是否足够；三是煎炼，将取出的卤汁放在竹盘里煎炼。相对于其他地区一般用铁锅煎盐的方式，岭南用竹盘煎盐的办法十分独特，因而被刘恂当作异事记录下来。③

---

① （唐）刘恂撰：《岭表录异》，鲁迅校勘，广州：广东人民出版社，1983年，第87页。

② 王月婷：《"煮盐""煎盐"考辨》，《西南交通大学学报（社会科学版）》2007年第4期。

③ 吉成名：《有关唐代海盐生产技术的几条材料剖析》，《盐业史研究》1993年第1期。

第五琦改革盐法后，唐朝盐业在中央由盐铁、度支二使分掌，在地方则设巡院—盐监—盐场三级管理体制的派出机构。[1]根据划分，当时宝安县境内的盐场统归岭南巡院管理，岭南巡院则隶属盐铁转运使。唐末，由于战乱等因素，节度使职权扩张，岭南节度使也一度统领所辖盐铁事务，如唐僖宗时，"交、广、邕南兵，旧取岭北五道米饷之，船多败没。（郑）畋请以岭南盐铁委广州节度使韦荷，岁煮海取盐直四十万缗，市虔、吉米以赡安南，罢荆、洪等漕役，军食遂饶"[2]。即将岭南的盐铁及赡军事务交给节度使韦荷。柳宗元《故岭南盐铁院李侍御墓志》中的李福就曾任职于岭南盐铁院，负责整个岭南的盐铁事务。[3]

二、采珠业的兴起

自古以来，珍珠便是十分珍贵的物品，中国古人很早就熟知其重要性，《尚书》云"淮夷蠙珠暨鱼"[4]，即对珍珠的记载。最迟到春秋战国时期，入深水采集珍珠的行为就已经出现，《庄子》"河上有家贫恃纬萧而食者，其子没于渊，得千金之珠"[5]。秦汉时期，岭南的合浦珠誉满全国，采珠业已

---

① 陈衍德、杨权：《唐代盐政》，西安：三秦出版社，1990 年，第 86—101 页。

② 《新唐书》卷一八五《郑畋传》，北京：中华书局，1975 年，第 5402 页。

③ （唐）柳宗元撰，尹占华、韩文奇校注：《柳宗元集校注》卷一〇《故岭南盐铁院李侍御墓志》，北京：中华书局，2013 年，第 700 页。

④ （汉）孔安国传，（唐）孔颖达正义，黄怀信整理：《尚书正义》卷六《夏书·禹贡第一》，上海：上海古籍出版社，2007 年，第 206 页。

⑤ （清）王先谦撰：《庄子集解》卷八《列御寇第三十二》，沈啸寰点校，北京：中华书局，1987 年，第 285 页。

经相当繁盛。《后汉书·孟尝传》云："（孟尝）迁合浦太守。郡不产谷实，而海出珠宝，与交阯比境，常通商贩，贸籴粮食。"①百姓甚至用珍珠交换粮食，由此可见采珠业之兴盛。

唐代时，珍珠一般被称作真珠、明珠，采珠业较前代愈加繁荣，当时最为有名的珍珠产地是廉州合浦县。贞观六年（632），唐廷甚至析合浦地置珠池县，珍珠采集业之发达可见一斑。唐朝时的珍珠除了作为贡品外，还作为商品在市场上流通。咸通四年（863），唐懿宗下诏"廉州珠池，与人共利。近闻本道禁断，遂绝通商，宜令本州任百姓自采，不得止约"②，可见唐廷并不禁止百姓采集珍珠，提倡官府"与人共利"。

由于唐代尚未发明人工养珠的技术③，当时的珍珠主要依靠潜入深水采捞的方式获取，不仅风险极大，而且容易造成滥采，元稹《采珠行》"年年采珠珠避人，今年采珠由海神。海神采珠珠尽死，死尽明珠空海水"④，就生动描述了珍珠滥采的情形。

宝安县（东莞县）濒临南海，附近水域亦有产珠之地，《太平寰宇记》载广州土产有明珠⑤，《唐六典》记载中尚署

---

① 《后汉书》卷七六《孟尝传》，北京：中华书局，1965 年，第 2473 页。

② 《旧唐书》卷一九《懿宗本纪上》，北京：中华书局，1975 年，第 654 页。

③ 郭茹星、王社教：《论唐代岭南地区的渔业》，《中国农史》2015 年第 6 期。

④ （唐）元稹：《采珠行》，见（清）彭定求等编：《全唐诗》卷四一八，北京：中华书局，1960 年，第 4618 页。

⑤ （宋）乐史撰：《太平寰宇记》卷一五七《岭南道一·广州》，王文楚等点校，北京：中华书局，2007 年，第 3011 页。

所用"真珠、紫矿、水银出广州及安南"①。天宝二年（743），陕郡太守韦坚在广运潭举办"博览会"，以数百舟船置于潭边，展示各郡土产、货物，其中南海郡船所列就有珍珠。②而广州下属诸县中，唯宝安县（东莞县）的产珠条件最好，由此可见当时广州上贡珍珠必然大量采自宝安县（东莞县）。虽然文献中尚未发现有隋唐时期宝安县（东莞县）采珠活动的直接记载③，但大量关于广州真珠的记载应当多与宝安县（东莞县）相关。

隋唐时期，宝安县（东莞县）虽然存在一定规模的采珠业，但大多为民间行为，并未进入国家视野。南汉时，统治岭南的刘氏政权极尽奢靡，"（刘陟）厚自奉养，广务华靡，

---

① （唐）李林甫等撰：《唐六典》卷二二《少府监》，陈仲夫点校，北京：中华书局，1992年，第573页。

② 《旧唐书》卷一〇五《韦坚传》，北京：中华书局，1975年，第3222页。

③ 《资治通鉴》载"（开元四年五月）有胡人上言海南多珠翠奇宝，可往营致……上命监察御史杨范臣与胡人偕往求之，范臣从容奏曰……上遽自引咎，慰谕而罢之"，黄佐《广东通志》在转述《资治通鉴》此段内容时误将"海南"记为"南海"，后世陈伯陶《东莞县志》等沿用此误，并据此认为开元年间唐玄宗即设想在南海郡一带采集珍珠，并云"南海郡出珠当指邑境指媚川池"（第897页），张一兵、陈海滨等都采用这一说法。实际上，该说并无根据，《资治通鉴》原文为"海南"，而胡三省早就在注中明确指出"海南谓林邑、扶南、真腊诸国也"，其"海南"乃是今中南半岛，非南海郡。相关材料见《资治通鉴》卷二一一，"唐玄宗开元四年五月"条，北京：中华书局，1956年，第6718页；（清）陈伯陶修：《东莞县志》卷二九《前事略》，见《中国方志丛书·华南地方·第五十二号》，台北：成文出版社，1967年，第897页；张一兵主编：《深圳通史·图文版01》，深圳：海天出版社，2018年，第150页；陈海滨：《深圳古代史》，深圳：深圳报业集团出版社，2015年，第154页。

末年起玉堂珠殿，饰以金碧翠羽"①，以珍珠铺满宫殿。统治阶层的享乐刺激了珍珠需求，也带动了采珠业的繁荣。为搜罗珍珠，刘氏政权专门成立了一支从事珍珠采集的军队。②《续资治通鉴长编》载："先是，刘铢于海门镇募兵能采珠者二千人，号'媚川都'。"③这支名为媚川都的特殊军队专事采珠，有采珠者两千人。④按："都"为唐后期开始兴起的军事单位，五代时期，各国大多有以"都"命名、专事保卫皇帝的侍卫亲军。⑤南汉专门以"都"来命名采集珍珠的军队，可见其重要性。各国的侍卫亲军是皇帝的心腹，媚川都也直属于南汉皇帝，所采集之珍珠只供统治阶层消费，并不纳入国库。

根据《宋史》《续资治通鉴长编》记载，媚川都的机构设

---

① 《旧五代史》卷一三五《僭伪列传第二》，北京：中华书局，1976年，第1809页。

② 关于媚川都的成立时间，正史无载。清人吴兰修著《南汉纪》记载其事在大宝六年（963），但未注何据，陈伯陶《东莞县志》沿用吴兰修说法，参阅（清）吴兰修：《南汉纪》卷五《后主纪》，见傅璇琮、徐海荣、徐吉军主编：《五代史书汇编》第10册，杭州：杭州出版社，2004年，第6655页；（清）陈伯陶修：《东莞县志》卷二九《前事略》，见《中国方志丛书·华南地方·第五十二号》，台北：成文出版社，1967年，第906页。

③ （宋）李焘撰：《续资治通鉴长编》卷一三，"宋太祖开宝五年五月丙寅"条，上海师范大学古籍整理研究所、华东师范大学古籍整理研究所点校，北京：中华书局，2004年，第283页。

④ 《续资治通鉴长编》《宋会要》记媚川都有采珠者两千人，《皇朝编年纲目备要》作"三千人"。见（宋）李焘撰：《续资治通鉴长编》卷一三，"宋太祖开宝五年五月丙寅"条，上海师范大学古籍整理研究所、华东师范大学古籍整理研究所点校，北京：中华书局，2004年，第283页；（清）徐松辑：《宋会要辑稿》第一四二册《食货四一至四二》，北京：中华书局，1957年，第5559页；（宋）陈均编：《皇朝编年纲目备要》卷二《太祖皇帝·开宝五年》，许沛藻、金圆、顾吉辰，等点校，北京：中华书局，2006年，第37页。

⑤ 杜文玉：《五代十国制度研究》，北京：人民出版社，2006年，第372—505页。

置在廉州海门镇，即合浦珠产地。东莞县的大步海则有采珠池，为媚川都采珠之地，《舆地纪胜》记广州有媚川都，注云"属东莞县，南汉置"[①]，《读史方舆纪要》说"大步海在（东莞）县南百余里，中有媚珠池，南汉时采珠于此"[②]，此后历代《新安县志》都对媚珠池有记载。

采珠为统治者带来暴利，但对采珠者而言，却极其残忍，《续资治通鉴长编》记载了媚川都采珠之法，"凡采珠，必以石缒索系于足而没焉，深或至五百尺"，即在士兵脚上绑上石块，腰间系绳潜入海底采珠，风险极大，"溺死者甚众"。宋统一岭南后，开宝五年（972），宋太祖"诏废岭南道媚川都，选其少壮者为静江军，老弱者听自便，仍禁民不得以采珠为业"，才废除了媚川都的设置，并禁止民众以采珠为业。[③]

第三节　社会与文化

唐代贞元年间，姜诚科举登第，成为唐代东莞县唯一、岭南少有的进士。隋唐南汉时期，佛教在宝安县（东莞县）

---

① （宋）王象之原著，李勇先校点：《舆地纪胜校点》卷八九《广南东路·广州·景物下》，成都：四川大学出版社，2005年，第3062页。按：媚川都机构设置在廉州海门镇，此处媚川都或为媚珠池之误。

② （清）顾祖禹撰：《读史方舆纪要》卷一〇一《广东二·广州府·新安县》，贺次君、施和金点校，北京：中华书局，2005年，第4606页。

③ （宋）李焘撰：《续资治通鉴长编》卷一三，"宋太祖开宝五年五月丙寅"条，上海师范大学古籍整理研究所、华东师范大学古籍整理研究所点校，北京：中华书局，2004年，第283页。

广为流行。资福寺、海光寺是南汉东莞县名寺，境内的屯门山被南汉封为瑞应山。

一、科举制的实行

隋文帝统一南北后，废除了汉代以来州郡长官可以自行辟署置僚佐的制度和自魏晋以来实施的九品中正制，把州郡僚佐的任命权从地方收归吏部。[①]为选拔官员，扩大统治基础，开始逐步以分科考试的方式举拔人才。唐武德四年（621），唐高祖诏令"诸州学士及早有明经及秀才、俊士、进士，明于理体，为乡里所称者，委本县考试，州长重覆，取其合格，每年十月随物入贡"[②]，科举制度初步定型。此后，唐太宗、武则天等都高度重视科举制的实行，有力地促进了中央集权的加强。

伴随科举制度的确立，隋唐时期的官学教育也进一步发展。根据隋唐制度，中央、州、县都设置有官学，学习内容除儒家经典以外，还兼及医学、天文、算学、历法等。根据《新唐书·选举志》的记载，唐代上县招收学生40人，中、中下县招收35人，下县招收20人。宝安（东莞）为中县，招收学生的规模为35人。[③]

隋唐科举制度实行以来，登科者大多为北方人，南方地区考中进士的较少。永昌元年（689），钦江县人宁原悌进士及第，

① 王仲荦：《隋唐五代史》（上册），上海：上海人民出版社，1988年，第12页。
② 陈尚君辑校：《全唐文补编》卷1《唐高祖李渊·令州县举人敕》，北京：中华书局，2005年，第2217页。
③ 《新唐书》卷四四《选举志上》，北京：中华书局，1975年，第1160页。

开岭南风气之先。①长安二年（702），韶州曲江县人张九龄登进士第，此后官居中书令，成为出身岭南的第一位宰相。安史之乱以后，经济重心南移，南方在教育文化方面开始崛起。贞元以后，岭南东部今广东地区登科举者人数增多，进士及第者有36人，其中东莞县人姜诚于贞元六年（790）登第。他也是唐代宝安县（东莞县）唯一一位进士，官居少府少监。②唐代进士数量极少，宝安县（东莞县）有士人及第，说明该地区教育文化水平得到了一定的发展，在岭南处于领先地位。

南汉时，统治者为争正朔，典章制度大多模仿唐制。乾亨四年（920），刘岩"从兵部侍郎杨洞潜之请，始立学校"③，"置选部贡举，放进士、明经十余人，如唐故事，岁以为常"④。刘岩以珍珠、水晶、琥珀等装饰昭阳殿，"亲书其榜，以见进士"⑤，足见对科举的重视，但限于资料，南汉科举的情况已经难以考证，目前可考的进士有简文会、陈渥等8人，而这8人中有4人出自兴王府属县。⑥以此观之，东莞县亦极有可能有士人登第。

---

① （明）黄佐纂修：嘉靖《广东通志》卷五五《宁原悌传》，广东省地方史志办公室据1977年香港大东图书公司影印本誉印，1997年，第1398页。

② （清）郝玉麟等修：乾隆《广东通志》卷三一《选举志一·唐进士》，乾隆二年刻本。

③ （清）吴任臣撰：《十国春秋》卷五八《南汉一》，徐敏霞、周莹点校，北京：中华书局，2010年，第842页。

④ 《新五代史》卷六五《南汉世家第五·刘隐世家附》，北京：中华书局，1974年，第811页。

⑤ （宋）佚名：《五国故事》，《景印文渊阁四库全书》经部，第222册，台北：台湾商务印书馆，1986年，第215页。

⑥ 章深主编：《广州通史·古代卷》（上册），北京：中华书局，2010年，第358页。

二、佛教与墓葬

隋唐时期，在统治阶层的倡导下，佛教发展迅速，逐渐形成华严宗、唯识宗、法相宗、密宗、禅宗、净土宗、律宗等七大宗派。岭南地区是佛教从海上传入中国的前沿，广州因此在唐代发展成为佛教传播的重镇。据不完全统计，唐代广州有法性寺、宝庆寺等23所寺庙，金刚智、义净、不空、鉴真等高僧都曾在广州开坛讲法。此外，还有新州人慧能长期在岭南各地弘法，后得五祖弘忍衣钵，创建禅宗南宗。在佛教各派中，禅宗在岭南影响最大、流布最广，广州、韶州、罗浮山等地都是全国有名的禅宗活动中心。宝安县（东莞县）地处广州与罗浮山之间，又位于海外航路进入广州的必经之地，佛教应当在此地有一定程度的传播。20世纪80年代，深圳南头西郊唐墓出土的一件陶坛比较特别。陶坛的顶盖为圆形塔刹式样，肩部五条绚形柱托起一圈齿状栏，每柱之间有一座在莲花台上的刻画佛像，这明显带有佛教色彩的墓葬，反映了墓主生前的佛教信仰。此外，1977年10月，香港屯门小坑村也发现了一对与佛教元素密切相关的唐代陶坛，说明唐代时佛教信仰遍布于宝安（东莞）各地。

南汉时，历代统治者都信奉佛教，对僧人尊崇有加。受此影响，南汉社会的礼佛氛围也相当浓厚，禅宗重要支派云门宗便由文偃禅师在南汉创立。在南汉皇帝的支持下，佛教几乎成了南汉国教，佛寺遍布岭南各地，兴王府有28寺布列四方，上合28宿。在东莞县，较为有名的佛寺为资福寺、慧云寺和海光寺。

资福寺位于东莞县城西侧，大宝五年（962）由南汉著名宦官邵廷琄捐资兴建，该寺"四围以四井为界。寺南有镇象塔，塔旁有再生柏"[1]。塔上经幢刻有密宗经典《尊胜陀罗尼经》。到宋代，资福寺发展为岭南名寺，苏轼流寓岭南期间即曾夜宿此地，并作《广州东莞县资福禅寺罗汉阁记》《广州东莞县资福寺舍利塔铭》《广州东莞资福堂老柏再生赞》，流传至今。慧云寺原名修慧院，"在东莞县东监。南汉大宝三年（960），内承宣使刘廷威，铸钟二百五十斤，置院中。后改慧云寺"[2]。

据雍正《广东通志》，"海光寺，旧在（新安）县西"[3]，则南汉时海光寺位于东莞县南部，即明代新安县城附近。据《新安县志》，海光寺的得名与铁佛有关，"相传，南汉时，有铁佛在海中，夜有光，因祀之于寺，故以为名"[4]。海光寺还以所藏石鱼闻名，石鱼至明代时仍然留存，明人曾为此作诗，诗云："谁将石作鲮鱼状？南汉留存直至今。几度月明僧扣处，恍如斋磬振清音。"[5]

① （清）穆彰阿、潘锡恩等纂修：《（嘉庆）大清一统志》卷四四二《广州府·寺观》，清史馆进呈钞本，第11278页。

② （清）吴兰修辑：《南汉金石志》卷一《修慧院钟款》，北京：中华书局，1985年，第17页。

③ （清）郝玉麟等监修，（清）鲁曾煜等编纂：《广东通志（三）》，《景印文渊阁四库全书》史部，第564册，台北：台湾商务印书馆，1986年，第351c页。

④ 深圳市史志办公室整理编辑：《嘉庆新安县志》卷一八《胜迹略》，广州：华南理工大学出版社，2020年，第261页。

⑤ 张一兵校点：《深圳旧志三种·康熙新安县志》，深圳：海天出版社，2006年，第558页。

南汉统治时期，东莞县的屯门山为佛教圣地。大宝十二年（969），刘铢封屯门山为瑞应山，并刻碑纪念，碑文云："汉乾和十一年岁次甲寅，开翊卫指挥、同知屯门镇检点防遏、右靖海都巡陈巡，命工镌杯渡禅师像供养。"①

墓葬是中国古代社会生活及文化的反映，是特定历史时期社会生活的缩影。②20世纪80年代以来，深圳的考古工作者陆续发掘了一批隋唐南汉时期的墓葬，对揭示该时期宝安县（东莞县）的社会发展情况有着重要作用。

1980年，考古工作者在南头大王山发掘出一座长方形土坑隋墓，编号南大 M2。墓室建于黄泥土层，墓坑南部有损毁，残坑长2米，宽0.8米，葬具和尸骨无存，仅见铁棺钉两枚。墓室随葬品有陶六耳盖罐一套2件和杯1件。陶六耳盖罐为青黄釉，灰白胎，束颈、敞口、鼓腹收腰、平底，肩带三对横竖相同的纽耳，耳之间有两圈弦纹，肩下饰覆莲瓣纹。罐口覆盖1件钵，敞口、浅腹、底微凹，内底和近口沿处各饰两圈弦纹，内底有一处压印暗花，中心为菊花，四周为蔓草花卉。陶杯青黄釉剥落严重，灰白胎，直口、平唇、深弧腹，圆饼足。③这几件出土物与广州、韶关等地发现有纪年的隋大业年间砖室墓所出者完全一样，是典型的隋代青釉瓷

---

① 曾枣庄、刘琳主编：《全宋文》卷一七〇六《蒋之奇二·杯渡山纪略》，上海：上海辞书出版社，合肥：安徽教育出版社，2006年，第239页。

② 赵芳编著：《中国古代丧葬》，北京：中国商业出版社，2015年，第70页。

③ 深圳博物馆编：《深圳考古发现与研究》，北京：文物出版社，1994年，第113页。

器。大王山隋墓为目前深圳地区出土的唯一一处隋朝墓葬，反映了隋代时大王山附近存在聚落（图4-1）。

图4-1　1980年，深圳市南山隋墓出土的隋五铢钱及陶瓷器等随葬品
资料来源：莫稚：《南粤文物考古集（1955—2002）》，北京：文物出版社，2003年，第28页

　　20世纪80—90年代，深圳的考古工作者又陆续在福田长岭、南头南郊及西郊、西乡岗面山、溪涌（今大鹏新区溪涌）、南山等地发掘出多座唐墓，出土了一批陶坛、青釉钵、青釉盂等器物。除长岭唐墓为砖室结构外，这些墓葬大多为土坑墓，形制简单，随葬品不多。在上述唐墓出土物中，最为特别的是在南头城南郊及岗面山发现的装满稻谷的陶坛（文前图13）。其中，南头出土陶坛内装满的稻谷已经炭化，岗面山陶坛内稻谷颗粒清楚，但米肉无存。中国古代南方地区盛行二次葬，并在陶坛内装入骨渣随葬，而深圳唐墓的考古材料表明这类坛罐不但装骨渣，还盛装稻谷。在同时期的广东考古发掘中，这还是首次发现，表明水稻种植在当地的农业生产中占有重要地位。

第四节　军事重镇屯门镇的设立

唐朝初年，府兵是岭南最为重要的军事力量。唐代中期，府兵制逐渐瓦解。开元二十四年（736），为防海口，唐朝在宝安县设置屯门镇，有兵额2000人，成为岭南一股重要军事力量。唐朝的屯门是广州港的重要外港，是中国海上丝绸之路最早的称谓"通海夷道"的重要中转站。屯门还以壮美的自然景象闻名，刘禹锡、韩愈等文人都曾在笔下对此有过描述。

一、唐初岭南的军事力量

西魏时，权臣宇文泰创立府兵制，此后为北周、隋、唐沿用。作为中古时期最为重要的一项军事制度，府兵制对北朝、隋唐历史的发展产生了深远影响。[1]经过数代发展，到唐初，府兵制逐渐形成了以均田制为经济基础，"寓兵于农、兵农合一"的特点。

唐朝统一全国后，在全国范围内推行府兵制。国家从均田制下分得土地的农民中征集兵士，免除其客役，士兵平时为耕种土地的农民，农隙训练，战时从军打仗，参战武器和马匹均需自备。[2]府兵的最基础组织叫折冲府，设府的条件是

---

[1] 〔日〕谷川道雄：《隋唐帝国形成史论》，李济沧译，上海：上海古籍出版社，2004年，第201页。

[2] 刘啸虎：《唐代前期府兵与兵器关系初探——以敦煌吐鲁番军事文书为中心》，《敦煌研究》2018年第6期。

依地方形势而定。折冲府的长官为折冲都尉，另有左右果毅都尉为副。唐代折冲府的分布，主要集中在关内及河东、河南三道，举关中之众以临四方，关中附近以外的折冲府则数量较少。①

据学者统计，岭南地区现可考折冲府有 8 个，它们分别是绥南府、番禺府、潘州潘水府、邕州如和府、澄州上林府、桂州湴南府、贵州龙山府、容州容山府。②唐初，这 8 个折冲府的军队是岭南最为重要的军事力量。八府之中，绥南府和番禺府位于广州。③根据《唐六典》记载，每个折冲府有兵800—1200 人，但绥南府和番禺府的府兵数量却达到 1600—2400人。④当时的宝安为广州都督府属县，县内应当也有一定数量的农民到最近的番禺府充当府兵。

按照唐代制度设计，折冲府的主要任务是宿卫中央，岭南地区由于道路遥远、蛮患较深等原因，其府兵并不需要番上，其主要任务是维持地方秩序，防备土著反叛。⑤

---

① 谷霁光：《谷霁光史学文集·兵制史论》第一卷，南昌：江西人民出版社、江西教育出版社，1996 年，第 374 页。

② 张沛编著：《唐折冲府汇考》，西安：三秦出版社，2003 年，第 263—267 页。

③ 《新唐书·地理志》载广州"有府二，曰绥南、番禺"，见《新唐书》卷四三《地理七》，北京：中华书局，1975 年，第 1095 页。

④ （唐）李林甫等撰：《唐六典》卷二五《诸卫府》，陈仲夫点校，北京：中华书局，1992 年，第 645 页。

⑤ 张国刚：《唐代府兵渊源与番役》，《历史研究》1989 年第 6 期；孟宪实：《唐代府兵"番上"新解》，《历史研究》2007 年第 2 期。

二、屯门镇的设置

唐初，府兵制盛行一时，府兵战斗力较强，为唐朝的强盛稳定发挥了重要作用。但到了唐高宗、武则天统治时期，府兵制开始走向衰弱，最终在唐玄宗开元年间彻底解体。[①]

府兵制度的瓦解包含内外双重因素。内因在于均田制度的崩溃。府兵制下的军士来源于授田农户，战时为兵，闲时为农。武则天以后，随着国家控制土地的不足，均田制逐渐崩溃，府兵制度失去了赖以存在的经济基础。外因则在于军镇的出现和增加。[②]随着府兵制度的崩溃，募兵制逐渐成为唐朝的主要军制。[③]到开元年间，由政府征募的旷骑、长从宿卫、长征健儿等代替了府兵轮番宿卫及远征的任务。在边疆地区，长征健儿取代府兵成为边防军的组成力量。为此，唐朝在边境广置军、守捉、城、镇、戍等边防组织，由长征健儿驻守。与府兵一切用度自备不同，长征健儿都由官府发给粮食和武器。[④]

如上节所述，唐初岭南地区的府兵承担防备土著反叛、维持地方秩序的职责，如龙朔三年（663），柳州蛮酋吴君解

---

① 古怡青：《唐代府兵制度兴衰研究：从卫士负担谈起》，台北：新文丰出版社，2002年，第167页。

② 滨口重国：《府兵制度より新兵制へ》，《秦汉隋唐史の研究》上卷，东京：东京大学出版社，1996年，第3—83页。

③ 关于唐代军制的变化过程，见唐长孺：《唐代军事制度之演变》，《唐长孺文集·山居存稿续编》，北京：中华书局，2011年，第329—352页。

④ 参见菊池英夫：《唐代边防机关守捉、城、镇等的成立过程》，《东洋史学》第二十七卷，1964年，第31—57页。

反，唐廷即以岭南府兵讨平。[1]但由于岭南地区的府兵数量较少，因此在面对规模庞大的战事时，唐朝政府也不得不以行军的方式从岭北地区派遣军队南下平乱，如张士贵即以这种方式剿灭东西玉洞僚。[2]武则天以后，府兵制趋于瓦解，唐朝原先以各折冲府为基础在岭南构建的防备体系也难以支撑下去。为此，唐廷开始在岭南置军、镇等以维持军事存在。据《张素墓志》，志主之次子为"昭武校尉、桂州百丈镇将上柱国（张）元及"[3]。从张元及为"桂州百丈镇将"可以得知，至迟在张素死的万岁通天二年（697）以前，岭南地区就已经有了固定驻扎于此的镇军。到唐玄宗开元年间，军、镇兵已完全取代府兵，成为唐朝在岭南维持统治的最重要军事力量。根据新、旧《唐书》及《资治通鉴》等记载，天宝元年（742），岭南的主要驻军有广州经略军、容州经略军、桂州经略军、安南经略军、邕州经略军及驻扎在恩州（治今广东恩平）的清海军，总兵力为15 400人。[4]

为加强统治，除经略军、清海军外，唐朝政府还在岭南战略要地设置军镇，以募兵驻守。据《新唐书》，唐朝在岭南

---

① 《资治通鉴》卷二〇一，"唐高宗龙朔三年五月壬午"条，北京：中华书局，1956年，第6335页。

② 《新唐书》载"贞观七年，东、西玉洞獠（僚）反，以右屯卫大将军张士贵为龚州道行军总管平之"，见《新唐书》卷二二二下《南蛮下·南平"獠"》，北京：中华书局，1975年，第6327页。

③ 《大周故上柱国张（素）府君墓志铭》，见周绍良主编：《唐代墓志汇编》神功〇〇八，上海：上海古籍出版社，1992年，第919页。

④ 《资治通鉴》卷二一五，"唐玄宗天宝元年正月壬子"条，北京：中华书局，1956年，第6850页。

设置的军镇有位于广州的屯门镇、牛鼻镇，位于韶州的安远镇，位于端州的青岐镇，位于潘州的博畔镇，位于崖州的勤连镇，位于邕州的都棱镇，等等。①其中屯门镇位于宝安县，是唐朝为护卫近海航道而设置的最为重要的军事机构。

关于屯门镇的设立，《唐会要》载："开元二十四年正月，广州宝安县新置屯门镇，领兵二千人，以防海口。"②屯门镇由岭南五府经略使（后改为岭南节度使）直接统领③，领兵2000人，仅次于经略军和清海军，是岭南一股不可小觑的军事力量。屯门镇的长官为镇使④，在军事上，屯门镇

---

① 《新唐书》卷四三《地理七》，北京：中华书局，1975年，第1095—1102页。

② （宋）王溥撰：《唐会要》卷七三《安南都护府》，北京：中华书局，1955年，第1321页。

③ 唐代的刺史除是州一级地方的行政长官以外，还具有一定的军事职能，参与镇兵等的管理和领导，则岭南除屯门镇外的其他镇兵概由所在州刺史领导，相关研究见夏炎：《唐代刺史的军事职掌与州级军事职能》，《南开学报（哲学社会科学版）》2006年第4期。

④ 作为军事单位，"镇"的含义在唐代军制中发生过重大变化。唐初沿袭北朝旧制，在军事要地设置镇戍，各分上、中、下三等，长官称镇将，副长官为镇副。镇戍的兵员主要由府兵或防丁作为防人定期轮番驻防。武则天以后，随着府兵制度的瓦解及边疆形势的变化，镇戍体制逐渐合流并转变为军镇体制，此时驻防在各要地的军事单位更加多样，有军、城、镇、守捉、戍等，其长官一般为使、大使等，无固定品秩。至于兵员，则由政府招募长征健儿充任，并长期驻守。作为开元年间设置的军事单位，屯门镇应为军镇体制下的镇，其长官为镇使。有研究认为屯门镇的长官为镇将，实际上是混淆了镇戍体制与军镇体制下的镇。根据《新唐书·百官志》，镇戍体制下的镇"每防人五百人为上镇，三百人为中镇，不及者为下镇"（《新唐书》卷四九《百官下》，北京：中华书局，1975年，第1320页），而屯门镇有2000人，远比镇戍体制下的镇人数要多。因此，屯门镇为军镇体制下的镇，其长官为镇使。关于镇戍体制向军镇体制合流转变的过程，见唐长孺：《魏晋南北朝隋唐史三论——中国封建社会的形成和前期的变化》，武汉：武汉大学出版社，1992年，第414—428页。

兵与经略军、清海军各有侧重，经略军及清海军的存在主要是为了"绥静夷獠"①，镇压土著叛乱，保障岭南政治经济中心广州的安全②，屯门镇兵的防守目标则比较明确，是专门为了"防海口"而设立，在沿海地区遇到重要战事时，其防区甚至会跨过岭南。如根据清人顾祖禹《读史方舆纪要》记载，天宝三载（744），南海太守刘巨鳞即率屯门镇兵参与了讨平江南东道海贼吴令光的叛乱。③当时，江南东道、福建沿海皆有军镇设置，但唐廷却令南海太守率屯门镇兵跨越数道防区前往平叛，可见屯门镇军容之盛、战斗力之强悍。

　　关于屯门镇的驻地，学界目前存在争议。因顾炎武《天下郡国利病书》云"东莞南头城，古之屯门镇"，萧国健以此判定屯门镇驻地在今深圳南头④，刘智鹏则根据地理条件、周边地貌等因素，认为古今无异，唐代屯门就是指今天香港青山湾畔的屯门。⑤王元林和熊雪如则模糊地表述为

① 《旧唐书》卷三八《地理一》，北京：中华书局，1975年，第1389页。
② 与周边地区相比，唐代广州的发展在岭南来说是独树一帜的，曾华满将其称之为岭南发展的核心性，日本学者中村久四郎认为这是广州在岭南"特殊的繁荣"。在唐朝经营岭南的大战略中，广州无疑是最为重要的支点。相关论述参阅刘健明：《再论唐代岭南发展的核心性》，见周天游主编：《地域社会与传统中国》，西安：西北大学出版社，1995年，第180—186页；中村久四郎：《唐代之广东》，《史学杂志》1915年第28编第3—6号。
③ （清）顾祖禹撰：《读史方舆纪要》卷一〇一《广东二·广州府·新安县》，贺次君、施和金点校，北京：中华书局，2005年，第4606页。
④ 萧国健：《屯门考》，见林天蔚、萧国健：《香港前代史论集》，台北：台湾商务印书馆，1985年，第73—79页。
⑤ 刘智鹏：《屯门地名考》，《暨南学报（哲学社会科学版）》2007年第4期。

今深圳南头、香港西部屯门地区。①事实上，作为驻军重地，屯门的地域范围可能要比想象中大。唐代时，今深圳南头与香港青山隔今深圳湾相望，共同控扼着珠江要道，则唐时屯门驻军应该也沿海岸分布。虽然如刘智鹏所言，目前将屯门直接指向今之南头的材料皆源自明清时期的地理文献，但在此之前未有记载。因此，在相关考古发掘证实之前，屯门镇驻地位于今之南头的说法仍有商榷的余地。②不过无论如何，其治所位于唐代的宝安县（东莞县）境内则是明确的。

由于屯门镇遗址尚未被考古发掘，无法得知军镇的具体情况，但根据唐代龟兹镇、天长镇等相关军镇遗址的发掘信息，可以大致推测同一等级的屯门镇也有烽火台、戍堡、镇城、衙署等设置。③屯门镇位于滨海冲要之地，除了最主要的军事职能以外，还有其他作用。根据研究，唐朝缘边之地的军镇在不同程度上担负有迎送使命、接转文书、授受贡赐、转致请求、宣达朝旨、上报番情等涉外事务管理职能，位于交通重地的军镇还负责勘验过所（唐代的通行证）④，如位于海边的福建海口镇就在日僧圆珍过境时核验了其过所文

① 王元林、熊雪如：《历史上深圳地域与海上丝绸之路渊源初探》，《深圳大学学报（人文社会科学版）》2016年第3期。
② 刘智鹏：《屯门地名考》，《暨南学报（哲学社会科学版）》2007年第4期。
③ 关于龟兹、天长镇的发掘情况，参见张平：《唐代龟兹军镇驻防史迹的调查与研究》，见霍旭初主编：《龟兹学研究》（第五辑），乌鲁木齐：新疆大学出版社，2012年。
④ 黎虎：《唐代军镇关津的涉外事务管理职能》，《北方论丛》2000年第2期。

书①。屯门镇位于珠江要道重地，又是海外客商、番僧乘船进入广州的经停之地，也必然具备一定权限的对外职能。每当番客乘船自屯门进入唐境，必须在屯门镇办理入境手续，勘验过所。②

三、屯门港——广州港重要外港

唐代的屯门除了是军事重地，屯驻有重兵以外，也是当时重要的沿海港口。屯门与扶胥，是广州港的两个重要外港，地位极为重要。

唐代时，广州是对外贸易的重要港口。为此，唐廷在广州、安南设置有市舶使，开展海外贸易。开元二年（714）十二月，"时右威卫中郎将周庆立为安南市舶使，与波斯僧广造奇巧，将以进内。监选使、殿中侍御史柳泽上书谏，上嘉纳之"③。市舶使或由州刺史兼任，或由宦官担任，职责之一是向中央进奉海外奇珍。"南海舶，外国船也。每岁至安南、广州。师子国舶最大，梯而上下数丈，皆积宝货。至则本道奏报，郡邑为之喧阗。有蕃长为主领，市舶使籍其名物，纳舶

---

① 圆珍关牒文书有"福建海口敕日本国僧圆珍等出讫。大中七年九月廿八日……镇将朱浦"的勘过字样，该文书现藏于日本东京国立博物馆，文书内容见小野胜年：《入唐求法行历的研究》（下），《智证大师目珍篇》，京都：法藏馆，1982年，第146页。

② 关于唐代出入境手续及关、镇等承担职责情况等，见王强：《唐代出入境管理制度初探》，《武警学院学报》2001年第6期；蔡春利：《唐代出入境边防检查制度研究》，南开大学硕士学位论文，2009年。

③ 《旧唐书》卷八《玄宗纪上》，北京：中华书局，1975年，第174页。

脚，禁珍异，蕃商有以欺诈入牢狱者。舶发之后，海路必养白鸽为信。舶没，则鸽虽数千里亦能归也。"[1] "蕃国岁来互市，奇珠玳瑁异香文犀，皆浮海舶以来。常贡是供，不敢有加，舶人安焉，商贾以饶。"[2]因地处沿海，岭南的海上贸易繁盛，市舶使的设置更招引大批蕃商前来广州贸易，带来了丰富的物质财富，带动了广州的繁荣。

天宝八载（749），鉴真第五次东渡日本失败，漂流至海南岛。他在经岭南北返期间，受岭南五府经略使卢奂邀请到广州讲法，目睹了广州外贸之繁盛，城内"波斯、昆仑等舶，不知其数；并载香药、珍宝，积载如山。其舶深六七丈。师子国、大石国、骨唐国、白蛮、赤蛮等往来居住，种类极多"[3]。

唐代时，由于外贸的兴盛及航海技术的进步，与日本、新罗、西亚等国家与地区的航海线路渐趋稳定。[4]《新唐书·地理志》引唐人贾耽《皇华四达记》"广州通海夷道"条详细记述了当时以广州为起点，通往东南亚、印度洋沿岸、红海沿岸、东北非和波斯湾诸国的海上航路，是海上丝绸之

---

① （唐）李肇撰：《唐国史补》卷下，上海：上海古籍出版社，1957年，第63页。

② （唐）李翱：《唐故金紫光禄大夫检校礼部尚书使持节都督广州诸军事兼广州刺史兼御史大夫充岭南节度营田观察制置本管经略等使东海郡开国公食邑二千户徐公行状》，见（清）董诰等编：《全唐文》卷六三九，北京：中华书局，1983年，第6459页。

③ 〔日〕真人元开：《唐大和上东征传》，汪向荣校注，北京：中华书局，2000年，第74页。

④ 王仲荦：《隋唐五代史》（上册），上海：上海人民出版社，1988年，第701—703页。

路的最早称呼。该航道自"广州东南海行，二百里至屯门山，乃帆风西行，二日至九州岛石。又南二日至象石。又西南三日行，至占不劳山"[1]。明确指出船舶从广州出发后，第一站即到达屯门，之后再改换帆向西行。同样，外来船只若要进入广州，也会选择先在屯门停靠，屯门因此成为当时中外航船汇聚之处，鲁西奇认为该地应该也是船舶修理的重要地点。[2]由于屯门在广州对外贸易方面起着重要作用，因此有学者认为是广州的外港。[3]唐廷在此屯驻军队，护卫航道，保障了海上丝绸之路重镇广州附近重要节段的畅通安全。

由于地理位置的优越，唐代的宝安县（东莞县）除在对外贸易中地位重要外，也在唐朝对内交通中发挥重要作用。《宋书·州郡志》记载东官郡"去州水三百七十。去京都水五千六百七十"[4]，可知早在南朝时期，当时东官郡郡治所在的宝安县就已经存在通往广州及京都建康的成熟水运路线。到唐代，这条通往江浙及山东等地的近海航线更加发达，沟通起了广州、泉州、福州、明州、登州等重要港口，甚至在保障战争后勤中发挥作用。如唐末，国势正盛的南诏连年进攻唐朝治下的安南都护府（治今越南河内），特别大中、咸通之际，南诏连续两次攻陷安南，兵锋一度直指邕州，岭南一下

---

① 《新唐书》卷四三下《地理七下》，北京：中华书局，1975年，第1153页。
② 鲁西奇：《隋唐五代沿海港口与近海航路（下）》，见武汉大学中国三至九世纪研究所编：《魏晋南北朝隋唐史资料》第30辑，上海：上海古籍出版社，2014年，第115页。
③ 王元林：《论唐代广州内外港与海上交通的关系》，《唐都学刊》2006年第6期。
④ 《宋书》卷三八《州郡志四》，北京：中华书局，1974年，第1199页。

成为唐朝防守的最前线，原先的防守体系已难以应对。为此，唐朝不得不调整防守策略，从徐州、河北等地方镇抽调大批士兵到邕州、容州等地①，而岭南的容、桂、广三管则承担兵士、粮饷等后勤上的保障。咸通四年（863），"润州人陈磻石上言，请造千斛大舟，自福建运米泛海，不一月至广州，从之，军食以足"②，大大缓解了岭南前方军粮紧张的局面，而这些运米的舟船从福建运米到广州，东莞县的屯门便是必经之地。

唐代时，屯门在全国的知名度甚高，成为文人墨客描绘岭南地理风貌的一个重要意象。元和十年（815），刘禹锡被贬为连州刺史（治今广东连州）。他在任上听闻岭南踏潮的壮丽景象，乃作《沓潮歌》，诗云：

屯门积日无回飙，沧波不归成沓潮。轰如鞭石矻且摇，亘空欲驾鼋鼍桥。惊湍蹙缩悍而骄，大陵高岸失岌峣。四边无阻音响调，背负元气掀重霄。介鲸得性方逍遥，仰鼻嘘吸扬朱翘。海人狂顾迭相招，屩衣鬈首声哓哓。征南将军登丽谯，赤旗指麾不敢嚣。翌日风回祲气消，归涛纳纳景昭昭。乌泥白沙复满海，海色不动如青瑶。③

连州地处岭南最北部，与屯门之间距离尚远，刘禹锡本

① 李凤艳、蓝贤明：《试论南诏东进安南与岭南道的应对》，《中国边疆史地研究》2021年第3期。
② 《资治通鉴》卷二五〇，"唐懿宗咸通四年七月"条，北京：中华书局，1956年，第8105页。
③ （唐）刘禹锡著，瞿蜕园笺证：《刘禹锡集笺证》卷二七《沓潮歌》，上海：上海古籍出版社，1989年，第847页。

人也未曾到过屯门，但在他的笔下，屯门却是一个重要的地理标志，可见其名之远播。元和十四年（819），韩愈被贬潮州。赴任途中，桂管观察使裴行立派元集虚至清远县相迎。[①]两人一路同行至广州后才分手，韩愈为此作《赠别元十八协律六首》，其六云：

　　寄书龙城守，君骥何时秼。峡山逢飓风，雷电助撞捽。乘潮簸扶胥，近岸指一发。两岩虽云牢，水石互飞发。屯门虽云高，亦映波浪没。余罪不足惜，子生未宜忽。胡为不忍别，感谢情至骨。[②]

　　韩愈与元集虚相聚时及分别后由广州赴潮州的行程，都未行经屯门。[③]但在韩愈的诗中，屯门同样是一个重要的标识。而且在刘禹锡与韩愈的笔下，屯门都是与踏潮、波涛等意象联系在一起的。由此可见，当时的屯门除了是军事重地及重要港口以外，还以壮美的自然景象闻名。

① 杨子怡：《韩愈刺潮与苏轼寓惠比较研究》，成都：巴蜀书社，2008年，第80—81页。
② （清）方世举撰，郝润华、丁俊丽整理：《韩昌黎诗集编年笺注》卷一一《赠别元十八协律六首》，北京：中华书局，2012年，第591页。
③ 今香港屯门青山上有石碑，上刻据说为韩愈所写"高山第一"四个大字，但实际上韩愈并未亲临屯门。关于此点，罗香林已辨明，见罗香林等：《一八四二年以前之香港及其对外交通：香港前代史》，香港：中国学社，1959年，第36—37页。

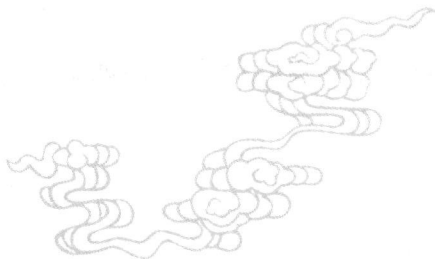

第五章　宋元时期的深圳地区

　　宋代经济发展、文化繁荣，岭南地区在此期间是一个长时段的和平发展期，在此背景下，今深圳地区在经济、社会文化、人口等方面均有长足发展。元代基本承接了这一发展成果。今深圳地区一带是位处广州门户的海上交通要道，见证了宋元时期海上丝绸之路的繁荣发展。盐业是宋元时期今深圳地区范围内最重要的经济支柱，也是最重要的产业。宋末海上行朝曾在今深圳、香港地区驻扎了近一年时间，这既是中国历史上的一件大事，对本地区也产生了深远的影响。元末，今深圳地区一带成为当时东莞县豪强何真的势力范围。何真扩充势力，保境安民，在元末战乱中稳住广东一方，顺应大势降明，使本地区和平进入明朝。

第一节　建　置　沿　革*

　　宋元时期，今深圳地区属广州东莞县。唐代在当时东莞

---

*　为论述需要，本章在建置、人口等少量问题述及明清，特此说明。

县范围内设置的驻防军镇屯门镇，到宋代改为了维持地方治安的屯门寨，寨官为巡检。宋代的设寨巡检制度沿袭到元代。宋代形成了一套比较完整的县级行政架构，其主体框架被以后的元明清各朝沿用，只是随着改朝换代，一些官职的名称或设置会有所变化。盐业是当时东莞县经济的重要支柱，由封建政府实行的国家专卖制度，宋元时期在本地区设置了很多盐场、盐栅等官府机构对盐业生产进行管理。

一、建置区划

960年，后周大将赵匡胤发动"陈桥兵变"，取代后周，建立宋朝。宋朝很快发动了旨在结束唐末五代分裂局面的统一战争。宋太祖开宝四年（971）二月，宋军攻克南汉兴王府（广州），南汉灭亡。宋朝在岭南地区设置了广南东路、广南西路，广南东路辖广州等十余州，广州辖南海、番禺、增城、清远、怀集、东莞（后析出香山县）、新会、信安（后并入新会县）等县。今深圳地区入宋后仍属东莞县，开宝五年（972）东莞县一度并入增城县，六年（973）复置东莞县。宋高宗绍兴二十二年（1152），东莞县香山镇析出为香山县，同时原属南海县、番禺县、新会县的部分濒海地域也划归香山县管辖。①新置香山县后，东莞县所剩境域尽在珠江口东岸。

"镇"的概念，唐代偏重军事，宋代逐渐转向经济，所谓

---

① 《宋史》卷九〇《地理六》，北京：中华书局，1977年，第2236页；嘉靖《香山县志》卷一《风土志》，见广东省地方史志办公室辑：《广东历代方志集成·广州府部（三四）》，广州：岭南美术出版社，2007年，第6页。

"民聚不成县而有税课者，则为镇，或以官监之"①。宋代县之下，在人烟繁盛的地方设镇，设监官，管防火、各种税务等民事，如东莞县香山镇；在险扼要害的地方设寨，设寨官，招收土军（地方的准军事部队），阅习武艺，主要防盗贼。②

宋代吸取唐代藩镇割据的教训，加强中央集权，通过各种方式削弱地方财权军权，以使"节度使之权归于州，镇将之权归于县"③。元大德《南海志》记载有"旧志所载前代镇戍屯防"情况，即宋代广州地区的兵防情况，其中"固戍角巡检，额管一百二十五人""屯门巡检，额管一百五十人"，属东莞县范围内的"巡检寨兵"。④由此可见，唐代设置的军镇屯门镇，宋代改为维持地方治安的巡检寨——屯门寨，驻军从正规的驻防军变为地方维持治安的准军事部队土军。宋代巡检寨官为巡检，一般领兵数十人到百余人不等，屯门寨兵额150人，与唐代屯门镇兵额2000人相比也是大幅减少。宋代蒋之奇《杯渡山纪略》记载屯门杯渡山（今香港屯门青山）一带有捕盗廨。⑤捕盗正是维持地方治安的巡检寨的主要

① （宋）高承撰，（明）李果订：《事物纪原》卷七《州郡方域部》，金圆、许沛藻点校，北京：中华书局，1989年，第357—358页。

② 《宋史》卷一六七《职官七》，北京：中华书局，1977年，第3979页。

③ （宋）李焘撰：《续资治通鉴长编》卷一九六，"嘉祐七年五月丁未朔"条，上海师范大学古籍整理研究所、华东师范大学古籍整理研究所点校，北京：中华书局，2004年，第4748页。

④ 大德《南海志》卷十《兵防》，见广东省地方史志办公室辑：《广东历代方志集成·广州府部（一）》，广州：岭南美术出版社，2007年，第34—35页。

⑤ 转引自深圳市史志办公室整理编辑：《嘉庆新安县志》卷二三《艺文志二·记序》，广州：华南理工大学出版社，2020年，第325页。

职能，廨的意思为官署，该文所称的捕盗廨，所指当即屯门寨。从大德《南海志》的上述记载可知，宋代今深圳、香港地区（除屯门寨外）又增设固戍角寨，兵额125人。

元代，今深圳地区属江西行省广州路东莞县。元代继承宋代的巡检制度，今深圳、香港地区设有屯门寨、固戍寨两个巡检司，各设巡检一员，官职品级为九品。[1]元代后来又将官富盐场改为巡检司[2]，设立官富寨。由元入明时，今深圳、香港地区设有屯门、固戍、官富3个寨，各设一个巡检司。明洪武三年（1370），将屯门寨、固戍寨合二为一为固戍寨，巡检司设于固戍寨，屯门寨遂废弃。明朝也不再称某寨，而直接称某巡检司。洪武三十年（1397），设于固戍的巡检司迁于福永（今深圳市宝安区福永一带），改称福永巡检司。[3]于是明代今深圳、香港地区设有福永、官富两个巡检司，各领弓兵（地方的准军事化部队）50人，其中还要各拨弓兵5人到省城广州驻守。[4]

二、职官设置

我国古代历朝县级行政区域，一般也划分等级，唐代前

① 《元史》卷九一《百官七》，北京：中华书局，1976年，第2318页。
② 深圳市史志办公室整理编辑：《嘉庆新安旧志》卷八《经政略一·盐课》，广州：华南理工大学出版社，2020年，第168页。
③ 张一兵校点：《深圳旧志三种·天顺东莞旧志》，深圳：海天出版社，2006年，第170—171页。
④ （明）黄佐纂修：嘉靖《广东通志》卷三二《政事志五》，见广东省地方史志办公室辑：《广东历代方志集成·省部（三）》，广州：岭南美术出版社，2006年，第813页。

中期划分了赤、畿、望、紧、上、中、下七个等级。其中赤、畿是按照以都城为中心的地理位置所内含的政治地位划分，望、紧也是综合地理位置和政治地位的重要性来划分，上、中、下则是按照户口多寡划分。[①] 经过唐后期、五代的演变，宋代的县划分为赤、次赤、畿、次畿、望、紧、上、中、中下、下十个等级[②]，划分方法大体上沿袭唐代，但其中望、紧、上、中、中下、下已均是按照户口多寡划分，不过唐代根据全部户数来划分，宋代则是根据主户数，即有常产的税户数来划分。[③] 元代纯以全部户数的多寡为标准划分县的等级，分为上、中、下三等。[④] 明代一改以往按户口多寡分等的办法，而以田赋多少划分等级，明代的县也分上、中、下三等。[⑤] 历代王朝根据县的不同等级，作为征收赋税、摊派徭役、设置官员的标准。东莞县在唐代为中县[⑥]，宋代为中下县[⑦]，元代为中县[⑧]，明代为上县[⑨]。

---

① （唐）杜佑撰：《通典》卷三三《职官十五·州郡下·县令》，王文锦、王永兴、刘俊文，等点校，北京：中华书局，1988年，第913页；（宋）王溥撰：《唐会要》卷七〇，北京：中华书局，1955年，第1231页。

② 刘琳等校点：《宋会要辑稿》方域七《州县升降废置三》，上海：上海古籍出版社，2014年，第9421—9422页。

③ 齐子通：《宋代县望等级的划分标准探析》，《历史地理研究》2021年第2期。

④ 《元史》卷九一《百官七》，北京：中华书局，1976年，第2318页。

⑤ 《明史》卷七五《职官四》，北京：中华书局，1974年，第1851页。

⑥ 《新唐书》卷四三上《地理七上》，北京：中华书局，1975年，第1096页。

⑦ 《宋史》卷九〇《地理六》，北京：中华书局，1977年，第2236页。

⑧ 《元史》卷六二《地理五》，北京：中华书局，1976年，第1515页。

⑨ 康熙《东莞县志》卷六《职官二》，见广东省地方史志办公室辑：《广东历代方志集成·广州府部（二二）》，广州：岭南美术出版社，2007年，第449页。

宋代前期东莞县的主政官员称县令，由地方助理州官政务的幕职官担任，宋神宗熙宁二年（1069）开始以中央政府的京朝官担任，改称知县。[1]宋仁宗天圣年间开始，在大县（等级高的县）设置一名县丞，辅佐县令（后改为知县）处理政务。宋徽宗崇宁二年（1103）开始，无论大小县都设置一名县丞，东莞县因此也设置一名县丞。[2]宋代在知县、县丞之下，设主簿、县尉等负责专门事务的官员。主簿主要负责文书簿籍之类的事务，县尉主要负责治安和具体执行办事。宋代各县均设县尉一名。从宋代开始，主簿的序位在县尉之上，但两者的俸禄等级相同。[3]宋代形成的这套县级行政架构，其主体框架被以后的元明清各朝沿用，但是随着改朝换代，一些官职的名称或设置也会有所变化。

元代在各级地方政府，均设有达鲁花赤一职，该职为"掌印办事之长官，不论职之文武、大小，或路或府或州、县，皆设此官"[4]。其蒙古语意为"镇守者"，元代一些汉文文献也称其为"监"，实际为各级监督官，掌握本级地方行政和军事实权，是地方各级政府的最高长官。其来源是，蒙古帝国征服许多民族和国家后，委托当地统治阶级按原来的行政架

---

[1] 康熙《东莞县志》卷六《职官一》，见广东省地方史志办公室辑：《广东历代方志集成·广州府部（二二）》，广州：岭南美术出版社，2007年，第443—444页。

[2] 康熙《东莞县志》卷六《职官二》，见广东省地方史志办公室辑：《广东历代方志集成·广州府部（二二）》，广州：岭南美术出版社，2007年，第449页。

[3] 康熙《东莞县志》卷六《职官二》，见广东省地方史志办公室辑：《广东历代方志集成·广州府部（二二）》，广州：岭南美术出版社，2007年，第450、452页。

[4] （清）赵翼著，王树民校证：《廿二史札记校证》卷二九《蒙古官名》，北京：中华书局，1984年，第704页。

构实施治理，但派出达鲁花赤进行监督，位于当地官员之上，掌握最后裁定的权力。[①]元代在东莞县也设有达鲁花赤，以蒙古人、色目人担任，所谓色目人，即各色名目之人，主要为当时西域各民族之人。而东莞县的具体政务管理则大体沿用宋代形成的行政架构，负责具体行政事务的长官称县尹，相当于宋代的知县，级别与达鲁花赤相同，但权力在达鲁花赤之下。元代只在上县设置县丞，东莞县为中县，因此不置县丞，而主簿、县尉则按照宋代原有的制度设置。元代县尉"主捕盗"，即主要负责治安，其下另设典史"备差遣"，即负责具体执行办事，典史为县尉的副官。元代上县设县尉一名、典史二名，中、下县则二职各设一名，因此东莞县设县尉一名、典史一名。[②]

明清两代县级主政官员复称知县，明代等级低的小县不一定设县丞，不过明代东莞县已为上县，是大县，因此设置县丞一名。明代东莞县设主簿一名，但不置县尉而留典史，实际上以典史取代了县尉的职能。清代东莞县、新安县均不置县尉，也不设主簿，而设典史一名以知县属官的身份辅助知县处理政务，典史职务卑微，但在县级行政事务中所起的作用却越趋重要。[③]

---

① 参见赵秉崑：《达鲁花赤考述》，《北方文物》1995 年第 4 期。

② 康熙《东莞县志》卷六《职官二》，见广东省地方史志办公室辑：《广东历代方志集成·广州府部（二二）》，广州：岭南美术出版社，2007 年，第 443—453 页。

③ 康熙《东莞县志》卷六《职官一》《职官二》，见广东省地方史志办公室辑：《广东历代方志集成·广州府部（二二）》，广州：岭南美术出版社，2007 年，第 446—454 页；深圳市史志办公室整理编辑：《嘉庆新安县志》卷五《职官志一》，广州：华南理工大学出版社，2020 年，第 102 页。

三、盐场设置

　　宋代广东地区海盐业有较大发展，宋朝政府设置盐场对盐业生产进行管理，盐场设置主要集中在广州。北宋前期广州即设有"东莞、静康等十三场"，也称"东、西海场十三皆领于广州"。[1]其中东莞县境内有东莞、静康、大宁3个盐场，还有海南、黄田、归德3个盐栅。[2]盐场的生产规模比较大，盐栅则比较小。静康、大宁盐场在今东莞市境内，东莞盐场及海南、黄田、归德3个盐栅在今深圳、香港境内。

　　东莞场在今深圳南头一带，静康（靖康）场[3]在今东莞市长安镇一带，大宁场在今东莞市虎门镇大宁一带，归德盐栅在今深圳市宝安区沙井一带，黄田盐栅在今深圳市宝安区黄田一带，海南盐栅在今香港大屿山一带。北宋后期至南宋前期，随着盐业生产规模的扩大，海南、黄田、归德3个盐栅都升格为盐场，而且还增设了官富盐场、叠福盐场。南宋孝宗隆兴二年（1164），广南东路的提举广东茶盐司向朝廷建议裁

---

[1]　《宋史》卷一八三《食货下五》，北京：中华书局，1977年，第4466页。

[2]　《宋史》卷九〇《地理六》，北京：中华书局，1977年，第2236页；（宋）王存撰：《元丰九域志》卷九《广南东路·东莞县》，王文楚、魏嵩山点校，北京：中华书局，1984年，第409页。

[3]　该盐场设置从宋代延续至清代，源出宋代生成的史料均写为"静康场"，源出元明清生成的史料一般写为"靖康场"，史书中未见改名记载，不排除是不同时代人们不同的书写用字习惯达到了类似改名的效果。改名应发生于宋元之间，但具体时间不清楚，元明以后"靖康场"已成为官方正式称谓。本书叙述中，使用源出宋代生成的史料，采用"静康场"，必要处括注"靖康"；使用源出元明清生成的史料，采用"靖康场"，必要处括注"静康"，尽量保留所使用史料的原本面貌。

撤归并部分盐场，其中官富场并入叠福场。①但是到了南宋末年，官富场已经复设。南宋宁宗嘉定元年（1208），广南东路经略安抚使陈规认为盐场僻远、交通不便、无利可图、徒为民害，裁撤了广州属下的大多数盐场，只留东莞、靖康（静康）、归德、海晏（位于今台山市海宴镇）4个盐场。除海晏场在当时的新会县外，其余3个盐场都在当时的东莞县境内。陈规裁撤的盐场有一些过了不久又复设了。②由宋入元，东莞县境内有靖康（静康）、归德、东莞、黄田、官富5个盐场。元代又将官富场改为巡检司，官富场的盐课册籍并入黄田场③，因此由元入明，东莞县境内只剩靖康（静康）、归德、东莞、黄田4个盐场。

宋代的制度，诸州军随事设置监当官，"掌茶、盐、酒税、场务、征输及冶铸之事"④，因此宋代东莞县各盐场官，为广州设置管理盐业事务的监当官。元成宗大德四年（1300）在广州设置广东盐课提举司，所属盐场13所，其中靖康、归德、东莞、黄田4所在东莞县，每所盐场设司令一员，从七品；司丞一员，从八品；管勾一员，从九品。⑤

---

① 刘琳等校点：《宋会要辑稿》食货二七《盐法六》，上海：上海古籍出版社，2014年，第6589页。

② 张一兵校点：《深圳旧志三种·天顺东莞县志》，深圳：海天出版社，2006年，第171页。

③ 深圳市史志办公室整理编辑：《嘉庆新安县志》卷八《经政略一·盐课》，广州：华南理工大学出版社，2020年，第168页。

④ 《宋史》卷一六七《职官七》，北京：中华书局，1977年，第3983页。

⑤ 《元史》卷九一《百官七》，北京：中华书局，1976年，第2314页。

第二节 经 济 发 展

宋代长时段的和平发展、技术进步使宋元时期广州人口规模上了一个大台阶，从文献记载唐代的最高户数元和年间的 74 099 户①，增长到北宋元丰年间的 143 261 户②。南宋淳熙年间达到 185 713 户，元大德八年（1304）仍有 180 873 户。③与之相应，广州的经济规模也上了一个大台阶，今深圳地区所处的东莞县也不例外。当时的东莞县已经发展成为岭南地区一个比较重要的农业县，而且还是制盐业最重要的生产基地。当时东莞县农业生产的重心应在今东莞市境内东江流域河网密布的平原地区，盐业生产的重心则在今深圳、香港境内的沿海地带。

一、农业

中国古代整体上是农业社会，农业是社会经济的基础，也是当时政府征收税赋的主要项目。元大德《南海志》记载有宋代和元代广州农业的税赋数据，从中可以反映出这段历史时期广州整体，以及今深圳地区所在的东莞县农业生产规模和发展情况。

---

① （唐）李吉甫撰：《元和郡县图志》卷三四《岭南道一》，贺次君点校，北京：中华书局，1983 年，第 885 页。
② 《宋史》卷九〇《地理六》，北京：中华书局，1977 年，第 2235 页。
③ 大德《南海志》卷六《户口》，见广东省地方史志办公室辑：《广东历代方志集成·广州府部（一）》，广州：岭南美术出版社，2007 年，第 1 页。

据大德《南海志》记载，宋代广州每年征收的农业税有"田钱1391贯有奇""茶钱2138贯有奇""夏秋料役钱40 424贯有奇""田米56 197硕（石）有奇""丁米122 248硕（石）有奇"，单是征收的实物税大米一项，合共就有178 445石。[①]如此庞大的农业税收入背后所反映的农业财富和产量，与南宋时广州超过18.5万户的人口规模是相适应的。元代广州路每年征收的农业税有田钱175.24贯（计米12 434石有余）、税户米14 539石、客户米4703石。单是征收的实物税大米一项，合共有19 242石。[②]元代农业税比宋代农业税大幅减少，应该主要是元代税制造成的影响。元代全国统一实行钞法，赋税主要征钞（纸币），而不是征收实物税。元代还实行包税制（元人称为扑买或买扑），即由商人以较低的数额在规定时间内，一次向国家包缴某一项税款，承包者再按较高数额向百姓征收，从中获取差额利益。[③]这种包税制表面上看使政府无须直接面对百姓即可征得应收的税款，节约了政府的成本，操作也简便，但是包税的商人得以肆意盘剥百姓，加重了百姓的负担，而且从国家税收中赚取了中间差价，实际上也减少了国家的财政收入。

元大德《南海志》保留有广州地区现存最早的分县农业税数据，从根据这些数据编列的"元代广州路各县农业税统

① 大德《南海志》卷六《税赋·旧志税赋》，见广东省地方史志办公室辑：《广东历代方志集成·广州府部（一）》，广州：岭南美术出版社，2007年，第9页。

② 大德《南海志》卷六《税赋·税粮》，见广东省地方史志办公室辑：《广东历代方志集成·广州府部（一）》，广州：岭南美术出版社，2007年，第4页。
按：为方便比对和计算，石以下单位的米粮数据忽略不计。

③ 马金华编著：《中国赋税史》，北京：清华大学出版社，2018年，第128—130页。

计表"（表 5-1）可以看出，东莞县的农业发展在当时的广州地区已处于比较靠前的位置。在广州城区和各县中，东莞县有着最多与农业税相关的人户和劳动力，虽然大德《南海志》整体数据本身也可能不一定完全准确，但当时东莞县农业人口之多、比例之大是可以想见的。东莞县农业税总额（民粮税额）在广州路一司七县中仅次于新会县、南海县排在第三位，征收的农业税钱币数（田钱）仅次于新会县排在第二位，征收的实物米粮数（丁米）仅次于新会县、南海县排在第三位。农业生产的发展程度奠定了农业社会中财富积累最重要的基础。

表5-1　元代广州路各县农业税统计表

区域	户数/户	民粮税额/石	田钱/贯	田钱计米/石	丁/人	丁米/石
南海县	11 198	8 048	37.49	2 819	8 880	5 228
番禺县	2 732	3 097	17.06	1 822	2 157	1 275
东莞县	23 727	4 233	42.92	848	21 443	3 385
新会县	18 610	10 650	65.55	3 870	19 063	6 772
香山县	8 312	2 399	0.30	1 023	8 459	—
增城县	1 664	3 038	8.39	1 840	1 418	1 198
录事司（广州城区）	176	156	2.29	156	—	—
清远县	66	52	1.23	45	11	6
合计	66 485	31 673	175.23	12 423	61 431	17 864

资料来源：大德《南海志》卷六《税赋·税粮》，见广东省地方史志办公室辑：《广东历代方志集成·广州府部（一）》，广州：岭南美术出版社，2007年，第4—7页

注：为方便比对和计算，米粮计量单位保留至石，"石"以下单位的数据忽略不计；钱币计量单位保留至"贯"，1贯为1000文，"贯"的数据保留至小数点后两位，10文以下的数据忽略不计。户、丁，应为与农业税相关的人户和劳动力。民粮税额即为农业税总额，为田钱计米与丁米之和。田钱计米为征收时田钱的等价米粮数。香山县丁米数据缺载，但可计算出应为1376石。录事司为城市人口，没有与农业相关的丁（劳动力）

二、商业和手工业

由于地域广阔、物产丰富、人口众多，古代中国既是农业社会，同时也存在活跃的商品经济，商业也是社会经济发展重要的基础。宋代是中国古代商品经济大发展的一个时期，北宋时四京（东京开封府、西京河南府、南京应天府、北京大名府）均设有"都商税院"，南宋时行在①临安府也设有"都商税院"，各州、府则设有"都税务"，各军、县、镇也相应设置"市务"或"税场"，负责征收商税。②根据大德《南海志》保留的宋代广州地区各级商业税征收机构的征税资料进行统计，可以一窥当时广州地区商业发展状况。当时整个广州地区年商业税总额达116 615贯，但主要集中于广州城区征税机构，有82 549贯；广州城区以外的各县、镇、场征税机构合共有34 066贯。东莞县设置有征收商业税的"市务"，年征税额2282贯，东莞县几个盐场也设置有征收商业税的税场，东莞县境内商业税总额应超过3000贯，具体情况见表5-2。

表5-2　宋代广州商业税统计表　　　　　单位：贯

区域	商业税额
都税务额解钱（广州城区）	82 549
增城县市务税钱	4 661
清远县市务税钱	3 623
怀集县市务税钱	644

① 行在，亦称行在所，指天子巡行所到之地，南宋于绍兴八年（1138）正式以临安府为行在所，"行在"成为南宋一代临安（今杭州）都城地位的专称。南宋一代名义上的首都仍为被金人占据的东京开封府。

② 王棣：《宋代赋税的制度变迁》，《华南师范大学学报（社会科学版）》2011年第3期。

续表

区域	商业税额
东莞县市务税钱	2 282
新会县市务税钱	4 088
扶胥镇税钱	4 467
西南道场	3 099
吉利场	2 559
金斗场	2 846
石壁场	1 955
宁口场	820
曲隆场	339
香山场	507
东莞场、静康场、归德场、矬峒场、官富场、海晏场、横岗场、石疆场等八场全年额催税钱合计。嘉定元年（1208）以后，东莞、静康、归德、海晏四场原系管催煎盐课，自仍其旧	2 176
总计	116 615

资料来源：大德《南海志》卷六《税赋·旧志税赋》，见广东省地方史志办公室辑：《广东历代方志集成·广州府部（一）》，广州：岭南美术出版社，2007年，第9—10页

注：为方便比对和计算，原文数据中货币单位“贯”以下的“有奇”均忽略不计

　　元代商业税按全国统一发行的纸币“钞”来征收，“钞”一贯为一两，五十贯为一锭，元代广州路一年征收的商业税总额为2061锭45两①，折合103 095贯，略少于宋代一年的商业税总额，但也说明元代广州仍不失为海上丝绸之路沿线的重镇，基本上仍能延续宋代的商业繁荣。元代东莞县务的年商业税征收额为80锭，折合4000贯，比宋代有所增加，说明元代东莞县商业仍有一定程度的发展，具体情况见表5-3。

---

① 大德《南海志》卷六《税赋·商税》，见广东省地方史志办公室辑：《广东历代方志集成·广州府部（一）》，广州：岭南美术出版社，2007年，第8页。按：为方便比对和计算，“两”以下单位的货币数据忽略不计。

表5-3　元代广州路各县商业税统计表　　　　　单位：锭

区域	商税课
在城商税务	1834
东莞县务	80
新会县务	69
增城县务	34
香山县务	29
清远县务	14
合计	2060

资料来源：大德《南海志》卷六《税赋·商税》，见广东省地方史志办公室辑：《广东历代方志集成·广州府部（一）》，广州：岭南美术出版社，2007年，第9—10页

注：为方便比对和计算，货币单位"锭"以下的数据忽略不计

商品经济的发展，为宋元时期东莞县积累了可观的财富。《深圳文物志》载有深圳地区考古发现窖藏钱币的情况。汉代1处，窖藏铜钱约3.5千克。南朝1处，窖藏铜钱约4千克。宋代7处：铁仔山铜钱窖藏收集到的约10千克；桥头村铜钱窖藏收集到的约120千克；沙浦围村铜钱窖藏据说原有4000千克，收集到的约2000千克；松仔岭铜钱窖藏90多千克；土洋村铜钱窖藏74.5千克；松柏山、松子岭两处铜钱窖藏未载重量。元代1处：白岗山铜钱窖藏52.5千克。[1]宋元时期窖藏钱币占据了绝对多数，从而印证了宋元时期今深圳地区流通的货币量之大，社会财富之可观，商品经济之繁荣。

今深圳大鹏咸头岭宋代墓葬中出土了2件产自福建瓷窑的黑釉茶盏（图 5-1）、数件产自广东潮州、惠州地方窑的器

[1]　深圳市文物管理委员会编：《深圳文物志》，北京：文物出版社，2005年，第76—79页。该书原文为"沙围村"，应为"沙浦围村"，据深圳市史志办公室编《深圳村落概览》第一辑《宝安卷》"宝安区松岗街道沙浦围村"（广州：华南理工大学出版社，2020年，第316页）。

物①，则为宋元时期跨地区贸易的实物证据。

图 5-1　深圳大鹏咸头岭宋代墓葬出土的黑釉茶盏
资料来源：深圳市文物管理委员会办公室等编：《深圳 7000 年：深圳出土文物图录》，
北京：文物出版社，2006 年，第 119 页

　　商品经济的发展也促成手工业的发展进步。今深圳市南山区桂庙发现了一座宋代砖瓦窑址，该窑平面呈葫芦形，结构类似龙窑，通长 12 米，规模很大。窑壁经火烧成的红烧土层厚 12—25 厘米。该窑烧制的红色布纹瓦既厚又大，砖扁薄，常见于广东地区唐、宋墓中。②说明该窑所产的砖瓦已经作为商品买卖，而非自给自足。

　　今深圳葵涌上洞村发现一处宋代遗址，呈椭圆形，分火门、火坑、烟道，周围砌以石块，长 2.4 米，宽 1.4 米，火门宽 0.6 米，烟道宽 0.25 米，火坑布满黑炭土，下为红烧土，再下为黄红细沙。出土少许宋代瓷片、铁锅片、木炭。③该遗址可能是一个修理小型渔船的烤船台遗址，也可能是一座宋代

---

① 　杨耀林：《广东深圳宋墓清理简报》，《考古》1990 年第 2 期。
② 　《深圳市宋代砖瓦窑发掘简报》，见深圳博物馆编：《深圳考古发现与研究》，
　　北京：文物出版社，1994 年，第 127—129 页。
③ 　宝安县地方志编纂委员会编：《宝安县志》，广州：广东人民出版社，1997 年，
　　第 732 页。

盐灶遗址[①]，概括而言是一个颇具海洋产业特色的宋代手工业作业平台遗址。

三、盐业

宋代继续实行盐业国家专卖制度，严禁贩卖私盐。开宝四年（971）刚平定南汉，宋太祖就诏"榷岭南盐"。盐业生产中，煮盐的地方称为"亭场"，盐民称为"亭户""灶户"，每户的盐业劳动力称为"盐丁"，用"煮井为盐"的方式制盐。[②]今深圳地区沿海古代的"煮井为盐"实际上就是挖盐池、开辟盐田，对池中海水进行暴晒、风吹，再支起大锅，用柴火熬煮取自盐池里的卤水（仍含大量杂质的盐水）制盐，这样的制盐方法比直接熬煮普通海水制盐成本降低，效率更高（图5-2）。

宋初盐制规定，"广州东莞、静安（静康）等十三场岁煮二万四千余石，以给本州及封、康、英、韶、端、潮、连、贺、恩、新、惠、梅、循、南雄州，（广南）西路之昭、桂州，江南（路）之南安军"[③]。官府按官价全部收购亭户、盐丁制成的盐，再让获得贩卖权的商人批发转运到指定地域贩卖。

---

① 张一兵主编：《深圳通史·图文版01》，深圳：海天出版社，2018年，第167—168页。按：该遗址另有文物学者提出可能是一处烧炭窑，尚无定论。

② 嘉靖《广东通志（二）》卷二六《民物志七》，见广东省地方史志办公室辑：《广东历代方志集成·省部（三）》，广州：岭南美术出版社，2006年，第667—668页。

③ （元）马端临撰：《文献通考》卷一五《征榷考二·盐铁矾》，北京：中华书局，1986年，第154页。

图 5-2　宋代海盐生产图

资料来源：陈仁寿、吴昌国主编：《重修政和经史证类备用本草》（四）

长沙：湖南科学技术出版社、岳麓书社，2014 年，第 437 页

随着盐业生产规模的扩大，宋仁宗天圣年间以后，广州所领 13 个盐场每年已可供应 513 686 石海盐给广南东、西二路。[①]宋初平定岭南时，规定岭南盐以 110 斤为 1 石，1 石盐官府收购价 200 文钱，1 斤盐收购价不到 2 文钱。[②]到北宋中后期，广东盐每斤官府收购价已升到 7 文钱。南宋初年，由于"柴米高贵，恐亭户盘费不足"，又逐渐将广东盐的官府收购价升到每斤 12 文钱。宋高宗绍兴三年（1133）三月，又将广盐的官府收购价大体上比照浙盐的官府收购价上调，浙盐官府收购价正额每斤 14 文钱、超额部分每斤 17 文钱，广盐则上调为正额和超额部分均为每斤 14 文钱。"所添钱依例官给一半，客纳一半"，即每斤盐收购价增加的 2 文钱，也按照惯例一半由官府出，一

---

① 《宋史》卷一八三《食货下五》，北京：中华书局，1977 年，第 4466 页。

② （元）马端临撰：《文献通考》卷一五《征榷考二·盐铁矾》，北京：中华书局，1986 年，第 155 页。

半由获得贩盐权的商人出。所谓商人出的部分实际上就是稍为提高官府批发官盐给商人时的批发价。[①]

宋代广州盐业生产的主力在东莞县，宋初广州代表性的盐场东莞场、静安（静康）场均在东莞县境内。《宋会要辑稿》记录有一份南宋初年绍兴年间广州所领盐场的年产量数据：静康（靖康）、大宁、海南场 33 528 石，东莞场 31 248 石，香山金斗场 11 500 石，广田（黄田）场 7000 石，归德场 24 980 石，叠福场 15 000 石，都斛场 9600 石，矬峒场 8500 石，海晏怀宁场 18 830 石。当年广州所有盐场的生产总量是 160 186 石。其中位于东莞县境内的静康场、大宁场、海南场、东莞场、归德场、叠福场、黄田场的产量之和达 111 756 石，约占广州制盐总量的 69.8%。其中除了静康场、大宁场位于今东莞市境内，其余 5 个盐场均位于今深圳、香港地区，仅这 5 个场的盐产量，就应达到当年广州盐产总量的半数以上。[②]

从北宋到南宋，广州所领的盐场有增有裁，经南宋嘉定元年（1208）大规模裁撤盐场后，只剩东莞、静康、归德、海晏 4 个盐场，其中东莞、静康、归德 3 个盐场都在当时的东莞县境内，可见东莞县盐业生产在当时整个广州盐业生产中占有绝对多数的份额。

宋末广东盐场已恢复到 17 个，经元代置废合并，至元三

---

①　刘琳等校点：《宋会要辑稿》食货二六《盐法五》，上海：上海古籍出版社，2014 年，第 6562 页。

②　刘琳等校点：《宋会要辑稿》食货二三《盐法二》，上海：上海古籍出版社，2014 年，第 6496 页。按：为方便比对和计算，"石"以下单位的盐产量数据忽略不计。

十年（1293）时只剩14个，其中7个属广州、3个属潮州、2个属惠州、2个属南恩州，这些盐场皆由设于广州的广东盐课市舶提举司管辖。隶属元代广州路的7个盐场分别是靖康（静康）场、香山场、东莞场、归德场、黄田场、海晏场、矬峒场。其中，靖康场、东莞场、归德场、黄田场属东莞县，特别是东莞场、归德场、黄田场均位于今深圳市境内。[1]这说明东莞县，尤其是今深圳市境内，是元代广州乃至整个广东盐业生产的重中之重。

至元十六年（1279）元朝刚平定广东，当年广东办盐只有621引，元代一引盐重400斤。至元二十二年（1285）广东盐产量已恢复到10 825引，大德十一年（1307）增至35 500引，延祐五年（1318）增至50 552引[2]，已经恢复到宋代广东盐业生产的量级。东莞县作为元代广东制盐业重点地区，其盐产量变化趋势，与整个广东盐产量变化曲线应大致相似。

四、采珠业存废

宋元时期的东莞县也是一个比较重要的珍珠出产地。珍珠是古代高价值商品，元大德《南海志》收录的物产中将其归类为"宝贝"。南汉时官方设置了专门的军事单位"媚川都"负责珍珠采集，而且对民间的采珠户课以税额，称"媚川都课"，迫使人们为南汉统治者采珠。"媚川都"的采珠场主要

① 大德《南海志》卷六《税赋》，见广东省地方史志办公室辑：《广东历代方志集成·广州府部（一）》，广州：岭南美术出版社，2007年，第7页；《元史》卷九四《食货二》，北京：中华书局，1976年，第2392页。
② 《元史》卷九四《食货二》，北京：中华书局，1976年，第2392页。

分布于廉州合浦和广州东莞。东莞县的采珠场称"媚珠池"，位于县南部的大步海中。①大步海，后又称大埔海，即以今香港大埔对面的吐露港为主的香港东北部海面。南汉"媚川都"驱使士卒脚系石头沉入海底采珠，在横征暴敛下不顾士卒死活，使很多人命丧大海，成为南汉一项很有代表性的暴政。宋平南汉后第二年，开宝五年（972）五月，宋太祖即"诏罢岭南道媚川都采珠"②，诏"废岭南道媚川都，选其少壮者为静江军，老弱者听自便，仍禁民不得以采珠为业"③。但没过几年，宋朝官府又设场采珠了。"（宋太宗）太平兴国二年，贡珠百斤。七年，贡五十斤，径寸者三。八年，贡千六百一十斤。皆珠场所采。"④雍熙元年（984）十二月，宋朝政府再次废罢岭南诸州采珠场，此后宋朝的珍珠来源总体而言"唯商船互市及受海外之贡"⑤，也就是只有从海外进口了，境内不再出产珍珠。

---

① 嘉靖《广东通志（一）》卷一三《舆地志一》，见广东省地方史志办公室辑：《广东历代方志集成·省部（二）》，广州：岭南美术出版社，2006年，第320页。
② （元）马端临撰：《文献通考》卷一八《征榷考五·坑冶》，北京：中华书局，2011年，第520页。
③ （宋）李焘撰：《续资治通鉴长编》卷一三，"开宝五年五月丙寅"条，上海师范大学古籍整理研究所、华东师范大学古籍整理研究所点校，北京：中华书局，2004年，第283页。
④ （元）马端临撰：《文献通考》卷一八《征榷考五·坑冶》，北京：中华书局，1986年，第179页。
⑤ （宋）李焘撰：《续资治通鉴长编》卷二五，"雍熙元年十二月丁亥"条，上海师范大学古籍整理研究所、华东师范大学古籍整理研究所点校，北京：中华书局，2004年，第590页。

　　南宋高宗绍兴年间，岭南地区的采珠活动曾又有所恢复，但主要集中于廉州合浦地区。绍兴二十六年（1156）闰十月，高宗"罢廉州贡珠，纵蛋（疍）丁自便"①，"民各称便"②，再次停止了岭南地区官方的采珠活动，一定程度上减轻了人民的负担。纵观整个宋代，朝廷对岭南地区采珠活动总体上是抑止的，直到南宋末年宋端宗景炎二年（1277），海上行朝来到珠江口地区时，可能是为了筹措经费才又下诏采珠。③但这时距离宋朝最后灭亡的时间已经屈指可数了，重新开展采珠活动的规模应该极其有限，因此元大德《南海志》仍然得出广州采珠业"至宋而废"④的整体结论。

　　元灭南宋后，元世祖至元十七年（1280）下诏广州采珠。⑤由于宋代长期以来广州采珠业基本处于停顿废弃状态，元初广州采珠业恢复进展不大。直到元成宗元贞元年（1295），东莞县屯门寨巡检刘进程、张珪⑥报告东莞县大步海出产鸦螺

---

① 《宋史》卷三一一《高宗八》，北京：中华书局，1977年，第586页。
② 嘉靖《广东通志（二）》卷二五《民物志六》，见广东省地方史志办公室辑：《广东历代方志集成·省部（三）》，广州：岭南美术出版社，2006年，第640页。
③ 嘉靖《广东通志（二）》卷二五《民物志六》，见广东省地方史志办公室辑：《广东历代方志集成·省部（三）》，广州：岭南美术出版社，2006年，第640页。原文"祥兴二年"应为"景炎二年"之误。
④ 大德《南海志》卷七《物产》，见广东省地方史志办公室辑：《广东历代方志集成·广州府部（一）》，广州：岭南美术出版社，2007年，第11页。
⑤ 嘉靖《广东通志（二）》卷二五《民物志六》，见广东省地方史志办公室辑：《广东历代方志集成·省部（三）》，广州：岭南美术出版社，2006年，第640页。原文"至正十七年"应为"至元十七年"之误。
⑥ 《元史》卷一七五《张珪传》称是"奸民刘进、程连言利"（北京：中华书局，1976年，第4078页）。

珍珠；张珪又报告东莞县后海（今深圳后海湾）、龙岐（位于今深圳大鹏半岛）、青螺角、荔枝庄（位于今香港西贡半岛北部沿海）等23处地方也有珠母螺可以出产珍珠，基本摸清了当时东莞县珍珠资源的分布情况。这些产珠地均位于今深圳、香港地域范围内。元朝管辖广州路的江西等处行中书省接到报告后，派官员组织采珠，找来700余家疍户作为珠户，官府分配口粮，每三年一次于六七月间采集，采到的珍珠直接进呈皇帝。大德四年（1300），又有一个叫侯福的人向官府报告东莞县东部的横州等10处地方出产珍珠，官府也派官员依例开展采集。元朝官府大范围组织采珠，但每三年一次采到的珍珠仍然数量有限，而且并无定数，少的时候一次仅获五六两小珠，采珠人却因溺水或海中恶鱼所伤，死伤者甚众，因此后来又把这些专门组织来采珠的珠户改为民户了。但是元朝官府并没有放弃追逐珍珠的利益，同知广州路事塔塔儿等通过买通当时的权臣失列门，还设立了提举司专门监督采珠。虽然后来廉访司称其扰民，罢去了这一机构，但元朝权贵始终忘不了珍珠的价值，内正少卿魏暗都剌又"冒启中旨，驰驿督采"，即直接领取皇帝的旨意，催着地方继续督办采集珍珠。①

元仁宗延祐四年（1317）十二月，"复广州采金银珠子都提举司，秩正四品，官三员"②。正式恢复了曾经罢去的专管

---

① 大德《南海志》卷七《物产》，见广东省地方史志办公室辑：《广东历代方志集成·广州府部（一）》，广州：岭南美术出版社，2007年，第11页；《元史》卷一七五《张珪传》，北京：中华书局，1976年，第4078—4079页。
② 《元史》卷二六《仁宗三》，北京：中华书局，1976年，第581页。

采珠事务的提举司。延祐七年（1320）六月，此时已是元英宗在位，又罢去了广东采珠提举司，改由地方相关部门负责采珠事务。①

珠是大自然珍贵的馈赠，但历代王朝组织的采珠，纯粹是封建统治者对地方自然资源单方面的掠取，完全没有按照市场交换的原则回馈当地，因此对当地经济和人民生活毫无积极影响，反而迫使人们身临险境，付出沉重的代价而得不到应有的报酬，使人们痛苦不堪。元代所谓三年一采仅获小珠五六两，产量极低，或许这个数据本身并不够准确全面，但也一定程度上反映了底层民众采珠的积极性极低，以及各级势力层层截留的情况。东莞县民张惟寅看到人们采珠的苦况后，写了一份陈情书《上宣慰司采珠不便状》递交给江西行省广东道宣慰司，称："夫珠生于蚌，深在数十丈水中。珠之所聚，必有水怪恶鱼以护之。取之之法：引石绳人而下，欲其没水疾也。没水者采捞蚌蛤，或得与不得，而气欲绝者，即掣动其绳，舟中之人疾引而出之，稍迟则没水，七窍流血而死。或值恶鱼水怪，必为所噬，无所回避，而况剖蚌逾百十，得珠仅一二乎！""近日官司采捞，督勒本处。首目不道，号召蛋（蜑）蛮，祷神邀福，投牲醪于海，以惑愚民。首目迎合官司之意，自行贩卖。愚民一时畏威嗜利，冒死入水，虽能得珠，岂无死伤？""上司委官采捞，多染瘴疠，而百姓劳于供给，往还动经旬日，疲困道路，何以堪命？愚但见其

_____

① 《元史》卷二七《英宗一》，北京：中华书局，1976年，第603页。

蠹国害民，未见其为利也。""今舆图广大，赋入充盈，梯航贡琛，万物毕至。""岂肯捐生民之命，以致无益之货哉！"详细分析了采珠的祸害，委婉劝说元朝统治者放弃采珠，对于延祐七年（1320）罢广东采珠提举司起到了一定的作用。[1]

泰定元年（1324）六月，中书平章政事张珪趁元泰定帝以灾异的缘故诏百官集议朝政的机会，上奏泰定帝极论当世得失，其中就有广州东莞县大步海及惠州采珠困弊当地百姓的问题，请求全面废止采珠。[2]这条建议应该是得到了泰定帝的采纳，泰定元年（1324）七月，"罢广州、福建等处采珠蜑（疍）户为民，仍免差税一年"[3]。将所有的采珠户遣散，改为普通民户，元代东莞县断断续续、规模时大时小的官方采珠活动就此结束。

五、养蚝业发端

今深圳地区沿海自古以来就有丰富的海洋生物资源，其中以蚝最为突出，蚝业是今深圳地区古代最重要的海洋养殖产业。珠江口地区的人们很早就会食蚝，今香港东湾仔遗址在青铜时代中期文化层就发掘出蚝壳11.92千克。[4]唐代刘恂《岭表录异》记载："卢亭者，卢循背（昔）据广州，既败，

① 深圳市史志办公室整理编辑：《嘉庆新安县志》卷二二《艺文志一·条议》，广州：华南理工大学出版社，2020年，第311—312页。原文按语"《元史》：'延祐六年，罢采珠。'则此状为功不少矣"应指延祐七年罢广东采珠提举司。
② 《元史》卷一七五《张珪传》，北京：中华书局，1976年，第4078—4079页。
③ 《元史》卷二九《泰定帝一》，北京：中华书局，1976年，第649页。
④ 商志𬤩、吴伟鸿：《香港考古学叙研》，北京：文物出版社，2010年，第120页。

余党奔入海岛野居，惟食蚝蛎，垒壳为墙壁。""蚝，即牡蛎也。其初生海岛边如拳石，四面渐长，有高一二丈者，巉岩如山。每一房内，蚝肉一片，随其所生，前后大小不等。每潮来，诸蚝皆开房，伺虫蚁入即合之。海夷卢亭，往往以斧揳取壳，烧以烈火，蚝即启房，挑取其肉，贮以小竹筐，赴墟市以易酒。（原注：卢亭好酒，以蚝肉换酒也。）蚝肉大者腌为炙，小者炒食。肉中有滋味，食之即能壅肠胃。"①这是早期珠江口附近海岛生活的人们食蚝、利用蚝壳的文字记录，并且生动地描述了蚝的生长环境、习性、吃法、利用价值，说明唐代时人们对蚝已有了比较深刻的认识。但这时的蚝还是野生蚝，人们只是到自然环境中采蚝来食用。

南宋祝穆所编《古今事文类聚》收录有《食蚝》一诗："薄宦游海乡，雅闻静康蚝。宿昔思一饱，钻灼苦未高。传闻巨浪中，碨礧如六鳌。亦复有细民，并海施竹牢。采掇种其间，冲激恣风涛。咸卤与日滋，蕃息依江皋。中厨烈焰炭，燎以菜与蒿。委质以就烹，键闭犹遁逃。稍稍窥其户，清襴流玉膏。人言啖小鱼，所得不偿劳。况此铁石顽，解剥烦锥刀。戮力效一割，功烈才牛毛。若论攻取难，饱食未为饕。秋风鲈鲙绿，霜日持蟹螯。修靶踏羊肋，巨脔剺牛尻。盘空箸得放，羹尽釜可辐。等是暴天物，快意亦魁豪。蚝味虽可口，所美不易遭。抛之还土人，谁能析秋毫？"②该诗署名为梅

① （唐）刘恂撰：《岭表录异》，鲁迅校勘，广州：广东人民出版社，1983年，第9、81页。
② （宋）祝穆撰：《古今事文类聚》后集卷三五《介虫部》，上海：上海古籍出版社，1992年，第二册，第540页。

圣俞所撰，梅圣俞即北宋著名诗人梅尧臣，嘉庆《新安县志》直接署名该诗作者为梅尧臣。由于该诗未见于存世的梅尧臣作品集中，而且梅尧臣生平行踪似乎并未到过岭南，因此该诗的作者是否为梅尧臣，是存疑的。但该诗收录于宋代人所编的书籍中，确为宋诗无疑，真实地反映了宋代人对蚝的认识感知、吃法用法。特别是"亦复有细民，并海施竹牢。采掇种其间，冲激恣风涛"这两句，清晰地反映了宋代人已开始利用蚝的自然习性，采取插竹聚长的方法人工养殖蚝。人们对蚝的利用也开始从采蚝转为养蚝，而且地方名产也指出来了，是"静康蚝"，异地他乡的人也听说了，知名度颇高。

《元一统志》记载："蚝，东莞县八都靖康场所产。其处有蚝，因生咸水中，民户岁纳税粮采取货卖。"[1]说明元代人工养殖蚝的产量已经比较可观和稳定了，已经出现专门养殖蚝的民户，他们以卖蚝为生，而且要像种田农户那样每年向官府纳税。

随着珠江流域带来的珠江口泥沙冲积，珠江口的咸水淡水分界线逐渐南移，归德盐场（位于今深圳市宝安区沙井一带）对面海域的养蚝条件逐渐优于靖康（静康）盐场，因此明清时这一带出产的蚝以"归靖蚝"闻名，蚝业生产地也基本上南移至归德盐场一带。清乾隆三年（1738）归德场改名

---

① （元）孛兰肸等撰，赵万里校辑：《元一统志》卷九《广州路·土产》，北京：中华书局，1966年，第669页。

归靖场，乾隆五十四年（1789）归靖场裁撤。[①]光绪三十四年（1908）在原归德盐场一带地域设立沙井乡，这一带发端于宋元时期的人工养蚝业就以"沙井蚝"闻名于世了。[②]

第三节 移民迁入

北宋结束唐末五代的战乱，开启了一个长时段经济发展、文化繁荣的和平局面，后虽经"靖康之乱"宋室南渡，但南宋统治区社会经济文化在北宋的基础上还是有进一步发展。岭南地区在宋代整体而言有一个长达300余年的和平发展期，整个广州地区在这段历史时期人口迅猛增长，今深圳地区所在的东莞县人口也应有与之相应的大幅度增长。宋代本地人口数量上了一个大台阶，元代基本上仍能维持在这个台阶上。宋末元初的战乱也裹挟了大量人口来到岭南各地，包括当时的东莞县。宋元时期，不论是和平还是战乱，今深圳地区都吸纳了大量迁入的移民，这些移民又在本地区进一步扩散。

一、人口发展

东莞县在唐、宋、元时期均属广州管辖，这段时期广州经

---

① 深圳市史志办公室整理编辑：《嘉庆新安县志》卷八《经政略一·盐课》，广州：华南理工大学出版社，2020年，第169页。

② 参考魏沛娜：《为蚝修志，以蚝观史：〈沙井蚝：前世今生〉将由深圳报业集团出版社出版》，《深圳商报》2017年7月11日，第B6版。

济社会有较大发展，表现在人口数量上有较大增长，特别是宋代人口有跨跃式增长。据现存最早的广州地方志元大德《南海志》记载，唐代广州户数为42 235户；北宋时期主户（宋代户等制度划分的有常产的税户）64 796户、客户（宋代户等制度划分的无常产的侨居者）78 463户，合计143 259户；南宋淳熙年间，主户82 090户、客户103 623户，合计185 713户；元至元二十七年（1290）有172 284户，还有僧道1805名；元大德八年（1304）有180 873户，其中南人（原南宋统治下的人口）180 323户、北人（元朝政府派驻地方的蒙古人、色目人、北方汉人等北方来的移民）550户，另外还有僧道1805名。元大德八年（1304）有广州最早的分县人口数据，东莞县有24 398户，其中南人24 394户、北人4户；另外还有僧道374名，其中僧尼354名、道士20名。东莞县户数在当时广州所辖的7个县中位居中游，排在第4位（南海、新会、番禺县之后，香山、增城、清远县之前）。①

综合存世各种历史资料的记载，广州全境的户数，唐代最高的记录是唐玄宗开元年间的64 250户、唐宪宗元和年间的74 099户。②宋太宗太平兴国年间的有主户16 059户、缺

① 大德《南海志》卷六《户口》，见广东省地方史志办公室辑：《广东历代方志集成·广州府部（一）》，广州：岭南美术出版社，2007年，第1—3页。元大德八年僧道数据原文似为："僧道一千八百丹五名"，"丹"应为"円"，通"圆"，作"0"解。
② （唐）李吉甫撰：《元和郡县图志》卷三四《岭南道一》，贺次君点校，北京：中华书局，1983年，第885页。

失客户数据。①按元大德《南海志》所记的数据，广州的主客户比，北宋中期约为1∶1.21，南宋孝宗淳熙年间约为1∶1.26，如北宋初年取1∶1.2左右，根据宋初主户数16 059户，客户可有19 000户左右，主客户总数可有35 000户左右。这与宋太祖开宝四年（971）平南汉时，在整个原南汉国范围内得到60个州、214个县、170 263户②的整体情况是相适应的。至北宋神宗元丰年间，广州全境的总户数已达143 261户。③

以上数据可以看出从唐代中期到宋元时期广州全境的人口变化趋势。唐代中期广州人口数量已有可观的规模，且有稳步的增长。唐末五代的战乱曾使人口大幅减少，但从北宋初年到北宋中期的约100年时间里，人口数量获得了约4.1倍的增长，说明北宋前中期是广州人口数量的一个爆发式增长期。从北宋到南宋，广州人口数量仍有稳步增长，并达到唐、宋、元时期现存人口数据的峰值。元代前期广州人口有所减少，元代中期接近于恢复到南宋时期的人口规模。东莞县人口在这段历史时期里的变化趋势，应与广州全境人口的变化轨迹大体上相似。

二、宋代移民迁入

宋代整体而言社会稳定、经济发展，岭南地区得到进一

① （宋）乐史撰：《太平寰宇记》卷一五七《岭南道一》，王文楚等点校，北京：中华书局，2007年，第3011页。
② 《宋史》卷二《太祖二》，北京：中华书局，1977年，第32页。
③ 《宋史》卷九〇《地理六》，北京：中华书局，1977年，第2235页。

步开发，吸引了大量人口移民岭南。两宋之交、南宋末年的战乱也迫使不少人口辗转迁入岭南。据深圳市2015年开展的自然村落历史人文普查所获数据，截至2015年底，深圳市仍保存村落形态的自然村落有1024个，其中自称可在本地区溯源自宋代以前的自然村落只有1个（五代时期），自称可在本地区溯源自宋代的自然村落有50个，具体情况见表5-4。

表5-4　深圳市现存自称可在本地区溯源自宋代及以前的世居村落表（2015年）

序号	区名	街道名	村名	自称可在本地区溯源年代	与溯源年代相关的姓氏（以溯源年代为序）、传说
1	福田区	福田街道	福田村	南宋末年	黄
2		沙头街道	上沙村	南宋	黄
3			下沙村	南宋	黄
4		梅林街道	上梅林祠堂村	南宋	黄
5			下梅林村	南宋	郑
6	南山区	南头街道	田厦村	北宋	梁、郑
7			关口村	宋代	姚
8			龙屋村	南宋	龙
9		南山街道	南园村	南宋	吴
10		粤海街道	大冲村	宋代	郑
11	宝安区	西乡街道	河西村	五代	黄
12			南昌村	北宋	何、梁、张
13		福永街道	福永村	宋代	陈、梁、庄
14			怀德村	南宋	潘
15			桥头村	南宋	林
16		沙井街道	沙一村	南宋	陈
17			沙二村	南宋	陈
18			沙三村	南宋	陈
19			沙四村	南宋	陈
20			蚝一村	南宋	陈
21			蚝二村	南宋	陈

续表

序号	区名	街道名	村名	自称可在本地区溯源年代	与溯源年代相关的姓氏（以溯源年代为序）、传说
22	宝安区	沙井街道	蚝三村	南宋	陈
23			蚝四村	南宋	陈
24			东塘村	南宋	曾
25			茭塘村	南宋末年	陈
26			辛养村	南宋末年	陈
27			大王山村	南宋末年	陈
28			新桥村	南宋	曾
29		松岗街道	东方村	宋代	陈、叶、文
30			红星村	宋代	叶、温、文
31			洪桥头村	南宋末年	洪
32			上山门村	南宋	叶、文
33			下山门村	南宋	朱、文
34			松岗村（山尾村）	宋代	陈、李、文
35			花果山村	南宋	黄、文
36		石岩街道	浪心村	南宋	刘、袁、曾
37	光明新区	公明街道	下村	南宋	陈
38			玉律村	南宋	莫、曾
39			曾屋村	南宋	唐
40	龙华新区	福城街道	长湖头村	宋代	张
41			狮径村	南宋末年	庄
42			章阁村	南宋末年	杨、黄、张
43	龙岗区	横岗街道	荷坳村	南宋	陈
44		龙岗街道	吓坑村	南宋	黄
45	坪山新区	坪山街道	果元背村	南宋	麦
46	大鹏新区	葵涌街道	东门村	宋代	麦
47			溪涌村	宋代	麦
48		大鹏街道	水贝村	南宋末年	欧阳
49			龙岐村	宋代	詹
50			王母围村	南宋末年	该村有宋末幼帝之母曾在此地落脚的传说
51		南澳街道	鹤薮村	南宋末年	刘

宋代距今已有上千年历史了，在历次改朝换代、天灾人祸和战乱，特别是清初还曾在沿海地区实行过"迁海"政策的情况下，仍留存下来的村落，实属凤毛麟角。这些数量不少的从宋代延续至今的村落或家族，说明宋代今深圳地区曾有过相当大规模的移民迁入潮，宋代也是今深圳地区一个重要的人口增长期。这些村落打下了本地区影响至今的地方民系、地方文化最初的底色。

后人说起宋代移民，印象中往往与躲避战乱联系在一起，实际上宋代长时段的和平时期应是主流。今深圳市南山区田厦村世居郑氏先祖郑柏峰，于北宋神宗熙宁年间宦游留居今深圳南头一带。[①]北宋徽宗崇宁年间进士邓符，原是江西吉水人，曾任阳春县令，于宋徽宗崇宁年间定居当时东莞县锦田（位于今香港元朗东部）桂角山下，其子孙"世居锦田、龙跃头、屏山、竹村、厦村等处"。今深圳宝安区福永街道塘尾村世居邓氏村民，也是这支邓氏的后人。嘉庆《新安县志》称，邓符曾孙邓自明"尚高宗公主"。[②]考宋高宗南渡后并无公主，县志这则记载肯定是不准确的，其来源应是邓氏的家谱族谱。私家族谱虽常疏于考据，但往往也可以从不同的角度保留不少历史信息，因此也不能排除邓符的后人曾与宋朝赵氏宗室女子联姻的可能性。

---

① 深圳市史志办公室编：《深圳村落概览》第二辑《福田南山卷》，广州：华南理工大学出版社，2020年，第121页。

② 深圳市史志办公室整理编辑：《嘉庆新安县志》卷二一《人物志三·流寓》，广州：华南理工大学出版社，2020年，第301页。

今深圳地区沙井、燕川、荷坳三支世居陈氏家族，其共同先祖为南宋中期迁入今深圳地区的陈朝举（1134—1213）。陈朝举原为福州人，据说从学朱熹，约在宋宁宗庆元、嘉泰年间迁至广东北部的南雄珠玑巷，开禧年间再迁至当时东莞县的归德场涌口里（位于今深圳市宝安区沙井一带）。①陈朝举次子陈康适，后到惠州归善县（今惠州市惠阳区）盐场任职，爱上今深圳龙岗区荷坳一带山水风土之美，于是在这里安家置业，开创了荷坳村，该地原属归善县（1912年改为惠阳县），1958年改属宝安县（1979年改为深圳市）。②

今深圳地区下沙、上梅林世居黄氏家族，其先祖为南宋中期迁入今深圳地区的黄默堂（1183—1248）。该黄氏家族据称源自福建邵武，往各地开基创业，并留有认亲诗给到外地谋生的子孙，其中下沙村流传下来的这首是："骏马堂堂出异方，任从随处立纲常。年深外境犹吾境，日久他乡则故乡。朝夕莫忘亲命语，晨昏须念祖宗香。惟愿苍天垂庇佑，三七男儿总炽昌。"③表达了家族延续，异地再兴的志向。黄默堂墓位于今深圳市莲花山西北坡，建于宋理宗淳祐八年（1248），1991年被深圳考古工作者发现时，仍保存宋代建墓时的原始面貌，为深圳发现的唯一一座南宋时期塔形古墓，在广东省

---

① 张劲：《宋代陈朝举家族入粤路线与时间节点探析》，《深圳史志》2021年第4期。
② 深圳市史志办公室编：《深圳村落概览》第二辑《龙岗卷》，广州：华南理工大学出版社，2020年，第454页。
③ 黄氏守箴堂宗亲会、下沙村村民委员会编：《念恭堂黄氏家乘·太祖遗训》，1986年，无页码。

也较为罕见，被列入省级文物保护单位（图5-3）。

图 5-3　深圳莲花山黄默堂墓六边形墓塔
资料来源：杨耀林摄于 2022 年 5 月

上述郑氏、邓氏、陈氏、黄氏家族都是在宋代比较和平繁盛的时期迁移到今深圳地区的，是一种主动的迁徙。两宋之际的战乱也无可避免地引起一波被动的移民潮，今深圳地区新桥村世居曾氏家族为这一时期迁入的典型代表。南宋初年高宗建炎南渡时期，曾仕行、曾仕贵两兄弟也避乱从南雄珠玑巷先迁到广州，后又分头逃难，哥哥曾仕行落脚在番禺小龙乡，弟弟曾仕贵落脚在当时东莞县归德场新桥里。据传两兄弟分开时，将祖上一块猪腰石砸开，各执一半，作为后人相认凭证。后来新桥曾氏和番禺曾氏就是根据这两片猪腰石相认的。如今新桥村曾氏大宗祠石牌坊背面还刻有"片石流辉"匾额，说的就是这个故事。

今香港新界几大世居家族邓氏（即以邓符为始迁祖的锦

田邓氏）、廖氏、侯氏、彭氏①，以及九龙蒲岗村林氏②，据说最早都是在宋代迁入本地的，说明今深圳、香港地区在宋代经历了长时段、大范围的移民，在历史上影响深远。

三、元代移民迁入

南宋末年，战乱波及岭南地区。在元军追击下，大量人口随南宋行朝且战且退，来到了岭南。南宋最终灭亡后，这些被战乱裹挟而来的人口也留在了岭南，逐渐在岭南各处扎下根来。今深圳地区所在的东莞县在元代也迎来了这一波以南宋遗民为主的移民潮。据深圳市 2015 年开展的自然村落历史人文普查所获数据，截至 2015 年底，今深圳市范围内自称可在本地区溯源自元代的自然村落有 24 个，数量也不少。其中以宝安福永的凤凰村文氏为代表，带有浓厚的南宋遗民色彩。凤凰村文氏开基祖为南宋末年民族英雄文天祥的侄孙文应麟，其为文天祥弟文璧的孙子。③文应麟"倜傥尚志节"，对于其祖父文璧在南宋末年守惠州，元兵到来后降元一事深以为耻，其毕生崇敬的是"留取丹心照汗青"的伯祖父文天祥。因此文应麟后裔文氏族人基本上都称自己是文天祥后人。凤凰村文氏传说，文应麟关心民众疾苦，同情百姓遭遇，为

---

① 萧国健：《香港新界五大族》，香港：现代教育研究社，2021 年，第 4、68、78、94 页。

② 龚春贤：《佛堂门与香港九龙新界等地之天后庙》，见罗香林等：《一八四二年以前之香港及其对外交通：香港前代史》，香港：中国学社，1959 年，第 172 页。

③ 民国《宝安文氏族谱》"宝安县文族始祖世系图"，1919 年，手抄本。

人乐善好施，每遇青黄不接或灾荒年，他会爬上附近的凤凰山顶，趁着夕阳遥望山脚各家各户烟囱是否冒烟，没有冒烟的则说明无米下锅，他会派族人送粮到户，接济贫民。为此他甚至还在山顶搭建了一座临时的瞭望楼，这就是凤凰山"望烟楼"的传说。而据嘉庆《新安县志》记载，"望烟楼，在凤凰岩下。传文丞相侄（孙）应麟子孙家于此，为何左丞部将，值岁荒，建楼登眺，凡家无爨烟者，赈之，至今犹称'烟楼下'云"①。何左丞即元末广东地区实力人物何真，则望烟楼的事迹应为文应麟的子孙于元末所为。

凤凰村文氏，经过宋元鼎革战乱后避隐到今深圳地区，是一种被动的迁徙，但是作为民族英雄文天祥的后代，仍然秉承了先祖对国家、对人民深沉的爱，因此留下了"烟楼世泽，正气家风"的祖训。

南宋中期迁入归德场涌口里的陈朝举，其长子陈康道的曾孙陈友直"爱燕村山水佳丽，室而居之"，由此开创了流传至今的宝安燕川村。②作为陈朝举家族的第五代，陈友直开基燕川村时应已是元代。今香港新界世居家族上水廖氏，据说宋末随宋军从福建汀州迁至本地，初住屯门，再迁今深圳福田，元末迁至今香港上水。③开创于宋代的荷坳村、开创于元

① 深圳市史志办公室整理编辑：《嘉庆新安县志》卷一八《胜迹略·古迹》，广州：华南理工大学出版社，2020年，第257页。
② 陈秀岳：《重修初迁祖野望公墓志》，见彭全民主编：《深圳宝安德邻堂燕川陈氏族谱》第五编《历代艺文》，深圳：深圳报业集团出版社，2013年，第173页。
③ 萧国健：《香港新界五大族》，香港：现代教育研究社，2021年，第68页。

代的燕川村，以及今香港上水廖氏的开基历史，是宋元时期进入今深圳、香港地区的移民在本地区范围内再次扩散、迁徙的典型代表，具体情况见表5-5。

表5-5 深圳市现存自称可在本地区溯源自元代的世居村落表（2015年）

序号	区名	街道名	村名	自称可在本地区溯源年代	与溯源年代相关的姓氏（以溯源年代为序）、传说
1	福田区	南园街道	埔尾村	元末	郑
2			沙埔头村	元末	郑
3			玉田村	元末	郑
4		福田街道	岗厦村	元代	文
5		福保街道	石厦村	元末	赵、潘
6	罗湖区	黄贝街道	罗芳村	元代	方、罗、侯
7		莲塘街道	坳下村	元末	邓
8	南山区	南山街道	南山村	元末	陈
9			北头村	元代	黄
10		招商街道	赤湾村	元代	传说由宋少帝陵的赵姓守陵人后裔在此定居形成
11	宝安区	新安街道	甲岸村	元代	赵、麦、黄
12		西乡街道	固戍村	元代	姜
13			乐群村	元末	黄
14		福永街道	白石厦村	元代	文
15			凤凰村	元代	文
16			稔田村	元代	文、张、陆
17		沙井街道	万丰村	元代	邓、潘
18		松岗街道	楼岗村	元代	袁
19			沙浦村	元末	蔡
20			燕川村	元代	陈
21	龙岗区	平湖街道	任屋村	元代	任
22	光明新区	光明街道	迳口村	元末	黄
23			木墩村	元代	黄
24	龙华新区	龙华街道	清湖村	元代	廖

第四节 社 会 文 化

宋代整体而言以经济发展、文化繁荣著称于史，宋代东莞县经济、社会的大发展，也推动了本地文化的大发展。随着经济条件逐渐成熟、教育逐渐普及和各种文化的传播，本地逐渐形成了比较成熟的儒家文化以及佛教、道教文化。由于地处海上交通要道，与海洋相关的天妃、天后、妈祖信仰以及宋末海上行朝这一历史事件带来的民间信仰和习俗，成为本地重要的特色文化。

一、儒家文化

宋朝统治者推崇以文治国，在这种观念引导下整个社会都非常重视儒家文化教育。宋仁宗庆历三年（1043）诏："诸路转运司，令辖下州府军监应有学处，并须拣选有文行学官讲说，不得因循废罢。"庆历四年（1044）诏："诸路州府军监，除旧有学外，余并各令立学。如学者二百人以上，许更置县学。"①康熙《东莞县志》称，隋唐时期州县立学"兴废不常"，"宋仁宗庆历四年许更置县学，则前此县学之未备可知也"。有关东莞县学最早的记载也是追溯至宋代。②说明东

---

① 刘琳等校点：《宋会要辑稿》崇儒二《郡县学》，上海：上海古籍出版社，2014年，第2763页。

② 康熙《东莞县志》卷八《学校》，见广东省地方史志办公室辑：《广东历代方志集成·广州府部（二二）》，广州：岭南美术出版社，2007年，第475页。

莞县学设置始于宋仁宗庆历年间大规模地方兴学政策颁布以后，而且东莞常年的学子人数在宋代也达到了设立县学的标准（200人）。

随着宋代东莞县经济发展、人口增多和教育的逐渐普及，本地逐渐形成比较高层次的文化人群，即中国古代传统社会典型的士人阶层，由此也带来了比较成熟的儒家文化。北宋进士邓符，曾任阳春县令，卸任后来到当时的东莞县，乐本地风土之美，于宋徽宗崇宁年间迁居锦田桂角山下，并在这里创办了今深圳、香港地区有文献记载最早的书院"力瀛斋"，广置书籍，招收学生，促进了本地儒家教育的发展和儒家文化的传播。①

隋唐时期开创科举制度以后，科举在封建王朝选拔任用官员中所起的作用越来越重要，到宋朝已成为朝廷选官用官的最主要途径。科举制度中，通过中央政府举办的最高一级考试者称为进士，进士在全国文人中都是佼佼者。东莞县本地在明代以前共有13位进士，唐德宗贞元六年（790）东莞县出了第一位进士，以后在宋代出了12位进士，除了一位是北

---

① 深圳市史志办公室整理编辑：《嘉庆新安县志》卷二一《人物志三·流寓》，广州：华南理工大学出版社，2020年，第301页。该志称邓符为崇宁间进士，创力瀛书斋。康熙《东莞县志》卷八《选举一》引本地人翁炳《宝安百咏》所注称"崇宁间邓符居于邑之桂角山，创力瀛斋，广置书籍"，见广东省地方史志办公室辑：《广东历代方志集成·广州府部（二二）》，广州：岭南美术出版社，2007年，第482页。今取较原始的记载"力瀛斋"。另，崇宁只有5年时间，其间既要进士登科，又要任阳春县令，再退居桂角山创力瀛斋，时间上很紧。如邓符创力瀛斋是在崇宁年间的话，其进士登科的时间则有可能在崇宁以前了，这有待找到更多史料以进一步考证。

宋徽宗年间的，其余11位都是南宋时期的，说明东莞县的儒家文化教育与传播在宋代尤其是南宋时期有质和量的飞跃。越到南宋后期，东莞县出的进士越频密。宋度宗咸淳年间共10年，三年一次的科举考试开了四次，分别是咸淳元年、四年、七年、十年，东莞县每次都考出了进士，而且咸淳元年、咸淳十年两个年份还出了两位进士。①

咸淳元年（1265）同科进士赵崇䋍、赵必琭为两父子，咸淳十年（1274）进士钱梦骥为淳祐元年（1241）进士钱益之子，这种父子进士的现象说明当时东莞县儒家文人的家学传承已经发展成熟。宋末东莞县民熊飞举义兵抗元时，源出赵宋宗室的东莞士人赵必琭不但为熊飞出谋划策，而且为避免义军征军需时扰民，还向义军捐献了自己的家产3000贯钱、500石米。②这一方面体现了赵必琭对赵宋政权的忠义、对人民大众的同情，另一方面也说明随着宋代社会经济的发展，东莞士人阶层也积累了大量的财富，雄厚的经济基础已足以支撑本地儒家文化的大发展。

开庆元年（1259）进士黄石为沙头东涌人，咸淳十年（1274）进士曾宋珍（图5-4）为罗田人，其所在地域在今深圳市境内，为今深圳市境内最早的两位进士。③黄石为今深圳

① 康熙《东莞县志》卷八《选举一》，见广东省地方史志办公室辑：《广东历代方志集成·广州府部（二二）》，广州：岭南美术出版社，2007年，第481—482页。
② 雍正《东莞县志》卷一二《赵必（王象）传》，见广东省地方史志办公室辑：《广东历代方志集成·广州府部（二三）》，广州：岭南美术出版社，2007年，第259页。
③ 深圳市史志办公室整理编辑：《嘉庆新安县志》卷一五《选举表一》，广州：华南理工大学出版社，2020年，第221—222页。

图 5-4　曾宋珍像
资料来源：东塘《曾氏族谱》

下沙黄氏三世祖[1]，即黄默堂之孙。曾宋珍留有《魁星阁上梁文》《云溪寺舍田祠记》《云溪寺》等诗文传世，载于东莞县、新安县的古代方志中，具有重要的文学、史学价值。据《魁星阁上梁文》记载，南宋后期所建之魁星阁，位于靖康盐场地域，"左蟠龙穴，右踞虎门"，坐东朝西面向珠江入海口；"恍若木天之成象"，即为一座高大宏敞的木结构建筑；"天子诏，状元心，谁独无此？"可见是给读书人祈求文运的场所。[2]这些记载说明宋代东莞县已经有庞大的读书应试文人群体。明以前东莞县本地进士情况见表 5-6。

---

[1] 深圳市史志办公室编：《深圳村落概览》第二辑《福田南山卷》，广州：华南理工大学出版社，2020 年，第 49 页。

[2] （宋）曾宋珍：《魁星阁上梁文》，见深圳市史志办公室整理编辑：《嘉庆新安县志》卷二四《艺文志三》，广州：华南理工大学出版社，2020 年，第 351—352 页。

表5-6 明以前东莞县本地进士表

序号	姓名	朝代、皇帝	登科年份	人物关系备注	今属地备注
1	姜诚	唐德宗	贞元六年（790）		
2	陈谟	北宋徽宗	政和五年（1115）		
3	翟杰	南宋高宗	绍兴五年（1135）		
4	梁文奎	南宋宁宗	开禧元年（1205）		
5	梁该	南宋宁宗	嘉定七年（1214）		
6	钱益	南宋理宗	淳祐元年（1241）	钱梦骥之父	
7	黄石	南宋理宗	开庆元年（1259）	黄默堂之孙	属今深圳市境内下沙
8	赵崇洫	南宋度宗	咸淳元年（1265）	赵必瑮之父	
9	赵必瑮	南宋度宗	咸淳元年（1265）	赵崇洫之子	
10	尹耕	南宋度宗	咸淳四年（1268）		
11	叶三得	南宋度宗	咸淳七年（1271）		
12	曾宋珍	南宋度宗	咸淳十年（1274）		属今深圳市境内罗田
13	钱梦骥	南宋度宗	咸淳十年（1274）	钱益之子	

资料来源：康熙《东莞县志》卷八《选举一》，见广东省地方史志办公室辑：《广东历代方志集成·广州府部（二二）》，广州：岭南美术出版社，2007年，第481—482页

注：黄石的登科年份在《东莞县志》中记为开庆二年周震炎榜，据《宋史》应为开庆元年周震炎榜

宋代东莞县进士群体，除了本地人考中进士的之外，还有外地人考中进士后迁入本地的。据雍正《东莞县志》记载，有邓符、王芳桂二人。[1]邓符即开创今深圳、香港地区有文献记载最早的书院"力瀛斋"之人，为锦田邓氏之祖。王芳桂为兴化（今江苏兴化）人，寓居于当时的东莞县。

沙井陈氏先祖陈朝举，从学朱熹，"潜心《太极图》《易通》《伊洛渊源录》诸书"，"举进士"即曾应举参加进士科考

<hr>

[1] 雍正《东莞县志》卷八《选举一》，见广东省地方史志办公室辑：《广东历代方志集成·广州府部（二三）》，广州：岭南美术出版社，2007年，第123页。

试。从福州入粤过程中曾在粤北南雄珠玑巷驻留，其间结庐授学，"南雄人争遣子弟从游"。[1]从南雄再迁到当时东莞县归德场涌口里安家后，曾"建锦浪楼于海滨"，每到天气晴朗的时候，"父子兄弟，凭栏瞻眺""四时八节，未尝不向东而泣"寄托乡愁。[2]陈朝举长子陈康道也是"潜心理学，教育英才""好栽花灌园自适，作三径为云林别业，号云林居士"。[3]该陈氏父子兄弟的经历和举动，均不失为典型的儒林中人，始终致力于儒家教育、文化的发展与传播。

邓符、陈朝举、陈康道等正是中国古代社会最典型的儒家文人，有着最典型的文人特征，随着他们的迁入，也把儒家文人的文化和学问带入了东莞县。在这些儒家文人身体力行的推动及影响下，东莞县本地的儒家文化在宋代后期有加速度的发展，这从宋代后期东莞县本地进士登科的频密程度可以得到印证。

元代整体而言儒家文人的政治地位有所降低，施展抱负的途径也有所限制，但以文应麟为代表的本地文人，仍能心怀百姓，保留了儒家文人的风骨和价值，延续了本地的文脉。

---

① 李用：《正议大夫朝举公暨夫人晏氏合传》，见彭全民主编：《深圳宝安德邻堂燕川陈氏族谱》第五编《历代艺文》，深圳：深圳报业集团出版社，2013 年，第 170 页。

② 陈秀岳：《重修初迁祖野望公墓志》，见彭全民主编：《深圳宝安德邻堂燕川陈氏族谱》第五编《历代艺文》，深圳：深圳报业集团出版社，2013 年，第 173 页。

③ 李春叟：《处士康道公暨淑德彭氏孺人合传》，见彭全民主编：《深圳宝安德邻堂燕川陈氏族谱》第五编《历代艺文》，深圳：深圳报业集团出版社，2013 年，第 174 页。

二、佛教文化

今深圳地区最古老的两处地面建筑均与佛教有关，均建于宋代，可见佛教在当时社会仍然有重要的影响力。龙津石塔是深圳市现存最早的地面建筑，为省级文物保护单位，位于今深圳市宝安区沙井街道。该塔建于南宋宁宗嘉定十三年（1220），石塔构件用红砂岩雕琢而成。须弥塔座平面正方形，长、宽均为0.56米，高0.29米，四角浮雕竹节角柱，正面刻宝相花万字。塔身平面正方形，长、宽均为0.44米，高0.6米，正面有弧形佛龛，龛内浮雕半身佛像；背面刻"嘉定庚辰立石"字样。塔身左右两面亦有弧形龛，左龛上部有双手合十与手执宝剑的佛像，下部阴刻四行十二字经文咒语；右龛上部浮雕一只手，手提宝剑，下部阴刻四行十六字经文咒语。塔身之上有攒尖葫芦形塔顶。[①]该塔虽然不算高大，但是体现出了明显的佛教特点。

综合崇祯《东莞县志》和嘉庆《新安县志》记载，嘉定年间当地归德场盐官承节郎周穆主持修建了一座龙津石桥，桥的侧面就立了这座龙津石塔。当时石塔的高度是"丈有二尺"（即3米多），这应该是包含基座的高度。[②]宋代的基座今已不存，如今该塔的基座是现代重建的。据说龙津桥建成之

---

① 深圳市文物管理委员会编：《深圳文物志》，北京：文物出版社，2005年，第127页。

② 崇祯《东莞县志》卷一《地舆志》，见广东省地方史志办公室辑：《广东历代方志集成·广州府部（二二）》，广州：岭南美术出版社，2007年，第66页；深圳市史志办公室整理编辑：《嘉庆新安县志》卷一八《胜迹略·古迹》，广州：华南理工大学出版社，2020年，第257页。

日，"风雨骤至，波涛汹涌，若有蛟龙奋跃之状"，因此才立了这座塔以镇蛟龙等传说中的海怪。①这座石塔是佛教文化与中国传统神仙、风水文化相结合的产物。

位于今深圳市莲花山西北坡的黄默堂墓，建于南宋理宗淳祐八年（1248），为省级文物保护单位。墓上建筑呈半圆弧形，宽3.6米，残深2.9米，残高2.3米。六边形墓塔的正面嵌有墓碑，刻有"默堂黄居士塔"字样。墓塔上部已毁，残高0.45米，宽0.22米。②墓塔名为居士塔，乃典型的佛塔。由此可知，黄默堂是在家修行的佛教徒居士，其墓葬也深受佛教文化的影响。

今深圳地区在宋代还建了一座寺庙，名为云溪寺。云溪寺始建于北宋仁宗天圣四年（1026），原建于参里山，景祐四年（1037）迁移到归德场。早期该寺经济条件不好，寺僧终日都需要到外面化缘才能果腹。到南宋高宗绍兴十三年（1143），才有位被称为蒋八姑的妇人给该寺捐了数顷田地。南宋度宗咸淳五年（1269），又有位被称为邓县君的妇人给该寺捐了百亩田地。这时该寺经济条件应该已经好了很多，于是请来曾宋珍撰写《云溪寺舍田祠记》，刻石立碑以铭记相隔120多年的两位妇人舍田寺庙之事。③邓县君的丈夫曾士廉，

---

① 崇祯《东莞县志》卷一《地舆志》，见广东省地方史志办公室辑：《广东历代方志集成·广州府部（二二）》，广州：岭南美术出版社，2007年，第66页。

② 深圳市文物管理委员会编：《深圳文物志》，北京：文物出版社，2005年，第91页。

③ （宋）曾宋珍：《云溪寺舍田祠记》，崇祯《东莞县志》卷八《外志》，见广东省地方史志办公室辑：《广东历代方志集成·广州府部（二二）》，广州：岭南美术出版社，2007年，第372页。

当时已去世30年，曾士廉与曾宋珍为同族兄弟。①曾宋珍还写有一首诗《云溪寺》："溪水年年自深浅，山云日日半阴晴。溪山好处划开眼，看水看山悟此心。"②颇有山水禅意，体现出曾宋珍在儒佛两学均有颇深造诣。嘉庆《新安县志》称，云溪寺在"归德场参里山之麓"③，说明该寺虽然有过一次由参里山至归德场的搬迁，但仍然没有离开参里山附近的范围。曾宋珍《云溪寺》的山水意境，离不开当时的参里山。云溪寺在嘉庆《新安县志》仍有记载，今已不存，今深圳市宝安区沙井中学后院有一口古井，名"云溪井"，为云溪寺的遗存。④

宋元时期今深圳地区还有始建于南汉的海光寺，位于今深圳南头古城一带，清初已不存。元代有位名为清一叟的本地人，曾住在海光寺，后来参学浙江径山的端禅师，因为精通内外典故，就留在径山掌书记，后来被元朝宣政院举荐担任了韶州南华寺的主持。⑤

三、道教文化与民间信仰习俗

古代东莞县纯粹的道教宫观不多，宋元时期见于记载的只有上清观，也为东莞县最早的道观，始建于北宋徽宗政和

① 程建：《深圳古诗拾遗》，深圳：深圳报业集团出版社，2015年，第17—18页。
② 崇祯《东莞县志》卷八《外志》，见广东省地方史志办公室辑：《广东历代方志集成·广州府部（二二）》，广州：岭南美术出版社，2007年，第372页。
③ 深圳市史志办公室整理编辑：《嘉庆新安县志》卷一八《胜迹略·寺观》，广州：华南理工大学出版社，2020年，第261页。
④ 程建：《深圳古诗拾遗》，深圳：深圳报业集团出版社，2015年，第17页。
⑤ 深圳市史志办公室整理编辑：《嘉庆新安县志》卷二一《人物志三·仙释》，广州：华南理工大学出版社，2020年，第303页。

年间，位于当时东莞县城内道家山上（今属东莞市莞城街道），今已不存。①

元代有一位名为谭公道的道士在位于今香港九龙半岛一带的九龙山修行。谭公道原为归善县人，相传他在九龙山修行时，每次挂着拐杖、穿着草鞋下山，总有一只老虎跟随，有时还为他背菜。他去世后，本地人遇到水旱灾害时都会向他祈祷。②

今深圳、香港地区地处沿海交通要道，是进出广州的海上门户，也是海上丝绸之路的重要交通节点，海上贸易以及渔、盐等海洋产业在古代本地社会经济生活中占重要比重，因此与海洋相关的天妃（天后、妈祖）信仰在这里有很强的影响力。

今香港东龙洲与田下山半岛所夹的海道，称"佛堂门"。东龙洲为南堂，田下山半岛一侧为北堂。嘉靖《广东通志》关于"佛堂门海"的记载称，"凡潮自东南大洋，西流经官富，止而入于急水门海。番舶至此，无漂泊之虑，故号'佛堂'云"③，说明这里是古代重要的海上通道。今北佛堂天后庙后面的山崖，于1955年时发现了一幅南宋时期的摩崖题刻："古汴严益彰，官是场，同三山何天觉，来游两山。考南堂石塔，

① 崇祯《东莞县志》卷八《外志》，见广东省地方史志办公室辑：《广东历代方志集成·广州府部（二二）》，广州：岭南美术出版社，2007年，第364页。

② 深圳市史志办公室整理编辑：《嘉庆新安县志》卷二一《人物志三·仙释》，广州：华南理工大学出版社，2020年，第301—302页。

③ 嘉靖《广东通志（一）》卷一三《舆地志一》，见广东省地方史志办公室辑：《广东历代方志集成·省部（二）》，广州：岭南美术出版社，2006年，第320页。

建于大中祥符五年。次、三山郑广清，堞石刊木，一新两堂。续、永嘉滕了觉继之。北堂古碑，乃泉人辛道朴鼎创于戊申，莫考年号。今三山念法明、土人林道义继之。道义又能宏其规，求再立石以纪。咸淳甲戌六月十五日书。"①"三山"即福州，"永嘉"即温州，"泉"即泉州。咸淳甲戌为宋度宗咸淳十年（1274）。宋代的戊申年有1008年、1068年、1128年、1188年、1248年，与宋真宗大中祥符五年（1012）最为接近的就是大中祥符元年（1008）。

佛堂门天后庙的来历可见于《九龙蒲岗村林氏族谱》。据记载，宋时福建莆田林长胜携家迁居今九龙黄大仙附近的彭蒲围（今大磡村）。一门数代，都以行船为业，往来于闽浙粤等省。其家第三代松坚、柏坚兄弟，在海上遇到飓风，船货尽失，二人力挽船篷，紧抱船上所祀林氏大姑的神主，漂浮到东龙洲的北岸，才得以生存。二人"为酬谢神恩，乃于其地旧筑的石塔下面，以船篷为上盖，建立草庙，以崇祀林氏大姑"。林氏大姑，即后来所称的天妃或天后。林松坚很快又筹资在石塔下面建立正式的神庙，此即东龙洲（南堂）天后庙的由来。后来林松坚的儿子林道义，又于田下山半岛一侧（北堂），创建崇祀林氏大姑的神庙，此即北佛堂天后庙的由来。②

嘉庆《新安县志》也有关于佛堂门的记载，"佛堂门，在

---

① 龚春贤：《佛堂门与香港九龙新界等地之天后庙》，见罗香林等：《一八四二年以前之香港及其对外交通：香港前代史》，香港：中国学社，1959年，第172页。

② 龚春贤：《佛堂门与香港九龙新界等地之天后庙》，见罗香林等：《一八四二年以前之香港及其对外交通：香港前代史》第八章，香港：中国学社，1959年，第172—173页。

鲤鱼门之东南，又曰铁砧门。旁有巨石，长二丈余，形如铁砧。潮汐急湍，巨浪滔天，风不顺，商舶不敢行。其北曰北佛堂，其南曰南佛堂，两边皆有天后古庙。北庙创于宋，有石刻碑文数行，字如碗大，岁久漫灭，内'咸淳二年'四字尚可识。""其南佛堂之山，乃孤岛也"。①

　　综合上述三则记载，佛堂门南北两堂建筑应始建于北宋初年，从南堂建有石塔、北堂今存南宋摩崖题刻中"念法明"这个僧人名字，以及"佛堂门"这个地名来看，最初的建筑应为佛教建筑。南宋末年林松坚、林道义父子分别在南堂和北堂创建了崇祀林氏大姑的神庙，即后来所称的天后庙。从"今三山（福州）念法明、土人林道义继之"可知，早期曾有过佛教功能与崇祀林氏大姑功能并存的时期，不过后来佛教功能逐渐被崇祀天后的功能取代。佛堂门南北的天后庙是今深圳、香港地区有记载最早的天后庙。

　　今深圳南山赤湾也有一座规模宏大的天后宫（图 5-5），嘉庆《新安县志》所称"天后庙，一在南山赤湾。永乐八年，中使张源重修"②，即此天后宫。既是重修，则明初永乐八年（1410）之前原即有庙。明天顺七年（1463）该庙再次重修后的《新建赤湾天妃庙后殿记》称"永乐初，中贵张公源使暹罗国，先祀天妃，得吉兆，然后辞沙。天妃旧有庙，公复建

---

① 深圳市史志办公室整理编辑：《嘉庆新安县志》卷四《山水略》，广州：华南理工大学出版社，2020 年，第 96 页。

② 深圳市史志办公室整理编辑：《嘉庆新安县志》卷七《建置略·坛庙》，广州：华南理工大学出版社，2020 年，第 150 页。

图 5-5　深圳南山赤湾天后宫
资料来源：曾嘉耀摄于 2016 年 11 月

殿宇于旧庙东南"①，明确说明此处原就有天妃庙，以及永乐八年（1410）时旧庙与新庙的方位关系。今赤湾天后宫附近有赤湾宋少帝墓（图 5-6），据《赵氏族谱·帝昺玉牒》记载，宋末厓山（今新会崖山）之战帝昺投海后，"（赤湾）山下古寺老僧往海边巡视，忽见海中有遗骸漂荡，上有群鸟遮居，窃以异之。设法拯上，面色如生，服饰不似常人，知是帝骸，乃礼葬于本山麓之阳"②。由此可知，宋代赤湾应已有佛教寺庙，宋元时期也有一个由佛教寺庙逐渐演化为天妃庙（清代改称天后庙）的过程，至明初已完全定型为天妃庙。

①　深圳市史志办公室整理编辑：《嘉庆新安县志》卷二三《艺文志二》，广州：华南理工大学出版社，2020 年，第 327—328 页。
②　深圳市文物管理委员会编：《深圳文物志》，北京：文物出版社，2005 年，第 94—95 页。

图5-6　深圳赤湾宋少帝墓
资料来源：深圳市石厦实业股份有限公司供图

宋末行朝漂泊海上共两年多时间，其中驻留今深圳、香港沿海地区就有近一年时间，是驻留时间最长的地区，而且这段时间也是行朝形势最为安全的一段日子。宋末行朝在这个地方留下了比较多的影响，与之相关形成的民间信仰和习俗在这里也很有特色。

宋端宗赵昰的舅舅杨亮节出临安以来一路护驾，在行朝皇亲国戚中所起作用最为重要，相传他生时封侯，死后封王，所以被称为杨侯王。今深圳宝安沙井、福田下沙，香港九龙城、元朗、东涌、大澳及大围等地，仍有纪念杨亮节的侯王庙或杨侯宫。① 今香港沙田有座很有名的车公庙，深圳也有叫

---

① 廖虹雷：《深圳民间节俗》，深圳：深圳报业集团出版社，2015年，第221、232页。

"车公庙"的地名，"车公"相传也是行朝一名勇将，染病身亡，附近村民感其忠义，于是奉为神明。[1]相传宋端宗在九龙土瓜湾驻跸期间，恰逢端午节，于是观看了当地的龙舟竞赛，非常高兴，御赐了一把巨型的黄缎罗伞给村民，以后每逢端午赛龙舟，当地村民必奉一把巨大的罗伞置于龙船中，这种龙船被称为"皇舟"，赛龙舟被称为"扒皇舟"，"扒皇舟"前还要由乡绅父老秉香烛、奉酒肉向"御伞"叩拜，这种习俗一直沿袭到清朝后期。[2]今香港"九龙"的得名也有传说源于宋末行朝，传说宋端宗曾登临今九龙一带的山岗，见周围山峦如八条龙逶迤而动，身边人说皇帝也是一条"龙"，此地遂为"九龙"。今香港九龙土瓜湾一带仍有"宋王台"（图5-7），作为宋帝曾驻跸此地的纪念。

图5-7　香港九龙宋王台原貌，为宋末官富行朝遗址纪念地
资料来源：深圳博物馆编：《深圳博物馆基本陈列·古代深圳》，
北京：文物出版社，2010年，第149页

---

[1]　廖虹雷：《深圳民间节俗》，深圳：深圳报业集团出版社，2015年，第201页。
[2]　廖虹雷：《深圳民间节俗》，深圳：深圳报业集团出版社，2015年，第60—61页；深圳市政协文史资料委员会编：《深港关系史话》，深圳：海天出版社，1997年，第61页。

今深圳、香港地区的世居村落，多有吃大盆菜宴的习俗，遇到重要的节日或祭祖时，全村成百上千人聚在一起，数人一席，吃大盆菜（图 5-8）。所谓大盆菜就是将各种素菜和荤菜在一个盆子里一层层往上叠，据说来源于宋末行朝时当地村民接济小皇帝和宋军的"百家饭"。

图 5-8　深圳福田下沙村大盆菜宴
资料来源：摄于 2015 年 5 月，深圳市福田区下沙实业股份有限公司供图

今深圳大鹏有龙岐村，据说宋末行朝时曾有船在此竖旗登岸，皇家船队的旗帜为龙旗，"龙旗"又逐渐演化为"龙岐"而得名。离龙岐村不远还有王母圩、王母围村等带"王母"的地名。嘉庆《新安县志》记载："王母妆台，在大鹏王母洞村，前有大石，高数丈，俗传王母梳妆于此。"[1]幼帝之母，也可称为"王母"，"龙岐""王母"这些相隔不远的地名结合在一起，不难联想其与宋末行朝的渊源关系，当地民间也一

① 深圳市史志办公室整理编辑：《嘉庆新安县志》卷一八《胜迹略·古迹》，广州：华南理工大学出版社，2020 年，第 256 页。

直把这种关系传说下来。

甚至今深圳比较内陆的地区也有相关传说，传说南宋的末代皇帝及其臣子曾一度隐匿在金埔岭村（即今白石龙村）后山的一片密林中种田，因此这片山地被称为皇帝田。

第五节　宋末海上行朝

宋末，不愿降元的忠臣义士带领数十万军民奉年幼的宋端宗赵昰及其弟赵昺（图5-9）由福州沿海岸线乘船南下，辗转来到今深圳、香港沿海地区，驻扎了近一年之久。海上行朝以位于今香港九龙半岛的官富场为中心布局，这里成为指挥抗元战争的政令中枢。东莞县义士熊飞奋起抗战，民族英雄文天祥（图5-10）在茫茫大海中留下千古绝唱《过零丁洋》。在风云激荡中这个偏处海隅的地区第一次来到了历史的中心舞台。

图5-9　宋端宗赵昰、宋末帝赵昺画像

资料来源：赵古铨编修，赵锡年参订：《赵氏族谱》，1937年，深圳博物馆藏复印件

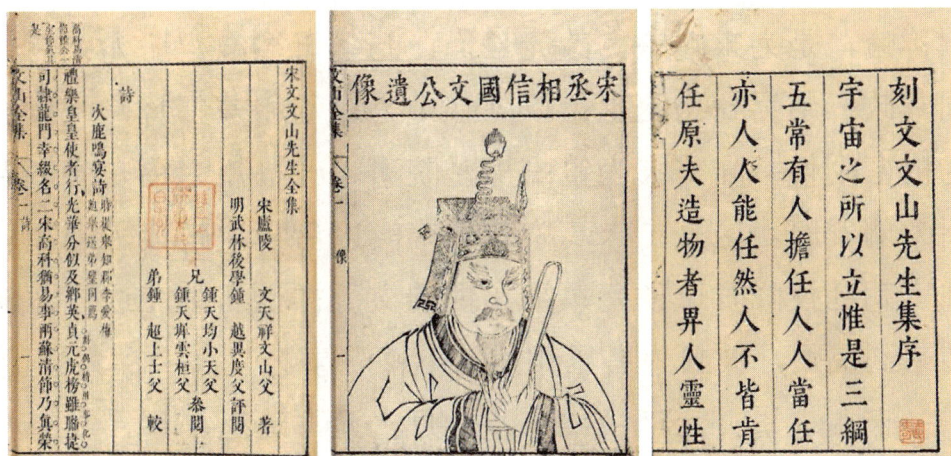

图 5-10　文天祥像及《宋文文山先生全集》刊本书影
资料来源：《宋文文山先生全集》，明崇祯二年武林钟越跃庵刊本

一、海上行朝与抗元斗争

宋恭帝德祐二年（1276）正月，元军进逼南宋都城临安，谢太皇太后（时年67岁）、宋恭帝（时年6岁）手足无措，群臣逃遁，南宋朝廷内外已呈崩解之势。谢太皇太后不愿离开临安，但南宋朝廷围绕临安的去留还是做了两手准备，恭帝异母兄吉王赵昰（时年8岁）徙封益王、判福州、福建安抚大使，异母弟信王赵昺（时年5岁）徙封广王、判泉州兼判南外宗正事，以驸马都尉杨镇及杨亮节、俞如珪为提举，辅助二王。杨亮节为赵昰之舅，俞如珪为赵昺之舅。元军进至临安北面的皋亭山，杨镇等奉二王离开临安转往婺州（今金华），同时"丞相陈宜中遁，张世杰、苏刘义、刘师勇各以所部兵去"。二月，留在临安的南宋朝廷正式降元。逃出临安的二王与各路人马逐渐聚于温州，众人奉赵昰为天下兵马都元帅，赵昺副之。二王一行人马再转往福建。五月初一，赵昰在福

州称帝，是为宋端宗，改元景炎；赵昰母杨淑妃册为太后，同听政；赵昺封为卫王；以陈宜中为左丞相兼都督，张世杰为枢密副使，陆秀夫为签书枢密院事；改福州为福安府、温州为瑞安府，这是自宋高宗建炎南渡以后再次延续了宋祚。临安朝廷投降时遣使元军被扣押的文天祥也从镇江逃脱，辗转来到福州，被封为右丞相兼知枢密院事。①

宋端宗景炎元年（1276）十月，元军迫近福州，端宗由福州入海，开始了宋朝的最后阶段——宋末海上行朝。海上行朝领导抗元斗争，且战且走，沿泉州、潮州、甲子门（当时属惠州，位于今广东陆丰甲子镇）一路南下，于景炎二年（1277）正月到达广州，但广州城此时已陷入宋元争夺中，形势反复，行朝未能登岸进入广州城。②宋端宗的帝舟不得已折返珠江口，先"驻舟师秀山"，同月或二月到达梅蔚③，驻留今深圳、香港沿海地区。此后近一年时间里，行朝主要在这一带活动，四月"帝舟次于官富场"，六月"帝舟次于古塔"，九月"帝舟次于浅湾"，十月"帝幸香山""复驻浅湾"。④十一月，元将刘深"以舟师攻昰（宋端宗）于浅湾，昰走秀

---

① 《宋史》卷四七《二王纪》，北京：中华书局，1977 年，第 939 页。

② （清）黄淳等撰：《厓山志》卷一《帝纪·端宗皇帝》，陈泽泓点校，广州：广东人民出版社，2018 年，第 41 页。

③ 嘉靖《广东通志（一）》卷六《事纪四》，见广东省地方史志办公室辑：《广东历代方志集成·省部（二）》，广州：岭南美术出版社，2006 年，第 145 页。按：《厓山志》卷一《帝纪·端宗皇帝》称帝舟到达梅蔚的时间为二月（陈泽泓点校，广州：广东人民出版社，2018 年，第 42 页）。

④ 嘉靖《广东通志（一）》卷六《事纪四》，见广东省地方史志办公室辑：《广东历代方志集成·省部（二）》，广州：岭南美术出版社，2006 年，第 146 页。

山"①。十二月"帝舟次于井澳"②。梅蔚即今香港大屿山之
梅窝；官富场位于今香港九龙半岛一带；古塔即佛堂门南堂
石塔；浅湾即今香港荃湾一带；香山即当时的香山县，今珠
海、中山一带；秀山即今东莞虎门；井澳即今珠海横琴岛深
井附近海湾。

"古塔"地名非常生僻，近代学者本已不知其所在，至1955
年北佛堂发现"古汴严益彰"题刻，记有"南堂石塔"，以简
又文、罗香林为代表的一些学者将"古塔"与"南堂石塔"
联系起来，确定"古塔"即指佛堂门。另有学者饶宗颐根据
元人黄溍《陆君实传后序》自注所称"正月，次梅蔚。四月，
移广州境，次官富场。六月，次古墐。九月，次浅湾"认为
宋端宗景炎二年（1277）六月到达的不是"古塔"，而是"古
墐"。古墐即古墐村、古墐围，即今香港马头围。③然而官富
场位于今香港九龙寨城公园一带，与马头围直线距离只有约
1000米，罗香林即指出"则如书某帝于四月次长安，六月次
雁塔，终必为识者所议，以雁塔即在长安也"④。古墐相对
而言是个小地名，官富场则是一个较大范围的地名，既然
已经到了官富场，自然包含官富场范围内的古墐。今深圳、

① 《宋史》卷四七《二王纪》，北京：中华书局，1977年，第943页。
② 嘉靖《广东通志（一）》卷六《事纪四》，见广东省地方史志办公室辑：《广东
历代方志集成·省部（二）》，广州：岭南美术出版社，2006年，第146页。
③ 饶宗颐：《九龙与宋季史料》三《行朝所经九龙半岛附近地理考证》，见郑炜
明编：《饶宗颐香港史论集》，香港：香港中华书局，2019年，第45—46页。
④ 罗香林：《九龙与宋季史料》跋，见郑炜明编：《饶宗颐香港史论集》，香港：
香港中华书局，2019年，第135页。

香港沿海地区宋元时期均属广州境内，黄溍《陆君实传后序》自注将"移广州境"插在诸多广州境内地名的中间，不知其意为何，说明其记述所据资料本身就不清晰，黄溍也没有完全搞清楚情况。因此，具有官方正史性质的嘉靖《广东通志》记载的"六月，帝舟次于古塔"并不能轻易否定，本书仍持此说。

皇帝出行居住的地方，称为"行宫"，"（行朝）自闽入广，行宫三十余处"①，也就是福建、广东地区有宋末二帝曾经的住址30余处。嘉庆《新安县志》记载了新安县境内梅蔚、官富两处行宫遗址，"景炎行宫，在梅蔚山。""官富驻跸""帝舟次于此，即其地营宫殿。基址柱石犹存，今土人将其址改建北帝庙"。②梅蔚山在明代尚存有"宋二帝石殿二座"③。官富行宫明确记载有营建宫殿的行为，而且建筑基址直至清代中期犹存，可见其规模是比较大的，说明行朝在官富曾有比较长远的打算。

行朝由福州入海时，队伍非常庞大，"正军十七万、民兵三十万有奇、两淮兵一万"④；后来厓山之战时仍"有船千余

---

① 嘉靖《广东通志（一）》卷一九《舆地志七》，见广东省地方史志办公室辑：《广东历代方志集成·省部（二）》，广州：岭南美术出版社，2006年，第491页。
② 深圳市史志办公室整理编辑：《嘉庆新安县志》卷一八《胜迹略·古迹》，广州：华南理工大学出版社，2020年，第256页。
③ （清）黄淳等撰：《厓山志》卷三《遗迹》，陈泽泓点校，广州：广东人民出版社，2018年，第132页。
④ 嘉靖《广东通志（一）》卷六《事纪四》，见广东省地方史志办公室辑：《广东历代方志集成·省部（二）》，广州：岭南美术出版社，2006年，第145页。

艘，内大船极多"，厓山被攻破时"死溺者数万人"①，厓山之战数日后"浮尸出于海十余万人"②。可以想见，行朝驻今深圳、香港沿海地区时，至少也有一二十万人的规模。当时这一带开发程度还很低，一下子来了这么多人，居住、补给以及军事布防，不会集中在一个点上，而应该是围绕一个中心点多点分布，这个中心点就是皇帝驻地。位于今香港九龙半岛一带的官富场地理位置居中，拥有比较大块的可供建设的内陆腹地，而且控扼交通要道，往东有鲤鱼门、佛堂门，往西有急水门、屯门这些险要的海峡门户，最有条件成为多点分布围绕的中心点，成为皇帝的长期驻地。史料记载中多处提到帝舟次于某地，应指宋端宗曾乘帝舟出巡到某地，而不是整个行朝都随之迁移到某地，行朝中枢应长期驻扎在官富场一带。不少学者很难理解行朝四月在九龙半岛东边的官富场，九月绕过今尖沙咀到九龙半岛西边的浅湾，怎么会在六月份远赴官富场东边较远处的佛堂门，如此逆行显然不符合合理的迁移逻辑。但只要理解帝舟次于某地也可以指皇帝短暂出巡某地，则宋端宗六月曾短暂出巡佛堂门就完全在情理之中了。文天祥《集杜句》其中一首诗的序描述景炎行朝的移动时称："御舟离三山（福州），至惠州之甲子门驻焉，已而迁官富场。丁丑（景炎二年）冬，虏舟来，移次仙澳（即井澳），与战得利。寻望南去，止硇

---

① （宋）文天祥撰：《文信国集杜诗·祥兴第三十四》，《景印文渊阁四库全书》
　　集部，第 1184 册，台北：台湾商务印书馆，1986 年，第 814 页。
② 《宋史》卷四七《二王纪》，北京：中华书局，1977 年，第 945 页。

州。"①充分说明官富场是行朝于景炎二年（1277）正月抵达甲子门到同年十二月抵达井澳②这段时间里的主要驻地，也可以说是真正驻地。

宋端宗行朝在今深圳、香港一带地区的活动轨迹可还原为：景炎二年（1277）正月或二月，行朝来到位于今香港大屿山的梅蔚，在临时搭建梅蔚行宫的同时，也在营建官富行宫。四月，行朝整体迁移到官富行宫。行朝在官富安顿下来以后，很难得地度过了一段比较平静的时光。宋端宗还于六月出巡佛堂门（古塔），巡查布防情况。这段时间，行朝抗元整体战略态势好转，其主力部队甚至还东出与元军争战。张世杰于五月率军东征攻取潮州，七月进围泉州、收复邵武。宋端宗六月东巡佛堂门，应与宋军主力东征的态势有关联。九月，元将唆都增援泉州，张世杰率军还行朝，由于元军逼近的压力渐大，行朝绕过今香港九龙尖沙咀来到位于今香港向西海道上的浅湾暂避。③十月，宋端宗越过珠江口出巡当时的香山县，应该是与巡查军事路线，争取地方势力支援有关。忠于宋朝的沙涌（今珠海沙涌）士绅马南宝"献粟千石以饷军"，宋端宗封他为权工部侍郎以示嘉奖。随后宋端宗就返回了浅湾。十一月，元军逼近的压力更大了，行朝重臣陈宜中、张世杰、苏刘义等奉宋端宗再次来到香山县，这次马南宝还

---

① 嘉靖《香山县志》卷七《艺文志》，见广东省地方史志办公室辑：《广东历代方志集成·广州府部（三四）》，广州：岭南美术出版社，2007年，第114页。

② （清）黄淳等撰：《厓山志》卷一《帝纪·端宗皇帝》，陈泽泓点校，广州：广东人民出版社，2018年，第41、45页。

③ 《宋史》卷四七《二王纪》，北京：中华书局，1977年，第943页。

将自己的家宅提供给宋端宗作为行宫。行朝在香山县沙涌一带留驻了一小段时间后，又启程返回浅湾，途中在香山岛（今珠江口西岸中山、珠海一带）附近海面遭遇元将哈刺歹部袭击，宋军战败，陈宜中部退往秀山，又遇大风，损失惨重。张世杰奉宋端宗回至浅湾附近，又遇元将刘深部袭击，只得退往秀山。①十二月，退守秀山的行朝面临台风威胁，转往香山县南部的井澳。到了井澳，台风大作，帝舟也被打毁，宋端宗差点溺死，因此得了惊悸之疾。十余日后，宋军各部才稍稍汇集到井澳，已经是"死者十四五"。元将刘深又来袭击井澳，张世杰率军击退元军，行朝才稳住了脚跟。②从宋端宗两次往返珠江口东西两岸可知，行朝当时并没有打算放弃珠江口东岸今深圳、香港沿海地区的据点。但经过一番战乱和风灾后，行朝损失惨重，元气大伤，未能返回珠江口东岸。行朝整体只得向西往珠江口以西的沿海地区转移了。

景炎三年（1278）四月，宋端宗在硇州（今湛江硇洲岛）去世，卫王赵昺即位，五月初一改元祥兴。六月，行朝迁到厓山。祥兴二年（1279）二月，宋军于厓山战败，陆秀夫负帝投海，宋朝灭亡。

南宋末年家国存亡之际，东莞县也涌现出了不少义士投

---

① 康熙《香山县志》卷七《马南宝传》，见广东省地方史志办公室辑：《广东历代方志集成·广州府部（三四）》，广州：岭南美术出版社，2007年，第255—256页；嘉靖《广东通志（一）》卷六《事纪四》，见广东省地方史志办公室辑：《广东历代方志集成·省部（二）》，广州：岭南美术出版社，2006年，第146页。
② 嘉靖《广东通志（一）》卷六《事纪四》，见广东省地方史志办公室辑：《广东历代方志集成·省部（二）》，广州：岭南美术出版社，2006年，第146页。

身抗元斗争中，最有名的就是熊飞。熊飞本是榴花村（今东莞市东城街道峡口社区）一介平民，但"有武略，善骑射""以布衣奋起勤王"。他原打算率部前往江西投入文天祥的抗元队伍，这时元将黄世雄、梁雄飞部已入境东莞招降他，遣将姚文虎来到榴花村。熊飞阵斩姚文虎，歼灭来犯元军，驱逐了黄世雄等部。①景炎元年（1276）九月，熊飞与新会县令曾逢龙合兵收复广州，斩杀了降元叛官李性道。十月，熊飞、曾逢龙率兵到南雄抵挡越过梅岭南下的元军，曾逢龙战死，熊飞退到韶州。韶州守将刘自立降元献城，熊飞在城内巷战力竭，投水身亡。②熊飞在榴花村大败元军之地成为后代东莞县一处古迹"铜岭战场"，据说每遇阴雨天"隐然有金鼓声"。③

另有东莞城西人许之鉴，榴花之战时集兵千余人助力熊飞取胜，熊飞在韶州身亡后，他又带兵到汀州加入文天祥的抗元队伍，在文天祥身边任督府机宜事，在文天祥于海丰县五坡岭遇元军突袭之战中，力战不支被俘，不屈而死。④

① 康熙《东莞县志》卷一二《人物三》，见广东省地方史志办公室辑：《广东历代方志集成·广州府部（二二）》，广州：岭南美术出版社，2007年，第590页。
② 嘉靖《广东通志（一）》卷六《事纪四》，见广东省地方史志办公室辑：《广东历代方志集成·省部（二）》，广州：岭南美术出版社，2006年，第145页。
③ 康熙《东莞县志》卷一一《古迹》，见广东省地方史志办公室辑：《广东历代方志集成·广州府部（二二）》，广州：岭南美术出版社，2007年，第540页。
④ 康熙《东莞县志》卷一二《人物三》，见广东省地方史志办公室辑：《广东历代方志集成·广州府部（二二）》，广州：岭南美术出版社，2007年，第591页。

二、文天祥与《过零丁洋》

宋端宗景炎元年（1276）五月，文天祥被景炎行朝封为右丞相兼知枢密院事，随即遣将吕武"入江、淮招豪杰"，杜浒"如温州募兵"，组织抗元力量。六月，任"同都督"。[①]十月，张世杰等奉宋端宗由福州大举入海，文天祥对此是不以为然的。文天祥在《集杜诗》中的《幸海道》序中称："自三山（福州）登极，世杰遣兵战邵武，大捷，人心翕然。世杰不为守国计，即治海船，识者于是知其陋矣。至冬闻警，即浮海南去，天下事是以不可复为，哀哉。"该诗称："天王守太白，立国自有疆。舍此复何之，已具浮海航。"[②]联系到后来海上行朝节节失利，逐渐崩盘的实际情况，文天祥留守福建抗战的主张应该是正确的，说明文天祥的见识、智谋和胆略比行朝其他大臣要高出一截。

文天祥在闽、赣、粤地区开展了艰苦卓绝的抗元战争，吸引了元军的力量，拱卫了行朝的安全。以文天祥为代表的各地抗元力量，也以行朝所在地为政令中枢。抗元战争中，文天祥家族付出了沉重的代价，其妻妾及一子二女在战乱中被元军所俘[③]，其母与另一子则死于军中疫病[④]。与文天祥共事的忠臣义士身死国难的更是数不胜数，文天祥后来在元朝

---

① 《宋史》卷四七《二王纪》，北京：中华书局，1977年，第940页。
② （宋）文天祥撰：《文信国集杜诗·幸海道第三十》，《景印文渊阁四库全书》集部，第1184册，台北：台湾商务印书馆，1986年，第813页。
③ （宋）文天祥撰：《文信国集杜诗·妻第一百四十三》，《景印文渊阁四库全书》集部，第1184册，台北：台湾商务印书馆，1986年，第835页。
④ 《宋史》卷四一八《文天祥传》，北京：中华书局，1977年，第12538页。

狱中所作以诗写史的《集杜诗》二百首，其中有几十首就是悼念这些忠臣义士的挽词。

宋端宗驾崩，宋帝昺即位，文天祥上表以自己在抗元战争中没能取得什么功绩而自劾，屡请入朝，但朝中诸臣颇以其官位高而有所顾忌，没有同意，只是于祥兴元年（1278）八月加封其为少保、信国公。十二月，文天祥在海丰县五坡岭休息时遭遇元军袭击，服毒自尽未能死而被俘。祥兴二年（1279）正月①，元军将文天祥拘押在前往进攻厓山的战船上，经过珠江口零丁洋，元军大将张弘范要他修书一封招降宋军大将张世杰，文天祥严词拒绝而写下千古名篇《过零丁洋》②：

过零丁洋

辛苦遭逢起一经，干戈寥落四周星。

山河破碎风飘絮，身世浮沉雨打萍。

惶恐滩头说惶恐，零丁洋里叹零丁。

人生自古谁无死？留取丹心照汗青。

厓山之战，宋朝灭亡，这时已被俘的文天祥代表了宋朝最后的尊严。文天祥本人慷慨激昂，已抱着必死的决心，而宋朝广大遗民也期盼文天祥能守住宋朝最后的尊严，以致在文天祥还没死的时候就已有曾跟随他的儒士王炎午写出《生

---

① 《元史》卷一五六《张弘范传》，北京：中华书局，1976年，第3683页。

② （清）黄淳等撰：《厓山志》卷二《文天祥传》，陈泽泓点校，广州：广东人民出版社，2018年，第67—68页；《宋史》卷四一八《文天祥传》，北京：中华书局，1977年，第12538—12539页。

祭文丞相文》，以励其死。①元世祖至元十九年（1282）十二月，文天祥拒绝了元世祖封他为中书宰相或者枢密使的诱惑，在降与死之间选择了死，从容就义，在衣带中留下了一首绝笔："孔曰成仁，孟曰取义。惟其义尽，所以仁至。读圣贤书，所学何事？而今而后，庶几无愧。"②文天祥就义后，王炎午又写了一篇《望祭文丞相文》，痛悼文天祥。③《厓山志》记有一篇《文丞相祠堂记》，称"宋之亡，不亡于皋亭之降，而亡于潮阳之执；不亡于厓山之崩，而亡于燕市之戮"④。充分说明文天祥就义真正为宋朝画上了句号。

第六节　盐民起义与地方战乱

宋元时期东莞县的盐业生产在整个广东地区所占比重最大，有着大量的盐户、盐贩。底层盐户、盐贩本就劳作艰苦、收入微薄，历代封建政府的盐业国家专卖制度又进一步压榨了盐业生产的利润。因此贩私盐成为与盐业国家专卖制度相伴相生的历史现象。这种盐业国家专卖制度在一定程度上的

---

① （清）黄淳等撰：《厓山志》卷四《生祭文丞相文》，陈泽泓点校，广州：广东人民出版社，2018年，第190—193页。

② （清）黄淳等撰：《厓山志》卷二《文天祥传》，陈泽泓点校，广州：广东人民出版社，2018年，第70页。

③ （清）黄淳等撰：《厓山志》卷四《望祭文丞相文》，陈泽泓点校，广州：广东人民出版社，2018年，第193—194页。

④ （清）黄淳等撰：《厓山志》卷四《文丞相祠堂记》，陈泽泓点校，广州：广东人民出版社，2018年，第190页。

或松或紧，都直接影响到底层盐户、盐贩的基本生活。当封建政府处置不当时，往往导致盐民起义，反抗压榨，今深圳、香港地区历史记载中第一场较大规模的战争，就由此而起。元末战乱，"岭海骚动"，东莞县豪强何真以本地区为根据地稳定广东一方，使岭南地区在和平状态下进入明朝。

一、宋代大奚山盐民起义

大奚山，即今香港大屿山，北宋时设有海南盐栅，北宋后期至南宋前期升格为海南盐场。其地"在大海中，有三十六屿""周三百里""峒民杂居之""不事农桑，不隶征徭，以鱼盐为生"。①所谓"峒民杂居"，即其地当时为少数民族和汉族杂居的地方。宋高宗绍兴年间，朝廷招降了朱祐等地方首领，在地方势力中"选其少壮为水军，老弱者放归，立为外寨，差水军使臣一员弹压"，在当地采取"官无供亿，但宽鱼盐之禁，谓之腌造盐"的缓和矛盾的措施。②当地人不需向政府交纳税赋，而且政府称当地人制的盐只是"腌造盐"，不需按照国家的盐业专卖制度来管理。由于政府对当地人的体恤让利，数十年间倒也大体上维持相安无事。尽管如此，贩私盐与封建政府全国性的盐业专卖制度本质上是相冲突的，这

---

① 嘉靖《广东通志（一）》卷一三《舆地志一》，见广东省地方史志办公室辑：《广东历代方志集成·省部（二）》，广州：岭南美术出版社，2006年，第320页；嘉靖《广东通志初稿》卷一《山川上》，见广东省地方史志办公室辑：《广东历代方志集成·省部（一）》，广州：岭南美术出版社，2006年，第26页。
② 天顺《东莞县志》卷一《山川》，见广东省地方史志办公室辑：《广东历代方志集成·广州府部（二二）》，广州：岭南美术出版社，2007年，第48页。

期间不会一点波澜都没有。宋孝宗淳熙十年（1183），"广州布衣容寅上书言大奚山私贩之弊"，使得当年五月朝廷下诏："大奚山私盐大盛，令广东帅臣遵依节次已降指挥，常切督责弹压官并澳长等严行禁约，毋得依前停着逃亡等人贩卖私盐。如有违犯，除犯人依条施行外，仰本司将弹压官并澳长、船主具申尚书省，取旨施行，仍出榜晓谕。"[①]不过虽然朝廷已经下诏严禁大奚山私盐，其后却也未见地方政府积极派人上岛展开禁捕行动。

直至宋宁宗庆元三年（1197）夏季，广东提举茶盐司徐安国终于一举改变了数十年来的措施，派人上岛查捕私盐，"岛民不安，啸聚千余人，入海为盗，揭榜疏安国之罪，掠商旅，杀平民"[②]。大奚山盐民起义军的首领为徐绍夔[③]、高登等，战乱中"杀平民百三十余人"。朝廷罢免了徐安国，以钱之望知广州。钱之望遣将商荣率水军来攻大奚山，大奚山起义军"用木支格以钉海港，官军不知蹊径，竟不能入。而岛民尽用海舟载其兵弩达广州城下，州民散避"。商荣所率官军水军与大奚山起义军在广州附近的水面上接战，官军水手跳船砍断了起义军首领船只的帆索，船帆坠落，首领船只不能动，起义军船队于是阵形大乱。官军乘势用火箭射击起义军船只，起义军

---

① 刘琳等校点：《宋会要辑稿》食货二八《盐法七》，上海：上海古籍出版社，2014年，第6614页。

② （清）毕沅编著：《续资治通鉴》卷一五四，"庆元三年是夏"条，"标点续资治通鉴小组"校点，北京：中华书局，1957年，第4150页。

③ 天顺《东莞县志》卷一《山川》，见广东省地方史志办公室辑：《广东历代方志集成·广州府部（二二）》，广州：岭南美术出版社，2007年，第48页。

大败。①宋军攻下大奚山，"徐绍夔等就擒，悉夷灭之，因虚其地"②。根据钱之望等官员的建议，朝廷于当年岁末拨摧锋水军300人戍守大奚山，以后每个季度轮换一批人。但因大奚山过于偏远不便，时间久了戍卒也会生事，于是庆元六年（1200）戍卒减半为150人，且屯于条件较好的官富场。宋朝后期这项屯戍制度就完全取消了。③

宋代大奚山盐民起义是发生在今深圳、香港地区历史上有文字确切记载的第一场较大规模的战争。这场战争对当时广州地区盐业生产格局也造成了比较大的影响，约十年后，嘉定元年（1208）宋朝政府裁撤了广州属下大量偏远盐场，其中包括位于大奚山的海南盐场，裁撤偏远盐场这项措施的出台应该也是与这场战争在当时所带来矛盾与破坏的背景有关系。

二、元代盐民起义与地方战乱

元灭宋后，一段时间内仍然征战不绝，"时征日本，又伐占城，日拘水手造海船，民不聊生，故广东兵无宁岁"。广东多地都有反元义军，在此背景下，至元二十年（1283）三月，

---

① 道光《广东通志（五）》卷一八五《前事略五》，见广东省地方史志办公室辑：《广东历代方志集成·省部（一八）》，广州：岭南美术出版社，2006年，第3086页。

② 天顺《东莞县志》卷一《山川》，见广东省地方史志办公室辑：《广东历代方志集成·广州府部（二二）》，广州：岭南美术出版社，2007年，第48页。

③ 天顺《东莞县志》卷一《山川》，见广东省地方史志办公室辑：《广东历代方志集成·广州府部（二二）》，广州：岭南美术出版社，2007年，第48页；（清）顾炎武撰：《天下郡国利病书·广东备录下·峒"獠"》，黄坤等校点，南京：凤凰出版社，2019年，第2588页。

东莞县盐户陈良臣发动东莞、香山、惠州等地盐户、盐贩揭竿而起，聚众万人，反抗官府严苛的盐业专卖制度和官吏层层盘剥。元江西行省广东都转运盐使合剌普华与招讨使塔失蛮率兵镇压了这次起义。事后在合剌普华的主持下，元朝政府修改了盐法中一些不便之处以安民，并罢免了"大为奸利"的按察使脱欢。至元二十一年（1284）五月，合剌普华奉命督护元朝征占城、交趾大军的饷道，经过东莞、博罗两县的交界处时，遇到欧钟等率领的当时广东境内的一支起义军拦截，合剌普华战败被俘，因其为元朝尽忠而死，《元史》将其列入了《忠义传》。①至元二十二年（1285）正月，东莞县民张强等以"复宋"为名，聚众两万余人起义。元将王守信率兵镇压了这次起义。②

元顺帝后至元三年（1337）正月，增城县民朱光卿起兵反元，聚众数万，称"大金国"，改元"赤符"，周边地区不少人起兵响应，至七月才被元朝政府镇压下去。③其间东莞县民唐道明响应这次起义，一度攻陷东莞县城。④

---

① 嘉靖《广东通志（一）》卷六《事纪四》，见广东省地方史志办公室辑：《广东历代方志集成·省部（二）》，广州：岭南美术出版社，2006年，第150—151页；《元史》卷一九三《合剌普华传》，北京：中华书局，1976年，第4385—4386页。

② 嘉靖《广东通志（一）》卷六《事纪四》，见广东省地方史志办公室辑：《广东历代方志集成·省部（二）》，广州：岭南美术出版社，2006年，第151页。

③ 嘉靖《广东通志（一）》卷六《事纪四》，见广东省地方史志办公室辑：《广东历代方志集成·省部（二）》，广州：岭南美术出版社，2006年，第153页。

④ 民国《东莞县志（一）》卷三〇《前世略二》，见广东省地方史志办公室辑：《广东历代方志集成·广州府部（二四）》，广州：岭南美术出版社，2007年，第324页。

元末，"中原兵起，岭海骚动"[1]，元朝统治分崩离析，各路豪强趁势崛起。元顺帝至正十五年（1355），东莞县民王成、陈仲玉起兵，"号称二长，角力争据"[2]，另外还有大大小小的土豪各据一方，一时纷纷扰扰。民国《东莞县志》记载有元末东莞县各路土豪盘踞的具体情况："王成，据石岗、福隆、石涌、横沥、龙眼岗、龙湖头、茶山、水南等处。陈仲玉，据吴园。李确卿，据乌沙、海南栅、靖康场。文仲举，据东涌。吴彦明，据南头、东莞场。曾伯由，据白石、归德场。郑润卿，据西乡、黄田场。杨润卿，据水心镇。梁国瑞，据官田。刘显卿，据竹山下、平湖。萧汉明，据盐田。黎敏德，据九江、水崩江。黄时举，据江边。封微之，据枫涌、寮步。丁守仁，据琥珀坑、土塘。梁志大，据板石、老羊湖、黄漕柏地。袁充宽，据温塘。陈子用，据新塘。王惠卿，据厚街。张祥卿，据篁村。张伯岙，据大汾、小享。张黎昌，据东莞城、蛋（疍）家租。曹叔安，据湛菜。陈希曾，据赤岭。欧广，据笋岗。"[3]其中在今深圳、香港地区范围内占据部分地方的有李确卿、吴彦明、曾伯由、郑润卿、刘显卿、萧汉明、欧广等，而当时整个东莞县范围内最具实力的应是王成、陈仲玉二人。

---

[1] 雍正《东莞县志》卷一二《何真传》，见广东省地方史志办公室辑：《广东历代方志集成·广州府部（二三）》，广州：岭南美术出版社，2007年，第201页。

[2] 嘉靖《广东通志（一）》卷六《事纪四》，见广东省地方史志办公室辑：《广东历代方志集成·省部（二）》，广州：岭南美术出版社，2006年，第153页。

[3] 民国《东莞县志（一）》卷三〇《前世略二》，见广东省地方史志办公室辑：《广东历代方志集成·广州府部（二四）》，广州：岭南美术出版社，2007年，第324页。

东莞县还有一位豪强何真当时正在担任元朝政府的河源务副使官职，见此乱景也弃官回到东莞，一度避乱于坭冈①（今深圳笋岗村一带），在此建立据点，招募义勇，发展势力。明代何氏后人在此地建村立围，刻"元勋旧址"于寨门，即今深圳笋岗村笋岗老围，为今深圳市区内保存较完整的一座古代寨堡式村围，属深圳地区少见的广府围村，为省级文物保护单位。②至正十九年（1359），何真向元朝江西行省请准后举兵平乱。③何真起兵以后，先后擒获陈仲玉、王成，并以东莞县及周边地域为根据地扩充势力。击败黄裳、王仲刚，占据惠、循二州。击败邵宗愚，占据广州。④还在胥江击退了赣州熊天瑞南犯的数万大军。⑤何真的部队"赏罚有章""号令明肃"，与当时其他割据势力的"贪虐不道""大肆焚掠"形成很大反差，得到广东地区人们的欢迎，所谓"广人大悦"。何真逐渐控制了广州、惠州、循州等大片土地，累迁官职至元朝江西福建行中书省左丞，治于广州。何真当时已成为岭南地区最大的势力，有人向他陈说符瑞之象，劝他效法赵佗建国自立，他都严词拒绝。明朝建立后，洪武元年（1368）征南将军廖永忠奉命率军取广东，何真积极迎降。四月，廖

---

① 《明史》卷一三〇《何真传》，北京：中华书局，1974年，第3834页。
② 深圳市史志办公室编：《深圳村落概览》第二辑《罗湖盐田卷》，广州：华南理工大学出版社，2020年，第51—52页。
③ 嘉靖《广东通志（一）》卷六《事纪四》，见广东省地方史志办公室辑：《广东历代方志集成·省部（二）》，广州：岭南美术出版社，2006年，第153页。
④ 雍正《东莞县志》卷一二《何真传》，见广东省地方史志办公室辑：《广东历代方志集成·广州府部（二三）》，广州：岭南美术出版社，2007年，第201页。
⑤ 《明史》卷一三〇《何真传》，北京：中华书局，1974年，第3834页。

永忠至东莞，何真率官属出见，正式降明。何真得到明太祖的褒奖和优待，在明朝历任官职，封东莞伯。①何真在元末战乱中稳定广东一方，其后又顺应大势降明，使岭南地区摆脱战乱，在和平状态下进入明朝。

---

① 雍正《东莞县志》卷一二《何真传》，见广东省地方史志办公室辑：《广东历代方志集成·广州府部（二三）》，广州：岭南美术出版社，2007年，第201—202页。

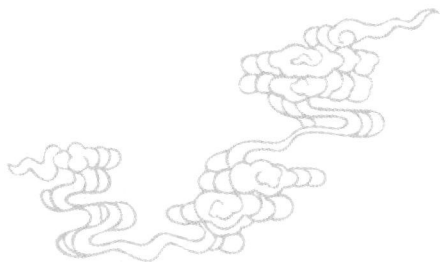

第六章　明代时期的深圳地区

　　1368年明朝建立后，何真顺应历史潮流，率部归顺明朝，岭南其他各方势力望风归附，岭南地区在较短时间内完成统一。明代前中期，深圳地区属广州府东莞县管辖。隆庆六年（1572），刘稳力促在东莞县南部，即今深圳与香港地区单独建县。万历元年（1573）新安建县，县治设在东莞守御千户所城所在地南头。

　　明代初期，政府奖励垦荒、减免赋税，深圳地区社会经济得以恢复，农业、制盐业和渔蚝业是主要经济产业。明中后期，深圳地区在海外交通贸易中的作用得到进一步发挥。明代深圳地区大体维持与宋元时期相当的人口规模，科举制度和教育体系渐趋完备，进士登科人数比前代大幅增长，佛教及妈祖信仰等进一步发展。

　　由于特殊的海防位置，深圳地区首当其冲地成为海盗、倭寇和西方殖民主义者侵扰的目标。明前中期，东莞县先后设置的东莞、大鹏两个守御千户所在平定外患内乱的过程中起了重要作用。明中后期，卫所制衰落后，政府在南头设立军寨。正德十六年（1521），广东巡海道汪铉在屯门海澳一带

（今香港屯门湾一带）大败葡萄牙殖民者。屯门海战成为中国与西方殖民者之间爆发的第一场战争。

第一节　建置沿革

明代前中期，深圳地区属广州府东莞县管辖。明代后期，由于离县治较远、管理不便，加上外寇内患不断，万历元年（1573），明政府决定析东莞县建立新安县。新安县首任知县吴大训以东莞守御千户所城为基础，修建比较完善的新安县城，为新安县开署办公行使职权奠定了基础。

一、隶属东莞县时期的深圳地区

明初承袭元代的行省制，实行布政司、府、县三级地方行政体制。洪武元年（1368）将广州路改为广州府，广州府下辖南海、番禺、东莞、增城、香山、新会、清远七县，深圳地区属东莞县管辖。东莞县疆域东到归善县，西邻香山县界的麻涌村，东西约250里；南到大洋龙穴洲，北至增城县界增江口，南北约350里，范围大致包括今天的东莞市、深圳市大部分地区和香港的全部。

明代东莞县连接省城和域内主要居住点的水陆交通设施较为完善。明代东莞境内设有3个水驿：城西水驿（城西迎恩桥右）、黄家山水驿、铁岗水驿①，每驿站船5只；设有37个急递

---

① 张一兵校点：《深圳旧志三种·天顺东莞旧志》卷三《馆驿》，深圳：海天出版社，2006年，第172页。

铺，"每铺设铺司一名，附写铺历，铺兵十名，走递文书，昼夜须行三百里，稽迟者罪之，复设铺长一名"①。这些急递铺可分为两条路线：一条是东莞县城向西北往广州方向，依次为县前总铺（县城）、蕉利、独岗（三铺往广水路）；一条是东莞县城往南向东莞所城（南头）方向，再折向东前往大鹏所城，依次为县前总铺、英村、白马、河田、深溪、赤岗、阳湾尾、独竖、土田、燕村（今宝安区燕川）、闩门、白沙、和尚岗、新涌、泥塘（今宝安区流塘）、城东（今南山区南头古城东），然后折向东，依次是大涌（今南山区大冲）、杨树角、沙尾（今福田区沙尾）、上步（今福田区上步）、月岗、罗岗（今罗湖区罗芳）、黎岗、彭峒、古楼、盐田（今盐田区盐田渔港附近）、大鹿、上梅沙（今盐田区大梅沙）、下梅沙（今盐田区小梅沙）、溪涌、下峒（今大鹏新区下洞）、凹头（今大鹏新区澳头）、叠福（今大鹏新区叠福）、乌涌（今大鹏新区乌涌）、大鹏（大鹏所城）。后一条路线大部分在今深圳市境内。②

　　另外，明朝在东莞县关津和要冲之处设立巡检司，专门盘诘往来奸细及贩卖私盐、犯人、逃军、逃囚、无引、面生可疑之人。共设立白沙、缺口镇、中堂、京山、福永、官富六处巡检司，有弓兵三百役。③其中福永、官富两处巡检司在今深圳、香港地区。明代在东莞所城（今深圳市南山区南

---

① 张一兵校点：《深圳旧志三种·天顺东莞旧志》卷三《铺舍》，深圳：海天出版社，2006年，第197页。
② 张劲：《深圳地区明清古驿道路线考证》，《深圳史志》2016年第2期。
③ （明）郭棐撰：《粤大记》，黄国声、邓贵忠点校，广州：广东人民出版社，2014年，第827页。

头古城）设置永盈仓，在大鹏所城（今深圳市大鹏新区大鹏古城）设置了大鹏仓，将广有仓由隶属南海卫改为属东莞县。东莞县内有靖康、归德、黄田、东莞4个盐场[1]，其中后三个都在今深圳地区。

二、析东莞县设新安县

明代后期，深圳地区的人口多集中在南头一带，而南头（东莞所城）距东莞县城有百余里，大鹏所城距东莞县城更是近二百里。明天顺《东莞志·铺舍》载，从东莞县城出发，可通过急递铺到达东莞所城（今南头古城）、大鹏所城，急递铺数量不少，但所经多为"川涂修险"之所，道路崎岖、残破不堪。深圳地区离东莞县城路途遥远给行政管理带来不便。"民之税者、役者及讼者，咸苦之。"[2]东莞县治下的今深圳、香港地区地处南海之滨，扼珠江入海口，首当其冲地成为海盗、倭寇劫掠的目标，特别是明嘉靖、隆庆年间海盗、倭寇活动更为集中和频繁。清康熙《新安县志》提到，新安设县前，深圳地区"离治百余里，倭彝海寇往往为患，恶少啸聚淫祠公行"[3]。虽然在深圳地区设有东莞、大鹏两守御千户所和南头寨军事建置，但由于远离县治，政府管理鞭长莫及，

---

[1] 张一兵校点：《深圳旧志三种·天顺东莞旧志》卷三《盐场》，深圳：海天出版社，2006年，第476页。

[2] 张一兵校点：《深圳旧志三种·康熙新安县志》卷一二《艺文志》，深圳：海天出版社，2006年，第476页。

[3] 张一兵校点：《深圳旧志三种·康熙新安县志》卷一〇《人物志》，深圳：海天出版社，2006年，第409页。

无法应对复杂的海防和社会治安形势。从明嘉靖十二年（1533）到崇祯十四年（1641），先后有许折桂、何亚八、曾一本、李魁奇、刘香等海寇共十余次侵扰新安地区。特别是崇祯三年（1630）和崇祯八年（1635），李魁奇和刘香竟然将船停泊在南头城下，"设云梯攻城""持道檄，索取城中炭、铁、米肉"，"南头地方尽被焚劫"①。千户顾晟、千户万里、守备李茂材、参将陈拱先后在抗击海寇中战死。深圳地区的乡绅士民渴望在当地设立新的行政机构，"以地去县治远，赋役惟艰，且山海寇肆毒，遂以建邑上请"②。到明隆庆年间，当地乡绅再次提请分县意愿，"循乡民吴祚等之请，以东莞相距辽阔，稽察难周，民易为奸，因转详大宪，设立今治"③。后任新安知县丘体乾回忆此事时亦指出："顾地去县远，山海不轨者时肆扰掠，编民罔克匡胥以生，何暇修文教？"④但由于时机不成熟，民众的分县诉求未能得到朝廷的批准。

明嘉靖四十年（1561）夏天，东莞县及附近地区发生大饥荒，贫民为饥饿所迫，纷纷起来造反，抢夺粮食。八月，

① 张一兵校点：《深圳旧志三种·康熙新安县志》卷一一《防省志》，深圳：海天出版社，2006年，第443页。
② 万历《广东通志（一）》卷一四《沿革》，见广东省地方史志办公室辑：《广东历代方志集成·省部（五）》，广州：岭南美术出版社，2006年，第350页。
③ 深圳市史志办公室整理编辑：《嘉庆新安县志》卷一四《宦迹略》，广州：华南理工大学出版社，2020年，第212—213页。
④ 深圳市史志办公室整理编辑：《嘉庆新安县志》卷二三《艺文志二》，广州：华南理工大学出版社，2020年，第335页。

东莞、增城两县的饥民里应外合，冲入增城县城内，大肆抢劫，县吏衙役无力制止，直到附近石滩营的驻军赶来，杀两个为首的饥民，事情才告平息。此时南头城内外也是人心惶惶，时常有小股饥民结伙出来抢米。但由于离东莞县城有百余里，衙门鞭长莫及，大量饥民聚集一起，"时有饥民啸聚掠米，瞬息生变"。为保安全，一些人请求乡绅吴祚调解。吴祚为南头南园村人，古道热肠，有"古士烈风"之称，他对众人说"若属倡乱乎？果尔，首刃我；不，则各保妻孥，毋速祸也！"①经耐心劝导，一场一触即发的饥民暴动暂时平息下来。此事被称为"辛酉之变"。"辛酉之变"虽为天灾所致，并由当地士绅合力解决，但从中可见设县之必要。

明隆庆六年（1572），刘稳由广西调至广东任提刑按察司副使，巡行视察民情至南头。百姓闻讯，推举德高望重的长者吴祚向刘稳请愿设县。吴祚向刘稳泣诉："辛酉之变，阖郡皆然，虽由天变，实亦人事。为滨海万年计，久安不如立县便。"②南头所见和南头百姓的请愿让刘稳察觉到事态的严重性，他接受请求，并为设县奔走。刘稳到南海县找到丁母忧在家的原左副都御史何维柏，向其讲述南头父老"请建县治，以图保障"的愿望。何维柏也认为东莞为府城之门户，地理位置重要，易为小人盘踞，虽设有东莞、大鹏两

---

① 张一兵校点：《深圳旧志三种·康熙新安县志》卷一〇《人物志》，深圳：海天出版社，2006年，第429页。

② 张一兵校点：《深圳旧志三种·康熙新安县志》卷一〇《人物志》，深圳：海天出版社，2006年，第429页。

守御千户所与守备等军事机构，"尚不能为小人依附"。如果仅设一个县丞，并不能解决问题，唯有设立权力较大的知县，才能控制严峻形势，"一举而众善得矣"。刘稳很快就草拟一份报告，递交给总督两广军务兼巡抚广东的兵部右佥都御史殷正茂，并转告何维柏的意见。殷正茂了解到今深圳地区百姓"万口同词，惟愿立县"的情况后，很快就向朝廷上疏建县。①

明万历元年（1573）②，朝廷批复下来，同意析东莞县建立新安县，取其"革故鼎新，去危为安"③之义。刘稳因为民请命立县而得到百姓的拥护和爱戴。新安设县后的第二年，刘稳再次到新安县，看到新景象后赋诗一首《入新安喜而有感》："巡行边海上，此地几经过。县治从新建，人民比旧多。风清无鼓角，夜永有弦歌。睹洛如思禹，应知迹不磨。"④不

---

① 深圳市史志办公室整理编辑：《嘉庆新安县志》卷二三《艺文志二》，广州：华南理工大学出版社，2020年，第331页。

② 关于新安县设立的时间，另有多种说法，一种认为是明穆宗隆庆六年（1572）。清初顾祖禹《读史方舆纪要》记载"明隆庆六年，析置新安县"，雍正《东莞县志》也持类似说法。一种是明神宗万历初年说。多见于清代志书，如康熙《广东舆图·新安县图说》载"新安县本东莞县地，明万历初，析置新安县"。万历元年（1573）新安建县的说法最早见于明人丘体乾为万历十五年（1587）初修《新安县志》所作的《序》中，成于万历三十年（1602）郭棐所撰的《广东通志》云"万历元年始剖符设官，赐名新安"，康熙《新安县志》、乾隆《明史·地理志》、嘉庆《新安县志》、同治《广东通志》、道光《广东通志》等也持这种说法。

③ 张一兵校点：《深圳旧志三种·康熙新安县志》卷一《舆图志》，深圳：海天出版社，2006年，第228页。

④ 张一兵校点：《深圳旧志三种·康熙新安县志》卷一二《艺文志》，深圳：海天出版社，2006年，第520页。

久，刘稳升任南京太仆寺少卿，夹道欢送挽留的新安县民众众多。刘稳去世后，以吴祚为首的南头父老，在知县吴大训的支持下，自筹资金，将其与汪铉合祀一祠，名曰"汪刘二公祠"，汪刘二公祠现仍存南头古城内。

三、新安县的治理

新安县的疆域，据清嘉庆《新安县志》记载，"邑地广二百七十里，袤三百八十里。东至三管笔海面二百二十里，与归善县碧甲司分界。西至矾石海面五十里，与香山县淇澳司分界。南至担杆山海面三百里，外属黑水大洋，杳无边际。北至羊凹山八十里，与东莞县缺口司分界。东北至西乡凹山一百五十里，与归善县碧甲司分界。西南至三牙牌山一百二十里，与香山县澳门厅分界。西北至合澜海面八十里，与东莞县缺口司分界。东南至沱泞山二百四十里，与归善县碧甲司分界"（图6-1）①。这个范围主要包括今天的深圳市大部分地区和香港的全部，以及东莞市东南部的部分地区。今坪山区和龙岗区的部分地区属于归善县。

新安县和全国一样，实行里甲制度。里甲是明朝县级以下的社会基层组织，负责推行户口制度、征派赋役和治安管理等职能。里甲编制方法是每110户编为1里，里有里长，10户为1甲，甲有甲长（也称甲首）。②全县共编为57个

---

① 深圳市史志办公室整理编辑：《嘉庆新安县志》卷二三《艺文志二》，广州：华南理工大学出版社，2020年，第64页。
② 《明史》卷七八《食货二》，北京：中华书局，1974年，第123页。

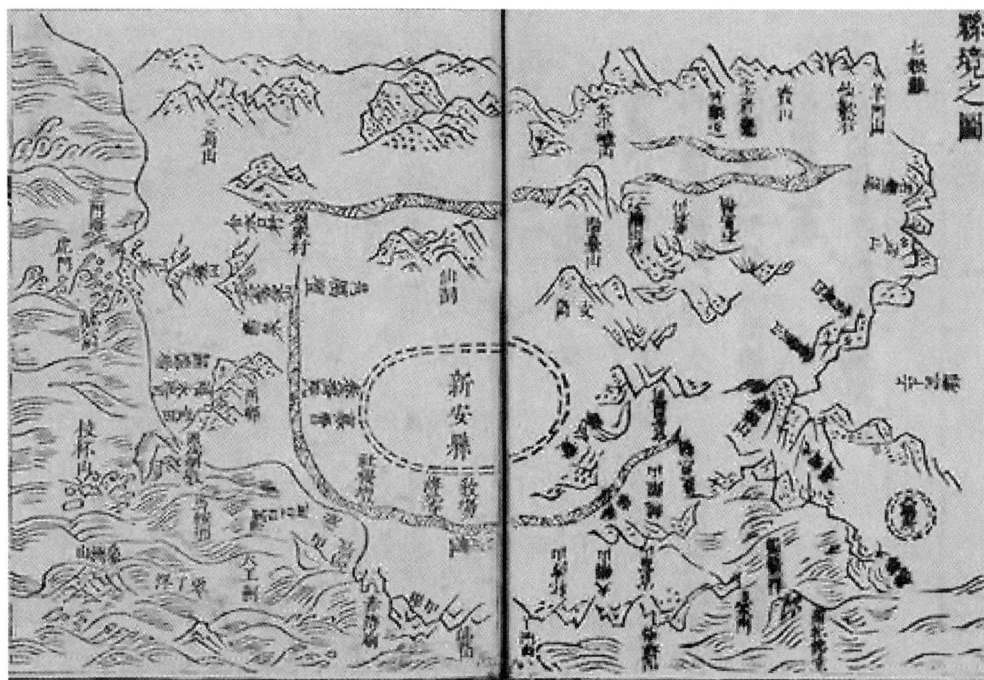

图6-1 新安县境地图

资料来源：张一兵校点：《深圳旧志三种·康熙新安县志》卷一《舆图志》，
深圳：海天出版社，2006年，第228页

"里"（又称为"图"），"里"又编入"都"，"都"上有"乡"。
清康熙《新安县志》记载：明末新安县有3个乡7个都57个图
509个村。其中恩德乡辖一都（今南头一带）20个村，二都（今
宝安西乡一带）25村，三都（今公明、松岗、沙井、福永一带）
70个村；延福乡辖四都（今公明、松岗、石岩一带）53个村，
五都（今香港地区）79个村；归城乡辖六都（今南头、罗湖、
龙华、香港新界一带）146个村，七都（今平湖、布吉、南头、
葵涌、大鹏一带）116个村。①

---

① 张一兵校点：《深圳旧志三种·康熙新安县志》卷三《地理志》，深圳：海天
出版社，2006年，第246—265页。

新安县的县治设在东莞守御千户所城，在东莞守御所城的基础上加以修筑。所城由广州左卫千户崔皓建于明洪武二十七年（1394），城垣形状大体呈东西长、南北窄的不规则椭圆形，周长为五百七十八丈五尺，高二丈，面广一丈，址广二丈；门四。新安县首任知县吴大训认为北门当县治之背，正对来脉，不宜开门，于是将北门填塞，只通东、西、南3个门。初建县时县城有4个城楼敌楼，25个警铺，1200个城垛，3座吊桥，2个水关。在县城内设知县署，位于城中的北部，包括正营、戒牌坊、仪门、通宾馆、谯楼、门堂、思补堂、典史廨、狃狱堂、新仓、旧仓等。吴大训还在县城内创建学署（教谕廨、训导廨）、永盈仓、学宫、城隍庙等，在城外创建汪刘二公祠，风云雷雨山川坛、邑厉坛、名宦祠、社稷坛等，为新安县开署办公行使职权奠定基础。明万历五年（1577），第二任知县曾孔志为巩固新安县城的防守，增建县城东、西、南三门的子城，三门的城楼，四角的敌楼则用城砖加固。明崇祯十三年（1640），知县周希曜将城墙增高到二丈五尺，挖掘护城河至五百九十二丈，宽二丈，深一丈五尺。明代新安县治南头从布局来看，基本上是以县衙为中心向外辐射，共设有9条主要街道，分别为县前街（在县衙前）、显宁街（在县衙左）、永盈街（在县衙右）、和阳街（东门）、迎恩街（南门）、寺前街、新街、聚秀街、五通街。①

---

① 张一兵校点：《深圳旧志三种·康熙新安县志》卷三《地理志》，深圳：海天出版社，2006年，第241—242页。

新安县首任知县为吴大训。面对新县创立，百事草创，他得到广东提刑按察司副使刘稳的指导和东莞知县董裕的帮助，并精心策划、悉心经营。他以东莞守御千户所城为基础，建立了比较完善的新安县城；在设县第一年，他便在县城东门外设立学宫，这是新安县的第一所官学；礼待当地的乡耆绅士，崇尚人文，宽厚慈祥，他与乡耆吴祚等，把抗葡名臣汪铉与创建新安县有功的刘稳合祀一堂，称"汪刘二公祠"。吴大训在任四年，明万历四十三年（1615）入祀新安县名宦祠，清康熙《新安县志》称之"为开邑之良令云"。

明万历四年（1576），曾孔志接任吴大训成为新安县建立后的第二任知县。曾孔志上任后精心筹划，形成了一套比较有效的治理方法。在管辖地方方面，丈量耕地，编整保甲，量粟定税；在教化百姓方面，循循善诱，力争立法完善；在管理下属方面，驱除朋党，严格要求下级官吏。由于曾孔志的治绩昭著，他不断得到上司的表彰与奖赏。之后，曾孔志升任高州府通判。离任时，新安县百姓十分不舍。为纪念曾孔志的贤德，新安百姓在县城里给他树立一块"留贤碑"。

万历十四年（1586）丘体乾成为新安县第六任知县。丘体乾，字时秀，江西临川人，举人出身，为人诚恳，精明能干。丘体乾创建学田，为县学撰写《新安儒学记》，首修《新安志》（该书惜已佚失）。

周希曜，江南旌德人，明崇祯十三年（1640）上任新安知县。周希曜到任后首先打击土豪劣绅及盘剥盐民的奸商，整肃军纪，加强海防，安稳社会秩序。周希曜还为民请命，减免了盘剥百姓的军粮和积谷两项苛政。周希曜重文兴教，除重修《新安志》，还捐资在县城东门外重建县学。

有关明代新安县知县的一些情况具体可见表6-1。

表6-1 明代新安县知县简表

任职时序	姓名	籍贯	任职资格	任职时间
1	吴大训	广西马平人	岁贡	万历元年（1573）任
2	曾孔志	福建闽县人	举人	万历四年（1576）任
3	范经	福建松溪人	岁贡	万历七年（1579）任
4	邹守约	江西宜黄人	举人	万历十一年（1583）任
5	梁大皞	广西（马）平[南]①人	举人	万历十二年（1584）任
6	丘体乾	江西临川人	举人	万历十四年（1586）任
7	宋臣熙	江南溧阳人	选贡	万历十七年（1589）任
8	喻烛	江西新建人	举人	万历二十一年（1593）任
9	叶宗舜	福建人	举人	万历二十六年（1598）任
10	李汝祥	江西人	举人	万历二十八年（1600）任
11	李时偕	江西永新人	举人	万历二十九年（1601）任
12	林一圭	福建人	举人	万历三十二年（1604）任
13	俞尧衢	湖广蕲州人	举人	万历三十五年（1607）任
14	邓文照②	江西人	岁贡	万历三十八年（1610）任
15	王廷钺	江南金坛人	贡生	万历四十一年（1613）任
16	陶学修	广西全州人	举人	万历四十六年（1618）任，升贵州昆阳州知州
17	陈良言	江西进贤人	举人	天启二年（1622）任
18	黄绳卿	福建晋江人	岁贡	天启四年（1624）任
19	喻承芳	湖广石首人	举人	天启六年（1626）任
20	陈谷	福建同安人	举人	崇祯元年（1628）任

---

① 据康熙《新安县志》卷四《职官志·文官表·知县·明》、雍正《广东通志》卷二八《职官志·明·知州知县》校改。

② 按："邓文照"，雍正《广东通志》卷二八《职官志·明·知州知县》作"邓文昭"。

续表

任职时序	姓名	籍贯	任职资格	任职时间
21	乌文明	浙江慈溪籍，定海人	恩贡	崇祯四年（1631）任，升广州通判
22	李（铉）[玄]①	福建漳平人	进士	崇祯八年（1635）任
23	彭允年	贵州石阡人	举人	崇祯十年（1637）任
24	周希曜	江南旌德人	举人	崇祯十三年（1640）任
25	孙文奎	浙江绍兴人	举人	崇祯十七年（1644）任
26	杨昌	四川人	举人	隆武二年（1646）任②

资料来源：张一兵校点：《深圳旧志三种·康熙新安县志》卷一〇《人物志》，深圳：海天出版社，2006年，第410—413页

第二节　经 济 状 况

　　农业、制盐业和渔蚝业是明代今深圳地区的主要经济产业。明朝初期，政府推行一系列有利于农业生产的政策，招徕流民，奖励垦荒，减免赋税，社会经济得以恢复。明中叶以后土地兼并严重，政府推行一条鞭法的改革，深圳地区的农业、商业、渔蚝业等都有进一步发展。15 世纪末，随着

---

① 据康熙《新安县志》卷四《职官志·文官表·知县·明》、卷五《宫室志·庙祠》及朱保炯、谢沛霖《明清进士题名碑录索引》中册第 1207 页（上海：上海古籍出版社，1980 年）校改。按：雍正《广东通志》卷二八《职官志·明·知州知县》作"李铉"。嘉庆《新安县志》盖沿袭雍正《广东通志》。

② 杨昌，康熙《新安县志》卷四《职官志·文官表·知县·明》言其"□□二年任"，本志虽列载其名而没有标示任职年份。据上文孙文奎"崇祯十七年任"。雍正《广东通志》卷二八《职官志·明·知州知县》，孙文奎亦为明朝末任新安知县，无杨昌任知县记载。推测为隆武二年任。

美洲新大陆的发现和东方新航路的开辟，深圳地区在海外交通贸易中的作用得到进一步发挥。

一、农业和商业

明朝实行卫所制。"明洪武初，命卫所军士以三分守城，七分留屯。在所军食粮，在屯军无粮。"这种耕战结合、大部分军粮需自耕自给的管理方式，促进了屯垦的发展。明代东莞守御千户所和大鹏守御千户所各设3处屯田，东莞所屯有月岗、莆隔、翟屋边；大鹏所屯有王母峒、盐田、葵涌。除东莞所和大鹏所的屯田外，明代在今深圳、香港地区还设有广前卫屯和广后卫屯，其中广前卫下辖谭那、白沙、葵涌、泉峒、滑桥、清湖、黄岗、新村、梅林、屯门、白凹、水斗、大焦、小焦等14屯；广后卫下辖小焦、大焦、梅蔚、官富等4屯。[①]

万历元年（1573）新安建县后，深圳地区大量低洼地、岗地、荒地和河海滩涂得到开垦利用，纳入地方田赋征收管理的土地数量激增。据县志记载，"万历元年，官、民、灶、僧等田、地、山、塘、海、荫，原额二千九百一十一顷四十七亩二分五厘五毫。万历九年，奉例清丈。十年，攒册，官、民、灶、僧等田、地、山、塘、荫、湖、海、坦、涌、溪，分上、中、下册，共四千零二十顷八十二亩五分一厘一毫五

---

① 深圳市史志办公室整理编辑：《嘉庆新安县志》卷一一《经政略四》，广州：华南理工大学出版社，2020年，第197—199页。

忽"。可见，在短短10年内土地数量增加了约38%。此后，新安县纳入田赋征收管理的土地数量变化不大，崇祯十五年（1642），全县约4060顷。[①]

明代以前，今深圳地区就已种植多种经济作物，但属于商品生产的极少，种植规模也有限。到了明代中后期，经济作物的种植在深圳地区以前所未有的速度发展起来。当时种植的经济作物品类繁多，大大超过前代。果品类有甘蔗、荔枝、龙眼、柑橘等，被服类有棉花、桑、麻、蕉、葛等，油料类有花生、芝麻、桐、棕等，器用类有蒲葵、莞香、莞草、龙须草、藤草等。由于种植甘蔗有利可图，当时的东莞县成为珠江三角洲主要的甘蔗种植基地之一。不少地方甚至出现蔗田与农田种植面积相等的情况。屈大均《广东新语》中记载："粤人开糖坊者多以是致富。盖番禺、东莞、增城糖居十之四，阳春糖居十之六，而蔗田几与禾田等矣。"[②]

明代中西文化的交流，使国外一些优良作物品种陆续传入中国并在珠江三角洲地区推广种植，影响较大的是番薯、玉米、花生等作物。其中番薯在万历年间传入广东东莞及今深圳等地。番薯能适应各种环境，四季都可种植，耐旱性强，栽种简便且产量高。"番薯近自吕宋来，植最易生，叶可肥猪

① 深圳市史志办公室整理编辑：《嘉庆新安县志》卷八《经政略一》，广州：华南理工大学出版社，2020年，第160—161页。

② （清）屈大均撰：《广东新语》卷二七《草语·蔗》，北京：中华书局，1985年，第689页。

肉，根可酿酒。切为粒，蒸曝贮之，是曰'薯粮'。"①至明末清初，番薯逐渐成为深圳地区民众重要的副粮。据县志记载，"邑之薯类不一，有甘薯、山薯、番薯、葛薯、毛薯、红薯、白薯、大薯之别。惟番薯，土人间以之代饭，颇有补益，以其得土性厚也"②。

明代中后期，内阁首辅张居正推行赋税制度改革。万历九年（1581），明朝通令全国实行新的税制"一条鞭法"，采取赋役合一，按亩计税，以银交纳的税收政策，简化手续。一条鞭法减轻了无田和少田农民的负担，而城镇的工商业者也因无田得以免役，这对墟市的工商业发展产生了巨大的促进作用。珠江三角洲地区的商业在明代也获得快速发展。当时在商业舞台上颇为人注目的"广州帮"商人，主要就是指珠江三角洲的商人。他们除在本地做生意外，也有很多人到外地以至外国经商。全国各地到广东做生意的商人，也为数极众。由于广东濒海，是传统的对外贸易区，自明初开始，朝廷就在广州设立广东市舶提举司管理官方的朝贡贸易，并发布禁令，严禁民间从事对外贸易。但是，早在洪武时期，就有人私自通番，其后随着时间的推移，私自下海从事海外贸易的人越来越多，许多外地商人到广东来，也是为了经营番货。对外贸易的发展，对广

---

① （清）屈大均撰：《广东新语》卷二七《草语·薯》，北京：中华书局，1985年，第711页。

② 深圳市史志办公室整理编辑：《嘉庆新安县志》卷三《舆地略二·物产》，广州：华南理工大学出版社，2020年，第77页。

东本地的商品性农业和手工业生产的发展起到了有力的促进作用，同时由于四方商人云集广东，加强了广东与其他省份的经济交往，促进了广东商品经济的繁荣。今深圳地区大大小小的墟市也如雨后春笋般崛起。墟是定期聚集的交易点，有逢农历日三、六、九，有按农历日一、三、五或二、四、六为期。市则是常设的贸易场所，整日开放。墟市既是地方货物交流的所在地，也是乡村物流汇聚之所，发挥了商品集散中心的作用，促进了商品经济的发展。明万历年间，新安县有黄松冈（今松岗）、周家村、望牛墩、下步、月冈屯、大步头、塘勒、青湖、塘头下、清溪、葵涌等11个墟；有县前街、南头旧市、南头新市、茅洲旧市、茅洲新市、白灰烙、大庙前等7个市。①

二、制盐业

明代，今深圳地区掌管食盐产运销的机构为广东盐课提举司及其下辖的各盐仓、盐场和各盐课司。"明洪武二年，设广东、海北二提举司。广东盐课提举司领十二场，在县境者旧有四场，曰东莞，曰归德，曰黄田，曰官富。迨元改官富为巡司，其盐课册籍附入黄田场。明嘉靖二十一年，又裁革黄田场，附入东莞场，县止东莞、归德二场，隶于广东盐课提举司。"②

---

① 根据明万历《广东通志》卷一六《广州府》（明万历刻本）墟市数目统计。
② 深圳市史志办公室整理编辑：《嘉庆新安县志》，广州：华南理工大学出版社，2020年，第168页。

归德盐场在今沙井、松岗、福永一带。明初，归德场管辖十三社，后增设三社，共计十六社，即新桥、大步涌、冈头、涌口、附场、大田、信堡、后亭、涌头、仁堡、义堡、礼堡、智堡、鼎堡、永新、伏涌。归德场所在地设在臣上村（今沙井四村桥东五巷）附近。时至今日，今沙井一带还留有归德盐场相关的地名。随着经济的发展，归德盐场附近的陈氏、潘氏（怀德、叠家萌）、江氏（步涌）、曾氏（新桥、东塘）等家族也随之壮大，并在沙井一带建立众多住宅、祠堂、私塾等。

明代对于海水煮盐方法，有较为详细的记录。以海水煮盐，分潮墩和草荡二类，为不同采煮。"凡海水自具咸质。海滨地高者名潮墩，下者名草荡，地皆产盐。同一海卤传神，而取法各异。一法高堰地，潮波不没者，地可种盐。种户各有区画经界，不相侵越。度诘朝无雨，则今日广布稻麦藁灰及芦茅灰寸许于地上，压使平匀。明晨露气冲腾，则其下盐茅勃发，日中晴霁，灰、盐一并扫起淋煎。一法潮波浅被地，不用灰压。候潮一过，明日天晴，半日晒出盐霜，疾趋扫起煎炼。一法逼海潮深地，先掘深坑，横架竹木，上铺席苇，又铺沙于苇席上，俟潮灭顶冲过，卤气由沙渗下坑中，撤去沙、苇，以灯烛之，卤气冲灯即灭，取卤水煎炼。"①明代专门煮盐的灶户是世袭制，就是说一旦成为灶户，子子孙孙不许从事其他行业，只能永远当灶户，而且实行的是军事化管

———————
① （明）宋应星：《天工开物》上卷，明崇祯初刻本，第21页。

理。明初，灶户从政府那里领取灶田，每年必须以实物向政府交纳定额盐税——人头税和灶田税，每丁每年纳盐1200斤；田税每亩纳盐2.5斤。所纳实物盐必须由纳税人送到官府盐仓，运费自理。反之，政府则以钱粮作生活费发给灶户和盐丁，具体补助方式为：每缴纳200斤盐补偿100斤米，灶户纳完盐税的剩余部分可以自由买卖。在明洪武初年，政府对食盐实行定额配给，每个成年人一年配给食盐3斤，同时要征米。苛捐杂税给百姓带来了沉重的负担。现存史料没有直接记载盐丁的生计状况，但通过当时人们留下的作品，可以窥探到一些迹象。清康熙《新安县志》收录了一首据说是归德盐场灶户江振沛所作的《醝海谣歌》。这首诗将正德至嘉靖年间的盐场制度变化与灶户的赋役、生计结合在一起，描述的是当时盐场灶户的"煎熬辛苦"情形。当地灶户一方面"砍山煮海劳筋力"，"徒思出作而入息"，另一方面还要"场户逃亡代赅偿"，更加严重的是"一身当县场"，"灶盐两税丁重役"。诗中描述了当地灶户既要在县当里甲纳秋粮，又要在盐场承担盐役；田在"县籍秋粮"，在场据亩税盐，而例免徭差杂泛却"付空言"。[①]面对盐场的盐课催征，灶户寻求生计的改变是其必然的出路。在归德场，养蚝逐渐成为这一地区补贴生计的重要副业。

三、渔蚝业

明代的东莞县、新安县水产资源丰富，兼有淡水产品和

---

① 张一兵：《康熙新安县志校注》卷一二《艺文志》，北京：中国大百科全书出版社，2006年，第562页。

海产品，主要有鱼、虾、蟹、贝、藻及浮游动物等。明洪武十四年（1381），设立东莞县河泊所，作为专门管理渔民和征收鱼税的机构，每年征收"鱼课米二千四百六十九石一斗二升五合"①。万历元年（1573）析东莞县设新安县，原属东莞县河泊所管理的西乡社、伏涌社、碧头社和归德社改为隶属新安县。据清康熙《新安县志》记载，明代新安县纳入政府备案的从事鱼类等水产品买卖的经纪人有126名，每人每年需纳税银1两。万历二十三年（1595），"议裁减，每名纳银八钱"，对于特别贫困的渔民，则予以豁免缴税。②

深圳地区的蚝业有着悠久历史。宋代开始，蚝业逐渐成为新安县当地的一种产业。不过，宋元时期的养蚝业主要集中在靖康场。明代以后，珠江流域水土流失开始严重，水流量增大，上冲的海水退缩至虎门以下东莞新安交界一带海湾中部海面，麻涌、虎门一带几乎已成为淡水，无法再养蚝。养蚝的主要区域和生产区逐渐由麻涌下移至归德这一海区。"靖康蚝"的叫法也因此改变，从归德、靖康两地各取一字，并称"归靖蚝"。从此，"靖康蚝"作为地方特产标识退出了历史舞台。《广东新语》中记载了两首朗朗上口的《打蚝歌》："一岁蚝田两种蚝，蚝田片片在波涛。蚝生每每因阳火，相叠成山十丈高。""冬月真珠蚝更多，渔姑争唱打蚝歌。纷纷龙

---

① 张一兵校点：《深圳旧志三种·天顺东莞旧志》，深圳：海天出版社，2006年，第170页。
② 张一兵：《康熙新安县志校注》卷六《田赋志·杂饷》，北京：中国大百科全书出版社，2006年，第224页。

穴洲边去，半湿云鬟在白波。"①反映了当时以海为田的蚝民唱着打蚝歌，趁时抢打蚝的繁忙景象。

蚝浑身是宝，蚝肉可烹食、晒制肉干和熬制蚝油，是人们喜爱的海鲜珍品。明代李时珍《本草纲目》记载：牡蛎肉"甘、温，无毒。煮食，治虚损，调中，解丹毒。炙食甚美，多食之，令人细肌肤，美颜色"②。蚝壳还可用来烧制蚝壳灰用作肥料或直接用于建造屋墙。蚝壳质地坚硬，能够修葺蚝壳墙的多为大户人家或宗祠寺庙，后来逐渐大众化成为蚝乡习俗，蚝民利用大量的自有蚝壳资源垒墙盖房，数万个蚝壳整齐划一砌起的墙面，在泥土混制的古村落建筑群里显得独树一帜，别有风味。今深圳宝安区沙井街道步涌村仍有保存较为完好的蚝墙。步涌村的江氏大宗祠始建于明朝，1995年重修，占地面积500平方米。江氏大宗祠左右及后面的墙体均使用蚝壳混合蚝壳灰砌成，厚五六十厘米，外露的蚝壳如鱼鳞般整齐划一镶嵌成墙体。这是目前深圳历史最悠久、保存最完好的蚝壳屋之一。③

四、种香业

沉香树，又名女儿香、牙香树、六麻树，为瑞香科沉香属乔木。沉香来源于老香树的树头，有十分丰富的油脂，采

---

① （清）屈大均撰：《广东新语》卷二三《介语》，北京：中华书局，1985年，第577页。

② （明）李时珍：《本草纲目》卷一二《介部》，沈阳：辽海出版社，2015年，第60页。

③ 参见广东省人民政府地方志办公室编：《全粤村情·深圳市宝安区卷》，广州：华南理工大学出版社，2019年，第134页。

凿后将木质部分去掉，留下的油脂部分就是沉香。香脂呈黑褐色，坚实而重。沉香是中国、日本、印度、东南亚以及中东等国家和地区传统利用的香料，也是我国大量使用的重要名贵药材。至少在唐贞观年间，沉香树由国外传入中国，宋朝时广东各地普遍种植，尤以莞邑为盛。这是因为东莞、深圳地区多山岭与斜坡，土质坚硬，其砂土多作硅砂粒状，适合种植香木。元代《南海志》载："榄香为上香，即白木香材，上有蛀孔如针眼，剔白木留其坚实者，小如鼠粪，大或如指，状如榄核，故名。其价旧与银等。今东莞地名茶园（即茶山），人盛种之。"说明在宋元时期，当地的莞香价格与银等价。东莞县的茶山（今东莞市茶山镇）为著名的产香地。上乘的莞香硬如铁、滑如脂、色如金、重如玉，能沉水而不溶，是上贡的佳品。至明代，茶山之香树，仍为莞香之最。清代屈大均在《广东新语》中指出："莞香，以金钗脑[①]所产为良。地甚狭，仅十余亩。其香种至十年已绝佳，虽白木与生结同。他所产者在昔以马蹄冈，今则以金桔岭为第一，次则近南仙村、鸡翅岭、白石岭、梅林、白花洞、牛眠石乡诸处，至劣者乌泥坑。然金桔岭岁出精香仅数斤，某家家精香多寡，人皆知之。马蹄冈久已无香，其香皆新种无坚老者。"[②]清末《东莞县志》记载："莞香至明代始重于世。"[③]莞香对土壤环境要

---

① 金钗脑，即今东莞市茶山镇南社村。
② （清）屈大均撰：《广东新语》卷二六《香语·莞香》，北京：中华书局，1985年，第674页。
③ （清）陈伯陶编：《东莞县志》卷一四《舆地略·物产》，台北：成文出版社，1921年，第400页。

求较高，金钗脑一带的土质特别适合莞香树的生长，出产的香料品质最好，名闻全国，是上贡的佳品。说明到明末清初，莞香产地，最佳者仍然是茶山，且种植范围仅限周边十余亩的特殊方位。但产香之地，逐渐转至大岭山马蹄冈、金桔岭及寮步牛眠石一带。清代嘉庆《新安县志》记载："香树，邑内多植之。东路出于沥源、沙螺湾等处为佳；西路出于燕村、李松蓢等处为佳。叶似黄杨，凌寒不落。子如连翘而黑，落地则生，经手摘则否。香气积久而愈盛，正干为白木香，出土尺许为香头，必经十余载，始凿如马牙形，俗呼为牙香。"[①]沥源即今日的香港沙田等地，沙螺湾在今日香港大屿山的西部，即东涌以西的滨海地区。而燕村和李松蓢均位于今深圳市光明区公明街道。说明明代新安县所辖的今深圳、香港地区多为白木香树，且沉香品质甚好。

明代的东莞县、新安县沉香种植业兴盛，逐步形成莞香收购、加工、交易一条龙的完整产业链，产品销往今广州、香港、澳门等国内各地及东南亚一带。外销的莞香多数先运到九龙的尖沙头，通过专供运香的码头，用小船运到石排湾集中，再用大船运往广州，更由陆路北上，经南雄，越梅岭，沿赣江，而至九江，再下江浙的苏松等地。"莞香度岭而北，虽至劣，亦有馥芬，以霜雪之气沾焉故也。"[②]由于莞香堆放

---

① 深圳市史志办公室整理编辑：《嘉庆新安县志》卷三《舆地略二·物产》，广州：华南理工大学出版社，2020年，第82页。

② （清）屈大均撰：《广东新语》卷二六《香语·莞香》，北京：中华书局，1985年，第677页。

在码头，香飘满堂，尖沙咀古称"香埠头"，石排湾这一转运香料的港口，也就被称为"香港"，其后延伸到整个地区总称为香港。莞香的生产与出口，虽在明代时发展迅猛，但到清初，清政府欲使闽粤沿海与郑成功断绝关系，执行迁海政策，沿海地区人民被迫内迁，香木的生产和出口逐渐衰落。

五、对外贸易

明代早期为巩固统治实行海禁，只限于官方的朝贡贸易，民间的对外贸易一律禁止。15世纪末，随着美洲新大陆的发现和东方新航路的开辟，西方国家开启了大航海时代，广州成为全球航海的重要港口。从广州可以到达非洲南端、欧洲、拉丁美洲、日本等地[1]，今深圳、香港地区是进出广州的必经之地，南山赤湾一带在海外交通贸易中地位进一步增强。明朝中后期，广州作为唯一的通商口岸，对外贸易以朝贡贸易和走私贸易为主。嘉靖《广东通志》记载："布政司查得递年暹罗国并该国管下甘蒲沰、六坤州与满剌加、顺搭、占城各国夷船，或湾泊新宁广海、望峒，或新会潭，或香山浪白、蚝镜、十字门，或东莞鸡栖、屯门、虎头门等处海澳，湾泊不一。"[2]

明景泰三年（1452），设立广东海道副使，专驻南头，履市舶提举司之职，掌海外朝贡市易之事。对东南亚各国家进

---

① 司徒尚纪、许桂灵：《中国海上丝绸之路的历史演变》，《热带地理》2015 年第 5 期。

② （明）黄佐：《广东通志》卷六六《外志三·番夷》，嘉靖三十六年刊本。

献的贡品，经核对鉴定后，贵细的东西派送入京，粗重的东西留本地变卖充饷。国王、王妃、陪臣等随贡船带来的货物，政府抽取十分之五，其余由政府给价钱收买。私商带货物来中国做买卖，船舶到来，经过政府检查登记，抽取其十分之二后，其余听自由贸易。正德九年（1514），吴廷举升广东布政使，改革朝贡之法，放宽民间自由贸易政策，不问贡期，舶到即抽税。抽分由原来的十分抽三，降至十分抽二。正德十二年（1517）明廷"命番国进贡并装货舶船，榷十之二，解京及存留饷军者，俱如旧例，勿执近例阻遏。先是两广奸民私通番货，勾外夷与进贡者，混以图利"。①持有凭信符簿（许可证）的外商在广州城内交易，没有许可证的外国商船交易在南头一带，沿海走私逐步由隐蔽转为公开。

1512—1515年，葡萄牙药剂师多默·皮列士在《东方志：从红海到中国》中对广州贸易记述得相当详细，包括广州—南头贸易关系、税收状况、进出口商品等，具有十分珍贵的史料价值。皮列士指出，南头及其附近海岛是马六甲船只停泊的岛屿，也是"被规定为各国的港口""从广州这边到马六甲30里格②处，有一些岛屿，与陆地上的南头，被规定为各国的港口，如普罗屯门（Pulo Toumon），等等。当上述船舶在这里停泊时，南头的首领就把消息送往广州，商人立即到来估计

---

① 《明武宗实录》卷一四九，"正德十二年五月辛丑"条，台北：台湾"中央研究院"历史语言研究所，1962年，第2911页。

② 里格（league）为英国旧时的长度单位，通常在航海时使用。1里格＝3.18海里。

商品的价值并付关税，这点以下将述及。然后他们携带着由这种或那种物品组成的商货，各自回家。……如前所述，上述马六甲的船只前来停泊在距广州20或30里格的屯门岛外。这些岛屿靠近南头的陆地，距大陆有一里格的海路。马六甲船停泊在那里的屯门港，暹罗的船在濠镜（Hucham）港。我们的港口比暹罗的更接近中国三里格，商货运往该港而不输往别处。南头的首领看见船只，便立即通知广州说船只已进入诸岛内；广州估价的人前去给商货估价，他们收取关税，带走所需数量的商品。中国已经十分习惯给商品估价，他们同样知道你所需要的货物，因此把商货带走"。①

皮列士还详细记述了在南头一带交易的来自马六甲和中国的各种商品。进口方面有香料、药材、木材、衣料、象牙、珠宝、装饰品等，其中胡椒为大宗产品。出口方面有丝绸、瓷器、珍珠、药材、食盐、金属器皿、金银、日常用品，其中丝绸为大宗。贸易的商品产地呈现多元化特色。有本地生产的，也有外地生产的，还有外国生产的，从而使南头呈现"中国商品集散地"与国际商埠的特色。在这些记载中可以看出，南头及其附近海岛成为广州的外港，那里活跃的"非法的"中外私商贸易成为广州贸易的重要组成部分。政府对于这些民间贸易行为已经"习惯"并予以默许，"致番舶不绝于海澨，蛮人杂遝于州城"②。南头一带成为民间贸易集聚之

---

① 〔葡〕皮列士：《东方志：从红海到中国》，何高济译，南京：江苏教育出版社，2005年，第98页。
② 《明史》卷三二五《外国六·佛郎机》，北京：中华书局，1974年，第8430页。

处，形成了与广州相互配合的运作机制。这是因为这种贸易能够为当地政府带来实在的经济效益。在南头的贸易活动中，"马六甲人为胡椒付20%，苏木付50%，新加坡木付同样数目。估价完毕后，一艘船按总数交纳。其他商品付10%"，远高于广州贸易"十分抽二"（20%）的税率。皮列士说："当地人肯定地说，从广州把商品输往那些岛屿的人，每十分可获利三分、四分或五分，中国人采取这种做法，以免土地被夺走，也为的是征收进出口的关税。"[①]

由此看出，在海外贸易体制转型发展和经济贸易交流中，虽然明朝政府明令实施海禁，只允许广州城内持有许可证才能进行贡舶贸易，但是实际上，南头贸易已成为官方默许下中外商人私下里的贸易形式。明代今深圳、香港地区凸显粤海交通门户的地位，南头成为广州对外贸易的枢纽。

第三节　人口发展与迁移

明代前中期的东莞县以及明代后期从东莞县析出的新安县，在辖区范围内大体维持了与宋元时期相当的人口规模。由于明代实行以世代继承为特点的严格的户籍、赋役制度，以及遏制游民的政策，明代本地人口迁移的特点表现为本地

---

① 〔葡〕皮列士:《东方志:从红海到中国》,何高济译,南京:江苏教育出版社,2005 年,第98—99 页。

域范围内人口的扩散与迁移。明代人口迁移的结果对今深圳地区世居村落的分布格局产生了重要影响。

一、从东莞县到新安县时期的人口

承接宋元时期的人口发展，明代东莞县比较稳定地维持了与宋元时期大体相当的人口规模。明嘉靖《广州志》存有关于明代东莞县多个年份户口统计的记载，其中明初洪武、永乐的两个年份户数口数比过小，统计数据有待进一步分析；明代中叶成化、弘治、正德、嘉靖四朝每隔十年一个统计数据，都稳定在25 000户左右，140 000万余人，户数口数比为1∶5.7左右，应该比较真实地反映了明代析出新安县之前整个东莞县的人口情况（表6-2）。

表6-2　明嘉靖以前东莞县户口统计表

年份	户数/户	口数/人	户数口数比（保留小数点后两位）
洪武二十四年（1391）	24 968	76 364	1∶3.06
永乐十年（1412）	21 304	79 674	1∶3.74
天顺六年（1462）	24 453	151 378	1∶6.19
成化八年（1472）	24 677	141 455	1∶5.73
成化十八年（1482）	24 735	144 912	1∶5.86
弘治五年（1492）	24 875	141 962	1∶5.71
弘治十五年（1502）	25 108	142 006	1∶5.66
正德七年（1512）	25 227	142 512	1∶5.65
嘉靖元年（1522）	25 275	142 263	1∶5.63

资料来源：嘉靖《广州志》卷一六《户口》，见广东省地方史志办公室辑：《广东历代方志集成·广州府部（一）》，广州：岭南美术出版社，2007年，第336—339页

明穆宗隆庆六年（1572），也即新安建县的前一年，东莞县有26 153户、142 598人，当年分割给准备设置的新安县7608户、33 971人。[①]析置新安县范围内的户数约占整个东莞县户数的29.1%，口数约占23.8%，说明析置新安县范围内的人口约占当时整个东莞县人口的近三成。析置新安县范围内的户数口数比为1：4.47，整个东莞县的户数口数比为1：5.45，可见析置新安县范围内的户均口数在整个东莞县范围内是偏少的。

明神宗万历元年（1573），新安县正式从东莞县析置出来，开始有了自己单独的户口统计数据。清康熙《新安县志》存有明万历、天启、崇祯三朝大致每隔十年一次的户口统计数据，其中万历十年（1582）男女比例偏离自然状态有些远，说明这个人口数据本身就是不太准确的。明代新安县作为海防、盐业重地，士兵、盐丁等单身男性有可能比较多，但是否此即造成数据偏差的原因？其他年份的数据有没有这种偏差情况？由于明代存世资料的缺失，无从得知。万历二十一年（1593），户数没什么变化，人口数突然减少一大半，最大可能性是将统计项目搞错了，将部分人口数比如女性人口数，当成全部人口数了。万历三十一年（1603）以后的历年户数比之前的历年户数均减少一大半，原因不明，但户口比趋近

① 民国《东莞县志（一）》卷二二《经政略一》，见广东省地方史志办公室辑：《广东历代方志集成·广州府部（二四）》，广州：岭南美术出版社，2007年，第249页。

1：5，倒也大致接近古代户口比的自然状态。万历三十一年（1603）前后，本地乃至整个岭南地区仍处于和平时期，并没有发生足以让户口减半的大规模变乱，因此最大的可能性仍然是搞错了统计项目，将部分户数、口数当成全部户数、口数。说明经过明清易代长时间、大规模变乱之后，清康熙年间修《新安县志》时，明代的很多资料已经散失、错乱，采用时需要仔细甄别、辨析。明代后期新安县的人口规模，应以康熙《新安县志》中万历十年（1582）的统计数据比较接近真实情况，再略为校正男女比例过于失衡的情况，大概为7700多户，3.5万—4万人（表6-3）。

表6-3　明代新安县户口统计表

年份	户数/户	口数/人	户数口数比（保留小数点后两位）
万历元年（1573）	7 608	33 971	1：4.47
万历十年（1582）	7 752	34 520[①]	1：4.45
万历二十一年（1593）	7 752	13 302	1：1.72
万历三十一年（1603）	3 525	16 675	1：4.73
万历四十一年（1613）	3 500	16 696	1：4.77
天启二年（1622）	3 500	16 248	1：4.64
崇祯五年（1632）	3 491	16 992	1：4.87
崇祯十五年（1642）	3 589	17 871	1：4.98

资料来源：张一兵校点：《深圳旧志三种·康熙新安县志》，深圳：海天出版社，2006年，第334—335页

[①] 康熙《新安县志》万历十年（1582）户口统计数据中的口数为34 520人，而分项统计男性（19 627人）、女性（14 883人）之和为34 510，两者不等，为文献所载原始数据不准确所致。

二、本地域人口扩散与迁移

据深圳市 2015 年开展的自然村落历史人文普查所获数据，截至 2015 年底，今深圳市范围内自称可在本地区溯源自明代的自然村落有 186 个，而自称可溯源至明代以前的自然村落总数只有 75 个。说明相对于之前的朝代，由于年代较近，溯源至明代的自然村落留存至今的还是要多很多。由于清初曾在沿海地区实行过"迁海"政策，今深圳市范围内可溯源至明代及以前的自然村落共 261 个，在总数 1024 个自然村落中约占 1/4，实属难能可贵，有其重要的历史传承价值（表 6-4）。

表 6-4　深圳市现存自称可在本地区溯源自明代的世居村落表（2015 年）

序号	区名	街道名	村名	自称可在本地区溯源年代	与溯源年代相关的姓氏（以溯源年代为序）、传说、事件
1	福田区	南园街道	赤尾村	明代	林
2			旧墟村	明代	林
3		福田街道	皇岗村	明代	庄
4			水围村	明代	庄
5		沙头街道	沙嘴村	明初	欧
6			沙尾村	明初	莫
7			新洲村	明代	简
8	罗湖区	黄贝街道	黄贝岭村	明代	张
9		南湖街道	罗湖村	明初	袁
10			向西村	明代	张
11		桂园街道	蔡屋围村	明初	蔡
12		东门街道	湖贝村	明代	张
13		笋岗街道	笋岗村	明代	何
14			田贝村	明末	林

续表

序号	区名	街道名	村名	自称可在本地区溯源年代	与溯源年代相关的姓氏（以溯源年代为序）、传说、事件
15	罗湖区	翠竹街道	田心村	明末	梁
16			水贝村	明代	张
17		东湖街道	布心村	明末	赖
18			水围村	明末	林
19			赤水洞村	明末	黄
20	南山区	南头街道	九街村	明初	陈、文。南头古城建于明初
21			仓前村	明代	雷、陶
22			大新村	明代	郑
23			巷头村	明初	郑
24		南山街道	向南村	明代	郑、叶
25		西丽街道	新围村	明代	刘
26			白芒村	明末	张
27			牛成村	明代	王、吴
28			茶光村	明末	关
29		沙河街道	下白石村	明末	苏
30		蛇口街道	湾厦村	明代后期	樊
31			海湾村	明代后期	樊、屈
32		粤海街道	后海村	明末	该村现存后海天后古庙，始建于明代，被列为区级文物保护单位
33			阮屋村	明代	阮
34		桃源街道	平山村	明代	方
35			塘朗村	明代	郑
36			长源村	明末	吴
37	盐田区	沙头角街道	径口村	明代后期	刘
38		海山街道	暗径村	明末	李
39		盐田街道	鸿安围	明末	彭
40			三洲田村	明代	廖
41			南山村	明代	钟

续表

序号	区名	街道名	村名	自称可在本地区溯源年代	与溯源年代相关的姓氏（以溯源年代为序）、传说、事件
42	宝安区	新安街道	上合村	明初	黄
43		西乡街道	臣田村	明代	仇
44			共乐村	明代	郑
45			流塘村	明代	刘
46			盐田村	明代后期	岑、文
47		福永街道	塘尾村	明代	邓、林
48		沙井街道	沙头村	明代	钟
49			垦岗村	明代	黎、陈
50			衙边村	明代	陈
51			后亭村	明代	陈
52			步涌村	明代	江
53			上星村	明代	曾
54			新二村	明代	曾
55			上寮村	明代	曾
56			黄埔村	明代	曾
57			南涌村	明代	曾
58			洪田村	明代后期	冼
59		松岗街道	朗下村	明代	沈
60			罗田村	明代	赖
61			潭头村	明代	文
62			塘下涌村	明代	黄
63			江边村	明代后期	萧
64	光明新区	公明街道	田寮村	明代	麦、叶
65			塘尾村	明代	麦
66			将围村	明代	麦
67			石围村	明代	麦
68			塘下围村	明代	麦
69			大围村	明代	麦
70			上石家村	明代	吴

续表

序号	区名	街道名	村名	自称可在本地区溯源年代	与溯源年代相关的姓氏（以溯源年代为序）、传说、事件
71	光明新区	公明街道	下石家村	明代	吴
72			东边头村	明代	陈
73			下辇村	明代	陈
74			上南村	明代	陈
75			下南村	明代	陈
76			永南村	明代	陈
77			永北村	明代	陈
78			楼村	明代	陈、张
79			上屯村	明代	麦
80			中屯村	明代	麦
81			下屯村	明代	麦
82			薯田埔村	明代	麦
83			李松蓢村	明代	梁
84			张屋村	明代	张
85			根竹园村	明代	李、麦
86			东坑村	明代	钟、黄
87			元山村	明代后期	陈
88			长圳村	明末	曾
89		光明街道	马山头村	明代后期	麦
90			碧眼村	明代后期	麦
91			羌下村	明末	胡
92			新陂头村	明末	梁
93	龙华新区	龙华街道	郭吓村	明代	赖
94		民治街道	横岭村	明代	苏、李、卢、吴
95			东一村	明代	詹
96			东二村	明代	詹
97			西头村	明代	詹
98			龙屋村	明代	詹
99			简上村	明代	詹

续表

序号	区名	街道名	村名	自称可在本地区溯源年代	与溯源年代相关的姓氏（以溯源年代为序）、传说、事件
100	龙华新区	民治街道	龙塘村	明代	詹
101			民乐村	明代	郑
102			白石龙村	明末	蔡
103			牛栏前村	明末	钟
104		大浪街道	罗屋围村	明代	罗
105			龙胜村	明代	彭
106		观澜街道	大湖村	明代	欧
107			大布巷村	明代后期	黄
108		福城街道	丹坑村	明代	莫
109			竹村	明代	邓
110			塘前村	明代	杨
111			冼屋村	明代后期	冼
112	龙岗区	平湖街道	大围村	明代	刘
113			松柏围村	明代	刘
114			新祠堂村	明代	刘
115			山厦村	明代	严、叶、邬
116			白坭坑村	明代	刘
117			新围仔村	明代	王
118			丛元村	明代	伍
119			大岭厦村	明代	叶
120			新围村	明代	叶
121			高园村	明代	叶
122			辅城坳旧村	明代	叶
123			岐岭村	明代	王
124			岐岭六村	明代	王
125			鹅公岭村	明末	黄、宋、何
126		布吉街道	细靓村	明末	邱
127			上水径村	明末	邱、廖
128			下水径村	明末	邱、廖

序号	区名	街道名	村名	自称可在本地区溯源年代	与溯源年代相关的姓氏（以溯源年代为序）、传说、事件
129	龙岗区	布吉街道	禾沙坑村	明末	张
130			木棉湾村	明末	蓝
131		横岗街道	深坑村	明代	李
132			牛始埔村	明代	黄、李、郑
133			排榜村	明代	张
134			西坑一村	明末	何
135			西坑二村	明末	何
136			西坑三村	明末	李、杨、钟
137			大凤村	明代	廖、邓、祝
138		龙岗街道	刘屋村	明末	刘
139			黄龙坡村	明代	朱
140			吓岗一村	明代	罗、高
141			吓岗二村	明代后期	李
142			大浪村	明代后期	张
143			仙人岭村	明代	陈
144			车村	明代	陈
145			上井村	明初	李、钟、黄
146			赖屋村	明末	赖
147			新布村	明代	刘、叶、周
148		龙城街道	蒲排村	明代	陈
149			麻沙村	明代	陈、郑
150		坪地街道	高桥村	明末	萧
151			石灰围村	明代后期	萧
152			西湖塘村	明代	王、黎、冯
153			富地岗村	明末	王
154	坪山新区	坪山街道	新和村	明代	朱、李
155			黄沙坑村	明末	唐
156			老围村	明代	袁
157			楼角村	明代后期	林

序号	区名	街道名	村名	自称可在本地区溯源年代	与溯源年代相关的姓氏（以溯源年代为序）、传说、事件
158	坪山新区	坪山街道	茜坑村	明代	林
159			沙湖村	明末	邹
160			江边村	明代	邓、黄
161			金地村	明末	余、彭
162			老围村	明代	吴、张、陈、谭
163			矮岭村	明代	吴
164			新曲村	明代	吴、谭
165			新联村	明代	叶、许
166			杜岗岭村	明末	廖
167			黄坭元村	明末	骆
168		坑梓街道	卢屋村	明末	卢
169			围角村	明末	赖
170	大鹏新区	葵涌街道	沙鱼涌村	明代	陈、石
171			三溪黄屋村	明末	黄
172			石碑村	明末	黄
173			上洞村	明代	袁
174			坝光村	明代	黄
175			高大村	明代	谢
176			西乡村	明代	萧
177			盐灶村	明代	蓝
178		大鹏街道	石桥头村	明代	袁
179			鹏城村	明初	大鹏所城建于明初
180			下沙下围村	明代	欧阳
181		南澳街道	南三村	明末	黄
182			东涌大围村	明末	黄、凌
183			西贡村	明代	钟
184			西涌沙岗村	明末	庄
185			大碓村	明末	黄、缪
186			高岭村	明末	周

北宋时期定居于当时东莞县锦田桂角山下（位于今香港元朗东部）的邓符，其后代在本地区逐渐散播开来，其中一支先迁今香港元朗屏山，元代再迁今深圳市宝安区沙井街道万丰村开村。元末潘氏迁入今万丰村，潘氏延续至今成为今万丰村的主要世居姓氏，而该村邓氏则在明代迁到今宝安区福永街道塘尾村开村。邓氏的这一支在宋元明时期经历了从锦田桂角山到元朗屏山，再到沙井万丰村，再到福永塘尾村的迁徙过程，在历史上最早开辟了万丰村、塘尾村两个村。①留在锦田的该邓氏家族，至明成化年间也在原有北围（今称水尾村）、南围（今称水头村）基础上，在附近增建泰康围、永隆围、吉庆围。②

宋代迁入今宝安沙井街道新桥村的曾氏家族，在明代进一步扩散，开辟出今沙井街道上星村、新二村、上寮村、黄埔村、南洞村。③今深圳市福田区皇岗村、水围村世居庄氏家族，其先祖据说为宋末抗元将领庄敬德，宋亡后该家族先是留居东莞县戙船澳，后迁李松萌，明洪武年间迁入今水围村一带，宣德年间再开辟今皇岗村一带。④今深圳市罗湖区水贝、湖贝、黄贝岭、向西等村世居张氏家族，明洪武二年（1369）

① 深圳市史志办公室编：《深圳村落概览》第一辑《宝安卷》，广州：华南理工大学出版社，2020年，第148—149、228页。
② 萧国健：《香港新界五大族》，香港：现代教育研究社，2021年，第7页。
③ 深圳市史志办公室编：《深圳村落概览》第一辑《宝安卷》，广州：华南理工大学出版社，2020年，第252—253、256—257、260、264、266页。
④ 深圳市史志办公室编：《深圳村落概览》第二辑《福田南山卷》，广州：华南理工大学出版社，2020年，第30、34页。

由今东莞地区迁至今深圳大鹏叠福，永乐八年（1410）迁至今水贝村，成化二年（1466）再开辟今湖贝村、黄贝岭村、向西村。明代中期，明初功臣何真四世孙何云霖在何真当年起兵的根据地今深圳市罗湖区笋岗一带建村立围，刻"元勋旧址"于寨门，即为笋岗老围，其家族延续至今。[1]

据今光明区田寮村《田寮麦氏族谱》记载，其先祖于南宋咸淳十年（1274）从南雄迁至东莞靖康乌沙桥东，明洪武十四年（1381）再迁至东莞周家村（今光明区大围村一带），宣德元年（1426）大围村一支分支迁至今光明区塘尾村，弘治十七年（1504）光明区塘尾村一支分支迁入田寮村。今光明区大围村为该麦氏家族在今深圳市范围内最早的立足地，其后人继续向今光明区塘尾、石围、田寮、将围、塘下围等地迁移，开枝散叶。[2]

从上述家族在明代的迁移过程可以看出，这些家族大多在宋元时期已迁入当时东莞县范围内，明代再在本地区进一步扩散迁移。宋元时期移民以跨地域长距离移民为主要特点，明代移民则以本地域范围内短程扩散移民为主。这应该主要与明代以赋役黄册、里甲制度为基础的严格的户籍制度有关，其基本特征是"凡军、民、驿、灶、医、卜、工、乐诸色人户，并以籍为定"[3]，"凡军、匠、灶户，

---

① 深圳市史志办公室编：《深圳村落概览》第二辑《罗湖盐田卷》，广州：华南理工大学出版社，2020年，第7、24、42、51—52、78页。

② 深圳市史志办公室编：《深圳村落概览》第一辑《光明龙华卷》，广州：华南理工大学出版社，2020年，第9—10、33页。

③ 《大明律》卷四《户律一》"人户以籍为定"条，《续修四库全书》第862册，上海：上海古籍出版社，2002年，第444页。

役皆永充"①，意味着户籍、赋役的世代继承。明朝的户籍政策是"其令四民务在各守本业。医卜者、土著，不得远游。凡出入作息，乡邻必互知之，其有不事生业而游惰者及舍匿他境游民者，皆迁之远方"②。"若有不务耕种，专事末作者，是为游民，则逮捕之。"③这种户籍制度和政策，严重限制了人口的跨地域流动。另外，明代270多年时间里，统治基本稳定，明末以前没有出现全国性大范围的变乱危机，这也减少了人口大范围长距离流动避乱的动力。

第四节　文化教育和民间信仰

明代科举制度和教育体系日趋完备，今深圳地区所在的东莞县、新安县进士登科人数比前代大幅增长。新安建县后，新安县的礼制建筑体系基本完备。明代本地区佛教以及有重要地方特色的妈祖信仰等进一步发展，民间神祇信仰与民间家族祠堂也比较普遍。

一、教育和科举

明代科举制度及与之配套的教育体系越趋成熟严密，所

---

① 《明史》卷七八《食货二》，北京：中华书局，1974年，第1906页。
② 《明太祖实录》卷一七七，"洪武十九年夏四月壬寅"条，上海：上海书店出版社，2015年，第2687—2688页。
③ 《明太祖实录》卷二〇八，"洪武二十四年夏四月癸亥"条，上海：上海书店出版社，2015年，第3099页。

谓"学校以教育之，科目以登进之""科目为盛，卿相皆由此出，学校则储才以应科目者也"，明朝政府在国家层面设国学（初称国子学，不久改为国子监），地方层面设府、州、县学。洪武二年（1369），明太祖即谕令"郡县皆立学校，延师儒，授生徒""于是大建学校，府设教授，州设学正，县设教谕，各一。俱设训导，府四，州三，县二。生员之数，府学四十人，州、县以次减十"，而"生员虽定数于国初，未几即命增广，不拘额数"，因此《明史》评论"盖无地而不设之学，无人而不纳之教""此明代学校之盛，唐、宋以来所不及也"。① 康熙《东莞县志》称"迨明而州县始无不立之学，学始无不命之官""规模于斯备矣"。② 明代东莞县学在宋代基础上重修扩建，按照明代制度学官设教谕一人、训导二人③，另外还设司吏一人④。

　　明代县以下官方教育体系除县学外，还有更为基层的社学。洪武八年（1375），"诏有司立社学，延师儒，以教民间子弟。其教读有经明行修者，许推择署儒学教事"，不但要求立社学，而且在社学教学质量高的老师，可以推荐到府、州、

① 《明史》卷六九《选举一》，北京：中华书局，1974 年，第 1675、1686 页。
② 康熙《东莞县志》卷八《学校》，见广东省地方史志办公室辑：《广东历代方志集成·广州府部（二二）》，广州：岭南美术出版社，2007 年，第 475 页。
③ 康熙《东莞县志》卷六《职官三》，见广东省地方史志办公室辑：《广东历代方志集成·广州府部（二二）》，广州：岭南美术出版社，2007 年，第 455 页。
④ 张一兵校点：《深圳旧志三种·天顺东莞旧志》，深圳：海天出版社，2006 年，第 89 页。

县学等正式的官方学校任教。洪武十六年（1383）"诏民间立社学，有司不得干预"，可知社学是在官方指导下，主要以民间力量来办学的。①弘治十七年（1504）"令各府、州、县建立社学，选择明师，民间幼童十五以下者送入读书，讲习冠、婚、丧、祭之礼"②，进一步在全国范围内普及了社学。明代东莞县各处社学规模虽然不大，但设施也基本完备，如圆沙社学"计地六分三厘四豪，前后厅各三间，左右两廊各二间，左右号房共七间，厨房三间，大门三间，空地一所"。除了官方教育体系，明代东莞县还有很多主要为私校性质的书院。崇祯《东莞县志》记载了"旧载书院凡九所""新建书院凡二十二所"，共31所书院。③

随着本地经济文化的发展以及以科举为中心的官方教育的普及，明代东莞县进士登科人数比前代大幅增长。明代东莞县在万历元年（1573）析出新安县以前的205年时间里，进士登科51人，远超自隋唐开创科举直至明朝建立，长达700多年时间里总共才13人的规模。明代东莞县进士中，正统七年（1442）进士郑敬为梅林人，弘治三年（1490）进士郑士忠为西乡人，嘉靖十一年进士（1532）翟镐为福永人，这些人所在地域均在今深圳市境内（表6-5）。

---

① 康熙《东莞县志》卷八《学校》，见广东省地方史志办公室辑：《广东历代方志集成·广州府部（二二）》，广州：岭南美术出版社，2007年，第479页。

② 《明史》卷六九《选举一》，北京：中华书局，1974年，第1690页。

③ 崇祯《东莞县志》卷三《学校志》，见广东省地方史志办公室辑：《广东历代方志集成·广州府部（二二）》，广州：岭南美术出版社，2007年，第122—123页。

表6-5 明万历以前东莞县本地进士表

序号	姓名	朝代、皇帝	登科年份	今属地备注
1	陈玄	明太祖	洪武四年（1371）	
2	罗亨信	明成祖	永乐二年（1404）	
3	翟溥福	明成祖	永乐二年（1404）	
4	卢祥	明英宗	正统七年（1442）	
5	郑敬	明英宗	正统七年（1442）	属今深圳市境内梅林
6	祁顺	明英宗	天顺四年（1460）	
7	陈嘉言	明英宗	天顺八年（1464）	
8	何瀄	明宪宗	成化八年（1472）	
9	袁士凤	明宪宗	成化十一年（1475）	
10	叶琛	明宪宗	成化十一年（1475）	
11	卢勖	明宪宗	成化十一年（1475）	
12	宁诜	明宪宗	成化二十年（1484）	
13	钱铎	明宪宗	成化二十三年（1487）	
14	邓琛	明宪宗	成化二十三年（1487）	
15	刘存业	明孝宗	弘治三年（1490）	
16	郑士忠	明孝宗	弘治三年（1490）	属今深圳市境内西乡
17	叶永秀	明孝宗	弘治三年（1490）	
18	钟渤	明孝宗	弘治六年（1493）	
19	王缜	明孝宗	弘治六年（1493）	
20	罗中	明孝宗	弘治六年（1493）	
21	赵璧	明孝宗	弘治十二年（1499）	
22	黄阅古	明孝宗	弘治十五年（1502）	
23	祁敏	明孝宗	弘治十五年（1502）	
24	钟绍	明孝宗	弘治十五年（1502）	
25	叶廷会	明武宗	正德三年（1508）	
26	梁希鸿	明武宗	正德九年（1514）	
27	李希说	明武宗	正德九年（1514）	

续表

序号	姓名	朝代、皇帝	登科年份	今属地备注
28	彭絧	明武宗	正德九年（1514）	
29	祁敕	明武宗	正德十二年（1517）	
30	钟云瑞	明武宗	正德十二年（1517）	
31	钱全	明世宗	嘉靖五年（1526）	
32	谢邦信	明世宗	嘉靖五年（1526）	
33	戴铣	明世宗	嘉靖八年（1529）	
34	王希文	明世宗	嘉靖八年（1529）	
35	钟卿	明世宗	嘉靖八年（1529）	
36	卫元确	明世宗	嘉靖十一年（1532）	
37	翟镐	明世宗	嘉靖十一年（1532）	属今深圳市境内福永
38	王玉汝	明世宗	嘉靖十一年（1532）	
39	罗一道	明世宗	嘉靖十九年（1540）	
40	周望	明世宗	嘉靖三十二年（1553）	
41	黄诰	明世宗	嘉靖三十五年（1556）	
42	黄仪	明世宗	嘉靖三十八年（1559）	
43	钟继美	明世宗	嘉靖四十四年（1565）	
44	戴记	明世宗	嘉靖四十四年（1565）	
45	李应兰	明世宗	嘉靖四十四年（1565）	
46	张弘毅	明穆宗	隆庆二年（1568）	
47	袁昌祚	明穆宗	隆庆五年（1571）	
48	张鸣鹤	明穆宗	隆庆五年（1571）	
49	钟昌	明穆宗	隆庆五年（1571）	
50	陈履	明穆宗	隆庆五年（1571）	
51	尹瑾	明穆宗	隆庆五年（1571）	

资料来源：康熙《东莞县志》卷八《选举一》，见广东省地方史志办公室辑：《广东历代方志集成·广州府部（二二）》，广州：岭南美术出版社，2007年，第484—485页；深圳市史志办公室整理编辑：《嘉庆新安县志》卷一五《选举表一》，广州：华南理工大学出版社，2020年，第222页

明万历元年（1573）新安县刚从东莞县析出，即在新安县城东门外建县学，因与文庙合建一处，统称学宫。万历二十三年（1595），学宫改建在县城南边海防厅的东边；崇祯十五年（1642），又迁回县城东门外复建。①明代新安县境内留存较完整记录的社学有："梯云社学，在恩德乡中屯铺""青云社学，在恩德乡崇镇铺""登云社学，在西乡村""固戍社学，在固戍村""梧山社学，在归城山下村"，这些社学清初时均已废弃。其中梯云社学是嘉靖四十五年（1566）由参将汤克宽、东莞知县舒应龙主持兴建的，其学生陈果、吴国光后来相继进士登科，该社学一时名声大噪，吸引的"邑士民多会课其中"，号称"最胜"。明代南头寨参将汤克宽，热心支持本地社学建设，嘉靖四十四年（1565）到任后，一方面派人烧毁民间滥建的杂神庙宇，另一方面"捐俸百金，建南头、西乡、固戍社学"，说明本地多所社学的兴建，都有这位武将的参与。②

新安建县后至明朝灭亡，72年时间里新安县又出了2名进士，加上建县前东莞县时期出的3名进士，新安县地域范围内在明代共出了5名进士，这5名进士的乡籍均在今深圳市范围内。

① 深圳市史志办公室整理编辑：《嘉庆新安县志》卷七《学校》，广州：华南理工大学出版社，2020年，第149页。

② 张一兵校点：《深圳旧志三种·康熙新安县志》，深圳：海天出版社，2006年，第309、326—327页。

二、坛庙建筑与民间信仰

万历元年（1573）新安建县，以东莞守御千户所城为县城。作为县一级行政辖区的治所，县城内外除了要设置相应的文武官署外，还要根据古代国家政权的统一要求设置相应的礼制建筑。县城外西南隅设有社稷坛，平面为边长二丈的正方形，高二尺多，四边各有两级台阶，坛外围以墙垣。县城南门外崇镇铺设有山川坛，规制与社稷坛相同。还有与县学合建一处的学宫，即文庙、孔庙，随县学几度搬迁，先在城东，后迁城南，再迁回城东，其棂星门、泮池、戟门、先师殿、明伦堂、启圣祠等建筑规制均完整，明末时坐落于县城东门外，称"坐文岗而朝杯渡，屹然胜概"。明代新安县官方主持修建的神祇庙宇有城隍庙，在城西门内；旗纛庙，在东莞所衙门的东边，供奉军牙六纛之神；关帝庙，在知县衙门东北边。[①]这些坛庙建筑合在一起，形成了一个基本完备的明代县级行政区官方礼制建筑体系。

明代新安县还有一些官方鼓励修建的带有本地纪念性质的祠堂。汪刘二公祠，建于县城南门外山川坛之侧，用以祭祀对本地有重大功绩的明朝官员汪铉、刘稳，"每年春、秋，县长官率士民亲诣祭之"[②]。黄孝子祠，用以祭祀晋孝子黄舒，在"三都大钟山下"，即黄舒故里。邓孝子祠，"在邑五都大

---

① 张一兵校点：《深圳旧志三种·康熙新安县志》，深圳：海天出版社，2006年，第322、327—328页。

② 张一兵校点：《深圳旧志三种·康熙新安县志》，深圳：海天出版社，2006年，第328页。

步墟侧"，用以祭祀明孝子邓思孟。四侯祠，在"三都云林墟侧"，用以祭祀明代新安县的四位知县曾孔志、陈谷、彭允年、李铉。①

大鹏所城东门外山岭上建有一所佛教寺院名东山寺，规模颇大，"中为观音堂，左上帝殿，右文昌阁，前三宝殿"。康熙《新安县志》记有明代王德昌作的一首七言律诗《大鹏东山寺》，说明该寺始建于明代。②东山寺是新安县东部一个比较有规模的宗教文化设施，说明明代以大鹏所城为中心，新安县东部也逐渐发展起来了。

与沿海妈祖信仰的传播以及新安县独特的海上交通枢纽位置相适应，明代新安县南山赤湾天妃庙地位越发重要，屡有扩建重修。永乐八年（1410），中使张源出使暹罗，出发前在此祭祀天妃，行辞沙礼，顺利回国后，即重修此天妃庙。后来明朝官员出使海外平安归来，或"出钱二万缗"，或"发钱万缗"，扩建此天妃庙。此庙于天顺七年（1463）、万历八年（1580）得到两次较大规模的重修。③明代赤湾天妃庙形成了重檐门楼、左右二厅、享堂、寝殿，周围绕以垣墙的较大规模格局。天妃庙西南正对大海，所谓"俯溟海，波涛万顷，

---

① 深圳市史志办公室整理编辑：《嘉庆新安县志》卷七《建置略·坛庙》，广州：华南理工大学出版社，2020年，第152页。

② 张一兵校点：《深圳旧志三种·康熙新安县志》，深圳：海天出版社，2006年，第524、541页。

③ 深圳市史志办公室整理编辑：《嘉庆新安县志》卷七《建置略·坛庙》，广州：华南理工大学出版社，2020年，第150—151页；（明）黄谏：《新建赤湾天妃庙后殿记》，见深圳市史志办公室整理编辑：《嘉庆新安县志》卷二三《艺文志二》，广州：华南理工大学出版社，2020年，第327—328页。

奔腾溯湃"①。明朝官员出使海外都要在赤湾天妃庙行"辞沙"礼，"具太牢祭于海岸沙上"，就是将牛、羊、豕（猪）三牲"去肉留皮，以草实之，祭毕，沉于海"。赤湾天妃庙不但有重要的官方地位和作用，也成为沿海人们"岁时展拜"以求神庇佑的重要场所。②

明代新安县民间也有一些地方神祇信仰。今深圳南山区仓前村，始建于明代，相传村里的华光古庙可溯源于明代，供奉华光祖师，传说为佛祖前烛光所化身的神。村民把每年农历九月二十八日定为"华光诞"以纪念。③

明代新安县民间也建有许多祭拜祖先的祠堂。今深圳市光明区中屯村，留存有始建于明末的麦氏大宗祠，是合水口三村（上屯、中屯、下屯）乃至周边的薯田埔、马山头、根竹园、碧眼、白芋沥等六个社区麦氏家族的总祠，占地面积1133平方米，建筑面积938平方米，是深圳市现存年代较早、规模较大的祠堂建筑之一，有重要历史文化价值，被列为区级文物保护单位。④

---

① （明）吴国光：《重修赤湾天妃庙记》，见深圳市史志办公室整理编辑：《嘉庆新安县志》卷二三《艺文志二》，广州：华南理工大学出版社，2020年，第335页。

② （明）黄谏：《新建赤湾天妃庙后殿记》，见深圳市史志办公室整理编辑：《嘉庆新安县志》卷二三《艺文志二》，广州：华南理工大学出版社，2020年，第327—328页。

③ 深圳市史志办公室编：《深圳村落概览》第二辑《福田南山卷》，广州：华南理工大学出版社，2020年，第128页。

④ 深圳市史志办公室编：《深圳村落概览》第一辑《光明龙华卷》，广州：华南理工大学出版社，2020年，第91—92页。

第五节　卫所制度与海疆防卫

　　明朝建立后，在军队的编制和训练上，创立特有的卫所制度，从沿海到内地，从腹地到边疆，均以卫所镇戍，寓兵于农，守屯结合。明政府在广东境内分东、中、西三路设卫所，镇守沿海重要关口，并增设水寨，加强海防。中路以广州左、右、前、后卫和南海卫、广海卫为中心。正统年间以后，巡视海道副使逐渐纳入正规官制，驻扎南头，成为中路以西沿海海防常设官职。嘉靖以后，增设南头参将。今深圳地区在南海卫、海道副使、南头参将直接控辖之下，成为明朝粤海海防门户和枢纽。

一、南海卫、海道副使、南头参将的设立

　　卫所制度是明朝军队中最为重要的一项制度。用"卫"的形式来编制军队，在元朝已存在，不过仅限于禁军。朱元璋建立明朝后，安置军队成为他担忧和考虑的问题之一。"明太祖既以武功定天下，虑兵不可聚众，分兵以安之。"[1]他听取刘基的建议，在全国普遍以"卫"和"所"为单位来编制军队。明洪武七年（1374），卫所制度正式建立。"自京师达于郡县，皆立卫所。"[2]"天下既定，度要害地，系一郡者设所，连郡者设卫。大率五千六百人为卫，千一百二十人为千

---

① （清）王鸿绪：《明史稿》卷八四《兵志一》，清雍正元年敬慎堂刻本。
② 《明史》卷八九《兵一》，北京：中华书局，1974年，第2175页。

户所，百十有二人为百户所。所设总旗二、小旗十，大小联比以成军。"①卫所分属于各省的都指挥使司。卫所制度的建立对明朝加强边防和进行军事移民发挥了重要作用。

广东是明朝全国海防重点设防区域。《苍梧总督军门志》称："广东省会，郡属错居。海上东起福建，西尽日南，沿洄六七千里。中间负海之众，无事则资海为生，有事则借之为暴。自嘉靖末年，倭寇窃发，连动闽浙，而潮惠奸民，乘时构衅，外勾岛孽，内结山巢，恣其凶虐，屠城铲邑，沿海郡县殆人人机上矣。"②明代军事家郑若曾在谈到广东海防时就说："（倭寇）其势必越于中路之屯门、鸡栖、佛堂门、冷水角、老万山、虎头门等澳，而南头为尤甚。或泊以寄潮，或据为巢穴，乃其所必由者。"③洪武十年（1377），明政府在东莞县设南海卫，下辖东莞、大鹏、从化三个守御千户所。

南海卫，治所在东莞县城（今东莞市莞城街道），洪武十四年（1381年）建。设官21员，旗军1714名，原额马33匹。在明初广东15卫中，除广州城外，南海卫旗军最多；到明中叶海警频发，倭寇猖獗，官府加强南海卫海区防务，南海卫旗军增至6869名，马39匹。到明洪武二十七年（1394），东莞守御千户所设官9员，旗军328名；大鹏守御千户所设官3

---

① 《明史》卷九〇《兵二》，北京：中华书局，1974年，第2193页。
② （明）应槚、刘尧诲：《苍梧总督军门志》（卷五《舆图三》），长沙：岳麓书社，2015年，第77页。
③ （明）郑若曾撰：《筹海图编》卷三《广东事宜·中路》，李致忠点校，北京：中华书局，2007年，第245页。

员，旗军 123 名。①明嘉靖年间，南头、屯门等澳驻扎大战船
8 艘、乌艚 20 艘，数量居三路兵船之首。②明朝海道副使全
称为"提刑按察司巡视海道副使"（简称巡视海道副使、巡视
海道、巡视副使、海道等），以朝廷监察系统"外台"身份，
负责沿海地方海防等事务。嘉靖《广东通志初稿》记载，广
东按察司巡视海道副使兼广州兵备一员系兵备官兼理分巡，
原驻广州，后移驻南头，"南头，海道咽喉也。昔年南头设有
海道驻扎衙门"③。巡视海道平时操练稽查，有事则督兵出海
剿捕，整饬船只，监督南头、白鸽二寨。明嘉靖四十三年
（1564），两广总督吴桂芳建议，海道副使辖东莞县以西至琼
州"领番夷市舶"；更设海防佥事，巡东莞以东至惠潮，专
御倭寇。明代新安知县周希曜指出："（新安）地当省会门户，
冬春两汛，海宪之出镇，海防之稽查在焉。"④总体上，直到
明朝灭亡，巡视海道副使有时驻扎广州，但基本上驻扎南头。

明朝中期以后，海盗、倭夷骚扰频繁，且有愈演愈烈之
势。新安县作为"内则固省会之金汤，外则绝边倭之窥伺"⑤
的海防地位得到进一步提高。明正德五年（1510），明政府在
南头设立"备倭总兵署"，其衙署就建在东莞守御千户所城内

① （清）阮元：《广东通志》卷一七三《经政略十六》，道光二年刻本。
② （明）黄佐：《广东通志》卷三一《政事志·兵防一·兵署》，嘉靖三十六年
刊本。
③ （明）戴璟：《广东通志初稿》卷三五《海寇》，明嘉靖刻本。
④ 深圳市史志办公室整理编辑：《嘉庆新安县志》卷二二《艺文志》，广州：华
南理工大学出版社，2020 年，第 320 页。
⑤ 张一兵：《康熙新安县志校注》卷一《舆图志》，北京：中国大百科全书出版
社，2006 年，第 14 页。

的东南部，统辖广东都指挥使司所属水军。即所谓"国初垒城、设所，以守海徼，巡以宪副，防以贰守，驻扎参总，盖地关通省门户，诚重之"①。嘉靖四十五年（1566），总督吴桂芳奏请设南头海防参将府，并向朝廷提请添设海防参将一员，领兵三千，驻扎南头，"以固省城东路之防"②。南头参将兼理潮惠，统管省城以东海防。明万历四年（1576），两广总督凌云翼题议：惠、潮既有总参等官，今止防守广州，其信地东自鹿角洲（今深圳大鹏新区）起，西至三洲山（今广东台山市）止。③万历十四年（1586），裁参将，调总兵移镇南头。万历十八年（1590），复设参将。至明末平倭海靖之时，南头海防参将相沿不衰。

二、东莞守御千户所和大鹏守御千户所的修筑

明洪武十七年（1384），广东都指挥同知花茂上奏朝廷，请求在广东复设海诸卫所，分筑墩台，屯种荒地，且耕且守，以备倭寇。洪武二十七年（1394），在东莞县南头和大鹏分别建造两座"千户所"：一座"东莞守御千户所"一座"大鹏守御千户所"，隶属东莞县南海卫。④

① 张一兵：《康熙新安县志校注》卷一二《艺文志》，北京：中国大百科全书出版社，2006年，第454页。
② （明）应槚辑，（明）凌云翼、刘尧诲重修：《苍梧总督军门志》卷二五《奏议三·请设沿海水寨疏》，李燃标点，长沙：岳麓书社，2015年，第296页。
③ （明）应槚辑，（明）凌云翼、刘尧诲重修：《苍梧总督军门志》卷六《兵防一·武官》，李燃标点，长沙：岳麓书社，2015年，第87页。
④ 深圳市史志办公室整理编辑：《嘉庆新安县志》卷一一《经政略四》，广州：华南理工大学出版社，2020年，第195页。

东莞守御千户所的位置在东晋南朝时期宝安县治旧址附近（即今之南头古城）。"东莞守御千户所，在县南东莞县旧城内，洪武二十七年置，有砖城，周三里有奇，环城为池，一名南头城。备倭指挥亦驻此。"①清嘉庆《新安县志》也记载："邑城，在城子冈，即因东莞守御所城也。明洪武二十七年，广州左卫千户崔皓开筑。"该县志还对至东莞守御千户所城的面积和防御工事作了较详细的记载："（东莞守御千户所城）周围连子城共五百七十八丈五尺，高二丈，面广一丈，址广二丈。门四：东曰聚奎，西曰镇海，南曰宁南，外曰迎恩，北曰拱辰。""城楼、敌楼各四（座），警铺二十五，雉堞一千二百，吊桥三，水关二：一在东南隅，一在西南隅。"②明初，千户所正千户为正五品官员，统领副千户7人、百户16人、镇抚2人、吏目1人、司吏1人，屯兵1120人，七分军事防务、三分屯田耕种，自给自足。明崇祯十五年（1642），新安知县周希曜建设了岗墩、赤湾墩、伏涌墩、嘴头墩、赤冈墩、鳌湾墩共6个墩台，每墩台设守旗军5人，归东莞守御千户所拨派。③

大鹏守御千户所位于今大鹏半岛，后枕大鹏岭，东边近海。明洪武二十七年（1394），广州左卫千户张斌奉命修筑大

---

①　（清）顾祖禹撰：《读史方舆纪要》卷一○一《广东二》，清嘉庆十七年敷文阁刻本。

②　深圳市史志办公室整理编辑：《嘉庆新安县志》卷七《建置略》，广州：华南理工大学出版社，2020年，第142页。

③　张一兵：《康熙新安县志校注》卷八《兵刑志》，北京：中国大百科全书出版社，2006年，第241页。

鹏所城。该所城地处高山海港，规模宏大，是明清两代岭南抗倭御寇的一个桥头堡。清康熙《新安县志》记载："沿海所城，大鹏为最。"[1]大鹏所城形制甚伟，"内外砌以砖石，周围三百二十五丈六尺，高一丈八尺，上广六尺，下广一丈四尺，门楼、敌楼各四，警铺十六，雉堞六百五十四，东、西、南三面环水，濠周三百九十八丈、阔一丈五尺、深一丈"[2]。该所额设正千户 1 人，副千户 2 人，百户 11 人，镇抚 2 人，幕官吏 1 人，司吏 1 人；另武官 3 人，旗军 223 人。[3]另外，为加强所城周围安全和防御能力，增设野牛墩、大湾墩、旧大鹏墩、水头墩、叠福墩共 5 个墩台，每墩台设守旗军 5 人，归大鹏守御千户所调拨。[4]

在开筑所城的同时，崔皓、张斌还在今深港地区设置墩台 11 处，作为所城的附属设施。其中隶属大鹏守御千户所管辖的有大鹏咸头岭叠福墩、南澳英管岭水头墩、大鹏野牛墩、大鹏大湾墩、旧大鹏墩等 5 座墩台。隶属东莞守御千户所管辖的则有蛇口赤湾墩和新安鳌湾墩等。位于今香港地区的屯门墩早于明洪武十七年（1384）就得以设置，设把总 1 名。此外，在今深圳大梅沙西侧的梅沙尖还发现盐田烟墩，当时隶属大

① 张一兵：《康熙新安县志校注》卷三《地理志》，北京：中国大百科全书出版社，2006 年，第 42 页。
② 深圳市史志办公室整理编辑：《嘉庆新安县志》卷七《建置略》，广州：华南理工大学出版社，2020 年，第 145 页。
③ （明）郭棐纂修：《广东通志》卷一八《郡县志五·广州府兵防署》，"大鹏守御千户所"条，万历三十年刻本。
④ 张一兵：《康熙新安县志校注》卷八《兵刑志》，北京：中国大百科全书出版社，2006 年，第 241 页。

鹏守御千户所。

　　李茂材，原籍山西太原府阳曲县。其祖李彦忠，永乐十五年（1417）以正千户调东莞所，留居所城，至李茂材长大成人，承世荫，担任东莞守御千户所正千户。李茂材自幼练就一身武艺，且身材魁梧，对于骑射特别精通，更谙水性，通海战，有谋略。明嘉靖年间，沿海的海盗皆与番夷、倭寇勾结，骚扰沿海地区，百姓流离失所，无法安居。李茂材专门训练了一批精干善战的水军，当时被誉为"东莞乡兵"。嘉靖三十三年（1554），东莞盗首何亚八回窜广东沿海，李茂材领"东莞乡兵"与其他路军前往捕剿，生擒何亚八，斩敌无数。后又多次立功，升指挥佥事。嘉靖四十四年（1565）秋，李茂材随总兵俞大猷、参将汤克宽会闽、广之兵剿倭贼吴平巢穴。李茂材虽已过中年，却勇猛异常，突阵捣寨，大显身手，俘斩倭贼，不可胜数，又立大功，升为柘林守备。隆庆元年（1567），吴平死党曾一本反叛。当时，熟悉海战、了解敌情的广东总兵汤克宽被撤职，虽然俞大猷多次要求与汤克宽再战倭贼，但得不到支持。李茂材应召参加剿倭，为了表明视死如归的决心，他令部下载着他的灵车前往。李茂材率兵与敌血战八个昼夜，后因失援身亡。万历十四年（1586），新安知县丘体乾赋诗称赞李茂材："桓桓将军，夙秉智勇。断若机旋，谋若泉涌。鲸波沸腾，仗剑南征。楼船下濑，貔虎雷轰。旌麾攸指，渠魁授首。晋秩赐金，峨峨勋胄。爰有曾丑，鸣枭逞螂。将军整旅，殉节雷洋。昔也龙韬，今也马革。獠（僚）血颜头，忠精金石。邨战失利，河曲丧师。黄金横带，制肘何为？呜呼！海咽贞魂，山标义闻。曰孝曰忠，启尔来胤。"①

三、南头寨的设立

随着澳门开埠，南头作为全广门户，海防地位更为重要，大屿山一带是澳门入省城的必经之地。"盖番船固可直达澳门，而由澳门至省，则水浅不能行，必须由大屿山经南头直入虎头门，以抵于珠江，此南头所以为全广门户也。"②由南头至佛堂门、至十字门、至冷水门的航道囊括整个今深圳、香港地区的海岸。

明嘉靖四十五年（1566），总督吴桂芳仿浙、闽之制，提请于广东设立柘林、碣石、南头、白沙、乌兔、白鸽门六水寨，各分信地，"无事会哨巡缉，有警递相追捕"③。其中东莞守御千户所的水寨叫南头水寨，管辖东起大鹏鹿角洲，西至广海三洲山之海域，明朝政府将南头"参将署"改为"南头寨"。而南头一寨，则为虎门之外卫，即省会之屏藩，尤为扼要。④

南头寨下辖的汛地有六处，即佛堂门、龙船湾、洛塔、大澳、浪淘湾、浪白。管辖东至碣石界，大、小星洋海五百四十里；西至虎头门一百二十里，西南至老方山三洲柳渡五

① 张一兵：《康熙新安县志校注》卷一〇《人物志》，北京：中国大百科全书出版社，2006年，第348页。
② 深圳市史志办公室整理编辑：《嘉庆新安县志》卷一二《海防略》，广州：华南理工大学出版社，2020年，第202页。
③ （明）陈子龙：《明经世文编》卷三四二《吴司马奏议》，明崇祯云间平露堂刻本。
④ 深圳市史志办公室整理编辑：《嘉庆新安县志》卷一二《海防略》，广州：华南理工大学出版社，2020年，第202页。

百一十里；南至大洋，不计里数；北至东莞县缺口巡司四十一里的宽阔海域。南头寨原额定战船大小共计 53 艘，官兵 1486 名。明万历十九年（1591）改设参将后，战船数量增加至 112 艘，水陆官兵以及勤杂兵也增加到 2008 名。[①]天启元年（1621）时，有大小兵船 71 艘。崇祯二年（1629）时，有三、四号大船 12 艘；七号十四橹、十二橹、六橹快船共 26 艘；利捷侦探鱼船 1 艘，大小共计 48 艘。[②]配备如此众多的兵力，可见南头寨在广东海防中有着举足轻重的地位。

南头寨的首任参将是明代著名抗倭骁将汤克宽。据《明史》记载："倭难初兴，诸将悉望风溃败，独〔卢〕镗与汤克宽敢战，名亚俞〔大猷〕、戚〔继光〕云。"[③]汤克宽，号武河，直隶邳州（今江苏省邳州市）人，将家出身，上祖汤和为明朝开国名将；父汤庆，为江防总兵官。明嘉靖四十四年（1565），汤克宽被降调南头寨任参将，创建南头水寨。清康熙《新安县志》载，汤克宽驻跸南头后，参将署设于东莞守御千户所城内东南隅的备倭总兵署。[④]汤克宽恪守军职，日夜操练南头水军，加强各汛地防务，监督修造战船，研讨破倭计策，随时出击。明万历四年（1576），炒蛮（明代蒙古朵颜卫领主）

---

① 深圳市史志办公室整理编辑：《嘉庆新安县志》卷一二《海防略》，广州：华南理工大学出版社，2020 年，第 203 页；张一兵：《康熙新安县志校注》卷八《兵刑志》，北京：中国大百科全书出版社，2006 年，第 246 页。

② 深圳市史志办公室整理编辑：《嘉庆新安县志》卷一二《海防略》，广州：华南理工大学出版社，2020 年，第 203—204 页。

③ 《明史》卷二一二《俞大猷传》，清乾隆四年武英殿校刻本。

④ 张一兵：《康熙新安县志校注》卷五《宫室志》，北京：中国大百科全书出版社，2006 年，第 151 页。

入掠古北口，汤克宽同参将苑宗儒追敌出塞，遇伏战死，捐躯沙场。南头一带当地民众修建报德祠（位于今南头古城中山东街）纪念一代抗倭功臣。

四、屯门海战

自欧洲人发现由非洲南端好望角可到达印度洋的航路后，葡萄牙、西班牙、荷兰及英法等国的商人，纷纷东向航行，以扩张海外贸易。其中，葡萄牙（明代时被称为"佛郎机"）是新航路开通后与明代中国直接接触的首个欧洲国家。

明武宗正德六年（1511），葡萄牙人占据马六甲后，积极开拓通往远东各地的海上航线。明正德八年（1513），葡萄牙驻马六甲的财政司库热尔瓦·阿尔雷斯（Jorge Alvares）奉葡印总督阿尔布克尔克（Afonso de Albuquerque）之命，满载胡椒等物抵达广东屯门，但未获批准上岸，后在水面上与中国商人进行走私交易，获利甚丰。次年（1514），塞克拉再次率船进入珠江口，以进贡为名要求停留，遭拒绝，后在"屯门海澳"及"葵涌海澳"（今香港青衣岛、葵涌一带）建筑堡垒壕障，设置刑场，杀人越货，无恶不作，并在其地刻立葡国徽章石柱，以示占领。"近于正德改元，忽有不隶贡数恶夷，号为佛郎机者，与诸狡猾凑杂屯门、葵涌等处海澳，设立营寨，大造火铳为攻战具。占据海岛，杀人抢船，势甚猖獗；虎视海隅，志在吞并；图形立石，管辖诸番。"①中文史料里

---

① 深圳市史志办公室整理编辑：《嘉庆新安县志》卷二三《艺文志二·记序》，广州：华南理工大学出版社，2020年，第329页。

也有很多有关葡萄牙人初来广东时暴行的记载。如最早接触葡萄牙人的原广东按察佥事顾应祥称，佛郎机头目晋见广东大吏时"俱不拜跪"，"至京见礼部，亦不拜跪"，被人视为"桀骜"。①广东海道副使汪铉的奏疏称佛郎机假托进贡，"直趋省城……奸污妇女，杀食儿童，为害尤甚"②。明嘉靖《广州志》将佛郎机人"假入贡为名，举大铳如雷""谋据东莞南头""掠买小儿炙食"的野蛮行径视为"淫毒古所未有"。③

明正德十二年（1517），葡萄牙驻马六甲总督派遣船长安德拉德（Frenao Perezd Andrade）携文书贡物，率船 4 艘，经屯门驶入虎门，前往广州，以葡萄牙国王大使名义要求与两广总督陈金会面，再次遭到驱逐。"佛郎机素不通中国。正德十二年，驾大舶突至广州澳口，铳声如雷，以进贡为名。抚按查无《会典》旧例，不行。乃退泊东莞南头，盖房树栅，恃火铳自固。……海道副使汪铉帅兵至，犹商人凿舟用策，乃悉擒之，余皆逐去。"④这是我国史志书中关于佛郎机火炮的最早记录。

正德十三年（1518），葡萄牙驻马六甲总督又派安德拉德

① （明）顾应祥：《静虚斋惜阴录》卷一二《杂论三》，《续修四库全书》第 1122册，上海：上海古籍出版社，2002 年，第 511 页。
② （明）汪铉：《题为重边防以苏民命事》，见（明）黄训编：《名臣经济录》卷四三《兵部（职方下之下）》，《景印文渊阁四库全书》史部，第 444 册，台北：台湾商务印书馆，1986 年，第 294 页。
③ 嘉靖《广州志》卷四《纪事下》，见广东省地方史志办公室辑：《广东历代方志集成·广州府部（一）》，广州：岭南美术出版社，2007 年，第 266 页。
④ （明）张燮：《东西洋考》卷 5，谢方点校，北京：中华书局，1981 年，第 93 页。

之弟西摩（Simaode Andrade）率葡船一艘、帆船三艘进抵屯门。此人秉性贪暴，劫财掠货，掳卖子女，引起中国官民的愤恨。"他从沿海地区掳走年轻女子，捕捉中国人，使之为奴。他放纵自己去干那些最无法无天的海盗行径，过着最可耻的放荡淫乐生活。他手下的那些水手与士兵也就起而效之。"①一位葡萄牙船长也描述他的同胞在中国沿海的所作所为："他们不愿遵从中国国王的命令，想在中国发动战争，烧杀掳掠这个国家，在那里做了许多坏事。"②因为他们的野蛮行径，中国人"把葡萄牙人视为强盗和不服从他们的皇帝的捣乱分子"③。清嘉庆《新安县志》也记载，"脍炙生人，以充常食。民甚苦之，众口嗷嗷，俱欲避地，以图存活，弃其坟墓、室庐，又极凄惋"④。

明正德十六年（1521），嘉靖即位后，命广东按察使汪鋐率军驱逐占据屯门之佛朗机人。"公亲冒风涛，指画方策，号召编民，率以大义，战而克之。"⑤汪鋐自到前方沿海地域了

① 《韦尔斯利侯爵的代表们赠给大英博物馆的出使中国报告》，手稿第 13875 号，附录第 24 页，转引自张天泽：《中葡早期通商史》，姚楠、钱江译，香港：香港中华书局，1988 年，第 70 页。
② 《印度古物志》卷三〇，第 435 页，转引自张天泽：《中葡早期通商史》，姚楠、钱江译，香港：香港中华书局，1988 年，第 69 页。
③ 《莱昂内尔·德·索萨关于一五五三至五四年协议的记述》，见〔葡〕威·罗伯特·尤塞利斯：《澳门的起源》，周卓兰、张来源译，澳门海事博物馆，1997 年，第 43 页。
④ 深圳市史志办公室整理编辑：《嘉庆新安县志》卷二三《艺文志二》，广州：华南理工大学出版社，2020 年，第 329 页。
⑤ 深圳市史志办公室整理编辑：《嘉庆新安县志》，广州：华南理工大学出版社，2020 年，第 213 页。

解情况，拟定作战计划。另外他还从附近地区招募一批民兵，组成一支士气高昂的讨伐队伍。他利用己之长，克敌之短。葡萄牙人虽有船坚炮利的优势，但船大而进退不便，若遇浅水更是不易。汪鋐利用风势对敌之船进行火攻，结果大获全胜。"诸番舶大而难动，欲举必赖风帆。时南风急甚，公命刷贼敝舟，多载枯柴、燥荻，灌以脂膏，因风纵火，舶及火舟，通被焚溺。命众鼓噪而登，遂大胜之，无孑遗。是役也，于正德辛巳出师，至嘉靖壬午凯还。"①据当代学者考证，战事开始时葡萄牙人据险顽抗，以佛郎机火枪攻击明军，并企图占据南头城。汪鋐用50艘战船包围屯门，指挥明军用轻舟装载枯柴和干草，乘着风势纵火焚烧葡萄牙的战船；又派善于游泳的人潜水击穿葡萄牙船只。屯门之役持续战斗了40天，结果葡萄牙人伤亡惨重，被迫抛弃部分船只，乘三艘大船趁海上风暴骤起之际逃走。

汪鋐在中葡屯门海战中虽然取得胜利，但从中看到葡萄牙武器的先进性。为改善明军的武器装备，加强北方的军事防御，汪鋐上《奏陈愚见以弥边患事》疏，主张建造佛郎机铳以备边患。奏疏详细记录了葡萄牙人使用蜈蚣船和佛郎机铳的技术特征。"臣先任广东按察司副使，巡视海道。适有强番佛郎机驾船在海为患。其船用夹板，长十丈、宽三丈，两旁驾橹四十余枝，周围置铳三十余管，船底尖而面平，不畏风浪，人立之处，用板捍蔽，不畏矢石，每船二百人撑驾，

---

① 深圳市史志办公室整理编辑：《嘉庆新安县志》，广州：华南理工大学出版社，2020年，第329页。

橹多而人众，虽无风可以疾走。各铳举发，弹落如雨，所向无敌，号曰：'蜈蚣船'。其铳管用铜铸造，大者一千余斤，中者五百斤，小者一百五十斤。每铳一管，用提铳四把，大小量铳管以铁为之，铳弹内用铁，外用铅，大者八斤，其火药制法与中国异。其铳举放，远可去百余丈，木石犯之皆碎。……臣窃惟佛朗机凶狠无状，惟恃此铳。铳之猛烈，自古兵器未有出其右者。……南畿根本重地，防守不可不严。操江虽有船只，或未尽善，合无照依蜈蚣船式样，创造数十艘，易今之船，使橹用铳，一如其法，训练军士，久而惯熟，则防守益固。乞敕该部再行查议。"①虽然据一些学者考证，该奏疏中蜈蚣船并未来粤贸易或参与1521年中葡屯门海战②，但毋庸置疑，葡萄牙在屯门海战中战船之先进还是给汪铉留下深刻印象，成为他师夷长技、学习西方先进军事技术的思想起源。

汪铉所讲的"蜈蚣船"，据明代胡宗宪《筹海图编》卷十三记载："船曰蜈蚣，象形也，其制始于东南夷，专以架佛郎机铳。铳之重者千斤，至小者亦百五十斤，其法之烈也，虽木石铜锡，犯罔不碎，触罔不焦，其达之迅也。虽奔雷掣电，势莫之疾，神莫之追，盖岛夷之长技也。"③该书对佛郎机铳有如下记载："其铳以铁为之，长五六尺，巨腹长颈，腹有长

---

① （明）汪铉：《奏陈愚见以弭边患事》，见（明）黄训编：《名臣经济录》卷 43，文渊阁四库全书本，第 1—3 页。

② 参阅谭玉华：《汪铉〈奏陈愚见以弭边患事〉疏蜈蚣船辨》，《海交史研究》2019 年第 1 期。

③ （明）胡宗宪辑：《筹海图编》卷一三，文渊阁四库全书本，第 298 页。

孔。以小铳五个，轮流贮药，安入腹中放之。铳外又以木包铁箍，以防决裂。海船舷下，每边置四五个，于船舱内暗放之。"①嘉靖三年（1524），南京内外守备魏国公徐鹏举也上疏朝廷，请求调"广东所得佛郎机法及匠作"到南京，得到嘉靖皇帝批复。汪铉提出的仿造佛郎机铳之"御虏"建议遂得到实施。此后明朝命工匠大规模仿制。《明世宗实录》云："中国之有佛朗机诸火器，盖自儒始也。"②汪铉不遗余力地学习和引进西方先进武器技术并实地使用，是中国人民向西方学习的开始，比明末徐光启学习铸造西洋大炮，早整整100年。

屯门海战是中国与西方殖民者之间的第一场战争。它比清康熙元年（1662）在台湾发生的热兰遮城之战——此战被西方一些历史学家称为"欧洲与中国的第一场战争"，还早了近一个半世纪，更比鸦片战争早300多年。屯门海战可说是中西关系史上极具意义的一章，它预示了中国此后的国防重点将由北方的陆地转移至南方的海洋，而欧洲以海上力量崛起的国家亦将取代传统的草原民族，成为中国主要的外患。至于引发屯门海战的商贸利益，亦在此后的数百年间逐步萌发为欧洲国家竞相东来的动力。最终欧洲国家再次以海上武力，以香港为起点打开了中国的大门。③

---

① （明）胡宗宪辑：《筹海图编》卷一三，文渊阁四库全书本，第305页。
② 《明世宗实录》卷一五四，"嘉靖十二年九月丁卯"条，北京：中华书局，2016年，第8334页。
③ 参阅刘智鹏、刘蜀永编著：《香港史：从远古到九七》，香港：香港城市大学出版社，2019年，第24页。

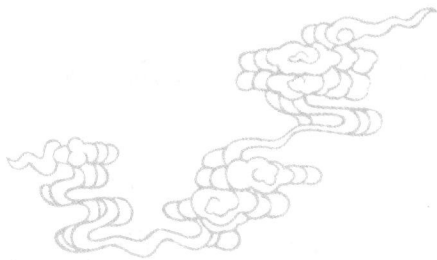

第七章　清代前期的深圳地区

　　清代前期，东南沿海地区广泛实施海禁政策。清康熙元年（1662），新安县首次迁界，县域 2/3 的地方被划入迁界范围，原属新安县的香港地区则全域被迁。康熙六年（1667），新安县被裁撤，并入东莞县。康熙八年（1669），清廷展界后，新安县复设。为恢复因迁界而重创的县域社会、经济、文化，历任新安知县大力推行招垦政策，促进该县人口增加与农业经济恢复，推动县城基础设施建设，促进墟市商业复苏，加强乡村社会治理，振兴教育与文化。

　　新安县作为"全广门户"，其海防和军备历来受到清政府重视。新安县展界后，重要军事要塞的兵力设施得以持续加强。清嘉庆中后期，新安县沿海地带面临海寇侵扰。新安县官民积极配合广东水师，一举荡平华南海寇。为了寻求东方贸易据点，西方列强觊觎和蓄谋香港已久，频频挑起事端。大鹏水师营参将赖恩爵①指挥九龙海战，并取得鸦片战争首战胜利。

①　赖恩爵，字简廷，乾隆六十年（1795）生，新安县大鹏人，系赖氏"三代五将"之一。其祖父赖世超是武举人，官至二品都尉；其父赖鹰扬，清道光年间曾任浙江定海总兵；其叔父赖信扬官至福建厦门水师提督；其弟赖恩禄获将军官衔，任福建晋江镇镇台。赖恩爵少时随父在阳江入伍历练，历任把总、千总、守备、都司、游击、海门营参将。

第一节　建置沿革

清顺治三年（1646），明朝新安县最后一任知县杨昌降清，张文煜任清代新安县第一任知县。清前期，新安县的管辖范围涵盖今深港两地的大部分陆地及附属洋面。清康熙元年（1662），新安县奉令迁界。康熙六年（1667），新安县被裁撤，并入东莞县。康熙八年（1669），迁界令废除后，新安县复设。县城内的官署、庙宫、街区也在明代基础上得以不断复建、扩建。

一、新安县的抗清斗争

清顺治三年（1646）十二月，清军在佟养甲率领下攻陷广州，随后占领东莞、新安等县。南明兵部主事陈邦彦联合农民军领袖余龙起兵于顺德县，南明监军御史张家玉起兵于东莞县，南明大学士陈子壮联合增城花山农民军起兵于南海县，"三路连兵，势同鼎足"①。顺治四年（1647）三月，张家玉率义军攻打广州，明叛将清军提督李成栋获报，先发兵东莞县，攻望牛墩，围道滘义军。张家玉血战数日，杀敌千余，终因无援，向新安县败退，到西乡后得到大富豪陈文豹的拥戴。为反清保民，张家玉邀陈文豹担任总兵，邀另一支义军李万荣义士为参将。

---

① （清）屈大均：《皇明四朝成仁录》卷 10《顺德起义臣传》，上海：商务印书馆，1948 年。

　　陈文豹，号御赤，世居南山村。明万历年间，其祖父迁西乡铁仔山立莲塘围。明崇祯初年，陈文豹中秀才，时遇清军入关，国难当头，陈文豹募兵保境，名声大振。新安县城南头，离西乡仅十里。随清总督佟养甲入粤的张文煋接任新安知县，听闻勇猛的西乡义军，坐立不安。张家玉和陈文豹联手后，决定直取南头清军巢穴。经多天准备，陈文豹乘张文煋不备攻城，打死典史何彦炜、东莞盐场大使李逢春，张文煋乘乱逃出南头城。陈文豹留下守城军，又打下沙井。清兵乘虚占据南头城，接回张文煋。待陈文豹获知，再次攻打南头城未果，只好将之围困。

　　顺治四年（1647）四月，清军副使戚元弼及李成栋义子贾九率领大军围攻西乡，海陆并进，并以"红毛夷"为先锋，手持双倭刀，蜂拥而至。陆路清军，经北栅、乌沙、大宁等乡时，被埋伏在险要密林的义军和乡民杀得丢盔弃甲。六月，清军攻陷南头城，乘势又围剿西乡。张家玉授计陈文豹"虚而示之实"，摆起空城计，令寨上遍插旗帜，擂鼓不息。寨门佯书"约战"牌，而率军偷偷离开西乡，躲藏在大、小铲岛屿上，避开敌军锋芒。待敌军进攻军寨时，张家玉、陈文豹率众突袭，使清军措手不及，死者千余人，清将李成栋弃船逃脱。六月下旬，李成栋又组织兵力，准备与西乡义军决死一战。西乡外围大敌压境。战斗打响，张家玉战寨中，陈文豹战寨外，并运用水战其陆，陆战其水的战术，与清军血战两昼夜，尸满西乡海河。后因双方力量悬殊，张家玉率领的水师失利，且战且向东莞县撤退，再转战增城县，最后以身殉明。陈文豹率军与敌激战，掩护张部突围，终因中弹，英勇就义。清军攻占西乡，残酷杀戮，莲塘围被火焚烧，陈文豹全家殉难。陈文豹舍生取义，新安县百姓世代不忘。清王朝为笼络人心，将陈文豹认定为忠勇之士，将他列入"胜朝殉节诸臣录"中，入祀新安县忠义祠。[①]

张家玉、陈文豹先后牺牲后，张家玉部下李万荣领导义军继续抗清，以大鹏所城为据点，控制范围扩展到今港九地区。"鸡婆山在九龙寨东南，怪石嶙岣，昔土寇李万荣驻此，以掠商舶。"[②]顺治十三年（1656），清总兵黄应杰围困义军于大鹏山（今大鹏新区七娘山）三个月，最终逼迫李万荣粮尽投清。至此，新安县的抗清斗争宣告结束。

二、新安县的裁撤与复设

清政府确立对新安县的统治后，仍将其划归广州府管辖。当时新安县的管辖范围包括现在深港两地大部分内陆及其附属洋面和岛屿（文前图20）。"广二百七十里，袤三百八十里……东至三管笔海面二百二十里，与归善县碧甲司分界……西至矾石海面五十里，与香山县淇澳司分界；南至担杆山海面三百里，外属黑水大洋，杳无边际……北至羊凹山八十里，与东莞县缺口司分界……东北至西乡凹山一百五十里，与归善

① 深圳市史志办公室整理编辑：《嘉庆新安县志》卷一九《人物志一》，广州：华南理工大学出版社，2020年，第275页。
② 深圳市史志办公室整理编辑：《嘉庆新安县志》卷四《山水略》，广州：华南理工大学出版社，2020年，第93页。

县碧甲司分界……西南至三牙牌山一百二十里，与香山县澳门厅分界……西北至合澜海面八十里，与东莞县缺口司分界；东南至沱泞山二百四十里，与归善县碧甲司分界。"①

由于以郑成功为代表的反清复明斗争仍在持续，为封锁沿海水陆交通联系，清朝进一步申严海禁。清顺治三年（1646），清廷颁布《大清律集解附例》，保留了《大明律》中有关"私出外境及违禁下海"的条文。清顺治四年（1647）七月，清政府颁布《广东平定恩诏》，其中明确规定"广东近海，凡系漂洋私船，照旧严禁"。清顺治十三年（1656）六月，清廷颁发"禁海令"，敕谕浙江、福建、广东、江南、山东、天津各地督抚，严厉禁止商民船只私自出海，"不许片帆入口，一贼登岸"，一旦有人"将一切粮食货物等项，与逆贼贸易者，或地方官察出，或被人告发，即将贸易之人，不论官民，俱行奏闻正法，货物入官"。②但是，这一禁令收效并不大。沿海各地对郑成功等"粮饷、油、铁、桅船之物，靡不接济"③。清顺治十八年（1661）八月，清廷变本加厉推出"迁海令"，强令沿海居民内徙，北起北直（河北）、中经山东、江南（江苏）、浙江，南至福建、广东等五省沿海三十至五十里以内的居民限期向内地迁移，清廷"立界移民"，严令军民人等不得

---

① 深圳市史志办公室整理编辑：《嘉庆新安县志》卷二《舆地略一》，广州：华南理工大学出版社，2020年，第64页。

② 《清世祖实录》卷一〇二，"顺治十三年六月癸巳"条，北京：中华书局，1985年，第789页。

③ （清）江日升撰：《台湾外记》卷五，台北：台湾银行经济研究室，1960年，第201页。

越界，违者处斩。凡迁界之地，房屋、土地全部焚毁或废弃。广东省"东起大虎门，西迄防城，地方三千余里，以为大界。民有阑出咫尺者，执而诛戮"。①

新安县军事海防的地理位置重要，"邑虽弹丸，山海错峙，民蜑（疍）杂居，实沿海之要区也"②，是广东二十四个禁海迁界州县之一。清顺治十八年（1661），总镇张善即到新安县勘界。清康熙元年（1662）二月，副都统科尔坤与兵部侍郎介山到新安县实地勘界，竖立界标，新安县三分之二地域都在迁移之列。时年三月，广东惠州协镇总兵曹志与广东抚标左营游击将军马应秀率兵到东莞、新安县地实施迁界。"驱民迁入五十里内地。民初不知迁界之事，虽先示谕，而民不知徙。及兵至，多弃其赀，携妻挈子以行，野栖露处，有死丧者，有遁入东莞、归善，及流远方不计道里者。"③此为新安县初迁。

康熙二年（1663）八月，都统伊里布、兵部左侍郎石图再次来到新安县巡查勘界，"拟续立界"，决定向内陆再迁移三十里，把迁界扩大到新安县全境。广东巡抚卢兴祖"以邑地初迁，人民困苦"，上疏请求免于全迁，保留县城一带，康熙三年（1664）三月，新安县城守蒋宏闰、知县张璞派遣官

---

① （清）屈大均撰：《广东新语》卷二《地语》，北京：中华书局，1985年，第58页。

② 深圳市史志办公室整理编辑：《嘉庆新安县志》（卢元伟序），广州：华南理工大学出版社，2020年。

③ 深圳市史志办公室整理编辑：《嘉庆新安县志》卷一三《防省志》，广州：华南理工大学出版社，2020年，第210页。

兵驱赶东西二路二十四乡入界。^①此为新安县再迁。

新安县西起三角山，东到大鹏所沿海的乡村都在迁移之列。具体界线为：自三角山，历马鞍山等境，源泉山、河水口、香橼围、周家山、田心围、凉水井、羊蹄山、更鼓山、北灶山、围村、上村、新安县、崇镇铺、照穴岩、白石山、汉塘山、龙湾山、梅岭村、新英村、赤尾村、塘尾围、隔塘围、箱口山、平畲山、后梧桐山、黎洞村、梧桐山、盐田村、梅沙山、溪涌山、下洞山、涌浪山、梅子林、田头山、窑凹岭，至大鹏所。^②

今香港之香港岛、九龙、新界全部都在被迁范围，房屋多被拆除，田地荒废，被迁出的田地面积共有 1359 顷之多。^③"沙头角、鹿颈、乌蛟田、新娘潭、沙螺洞、汀角、船湾、西贡、豪涌、清水湾、源堡、沙田围、鲤鱼门、荼里岭、吉澳、塔门、大浪、赤径、新田、米埔、元朗、厦村、屏山、扫管笏、大榄涌、荃湾、深水埗，以至长洲、坪洲、青衣岛、香港岛、大屿山等处及邻近各岛一度荒废。"^④清政府在香港屯门、狮子岭、大埗头、麻雀岭等地筑设墩台，派兵看守。久之，香港地区成为海寇盘踞之地，而朝廷对此亦不理会，迁

---

① 深圳市史志办公室整理编辑：《嘉庆新安县志》卷一三《防省志》，广州：华南理工大学出版社，2020 年，第 210 页。

② （清）杜臻：《粤闽巡视纪略》卷二，《钦定四库全书》史部，上海：上海古籍书店，1985 年，第 48 页。

③ 萧国健：《清初迁海前后香港之社会变迁》，台北：台湾商务印书馆，1986 年，第 114 页。

④ 舒国雄主编：《明清两朝深圳档案文献演绎》（第二卷），广州：花城出版社，2000 年，第 542 页。

界时期的香港进入黑暗时期。^①

迁界使新安县人民被迫背井离乡，颠沛流离。据清嘉庆《新安县志》记载："初迁，民多望归，尚不忍离妻子。及流离日久，养生无计，爰有夫弃其妻、父别其子、兄别其弟而不顾者，辗转流亡，不可殚述。"^②新安县移民迁入东莞、惠州等邻近县府，也有到更远的县乡安插。新安县无数村落顿成荒野，堂堂新安县衙门没有百姓可管，县治名存实亡。清康熙六年（1667），知县张璞无奈奏请撤县，"将迁存地丁钱粮，归并东莞"^③。清廷同意将新安县撤销，并入东莞县。迁界对新安县来说是一场空前的浩劫。清嘉庆《新安县志》记述："新安奉迁，民之流离，甚于他邑。"^④

清康熙四年（1665），广东巡抚王来任巡视新安县，察觉全县界内渔盐场荒废，田园破败，村落十室九空，凄惨景象入目，既震惊又同情迁民遭遇。他两年间五次疏奏，要求整肃强征暴敛、诬民为盗、妄杀良民等行为，请求减免赋税。康熙七年（1668），王来任因同情迁民、执行迁海政策不力，被诬陷罢官，不久病倒不起。他临终前仍不忘处在水深火热中的新安县百姓，写下《展界复乡疏》，以劝清廷展界，让迁民回乡复

---

① 萧国健：《香港历史与社会》，香港：香港教育图书公司，1994 年，第 10 页。
② 深圳市史志办公室整理编辑：《嘉庆新安县志》卷一三《防省志》，广州：华南理工大学出版社，2020 年，第 211 页。
③ 张一兵：《康熙新安县志校注》卷三《地理志》，北京：中国大百科全书出版社，2006 年，第 32 页。
④ 深圳市史志办公室整理编辑：《嘉庆新安县志》卷二二《艺文志一》，广州：华南理工大学出版社，2020 年，第 311 页。

业。他在奏疏中写道："微臣受恩深重，捐躯莫报，谨临危披沥，一得之愚仰祈睿鉴，臣死瞑目。"他直言粤迁界惨事，数百万迁民流离失所，每年抛弃地丁粮银三十余万两，又置重兵，驱使未迁之民筑墩台，树桩栅，乃劳民伤财之策。他力陈建言："请将原迁之界，急弛其禁，招徕迁民，复业耕种，与煎晒盐斤；将港内河撤去其桩，听民采捕。"[1]时任两广总督周有德将《展界复乡疏》上呈朝廷，并随疏附信"广东沿海迁民，久失生业，今海口设兵防守，应速行安插，复其故业"[2]，明确表示支持王来任的奏疏。

清康熙七年（1668）年正月，朝廷派都统特晋作为钦差大臣与周有德一起到各地勘展边界，沿途官民载道欢呼，纷纷前来迎送。时年十月，周有德上疏请求先展界，而后设防。他在奏章中写道："界外民苦失业，闻许仍归旧地，踊跃欢呼。第海滨辽阔，使待勘界既明，始议安插，尚需时日，穷民迫不及待。请令州县官按迁户版籍给还故业。"[3]康熙八年（1669）正月，清廷正式宣布新安县展界，原新安县居民可回原籍，不愿返回的，也不强迫，"许民归业，不愿者听。民踊跃而归，如获再生"[4]。新安县民众额手称庆，对广东巡抚王来任、两广总督周有德上书朝廷、成功复界之功感恩戴德。

---

① 深圳市史志办公室整理编辑：《嘉庆新安县志》卷二二《艺文志一》，广州：华南理工大学出版社，2020年，第310页。

② 《清国史》，《食货志·卷一》，民国嘉业堂钞本。

③ 《清史稿》卷二六二《周有德传》，民国十七年清史馆排印本。

④ 深圳市史志办公室整理编辑：《嘉庆新安县志》卷一三《防省志》，广州：华南理工大学出版社，2020年，第211页。

为纪念王来任，新安县百姓自发建祠立庙祭祀。据清嘉庆《新安县志》记载，在西乡、沙头墟、石湖墟共建有3处王巡抚祠。①其中，位于西乡的王巡抚祠（今"王大中丞祠"）现仍保存完好，为三间三进的祠堂式建筑，包括头门、前廊、中厅、后厅等，穿斗式木构梁架，硬山顶。大门石额上书"王大中丞祠"五个阳文大字，两边对联为："巡粤表孤忠，耿耿丹心，奏牍两章留史册；抚民留善政，元元赤子，讴思万载仰旌常。"门两侧有塾台，砖雕墀头，颇为壮观。此祠曾经多次重修，是深圳市保存得比较完好的一座古代建筑物。

香港地区受迁海影响最大，村民对王来任和周有德最为感恩。位于上水石湖墟的王巡抚祠，又称"报德祠"，其遗址在今香港新界上水石湖墟巡抚街。由"新界五大家族"，即锦田邓氏、新田文氏、上水廖氏、上水侯氏及粉岭彭氏等共同筹款建起"巡抚祠"。后来因同奉祀周有德与王来任，改称"报德祠"。在每年农历五月十九日及六月初一周有德和王来任的生辰纪念日祭祀。可惜此祠于1955年失火焚毁，今尚有巡抚街以示纪念。

周、王二公书院（纪念两广总督周有德及广东巡抚王来任），位于今九龙新界锦田大沙洲前和北围村后，创建于清康熙二十三年（1684）。书院对联"惠此岩疆恩流两粤，复我邦族德戴二人"，表达百姓对周、王二公的爱戴。书院创立后，

---

① 深圳市史志办公室整理编辑：《嘉庆新安县志》卷七《建置略》，广州：华南理工大学出版社，2020年，第152页。

先后于清乾隆九年（1744）、道光四年（1824）进行重修，现旧观保存完好，书院内西廊壁上，仍存有新旧碑刻，可资参观研究。

清康熙八年（1669）七月，新安县复设，由番禺县丞路一鳌代理知县。康熙九年（1670），新安县复设后的首任知县李可成到任，着手恢复破败的县治衙署机构。

三、县治机构设置

清代县治衙门设置的原则是因官设衙，知县衙门是县治最重要的衙门，其他因需而设的县衙职官包括典史、教谕、训导、县丞和主簿等。清嘉庆《新安县志》记载了当时新安县主要职官情况，具体如下。[①]

文官编制：知县1名，典史7名，承发1名，仓吏1名，库吏1名。大鹏县丞1名，雍正元年（1723）设司吏1名。儒学教谕1名【康熙三年（1664）裁，十七年（1678）复设】，训导1名，司吏1名。官富巡检司巡检1名，司吏1名。福永巡检司巡检1名，司吏1名，典史1名，司吏1名。东莞场大使1名【乾隆五十四年（1789）裁】攒吏1名（裁）。归德场大使1员【乾隆五十四年（1789）裁】攒吏1名（裁）。

武官编制：新安营设游击1名，中军1名，千总1名，把总4名，外委5名。大鹏营设参将1名，守备1名，千总2名，把总4名，外委7名。

---

① 深圳市史志办公室整理编辑：《嘉庆新安县志》卷五《职官志一》，广州：华南理工大学出版社，2020年，第102—103页。

新安县原有两个巡检司，福永巡检司衙门设于福永村南，职责是巡检珠江口一带穿鼻洋的洋面。清康熙三年（1664），新安县迁界后，福永巡检司衙门被拆毁。清康熙十年（1671），巡检薛震修复福永巡检司衙门。官富巡检司衙门原本在九龙附近，管辖范围除了今香港地区之外，还北到东莞县清溪镇，东北到盐田，西北到龙华石凹，包括龙华、观澜、布吉、福田、罗湖。"原署在县治东南八十里，为官富寨。"①由于受迁界影响，衙署废弃。康熙十年（1671），官富巡检蒋振元捐献薪俸购买赤尾村民地，起造衙署，将驻地迁移至距离南头三十余里的赤尾村，但香港地区事务仍归其管辖。

据《新安县志》记载，清朝从清顺治三年（1646）至清嘉庆二十四年（1819），凡174年，共有70任知县。其中，李可成、舒懋官、靳文谟等对新安县的经济社会发展作出较为突出贡献。

李可成，辽东铁岭人，号集又。清康熙九年（1670）任新安知县，甫一到任即在县境内考察，"所经大鹏、盐田、香港仔、荃湾、赤湾、西乡、福永至松岗等沿海"，发现当时的深圳地区疮痍满目，百废待兴。"老幼委沟壑，壮者散四方"，人稀、村废、屋毁、田荒、营破。李可成"唏嘘久之"，决心整顿县治。他提出蠲除旧弊、振民兴革之八项行动："劝开垦以增国赋""端士习以兴教化""修城池以资保障""筑台寨以固边防""革火耗以劝输将""禁包当以清里役""严保甲以稽

---

① 深圳市史志办公室整理编辑：《嘉庆新安县志》卷七《建置略》，广州：华南理工大学出版社，2020年，第147页。

奸宄""查刁讼以安善良。"①首先，李可成亲自出面，以各种方式，四处告示，采取优惠政策，吸引和优先安置新安县原住民回迁，悉心招徕闽西、赣南、粤东、粤北之移民。凡落籍新安县者，予以栖址，划拨山田滩涂，鼓励移民耕凿，穷困者给予种子，缺劳力者赊借耕牛。李可成亲自督耕劝课，对惰而不前者，督之；对耕而垦种者，赏之。此时，新安县人民获得实惠，冀见希望，重振家业劲头前所未有。

此外，李可成还带头捐资买料，修葺廨署、学宫、关帝庙、城隍庙等城池衙宇，修复120多座军事寨台和城垣营盘。针对复界初期，粮食、蔬菜等民生物价高涨，不法奸商乘机扰市的现象，李可成督征钱粮平抑物价，严禁商家垄断，整治囤积居奇，使县城市贸活跃，民生面貌得到极大改观。但他本人却从不居功自表，而是把新安县邑发展变化的成果，归功于朝廷方略、同僚合作、全民群策的努力和其父家教之结果。可见其为人忠厚守己，廉洁奉公。

舒懋官，字长德，号萸房，江西靖安县人。清嘉庆二十一年（1816），舒懋官任新安知县。他注意考察名胜古迹、风俗人情，发现康熙初年靳文谟所修的旧志，存在体例不精当、记载不准确、详略欠周等缺点和不足，准备重修县志。他聘请同乡、江西南城县副贡生、候选直隶州州判王崇熙为总纂，参考康熙《新安县志》。"其中讹者正之，冗者汰之，缺者补之，悉

---

① 深圳市史志办公室整理编辑：《嘉庆新安县志》卷二二《艺文志一》，广州：华南理工大学出版社，2020年，第322—324页。

举其体例，而变通焉。"①为核实资料，他多次利用下乡办案的机会，"驾帆于鲸波骇浪中，危险莫测。查踏内外洋界址，海境了然于胸"②"暇则亲履四境、延访故老"③，重新勘测零丁洋航路。尤其是他在新志中增入海防图，将香港等大小县属海上诸岛纳入县志的版图中，明确香港乃中国领土不可分割之部分。20多年后，香港就被英国强占，这部《新安县志》也为中国近代史这一重大历史事件留下最直接的证据。清嘉庆《新安县志》是至今传世的有关新安县历史最全面、最直接的文献资料，也为深圳古代社会历史面貌留下了精彩的图景。

舒懋官为官清正廉直、秉公执法，重调查、善疏导、清积案、平冤狱，深得民众爱戴。在《新安县志》书成后，他上书请求告老还乡，赡养老父。辞官归里后，他曾受聘主修清道光五年（1825）版《靖安县志》，主持修建靖安东外霁峰塔（即东门山宝塔）和县北河堤，并出资襄助。舒懋官七十而卒，著有《道泉山房诗文遗稿》。

清代嘉庆前新安县知县相关情况见表 7-1。

表 7-1　清代嘉庆前新安县知县简表

姓名	籍贯	任职资格	到任时间
张文煜	奉天	岁贡生	顺治三年（1646）初
杨美开	江南	贡生	顺治五年（1648）

---

① 深圳市史志办公室整理编辑：《嘉庆新安县志》（舒懋官序），广州：华南理工大学出版社，2020 年。

② 同治《靖安县志》卷一〇《人物·舒懋官》，《中国地方志集成·江西府县志辑 47》，南京：江苏古籍出版社，1996 年，第 212 页。

③ 深圳市史志办公室整理编辑：《嘉庆新安县志》（卢元伟序），广州：华南理工大学出版社，2020 年。

姓名	籍贯	任职资格	到任时间
李君柱	湖广黄冈	贡生	顺治七年（1650）
何中贤	山西	贡生	顺治十一年（1654）
马以懋	陕西	举人	顺治十三年（1656）
张鹏彩	山西	贡生	顺治十八年（1661）
张璞	陕西甘肃卫	拔贡	康熙二年（1663）
李可成	辽东铁岭	荫生	康熙九年（1670）
罗鸣珂	正红旗	监生	康熙十四年（1675）
张明达	奉天府沈阳	监生	康熙十七年（1678）
安定枚	辽东东宁卫	监生	康熙二十三年（1684）
靳文谟	直隶开州	进士	康熙二十六年（1687）
丁棠发	浙江嘉善	进士	康熙三十三年（1694）
金启贞	正白旗	监生	康熙三十九年（1700）
赵大塍	浙江钱塘	监生	康熙五十二年（1713）
黄廷贤	福建惠安	举人	康熙六十一年（1722）
徐云祥	浙江上虞	进士	雍正二年（1724）
段岷生	湖广长宁	进士	雍正二年（1724）
王师旦	浙江海盐	进士	雍正三年（1725）
何梦篆	江南江宁	进士	雍正八年（1730）（历任12年）
汤登鳌	江南	不详	乾隆六年（1741）
唐若时	陕西渭南	进士	乾隆九年（1744）
邓均	灵丘	进士	乾隆十年（1745）
汪鼎金	浙江钱塘	进士	乾隆十一年（1746）
赵长民	陕西兴平	举人	乾隆十六年（1751）
胡（佚名）	不详	不详	乾隆十七年（1752）
沈永宁	江南吴县	监生	乾隆十八年（1753）
王文征	不详	不详	乾隆年间（具体年份不详）
书（佚名）	不详	不详	乾隆年间（具体年份不详）
严源	江苏元和	副榜	乾隆二十三年（1758）
邢屿	不详	不详	乾隆二十七年（1762）
谭见龙	江南昭文	举人	乾隆三十二年（1767）
郑尚桂	直隶宛平	举人	乾隆三十三年（1768）
李文藻	山东益都	进士	乾隆三十六年（1771）
杨士玑	江南娄县	进士	乾隆二十九年（1764）任，三十六年（1771）复任
富森	满洲镶黄旗	举人	乾隆三十五年（1770）
张之浚	四川射洪	监生	乾隆年间（具体年份不详）
曾璞	安徽舒城	举人	乾隆三十九年（1774）

续表

姓名	籍贯	任职资格	到任时间
缪一经	不详	不详	乾隆四十年（1775）
高映	河南商城	监生	乾隆四十年（1775）
杨任	直隶长垣	拔贡	乾隆四十一年（1776）
舒明阿	不详	不详	乾隆四十一年（1776）
苏灿	浙江钱塘	举人	乾隆四十二年（1777）
夏家瑜	江西新建	监生	乾隆四十二年（1777）
洪肇楷	江苏仪征	监生	乾隆四十三年（1778）
高质敬	直隶任丘	举人	乾隆四十四年（1779）
吴沂	直隶沧州	举人	乾隆四十五年（1780）
李大根	山西榆次	进士	乾隆四十九年（1784）
朱启	直隶保安	举人	乾隆五十三年（1788）
陈寅	浙江海宁	举人	乾隆五十五年（1790）
胡传书	江苏青浦	监生	乾隆五十六年（1791）
师保元	山东东阿	举人	乾隆五十九年（1794）
袁嘉言	江西赣县	附贡	乾隆六十年（1795）
陈兆熙	广西临桂	举人	乾隆六十年（1795）
陆来	浙江归安	附生	嘉庆二年（1797）
张宗繇	浙江开化	附监	嘉庆二年（1797）
龚鲲	江苏江宁	举人	嘉庆四年（1799）
孙树新	浙江钱塘	举人	嘉庆五年（1800）
王廷锦	湖北天门	举人	嘉庆八年（1803）
朱麟征	江苏宜兴	举人	嘉庆八年（1803）
田文焘	河南固始	举人	嘉庆十年（1805）
许浚	江苏武进	吏员	嘉庆十年（1805）
李维揄	江西吉水	举人	嘉庆十一年（1806）任，十四年（1809）复任
白书田	河南新郑	增贡	嘉庆十三年（1808）
郑域轮	河南息县	拔贡	嘉庆十四年（1809）
章予之	浙江山阴	议叙	嘉庆十八年（1813）
孙海观	甘肃平凉	拔贡	嘉庆十九年（1814）
吴廷扬	甘肃秦州	举人	嘉庆二十一年（1816）
舒懋官	江西靖安	进士	嘉庆二十一年（1816）任，二十三年（1818）复任
姚敔	安徽	监生	嘉庆二十四年（1819）

资料来源：深圳市史志办公室整理编辑：《嘉庆新安县志》卷五《职官志一》，广州：华南理工大学出版社，2020年，第104—107页

四、县城扩建

清初，连年战乱以及长达八年之久的迁界使新安县的基础设施遭到严重破坏。新安县城南头城在明代经历多次修筑，在新安县迁界之前，县城有东、西、南、北四门和东、西、南三门子城。由于迁界再加台风等自然灾害的影响，新安县城变得残破不堪。"往因迁徙，民人散亡，城垣颓塌……所有四门，敌楼无有也；铳台窝铺，无有也，雉堞则半倾矣，垣墙则半卸矣，濠沟则尽淤矣。"[①]新安县复县后，首任知县李可成即带领全县官员共同捐资修葺。到清嘉庆二十四年（1819）期间，共有九任知县累计捐修复修十次，使新安县城得以完整保存（图7-1、图7-2）。[②]

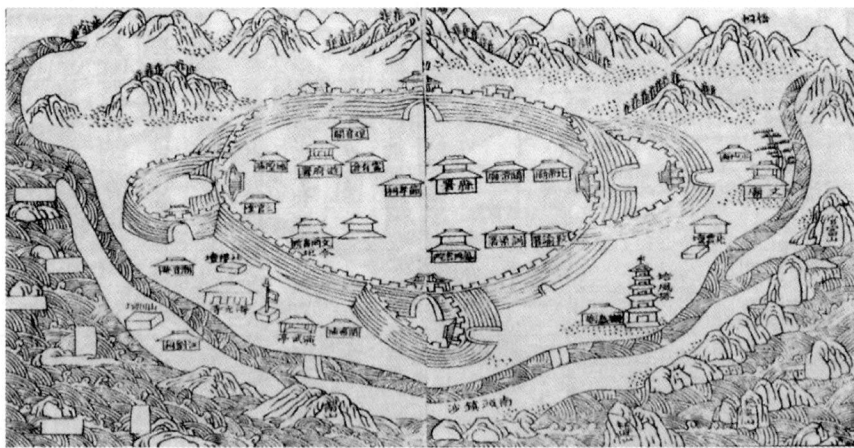

图7-1 清前期新安县县城布局图

资料来源：深圳市史志办公室整理编辑：《嘉庆新安县志》卷二《舆地略一》，
广州：华南理工大学出版社，2020年，第38—39页

---

① 深圳市史志办公室整理编辑：《嘉庆新安县志》卷二二《艺文志一》，广州：华南理工大学出版社，2020年，第323页。

② 深圳市史志办公室整理编辑：《嘉庆新安县志》卷七《建置略》，广州：华南理工大学出版社，2020年，第143—144页。

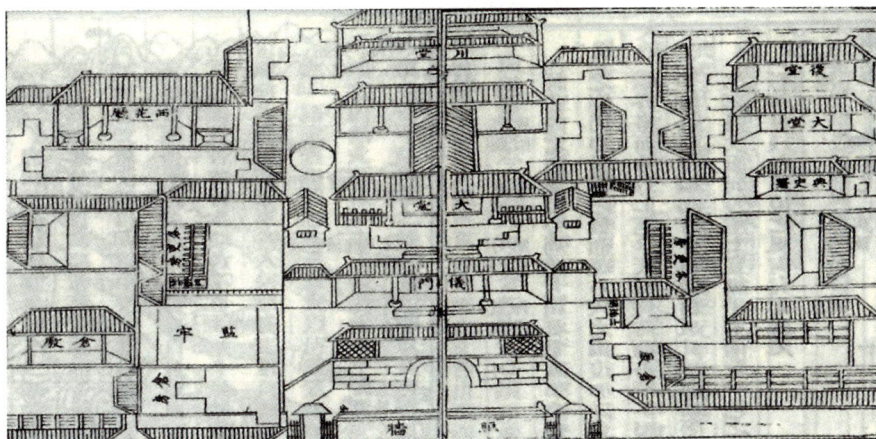

图7-2　清前期新安县官署区分布图
资料来源：深圳市史志办公室整理编辑：《嘉庆新安县志》卷二《舆地略一》，
广州：华南理工大学出版社，2020年，第40—41页

官署区最为重要和标志性的政治机构是县衙，自新安县批准设立之时便开始兴建，历代知县均有修葺。知县署位于县城之中，占据整个县城的最佳位置。与县衙配套的机构有监狱、仓库（新仓、旧仓、常平仓、厚字仓）、迎宾馆（正堂仪门外）等，均设于知县署内。清前期新安县官署设置情况见表7-2。

表7-2　清前期新安县官署设置情况表

分区	门类	方位	修建情况及备注
官署区	文署	知县署	县治在宅城之中，坐北面南	康熙六年（1667），新安县并入东莞县，县衙只存大堂；到嘉庆二十四年（1819）期间，共有九任知县累计捐修复修十次
		学衙	在县的东北，后迁至县南	康熙三年（1664）裁教谕署
		县丞署	在大鹏所城	
		官富巡检司署	在县外的赤尾村	康熙十年（1671），巡检蒋振元捐俸，买赤尾村地建造今署
		福永巡检司署	在县西北福永村之南	原署二座，康熙三年（1664）迁界拆毁。康熙十年（1671），巡检薛震修复

分区	门类		方位	修建情况及备注
官署区	文署	东莞场盐课司署	在城内学衙西北角，县西南原海防厅署	原署在县城内，圮废，垂三十余年。康熙十八年（1679），场大使周乾改建于城内学署之西北隅海防厅旧址。乾隆五十四年（1789）奉裁，署废。后在原址建凤冈书院
		归德场盐课司署	在县治西北三十里臣上村	乾隆五十四年（1789）废弃
	武署	游击署	在城内永盈街，后迁于迎恩街	顺治七年（1650）颓塌，防守卫兵租民房居住；康熙八年（1669），游击尹震捐资修复。后因台风被毁，不断修葺，最终塌毁。嘉庆时，与守备署合用
		守备署	在城内永盈街，后迁于迎恩街	嘉庆时迁到南门处的迎恩街
		大鹏守备署	在大鹏城内	
		大鹏参将署	在大鹏城内	

资料来源：深圳市史志办公室整理编辑：《嘉庆新安县志》卷七《建置略》，广州：华南理工大学出版社，2000年，第146—148页

从表 7-2 可知，清初新安县的官署机构散布于城内，并形成以永盈街为界，文署集中于县前大街之南，永盈街之东的县城之东南方；武署集中于永盈街之西，并向县前大街集中。

新安县文化机构的设置经历一个逐步增加并不断迁移的过程。明代曾在县城东门外建有文庙（图 7-3）、学宫和各种坛庙。清康熙三十七年（1698），训导李亨在东门外观澜庵后面建起一座培风塔，浮屠七级，高耸云霄，为城外护城河出水口之镇。清嘉庆五年（1800），还在东门外的松子岭建一座凌云阁。通过几代知县改迁学宫之地，兴建培风塔、凌云阁等行为，可见人们对教育的重视，同时也体现当地人堪舆风水思想之重。清初，

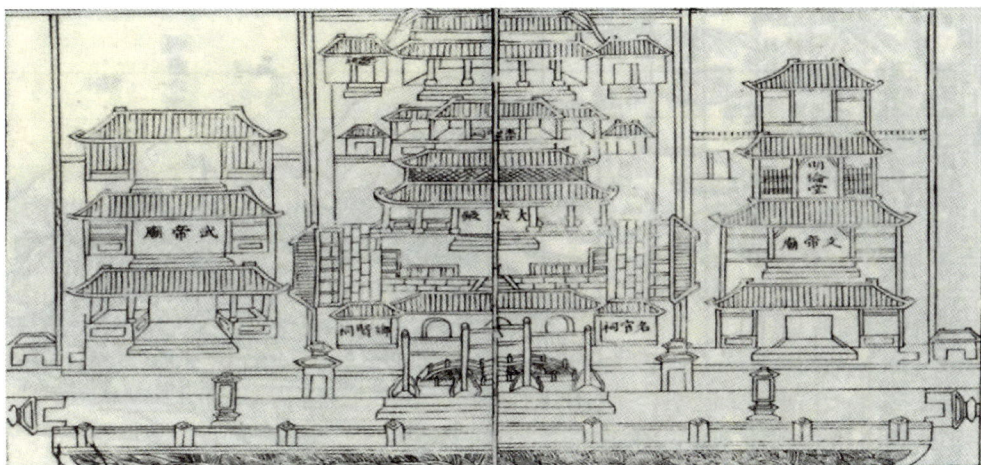

图7-3　清前期新安县文庙图

资料来源：深圳市史志办公室整理编辑：《嘉庆新安县志》卷二《舆地略一》，
广州：华南理工大学出版社，2020年，第42—43页

新安县文化宗教机构主要集中分布于东门外的风水宝地和南门外人口集中之地域及其周围；神祠机构主要有南门外的社稷坛、山川坛、关帝庙，西门内的城隍庙，东门外和县治处的关帝庙，城南和城西处的天妃庙等；县城北门外设有养济院，聚集了大量鳏寡孤独人口，附近建有邑厉坛。[①]

清前期新安县文化宗教机构设置相关情况见表7-3。

表7-3　清前期新安县文化宗教机构设置情况

分区	门类	方位	修建情况及备注
文化教育机构	文庙	东门外	明崇祯十五年（1642），知县周希曜建。康熙三年（1664），因裁教谕，止存训导署，亦渐圮。十六年（1677），复教谕。康熙十七年，训导凌相旌修葺。康熙二十年（1681），因台风倾圮，教谕黄衮裳捐修。清嘉庆二十一年（1816），教谕叶新丰重修

[①] 邑厉坛通常是县立四大祭坛之一，为县城标志性建筑，俗称北坛。由官府出面祭祀一县内四处作恶的孤魂野鬼，使其有所归，不做厉鬼，危害百姓，危害社会。

续表

分区	门类	方位	修建情况及备注
文化教育机构	学宫	城东门外	明万历元年（1573），知县吴大训建。清康熙十年（1671），因飓风倾圮。知县李可成详修，未果。康熙十五年（1676），海氛入寇，片瓦无存。康熙十八年（1679），知县张明达捐修。第二年，教谕黄衮裳到任力修，康熙二十一年（1682），竣工。乾隆四十七年（1782），知县吴沂重修。乾隆四十九年（1784），知县李大根相继成之
	义学	共七处：城内一处，城外六处	宝安义学在东门外学宫右，康熙三十三年（1694），知县丁棠发建。日久倾圮，嘉庆十八年（1813），在原址改建水仙庙。城外的六处，到嘉庆二十四年（1819）时，仅碧溪社学仍在，其余的梯云社学、青云社学、登云社学、固戍社学、梧山社学均废弃
宗教祭祀场所	社稷坛	城外西南隅	明万历元年（1573），知县吴大训建
	风云雷雨山川坛	南门外崇镇铺	万历元年（1573），知县吴大训建
	邑厉坛	北门外养济院之右	万历元年（1573），知县吴大训建
	先农坛	东门外，文庙左	雍正五年（1727），知县王师旦建
	邑厉坛	北门外养济院之右	万历元年（1573），知县吴大训建
	文昌庙	东门外	乾隆五十一年（1786），知县吴大根建
	关帝庙	共三座：南门外教场演武厅之左、县衙东北角和东门外文庙之右	南门外之关帝庙于万历四十年（1612）由参将张万纪建。县衙东北角之关帝庙于康熙十一年（1672）由知县李可成、东莞所千总王肇玺重修。乾隆四十四年（1779），知县高质敬重修。东门外之关帝庙于乾隆五十一年（1786）由知县李大根建
	天后庙	共三座：南山赤湾、西门外厂前"岭南重镇"牌坊右和城外南山乡	赤湾之天后庙原建于永乐八年（1410），明清两朝不断重修。嘉庆二十二年（1817），知县孙海观等重修。城外南山乡之天后庙，每岁迎春，县长官必至其处，也称为春牛堂
	城隍庙	城西门内	明万历元年（1573），知县吴大训建。康熙十年（1671），知县李可成重修。嘉庆二十二年（1817），知县吴廷杨重修
	水仙庙	东门外学宫右，宝安书院旧址	嘉庆四年（1799），知县张宗幽捐廉立庙
	汪刘二公祠	南门外崇镇里山川坛之侧	万历元年（1573），知县吴大训等建。康熙二十九年（1690），知县靳文谟重建
	另外，还有一些节孝祠、名宦祠、古庙等		

资料来源：张一兵：《康熙新安县志校注》卷五《宫室志》，北京：中国大百科全书出版社，2006年，第149—171页

清嘉庆年间，新安县城内有10条街，城外有15条街。[①]城内10条街道分别是：县署前大街（从东门至西门）、牌楼正街、显宁街（城东北）、聚秀街（在县署左）、永盈街（在县署右）、和阳街（城东南，学署侧）、迎恩街（南门西）、五通街（城西）、寺前街（南门外）、寺前正街（南门外）。城外15条街道分别是：圣堂街、广惠街、新兴街、中和街、巷头街、福庆街、悦新街、大新街、卖锅街、石狮街、猪仔街、打铁街、新铺街、上南昌街和下南昌街。城外的街区以商业行为命名，由此可见新安县城外人口的集中和经济的繁荣。

津渡是古代重要的水路交通设施。清康熙年间，新安县内用于长途运输的长河渡仅有南头渡和茅洲渡两处，有14只渡船：南头渡，自南头抵省城，渡船4只，自南头抵东莞，渡船5只；茅洲渡，自茅洲往省城，渡船5只。嘉庆年间，长河渡增加到4处，有8只渡船：南头渡，自南头抵省城，渡船3只；茅洲渡，自茅洲往省城，渡船2只；西乡渡，自西乡往东莞石龙，渡船1只；黄松冈渡，一自黄松冈往东莞石龙，渡船1只，一自黄松冈往省城，渡船1只。

当时，深圳地区还有不少往来于河两岸的渡口，叫作"横水渡"。清康熙年间有横水渡渡口22处，嘉庆年间减至19处，分别是：沙冈渡、赤尾渡、屯门渡、石下渡、沥源渡、乌溪沙渡、隔岸萌渡、茅洲田尾渡、白芒渡、白石度、黄冈渡、乌石渡、圆江渡、碧头渡、冈头渡、新田渡、麻雀岭渡、罗

---

① 深圳市史志办公室整理编辑：《嘉庆新安县志》卷七《建置略》，广州：华南理工大学出版社，2020年，第143—144页。

湖渡、塔子前渡。

第二节 乡 村 管 理

清康熙八年（1669），新安县复设后，原居民得以回迁，邻近地区客籍人口不断迁入，新安县各行各业有序恢复。深港地区客籍民众众多，客籍村落与土著村落由县衙官员实行分区管理。各村庄之间又因血缘、地缘等结成乡约组织。县府通过乡约制度，间接地加强民间管理，形成极具特色的乡村管理结构。

一、人口迁移与片区管辖

新安县东、西、南部三面临海，海岸线绵长，禁海迁界政策对新安县人口影响极大。清顺治年间至迁界前有2966户，6851人（其中男性5567人，女性1284人）。到清康熙三年（1664）两次迁界后，新安县人口出现急剧下滑，只有原来的1/3，仅剩下2172人。[①]新安县复县后，历任知县招民开荒，重整家园，兴耕复业。在政府优惠的招垦政策下，新安县原居民陆续回流复迁，他县人口开始迁入该县，新安县人口开始出现不断增长态势。据清康熙《新安县志》记载，康熙八年至十年（1669—1671）共招复人丁1648人；康熙十一年至

---

① 深圳市史志办公室整理编辑：《嘉庆新安县志》卷八《经政略一》，广州：华南理工大学出版社，2020年，第159页。

十三年（1672—1674）共招复迁移人丁452人；康熙十七年至十九年（1678—1680）共招复人丁96人；到康熙二十年（1681），全县的人口才达到3972人，可见人口招复艰难。难怪李可成感慨："虽加意招徕，颠沛难存也。……越一岁，而归来仅有者；又越一岁，而归来少有者。维时县治久墟，无内外防。每期望集一二遗黎，助以耕凿荒土，立谈未尝不相对欷？"①

清康熙二十二年（1683）清朝平定台湾。次年，清廷撤销禁海令，颁布展界令，允许顺治十八年（1661）前后被迁界令强迁的沿海居民复归故土。"江南、浙江、福建、广东沿海田地，可给民耕种。……遂尽复所弃地与民。"②新安县的人口开始快速增长。尤其是清雍正期间，朝廷先后下诏谕鼓励垦荒："嗣后各省凡有可垦之处，听民相度地宜，自垦自报。""有丝毫妨于农业者，必为除去，仍于每乡中择一二老农之勤劳作苦者，优其奖赏，以示鼓励。"③新安县周围地区，如东莞县、惠州县等地原来观望不前的农民开始大量迁入新安县垦荒，有的甚至从较远的潮州、嘉应等州县，乃至省外的江西、福建等地迁来。

香港地区的人口也得以快速增加。清雍正初年，香港岛上的香港（今香港仔黄竹坑）、铁坑（今香港仔黄竹坑与深

---

① 张一兵：《康熙新安县志校注》卷一二《艺文志》，北京：中国大百科全书出版社，2006年，第408页。

② （清）姜宸英：《海防总论拟稿（一统志）》，见谭其骧主编：《清人文地理类汇编》第一册，杭州：浙江人民出版社，1986年，第262页。

③ 深圳市史志办公室整理编辑：《嘉庆新安县志》卷首《训典》，广州：华南理工大学出版社，2020年，第5—7页。

水湾间一海滩）、春砲（今称春坎角，位于香港岛浅水湾和赤柱间）、黄泥涌、大潭、赤柱及筲箕湾七村相继复建。清乾隆四年（1739），新安县南头人苏庭庆与其妻迁居今九龙长沙湾，并建苏屋村；同年，新安县沙鱼涌李氏举家迁入长沙湾，建李屋村，之后因人口日众，遂于相邻之地另建白薯莨村；19世纪初，新安县人郑氏也举家迁入长沙湾，建郑屋村。到清嘉庆年间，香港岛上又增加薄凫林及扫管莆二村。到清道光二十一年（1841）鸦片战争前夕，香港岛有人群聚落的村庄达16处，人口有7450人之多。①当地人复村与客家人迁入，让香港遇上一个百年难得的发展机遇。

随着移民的不断进入，新安县的人口也急剧增加。据清嘉庆《新安县志》记载，清康熙二十四年（1685），新安县有人口4525人；清乾隆三十七年（1772），新安县人口增加到32 194人；到清嘉庆二十三年（1818），新安县人口总数达到239 115人，是迁界前（康熙三年，1664）的近110倍（表7-4）。

表7-4　清前期新安县人口变动表　　　　　单位：人

年份	男	女	总计	备注
顺治年间	5 567	1 284	6 851	
康熙元年（1662）			6 851	
康熙三年（1664）			2 172	
康熙六年（1667）	2 255	1 412	3 667	
康熙十一年（1672）			3 972	康熙八年、九年、十年招复1 648人
康熙二十四年（1685）			4 525	招复迁移及新增935丁
康熙五十年（1711）		增359	5 187	

---

① 萧国健：《香港历史与社会》，香港：香港教育图书公司，1994年，第10页。

续表

年份	男	女	总计	备注
雍正九年（1731）	5 646	1 643	7 289	
乾隆二十六年（1761）			10 144	新增2855人
乾隆三十一年（1766）			10 551	新增盛世滋生407人
乾隆三十六（1771）			10 953	新增盛世滋生402人
乾隆三十七年（1772）	21 121	9 252	32 194	民、灶丁口30 373人；屯户丁口1 821人
嘉庆二十三年（1818）	146 922	79 057	239 115	民、灶丁口225 979人，屯户丁口13 136人

资料来源：深圳市史志办公室整理编辑：《嘉庆新安县志》卷八《经政略一》，广州：华南理工大学出版社，2020年，第159—160页

　　新安县在迁界和复界的过程中，历经比较大的人口迁移。尤其是在清乾隆、嘉庆年间，大量的客家人移民新安县。客家人经由惠州、淡水而至沙鱼涌、盐田、大梅沙、西乡、南头、梅林，或更至沙头涌、大浦澳、沙田、西贡、九龙城、官富场、筲箕湾、元朗等地从事垦辟。[①]随着客家居民的聚居，一些地方开始形成客家村落，这就是新安县辖内的"客籍村庄"。从方志和族谱资料看，西部和各平原地区主要是自宋代以后比较早到达新安县的广府居民，由于他们到达时间比较早，被称为"本地人"或"本籍"。而东部则多是从闽粤赣山区来的客家人。这样，深圳地区就形成独特的民系和地域文化分布格局：西部和其他平原地区大部分是广府人，东部和其他山区则大部分是客家人。迁界前居住深圳地区的客家人因长久定居，不自知其为客，变成反客为主，称"本地人"，如深圳、

―――――――――
① 罗香林：《客家源流考》，北京：中国华侨出版公司，1989年，第29页。

香港和东莞文天祥族裔数万之众，大多讲广府话，认同广府人。复界后迁入的客家人，才称为"客家人"。如在香港地区，本地人据有香港元朗、上水一带肥沃的土地；客家人则只能在新界较边缘较贫瘠的地区耕种，从西贡、坑口，延伸到九龙、荃湾。"新安县之沿海居民，虽明以前亦多由闽、粤、赣各县所迁至者，然皆由陆续分散而至，故其入居后，必操当地方言；惟自康熙二十三年明令复界后所招致入垦之农民，则多为自广东东北韩江客籍中人之成批而至者。以其迁入为成批而至，故能保持其原有客语，而其居地亦自成村庄。"①因此，新安县的村庄以籍贯不同，划分为本籍村落和客籍村落。清康熙二十七年（1688）时，全县有近500个村庄；到清嘉庆二十四年（1819）时，全县则有857个村庄，其中本籍村庄587个②、客籍村庄275个。

清初，新安县基层区划建制沿袭明制，仍然是"乡—都—图—村"的区划层级结构，依乡划"都"，一乡辖有若干"都"，以数字编定"都"序；"都"下直辖若干图（里）。"都""图""村"有较为明确的区划边界，彼此间构成一定的层级关系。"乡"在宋代之前属于县下基层政区单位，原则上以五百户为一乡，设有乡正、乡长、乡佐等职履行相应职能。之后，随着人口增加，"乡"突破五百户定数规定，而是以地域来划分，

---

① 罗香林等：《一八四二年以前之香港及其对外交通：香港前代史》，香港：中国学社，1959年，第145页。

② 嘉庆《新安县志》称"本籍村庄五百七十有奇"，实数为五百八十七。见深圳市史志办公室整理编辑：《嘉庆新安县志》卷二《舆地略一》，广州：华南理工大学出版社，2020年，第75页。

日渐演化为纯粹的地理概念。"都"原则上以五户为一保,二十五户为一大保,二百五十户为一都保,分设保长、大保长、都保正和副保正等职履行相应职能。都保编组以乡为单位,不跨乡编制。"乡"与"都"在区划编组上仅存在一种地域包含关系。"图"源于明初推行的里甲制,以户数作为区划单元,"以一百一十户为一里,一里之中,推丁粮多者十人为之长,余百户为十甲,甲凡十人,岁役里长一人,甲首十人,管摄一里之事,城中曰坊,近城曰厢,乡都曰里……每里编为一册,册之首总为一图"①。显然,"图"为基层编户组织,不跨"都"编排。清代沿袭明制,"图"在各州县普遍存在。不过,实际操作时早突破官方规定的十进制,即每"图"十"甲"的编制原则。

清康熙时期,新安县共有3个乡,下辖7个都。

1. 恩德乡管辖

第一都:约今南山区范围。源自东莞县恩德乡十都。

第二都:约今宝安区的新安、西乡片区范围。源自东莞县恩德乡十一都。

第三都:约今宝安区的松岗、沙井、福永片区范围。源自东莞县恩德乡十二都。

第五都:约今香港特区的大部范围(除东北部)以及珠海市的万山群岛。源自东莞县恩德乡九都。

---

① (明)何栋如撰:《皇祖四大法》卷五《治法》,明万历刻本。

2. 延福乡管辖

第四都：约今光明区范围（除东北部）及石岩片区范围。源自东莞县延福乡十三都。

3. 归城乡管辖

第六都：约今香港特区东北部及罗湖区、福田区、龙华、观澜、布吉片区范围。源自东莞县归城乡八都。

第七都：约今东莞市的塘厦、清溪、凤岗镇及盐田区、平湖、大鹏、葵涌、南澳、惠州市惠阳区的大六甲和沱泞等岛屿的范围。源自东莞县归城乡七都。

而今观澜的大部分与光明区东部的白花洞、迳口、新陂头、羌下、畔湖等地方，则属于东莞县第六都管辖，并不属于新安县。

今龙岗、横岗、坪地、坪山、坑梓这五个片区，史上则一直属于惠州府归善县（后来的惠阳县）管辖，1958年才划入宝安县。

归城乡的辖区最大，今香港地区大部分隶属恩德乡辖区第五都以及归城乡辖区第六都的一部分地区。

清代的基层乡村管理权限下放较为普遍，广东地区尤为突出。广东地方各县普遍实行佐杂分防制，县丞或主簿、典史、巡检司各有其分属之地及驻所，分别履行部分职责。据清嘉庆《新安县志》记载，新安县设县丞1名、典史1名和巡检2名，各有其固定的驻所和明确的分属地，从而将新安一县之地全部管辖其中。当然，县丞、典史和巡检并非在其分属地担负征收钱粮、审理诉讼、缉盗剿匪、学校教化等全面之

责。县丞作为一县的行政首脑副职，大多不与知县同城同署
办公，其官署往往设在远离县城的关津要冲之地或五方杂处
的繁华市镇。新安县的县丞驻大鹏所城，其辖地主要为大鹏
半岛上的村落。典史在县城内，故其辖地多为县城及周边村
落。清代沿用明制，凡镇市、关隘要害处，仍然设立巡检司。
新安县的官富巡检司署原位于县治东南八十里的官富寨，清
康熙十年（1671）时移建于离县治三十多里的赤尾村。福永
巡检司署则建在离县治三十里的福永村南。

到清嘉庆年间，新安县区划管理实行"县—巡司—村"
制，全县共分4个辖区。原康熙时期的一都、二都划入典史
管辖；三都、四都划入福永司管辖；五都、六都和七都北部
的平湖全部及今东莞市塘厦、清溪、凤岗镇的部分归入官富
司管辖，七都北部其余部分则地区划入东莞县；七都东部分
划归县丞管辖。

1. 典史管辖

约今南山区、宝安区的新安、西乡片区范围。

2. 县丞管辖

约今大鹏新区范围及盐田区的梅沙街道范围。还有今惠
阳区的大六甲和沱泞岛等地。

3. 官富司管辖

约今罗湖区、福田区、龙华区、盐田区（不含梅沙与三
洲田）、龙岗区的布吉平湖片区及今香港特区的全部、珠海
市的万山群岛，以及今东莞市的塘厦、清溪、凤岗镇的部分
地区。

4. 福永司管辖

约今宝安区的松岗、沙井、福永、石岩片区以及光明区大部。大约即清康熙时期的三都、四都。

据清嘉庆《新安县志》记载，新安县典史管辖村庄73个，管辖范围大约为今整个南山区及宝安区的新安街道及西乡街道南部；县丞管辖村庄104个，管辖范围大约今大鹏新区的葵涌（不含坝岗）、大鹏、南澳三个街道及盐田区的梅沙街道（不含三洲田）；官富司管辖村庄495个，管辖范围大约为今的宝安区（不含新安街道与西乡街道南部）及光明区；福永司管辖村庄185个，管辖范围大约为香港全境及深圳罗湖区、福田区、盐田区（不含梅沙）、龙华区（不含大部分观澜）、龙岗区布吉、平湖街道和东莞市的塘厦、清溪、凤岗镇。[1]今香港地区归属官富司管理。在英殖民主义者割据香港之前，深港两地本为一体，实行共治共管。

1. 典史管辖村庄（73个）

南头镇沙、新街、寺街、子街、石桥头、第一甲、崇镇里、福源村、福庆村、田下村、关口、涌下、大石鼓、墩头村、向南村、兰围村、仓前村、北头村、南山村、西乡、隔岸村、上川村、大涌村、白石村、莘塘村、留仙洞、庵前村、平山村、新围村、珠冈头、塘萌村、上面冈、北灶村、臣田村、铁冈村、庄边村、福洞村、西沥村、流塘村、鳌湾村、猪凹村、龙井村、关家围、文冈村、下黄里、三石下、龙冈

---

[1] 深圳市史志办公室整理编辑：《嘉庆新安县志》卷二《舆地略一》，广州：华南理工大学出版社，2020年，第70—74页。

村、东栅村、后海村、高地村、湾下村、溪西村、龟庙村、后涌村、兴隆村、黄里西头、南桂村、新兴村、黄里东头、油榨村、周田莆、维新村、茶冈村、伶仃村、福来村、蔗园村、莆心村。

包含客籍村庄 6 个：白芒村、谢山头、长岭皮、三坑、黄里西头、井坑埔。

2. 县丞管辖村庄（104 个）

大鹏城内、大鹏城外、水贝村、田心围、大坑村、松山下、东村、半天云、西贡围、南社围、沙冈围、风岗里、横冈围、大岭下、新屋仔、碧洲围、鹤薮村、坪山仔、犬眠地上、犬眠地下、古楼岭、水头村、盐田村、埔锦村、埔尾村、吉龙里、王母墟、鸭母脚、王母峒、高圳头、大梅沙、小梅沙、溪涌村、上洞、下洞、平洲村、沙鱼涌、关湖村、葵涌村、下村仔、东门村、牛唇岭、乌涌村、西山村、岭下岭、石桥头、新桥村、南坑埔、鹤寮村、柯屋围、苔涌村、芽山村、鹅公村、南澳村、高铁村、枫木潦、水头沙、油草棚、东山下、鹿嘴村。

包含客籍村庄 44 个：黄旗塘、王母洞围、高岭、大石村、岐沙、王母洞墟、横坑、石角头、王姓、戴姓、李达春、曾姓、梁姓、张姓、辛姓、陈姓、长山下、大碓、龙岐村、犬眠地、杨梅坑、下沙、叠福、水头、新屋仔、葵涌墟、土洋、白水塘、第三溪、迳心、大岚坑、枫树头、屯围子、黄榄坑、白石冈、张屋村、高圳头、洞背、盐寮下、新屋仔、凹头、横头村、新围、深水田。

3. 官富司管辖村庄（495个）

锦田村、屏山村、屏山香元围、屏山厦尾村、厦川村、长冈村、新隆村、新围村、锡降围、锡降村、东头村、屯门村、西山村、辋川村、高莆围、英龙围、石冈围、石湖塘、圆冈村、上村村、合山围、东安围、壆头围、沙莆围、竹园围、元荫李屋、元荫南边围、元荫西边围、元荫东皋村、元荫福田村、元荫青砖围、福安村、山背村、水边围、水边村、马田村、榄口村、田寮村、木桥头、深涌村、白沙村、田心围、大塘村、山下村、港头村、大桥村、石步李屋村、石步林屋村、东新村、张屋村、大井村、横洲村、蚺蛇郁、沙冈村、鳌凸村、隔田村、广田村、鸡柏岭、新丰围、子屯围村、莆塘下、小坑村、中心巷、袁家围、石榴坑、梅窝村、牛凹村、石壁村、沙螺湾、塘福村、石头莆、石甲门、二澳村、水口村、平洲湾、由古荫、青龙头、龙跃头、河上乡、金钱村、燕冈村、丙冈围、孔岭村、上水村、莆上村、岭下村、隔田村、永安村、桥边莆、粉壁岭、松柏荫、古洞村、大岭下、石湖墟、洲头村、新田村、张屋村、唐公岭、长沥村、官涌村、米步村、军地村、黎峒村、丹竹坑、泰亨村、大步头、文屋村、大步墟、大窝陈屋、大窝黄屋、南坑村、丰园村、塘坑村、涩涌村、围头村、钟屋村、塘面村、新屋村、隆兴村、乌溪沙、樟木头、西澳村、田寮村、井头、大洞村、官坑村、上下輋、西迳村、榕树澳、马牯缆、沙角尾、黄竹洋、北港村、蚝涌村、滘塘村、大浪村、北潭村、赤迳村、樟上村、马鞍山、菱香迳、大湾村、仰窝村、积存围、田心村、迳口村、隔田村、小沥源、九龙寨、衙前村、蒲冈村、牛眠村、牛池湾、古瑾村、九龙仔、长沙湾、尖沙头、芒角村、土瓜湾、深水莆、二黄店村、黄泥涌、香港村、薄寮村、薄凫林、扫管莆、赤磡村、向西村、湖贝村、水贝村、黄贝岭、上步村、罗湖村、南塘村、向南村、湖南村、西湖村、东乡村、洲边村、福兴围、叶屋村、曹屋围、清庆村、田心村、隔塘村、田贝村、壆下墩、向东村、锦兴村、赤尾村、陈屋围、笔架山、庆田村、涧头围、凤凰湖、周田村、李屋村、平源村、大莆田、山鸡郁、塘坊村、土狗莆、罗坊村、松园下、凹下村、横冈下、木湖围、赤水洞、大迳村、牛角山、马公塘、南岸村、萌贝村、新屋边、泥冈村、笋冈村、大莆村、莆心村、田尾村、草塘围、新屋岭、彭坑村、月冈屯、上梅林、下梅林、新石下、旧石下、龙塘村、沙嘴村、东涌村、椰树下、梅林迳下、沙尾村、东坑村、西涌村、东山村、莆海村、西河村、沙头东头村、新灶村、蛟洲村、福田村、田面村、冈下村、谷田村、下新村、汉塘村、横冈村、隔涌村、岭贝村、三角村、吉田村、白石龙、乌石下、上新村、和宁墟、培风墟、田心围、泰源里、大平村、缘芬村、竹村村、清湖村、龚村村、上芬新村、平湖围、松源头村、乔头围、黄沙坑、石马旧围、述昌围、岐岭村、长表村、白泥坑、新围仔、竹山下、诸佛岭、刘家围、西莆围、塘头下新墟、双安村、黄客埠、隔水村、余庆围、振兴围、莆心湖、甲溪村、苦草洞、清湖墟、良安田、白沙澳、横塘村、炤迳村、谢坑村、珠园莆、下步村、盐田田寮下、廓下、缘分村、大垄村、大辋仔。

另外，还包含客籍村庄 194 个：莆隔、草莆仔、大辋仔、樟树莆、大望、李荫、莲麻坑、柑坑、木古、大芬、新田子、泥围子、丹竹头、南岭了、木棉湾、松园头、水迳窝、梅子园、洞尾山、企壆头、上下坪、茅坪、梅林、泥冈、大坑塘、九龙塘、香园、莲塘、莆心、禾迳山、凤凰湖、禾坑、罗坊、平洋、万屋边、凹下、麻雀岭、乌石、盐灶下、南涌围、七木桥、鹿颈、平洋村、乌蛟田、茅田子、乌罐涌、马尿、荔枝窝、谷埠、风坑、迳下、大林围、朝阳园、榕树凹、锁脑盘、新村、担水坑、沙井头、山嘴、迳口、鼓楼塘、凹头、黄茅田、暗迳、庵上、金竹村、大峯尾、园墩头、凹背子、龙眼园、屯围、红岗、鸭矢墩、蓝山、小莆、沙冈墟、碗窑、沙螺洞、围下、黄寓合、坪山子、丹竹坑、鹤薮、莆心排、黄鱼滩、下坑、洞子、珩溪浦、社山、下窝、莲迳、平萌、柏鳌石、梧桐寨、寨凹、大芒峯、大庵、蕉迳、莲塘、坑头、牛牯角、上下峯、横台山、马鞍冈、长莆、小莆村、沙井头、大榄、扫管郁埔、水蕉、大窝、上下塘、响石、城门、穿龙、浅湾、长沙湾、葵涌子、青衣、田富子、莲塘尾、油甘头、花山、帐顶角、樟树滩、九肚、花香炉、孟公屋、井栏树、沙角尾、上洋、槟榔湾、芋合湾、烂泥湾、大湾、荔枝庄、马油塘、沙田、大脑、中心村、黄竹山、大水坑、石湖墟、小梅沙、雪竹迳、李公迳、坑下莆、莆上村、莆上围、黄沙坑、塘迳、清溪墟、大埔围、铁场、莆草洞、羊头围、画眉凹、缘分、翟屋边、芋荷塘、松园下、福田村、西湖、冈头子、羊公塘、羊尾、马鞍堂、象角塘、泮田子、樟坑子、滑石子、冈陶下、大瓜子、赤岭头、早禾坑、卢盛塘、牛地埔、深水埔、稆薮萌、白石嘴、羊头岭、姜头、萌口、石凹、蕨岭、西坑、大壕、横萌、白芒、东涌岭皮围、赖屋山、吉澳、杯凹、甲飒洲。

4. 福永司管辖村庄（185个）

水贝村、合水口、马山头、田寮下、福德庄、荣昌围、上山门、下山门、沙莆村、溪头村、碧头村、碧头新村、江边村、江边新村、德威围、萌下村、石冈村、豪涌村、雾冈村、茅洲山、潭头村、上头田、西山村、上莆尾、绅川村、莆尾村、山尾村、大井头、山尾新村、静安围、楼冈村、黄松冈、坑尾村、南畔村、湾尾村、桥头村、塘下涌、瓦窑头、田心围、燕村、罗田村、古蹊围、聚福围、禾屋围、李松萌、永安围、西田村、上辇村、赤坎村、香园村、楼村田尾、下辇村、乌木本、象岭村、东坑莆、新村、唐家村、九江围、庆南围、新庆村、甲子堂、鸭仔塘、大围、龙湾村、白沙莆、兴隆村、田心村、三祝堂、周家村、盘石围、将军围、塘尾围、福安围、大墩围、镇南围、永南庄、禾仓岭、罗群围、山头面、文屋围、周屋围、禾曲岭、根竹围、新桥村、上寮村、南洞村、黄莆村、龙头村、仁居围、永安围、白沙村、玉勒村、长圳村、水尾围、黄家庄、萌心村、大囷村、塘下村、东山村、垦下村、洪田村、旧产冈、新产冈、镇龙村、新村、松柏山、苦田村、薯田村、大桥村、田寮村、大田村、垦头冈、沙井村、衙边村、南畔村、沙园村、后亭村、马鞍山、菱塘村、大王山、白冈村、黄竹村、造下村、湾头村、岭下村、白石村、山边村、固成村、邓家萌、怀德村、大步涌、沙头村、黄田村、隔田村、桥头村、冈头村、冈莆村、西联村、墩头村、涌口村、鱼涌村、公爵薮、白沙茜、巷尾村、李屋村、嘴头村、更鼓岭、岳壶村、仓边村、福永村、下莆村、东坑村、柳屋、龙溪村。

另外，还包含客籍村庄31个：官田、麻莆村、塘头围、迳贝村、渭江村、泥岗、白坑、屋场排、罗祖村、白芒村、黄金洞、黄家庄、黄田村、横村围、塘坑围、石隆、水坑围、丫坑围、亚婆髻、龙门村、黄麻莆、莇竹塘、蔗园莆、长坑围、草尾萌、青山下、应人石、麻垴围、龙岗仔、龙塘围、案山村。

二、宗族治理

宗族治理是一种以血缘为纽带，以当地宗族为范围，涉及地区经济、政治、文化、家族等诸多方面的基层社会治理模式，具有祭祖、宗教、文化、经济、教育、仲裁、司法、保证等功能，以维护并保证其宗族及其成员的生存稳定和有序发展。宗族治理可以激发社会活力、增加和谐因素、减少不和谐因素，解决影响社会和谐稳定的突出问题。清雍正四年（1726），清廷要求各省在一年内推行保甲法，每个宗族中挑选一人担任族正，也就是实际管理该宗族事务的人士。次年又制定"恶人为尊长族长致死免抵"之例，即族中的族长、尊长可以杀死族中的坏人而不用负担"法律责任"，不用以死来赔偿。这就给予族长极大的生杀予夺的权力，宗族的权力得到迅速膨胀。虽然之后清政府也尝试着削弱宗族的权力，但始终力不从心。宗族制度的政治性进一步加强，宗族组织成为成熟的基层社会组织，祠堂族长的司法权得到进一步加强，有的甚至拥有对族人的生杀权。

宗族治理一方面体现在对族田的管理。首先，宗族占有的土地有多种名目，诸如祠堂田、寺庙田、墓田、祭田、义田、学田、公会田、蒸尝田等皆为族田。种种名目的族田，用途虽各有别，必要时亦可互用。族田是实现宗法制尊祖、敬宗、收族三个原则的物质基础，为祠墓祭扫、迎神赛会、祠堂修葺和族谱增修等提供费用，从而起到加强宗族内精神联系的作用。其次，以之赡济贫族，有利于培养族人对宗族依赖的感情。最后，用来开办义塾，补助该族子弟入学所需的笔墨膏火之资及应试路费；有的也用作修桥补路、撑船摆渡、开竭浚塘、解决地方纠纷或与外地争讼等宗族性公益事业之费。"邑中旧族，祠有祭田，岁或一祭、二祭。有赡学以给子孙之为诸生者，有卷资以给童试者，有路费以赠公车者。岁饥则散钱谷以周贫乏。"[①]族田的发达加强了封建宗法制。大族族田名为一族共有，实际常被族内掌管公堂的权贵所把持和支配，成为维持其宗法统治的有力工具。而地方官绅地主也建祠修谱，加强宗法关系，同时建置族田义庄，通过经

---

① 深圳市史志办公室整理编辑：《嘉庆新安县志》卷二《舆地略一》，广州：华南理工大学出版社，2020年，第69页。

济手段约束族众。

宗族治理另一方面体现在宗族事务内部的管理，其主要内容是：修订族谱、制定族人行为规范和施行家法、调解族人间的纠纷。族谱在追源溯流、强调血缘关系的同时，还记有祠规、族约、家风、家训等，以体现其家族的道德价值标准，进而约束族人的行为，实际上承担地方政府的一部分管理职责。明末清初屈大均说："大宗祠者，始祖之庙也。庶人而有始祖之庙，追远也、收族也。追远，孝也；收族，仁也。匪谱也，匪谄也。岁冬至，举宗行礼，主鬯者必推宗子，或支子祭告，则其祝文必云：裔孙某，谨因宗子某，敢昭告于某祖某考，不敢专也。其族长于朔望读祖训于祠，养老尊贤，赏善罚恶之典。……一家以为根本，仁孝之道，由之而生，吾粤其庶几近古者也。"①

位于今宝安区新桥街道的曾氏大宗祠于清嘉庆三年（1798）建造，属于曾氏家族祭祀祖先和先贤的场所。凡族中弟子中举或晋爵，均在宗祠前立杆竖旗，以示荣耀。据清嘉庆《新安县志》记载，从清康熙二年（1663）到清嘉庆二十四年（1819），新桥曾氏子弟共有34人取得功名，主要是武官。其中曾国泰担任虎门中营把总，曾光耀担任江南南汇营把总，曾天保担任挪湖营千总，曾天禄担任宫江南川沙营参将等武职。②一村一姓一个宗系中出现众多人才，在广东

---

① （清）屈大均撰：《广东新语》卷一七《宫语·祖祠》，北京：中华书局，1985年，第464页。
② 深圳市史志办公室整理编辑：《嘉庆新安县志》卷一五《选举志一》，广州：华南理工大学出版社，2020年，第228—255页。

甚至全国也是少见的。所以，曾氏宗族才建造一座规模庞大的宗祠，以光宗耀族。

三、乡约制度

在广东，"约"字被作为地名始于明代，最迟在明嘉靖、隆庆时期便已出现。[①]"约"字地名所对应的乡约具有权力组织的性质。清代，国家在州县级以下没有任何类型的正式政府组织存在，国家权力延伸至乡村社会，实现对乡村社会的控制，多是借助基层组织来实现。朝廷颁布圣谕，通过乡约推广至乡村社会。乡约组织以地区范围为主，以宗族血缘范围为辅，城镇以坊里相近者为一约，乡村以一图或一族为一约。其村小人少者附于大村，合为一约。乡约以民众熟悉的血缘关系和地缘关系为纽带，以道德教化为手段，通过民众的自我管理，协商解决他们面临的基本社会生活问题，及时化解他们在社会生活中产生的小矛盾和小冲突。它与民间保甲、团练组织相结合，相辅相成，在宣讲圣谕、领导乡民创业、协调解决民事纠纷、举行大型祭祀活动、治安管理、控制交通和发展教育事业等方面，发挥了重要作用。

清代乡村普遍实行保甲制度，以十户为一排，十排为一甲，十甲为一保（或为一里），设一地保，同时还设置一总理，他们都由乡绅推荐，经官方准许发给谕戳。地保为地方警察的其中一种，属胥役，在乡称乡保，其职责主要为：查覆禀

---

① 王一娜：《明清广东的"约"字地名与社会控制》，《学术研究》2019 年第 5 期。

请乡贤、名宦及节孝等的入祀配；查报候选与修补官吏及赴考生员的身家；协助捕捉案犯；查禀不善之徒；看管未决囚犯；验伤、验尸，并作报告；协办保甲、乡村联盟、冬防及团练等事务；查报田园及赋役；等等。而被推举为总理的，为人务求诚实、谨慎、勤劳及公正，且须有家室及正业；由里或保内数位有权势者推举，亦有直接由官方遴选者。其任期无限定，但每当县正堂新任时，便应换领新谕戳。其权限为：办理团练、冬防及乡村联盟；编审保甲，登给门牌；协助乡保调处管理区内人民的钱谷、户籍及婚嫁等事情；禀报区内不善之徒，以保地方安全；转达官方命令于区内；管理公共事业；等等。

此外，各村内事务皆由耆老及族长管理。耆老，俗称村长，亦称父老，须年纪较大，但主要须有学识及资产，同时为民望素孚者。其权限为：约束村民；禀报不善之徒；与总理、乡保协办村内条约；遇团练及冬防时，即抽村内壮丁，以报总理；帮助丈量田地；等等。至于聚族而居且人口众多的地方，都会在族中择选德高望重者一人，立为族正，俗称族长，负察举族内良莠及约束子弟之责。族长由族人自行选举，官方并不发给谕戳。

各村宗族中通常成立联盟，以防御邻近较强势力的侵扰以及因争夺土地或因其他民事纠纷所产生的械斗等。这种联盟属于地方自治团体性质，其包括的区域，官方不予规定，由乡民自定而呈报；区内乡民自选其总理，由官方监督，以综理境内公务。这种乡村联盟虽无成文法的根据，但有习惯的乡规，而且立有合约，由总理、地保等予以维持及执行。若区内有重要事务，仍由区内的村长及族长等办理。可见，乡约在社会管理中发挥着不可小觑的作用，政府对于乡约组织的管理也较为规范。

深圳地区客家乡约联盟可考者有：横岗六约（由6个自然村结盟）、龙岗南约（由9个自然村结盟，包括罗瑞合村的鹤湖新居）等。乡约联盟也有称为"联"的，如坪地的六联（由6个自然村结盟）。深圳盐田区的沙头角一带至今流传着"十约"。在清嘉庆二十年（1815）至道光十年（1830），沙头角地区一些较富裕的村落组成最早的村落联盟，形成以地缘、血缘、语缘（客家话）三位一体的民间组织，之后发展为"十约"，包括10个小的联盟。发展初期只有十一二个自然村落，后来发展到50多个自然村落。

参与"十约"的村落有：第一约，沙鱼涌各村；第二约，盐田各村；第三约，上下保（牛栏窝、暗径、沙井头、元墩头、官路下、山咀）；第四约，莲麻坑；第五约，担水坑、新村、木棉头、塘肚山、沙栏吓、榕树坳；第六约，上下麻雀岭、石桥头、盐灶吓、大朗、乌石角；第七约，上下禾坑、坳下、万屋边、岗吓；第八约，南涌、鹿颈、鸡谷树吓、南坑尾、七木桥、石板潭；第九约（又名庆春约），荔枝窝、锁罗盆、三桠、梅子林、蛤塘、小滩、牛池湖；第十约（又称南约），乌蛟腾、横山脚、阿妈芴、涌尾、涌背、金竹排、横岭头、大小滘、九担租、苗田仔、红石门、坭头石。

以上"十约"中，只有第一约、第二约、第三约上下保的牛栏窝、暗径、沙井头、元墩头、官路下及第五约的沙栏吓在今深圳市盐田区，其余大部分村落均属香港新界地区。每个"约"都会推举村里有名望的长老和有功名的乡绅组成"委员会"，就涉及约的重大公共事务展开讨论，并提出解决方案。"十约"经常召开联盟会议，议事堂就设在东和学校的文武庙里。因此，这个会议也被称为"东和局"。随着社会的发展，这种基层社会自治体制逐渐被新的社会治理制度所取代，沙头角的"十约"制度也难以维系，今仅有第九约还保留着十年一届的太平清醮。

第三节　经济状况

新安县迁界后，随着人口锐减，经济活动受到严重影响。复界后，历任新安知县减租招垦，农业经济得到不断恢复。但盐业在遭受重创后，再也难以恢复往日繁荣，日渐式微。而蚝业养殖与贸易却得以快速发展，并一举奠定沙井蚝成为深圳地区特产的基础。复界后，新安县的手工业也得以恢复，制作工艺有较大的提高，其中较为突出的有织染业和烧灰等。鸦片战争前夕，新安县的墟市商业经济相当繁荣。

一、土地复垦

清康熙《新安县志》记载："邑地颇辽阔，人民向称辐辏矣，乃辐辏者，皆沿海之区；财求向称饶阜矣，而其饶阜者，以鱼盐，亦在沿海之区。"①这说明在迁界之前，新安县是人口流入较为集中的地区，其经济发展水平在沿海诸县区中排在前列，百姓生活相当富裕。但受迁界的影响，新安县经济社会发展受到严重影响。

土地是农耕社会百姓赖以生存的生产资源和政府征收赋税的主要来源。清代，新安县的土田包括田、地、山、塘、湖、坡、海、溪、涌、坦、莳等几种形式。迁界前，新安县原额土田为4039顷56亩7分6厘5毫（以下只计算亩数，亩以下省略）。②清康熙元年（1662）迁界，先是"三日内尽夷其地，空其人民"，进而"毁屋庐以作长城，掘坟茔而为深堑"，"民有阑出咫尺者，执而诛戮，而民之以误出墙外死者，又不知几何万矣"。③新安县初迁时，损失熟土田2425顷75亩、荒田97顷86亩；清康熙三年（1664）又迁，新安县再失熟土田425顷35亩、荒田18顷72亩，仅剩下熟土田1013顷57亩、荒田58顷29亩。④

清康熙八年（1669），新安复县后，历任知县推行招垦复耕，成绩斐然（表7-5）。尤其是在李可成任上，"悉心招徕，

---

① 张一兵：《康熙新安县志校注》卷三《地理志》，北京：中国大百科全书出版社，2006年，第32页。

② 张一兵：《康熙新安县志校注》卷六《田赋志》，北京：中国大百科全书出版社，2006年，第178页。

③ （清）屈大均撰：《广东新语》卷二《地语》，北京：中华书局，1985年，第57—58页。

④ 张一兵：《康熙新安县志校注》卷六《田赋志》，北京：中国大百科全书出版社，2006年，第178页。

给以牛种，督耕劝课"①，在处处野草丛生、满目疮痍的景况下，着手恢复新安县的农业经济。从康熙八年到康熙二十五年（1669—1686），经过17年的展界复业，共垦复土田2376顷86亩，垦复的土田约占迁界损失土田的80%，但与迁界时损失的2967顷70亩相比，还有590顷余土田未得以垦复。到康熙二十七年（1688），知县靳文谟记述新安县的一些地区仍然"四顾徘徊，荒烟蔓草，依稀如故"②。他不禁感慨："百年之内，变迁至再；昔日之辐辏，今则晨星矣，昔日之饶阜，今则羸困矣。"③可见，复垦重建的过程并非一日之功。

表7-5 清初新安县土地复垦情况

年份	垦复土地	年份	垦复土地
康熙八年（1669）	196顷19亩	康熙十七年（1678）	8顷29亩
康熙九年（1670）	413顷56亩	康熙十八年（1679）	21顷54亩
康熙十年（1671）	617顷94亩	康熙十九年（1680）	9顷59亩
康熙十一年（1672）	164顷92亩	康熙二十年（1681）	103顷67亩
康熙十二年（1673）	148顷45亩	康熙二十一年（1682）	90亩
康熙十三年（1674）	3顷83亩	康熙二十二年（1683）	无
康熙十四年（1675）	无	康熙二十三年（1684）	566顷94亩
康熙十五年（1676）	无	康熙二十四年（1685）	119顷46亩
康熙十六年（1677）	无	康熙二十五年（1686）	1顷50亩
合计			2376顷86亩

资料来源：张一兵：《康熙新安县志校注》卷六《田赋志》，北京：中国大百科全书出版社，2006年，第178—179页

① 深圳市史志办公室整理编辑：《嘉庆新安县志》卷一四《宦迹略》，广州：华南理工大学出版社，2020年，第217页。

② 深圳市史志办公室整理编辑：《嘉庆新安县志》卷二三《艺文志二》，广州：华南理工大学出版社，2020年，第346页。

③ 张一兵：《康熙新安县志校注》卷三《地理志》，北京：中国大百科全书出版社，2006年，第32页。

清雍正时期，政府鼓励山区、边地开荒，并放松了新垦升科政策，"嗣后各省凡有可垦之外，听民相度地宜，自垦自报"，"务使野无旷地，家给人足"①，极大地刺激了民间自发垦田的积极性。新安县的土地开垦进入一个较快时期。到清乾隆十一年（1746）时，实报垦复田地达3815顷94亩之多。②

随着人口及开垦土地的增加，相应的赋税征收也逐步增加。迁界前，新安县原额官税米1586石7斗，民灶税米9124石8斗，共税米10 711石5斗。清康熙元年至康熙三年（1662—1664）新安县迁界后，迁失熟土田官税米67石1斗，迁失熟土田民灶税米6349石7升，荒土田民灶税米342石4斗，其迁失荒、熟土田官税米1182石1斗，荒熟土田民灶税米6691石4斗。当时新安县尚存界内可征收的官税米仅404石5斗，民灶税米2433石3斗。这样，新安县经过迁界后迁失的官税米占原额官税米约75%，迁失民灶税米占原额民灶税米约74.5%③。清初新安县复界后官米及民米的征收情况见表7-6。

表7-6　清初新安县复界后官米及民米的征收情况

年份	官米	民米	合计
康熙八年（1669）	76石9斗	461石6斗	538石5斗
康熙九年（1670）	167石5斗	972石6斗	1140石1斗
康熙十年（1671）	262石5斗	1458石6斗	1721石1斗

① 深圳市史志办公室整理编辑：《嘉庆新安县志》卷首《训典》，广州：华南理工大学出版社，2020年，第5页。

② 深圳市史志办公室整理编辑：《嘉庆新安县志》卷八《经政略一》，广州：华南理工大学出版社，2020年，第161页。

③ 刘均雄：《清初禁海迁界前后的新安县》，见张建雄主编：《明清海防研究论丛》第2辑，广州：广东人民出版社，2008年，第58页。

续表

年份	官米	民米	合计
康熙十一年（1672）	64石9斗	371石9斗	436石8斗
康熙十二年（1673）	57石7斗	323石	380石7斗
康熙十三年（1674）	1石4斗	7石2斗	8石6斗
康熙十四年（1675）	无	无	无
康熙十五年（1676）	无	无	无
康熙十六年（1677）	无	无	无
康熙十七年（1678）	3石2斗	19石3斗	22石5斗
康熙十八年（1679）	8石2斗	42石1斗	50石3斗
康熙十九年（1680）	3石6斗	16石7斗	20石3斗
康熙二十年（1681）	40石	210石6斗	250石6斗
康熙二十一年（1682）	3斗	1石6斗	1石9斗
康熙二十二年（1683）	无	无	无
康熙二十四年（1685）	46石4斗	252石5斗	298石9斗
康熙二十五年（1686）	5斗	2石6斗	3石1斗
康熙二十三年（1684）	220石5斗	1169石	1389石5斗
康熙二十六年（1687）	2斗	1石3斗	1石5斗

资料来源：张一兵：《康熙新安县志校注》卷六《田赋志》，北京：中国大百科全书出版社，2006年，第182—184页

二、盐场的废弃

据清嘉庆《新安县志》记载，在清初禁海迁界前，新安县有东莞、归德二盐场，隶属广东盐课提举司。东莞场盐课司管辖七栅半：南头、辛甲、海北上、海南、巷头、市心、海北下、叠福半栅。归德场盐课司下辖十六社：新桥、大步涌、岗头、涌口、附场、大田、信堡、后亭、涌头、仁堡、义堡、礼堡、智堡、鼎堡、永新、伏涌。清康熙元年（1662），新安县开始迁界，新安县下辖的归德、靖康（靖康场应在东莞长安一带）

等盐场均在界外，灶户几尽迁离，盐场日渐荒废。

清初，东莞盐场原额盐丁2228人，灶田1307顷62亩多。到康熙三年（1664）时，界内盐丁只剩下62人，灶田只余279顷18亩；归德盐场原额盐丁1590人，灶田850顷58亩。到康熙三年（1664）时，界内灶丁只剩下65人，灶田只余下79顷18亩。[①]由此可见，迁界对新安县盐业造成毁灭性打击。康熙六年（1667），新安县被裁撤后，东莞及归德两盐场的盐课归并到东莞县征收。归德场原盐课司署被破坏，只剩下土地祠。自此，新安县的盐业由盛转衰。面对百姓因无盐可制，无处谋生的情况，归德场衙边候选进士陈隽蕙"恻然不忍，率父老力恳上台"，请求官府允许部分盐丁可以戴腰牌"出界晒煎，存活一方"[②]，最终获得朝廷批准。但出界盐丁只能只身前往，朝出暮归，不能携带家眷，也不能逗留界外。

康熙八年（1669），新安展界之后，历任知县努力招回灶丁、垦复灶田，但实际效果不大。到康熙二十七年（1688）时，即已复界近20年时，归德盐场尚有待招复灶丁811人，未垦灶田40顷45亩[③]，仍然没有恢复到迁界前的水平。而靖康场的产量减少最剧。短短几年间，靖康盐场的灶田从1000多顷减少到200顷。到清乾隆三年（1738），靖康场产盐越来越

---

① 张一兵：《康熙新安县志校注》卷六《田赋志》，北京：中国大百科全书出版社，2006年，第212—213、218页。

② 深圳市史志办公室整理编辑：《嘉庆新安县志》卷一九《人物志一》，广州：华南理工大学出版社，2020年，第268—269页。

③ 张一兵：《康熙新安县志校注》卷六《田赋志》，北京：中国大百科全书出版社，2006年，第212—213、219页。

少，清廷将靖康场与归德场合并，改为归靖场。乾隆二十一年（1756），裁归靖场大使设委员署，衙署迁至黄松冈。但到乾隆五十四年（1789），东莞、新安县的几家盐场仍然面临歉收，难以运转，最终不得裁撤东莞、归靖等4场，盐田池漏全部拆除，试图"养淡改作稻田"。但实际上，此二场"本系沙石之区，咸水泡浸已久，难以养淡改筑稻田"。最后不得不"全归局羡完纳在案"①，由政府盈余的备用金来抵交这些盐场的课税。大量盐田被荒废丢弃，曾经兴盛一时，见证千年沧海桑田的盐田不复存在。盐场虽裁撤，但归德一带转而养蚝，仍是当时新安县经济最发达的地方。

三、养蚝业

清初以后，由于珠江流域砍伐和土地开发严重，水土流失进一步加大。东莞县麻涌一带受冲积影响，淤泥堆积，已无法养蚝，加上雨季珠江上游水土流失严重，淡水流量增大，海水回冲只能上逆至珠江口海湾中部沙井附近海面一带，因而，此后的主要蚝产区便逐步下移至沙井附近海面。当时东莞县、新安县（今深圳）交界海湾一带，与龙穴洲相近的沙井海面是养蚝区。"东莞、新安有蚝田，与龙穴洲相近。""以生于水者为天蚝，生于火者为人蚝，人蚝成田，各有疆界，尺寸不逾，逾则争。蚝本无田，田在海水中。以生蚝之所谓

---

① 深圳市史志办公室整理编辑：《嘉庆新安县志》卷八《经政略一》，广州：华南理工大学出版社，2020年，第169页。

之田。"①从事种蚝的家族逐渐成为后来地方权力的主要力量，如步涌江氏、沙井义德堂陈氏，这些家族许多原本是归德盐场的灶户，都逐渐发展成为种蚝大族。清嘉庆《新安县志》也载明新安县蚝的集中产地及经济价值："蚝出合澜海中及白鹤滩，土人分地种之，曰蚝田，其法烧石令红，投之海中，蚝辄生石上。或以蚝房投海中种之，一房一肉，潮长房开以取食，潮退房阖以自固。壳可砌墙，可烧灰，肉最甘美，晒干曰蚝豉。"②合澜海和白鹤滩靠近归德盐场，合澜海即珠江口咸淡水交汇处，有茅洲河和碧头河的淡水注入，这里海岸线平直，坡缓水浅，属淤泥质海岸，特别适宜蚝业养殖，其大致的位置在步涌、新桥、茅洲墟、碧头墟之间。

新安县复界后，返乡种蚝人员不断增多，蚝田面积迅速扩大，蚝业得到迅猛发展。沙井一带成为珠江口海湾的主要蚝产区，这一海域出产的蚝，名称也逐渐由"归靖蚝"转为"沙井蚝"。

四、手工业

清康熙八年（1669）复界后，新安县的手工业也得以恢复。随着生产力的提高，手工业的制作工艺有了较大的提高。其中较为突出的有织染业和烧灰等。

深圳地区的"罾布"享有盛名。在南头城和大鹏城内就有织布厂、印染厂和销售布匹的店铺。据屈大均《广东新语》

① （清）屈大均撰：《广东新语》卷二三《介语》，北京：中华书局，1985年，第576页。
② 深圳市史志办公室整理编辑：《嘉庆新安县志》卷三《舆地略二》，广州：华南理工大学出版社，2020年，第87—88页。

记载："又有罾布，出新安南头。罾本苎麻所治，渔妇以其破敝者罱之为条、缕之为纬，以绵纱线经之。煮以石灰，漂以溪水，去其旧染薯莨之色，使莹然雪白。布成，分为双单，双者表里有大小絮头，单者一面有之。絮头以长者为贵，摩挲之久，葳蕤然若西毡起绒。更或染以薯莨，则其丝劲爽，可为夏服。不染则柔以御寒，粤人甚贵之，亦奇布也。谚曰：'以罾为布，渔家所作。著以取鱼，不忧风飓。'小儿服之，又可辟邪魅。是皆中州所罕者也。"①由此可知，这种技术令渔网更抗海水腐蚀，布质更劲韧难霉。若柔揉日久，细绒渐起，再染薯莨，可作夏布。这或许可以成为人们制作薯莨布的灵感原点。至于辟邪爽神，或许源于将薯莨止血活血而使人更精清意爽等潜在功效，归功神灵照拂。

烧灰，在新安地区有悠久的历史，香港考古学者于20世纪60年代在新界赤腊角曾发现唐宋时期的灰窑。至清代，新安县烧灰更为广泛。石灰岩的产地有石岩、观澜、坪山、坪地等。烧灰的窑炉同烧制陶瓷的圆形窑相似，装窑颇为讲究，一层柴草一层石灰岩，火力不够，烧出的石灰残留石骨，作价低。蚝产区则用蚝壳作原材料烧灰，如沙井沿海一带。在水泥和农药、化肥未传入当地或当地未广泛使用时，烧灰不但是重要的民用建筑材料，也是农家不可或缺的肥料和除虫剂。

---

① （清）屈大均撰：《广东新语》卷一五《货语》，北京：中华书局，1985年，第424页。

五、墟市商业

新安县作为古代海上丝绸之路的重要节点，商贸活动颇为活跃。新安县的传统商业与农村自然经济关系密切，在商业习俗方面具有浓郁的小农经济色彩，其中最具有代表性的就是墟市。新安地区各大姓氏的发展壮大与墟市的形成与繁荣有密切的关系，如坪山墟与曾氏、龙岗墟与罗氏、坑梓墟与黄氏、沙井新桥清平墟与曾氏等。

墟市是典型的小农经济自给自足的商业活动，它是由农民、商贩、小手工业者共同参与，习而成俗地形成定点、定时进行商贸活动的市集。清屈大均的《广东新语》云："粤谓野市曰虚，市之所在，有人则满，无人则虚。满时少，虚时多，故曰虚也，虚即廛也……今北名集，从聚也，南名虚，从散也。"① 由此可见，"墟"是岭南地区的俗称，在北方及其他地区多称为"市""集"。墟市是手工业作坊的集中地和商业贸易的集散地，用以交换农副产品、生产工具和生活用具，可谓农村经济的中心。

根据清康熙和嘉庆《新安县志》记载，康熙二十七年（1688）时，新安县共有市8个，墟23个；至嘉庆二十四年（1819），新安县共有市9个、墟29个。其中，最繁华、最负盛名的当属位于今深圳东门的"深圳墟"（表7-7）。

---

① （清）屈大均撰：《广东新语》卷二《地语》，北京：中华书局，1985年，第47页。

表 7-7　清初新安县墟市变动情况

项目	康熙二十七年（1688）	嘉庆二十四年（1819）
市	城内市、牌楼市、南头旧市、南头中市、南头新市、西乡大庙前市、茅洲新市、茅洲旧市	城内市、牌楼市、南头旧市、南头中市、南头新市、西乡大庙前市、茅洲新市、茅洲旧市、大鹏城西门街市
墟	和平墟、白灰洛、周家村墟、蛋（疍）家萌墟、云林墟、望牛墩墟、黄松冈墟、碧头墟、沙头墟、下步墟、月岗屯墟、大桥墩墟、深圳墟、天岗墟、大步头墟、清湖墟、平湖墟、永丰墟、塘头下墟、葵涌墟、盐田墟、清溪墟、塘勒墟	和平墟、白灰洛（废弃）、周家村墟（废弃）、蛋（疍）家萌墟（废弃）、沙井墟（新增）、云林墟、昇平墟（新增）、望牛墩墟、清平墟（新增）、新墟（新增）、白龙冈墟（新增）、黄松冈墟、桥头墟（新增）、碧头墟、福永墟、下步墟（废弃）、月岗屯墟、圆朗墟（即大桥墩墟）、深圳墟、石湖墟（即天岗墟）、大步墟、清湖墟、平湖墟、永丰墟、塘头下墟、葵涌墟、盐田墟、清溪墟、塘勒墟、王母墟（新增）、长洲墟（新增）、碧洲墟（新增）、乌石岩墟（新增）

资料来源：张一兵：《康熙新安县志校注》卷三《地理志》，北京：中国大百科全书出版社，2006年，第79页；深圳市史志办公室整理编辑：《嘉庆新安县志》卷二《舆略地一》，广州：华南理工大学出版社，2020年，第69—70页

　　"深圳墟"是方圆数十里范围内最重要的商业集市。对于"深圳"地名的考究，有学者研究指出其可能始见于明永乐年间。[1]而明确记载"深圳"这一地名，则最早出自清康熙《新安县志》："新安沿边奉设墩台二十一座……深圳墩台，一座。"[2]"圳"指田间的水沟，"深圳"因村庄、农田间有一条深水沟而得名。自明朝初年，在今深圳市罗湖区东门一带的蔡屋围、湖贝村、向西村、水贝村、黄贝岭村、罗湖村、笋岗村、布心村等村庄相继建成。之后陆续有外地人迁徙到这些村庄所围绕的中心地带谋生并搭建屋寮栖居。至明代中期，这些村的族人开始在村庄之间的地方建起集市，展开贸

① 曾观来：《谈深圳地名的演变与讹变》，《深圳史志》2022年第2期。
② 张一兵：《康熙新安县志校注》卷八《兵刑志》，北京：中国大百科全书出版社，2006年，第241页。

易活动，遂形成"深圳墟"。繁华时的深圳墟，拥有东西南北四门。因周边遍布大大小小的村庄，每逢农历带"二、五、八"的日子，深圳墟市便迎来热闹的赶集日。①

对于新界北部双鱼河流域的居民，深圳墟是一个主要的墟市，开墟之日，众多双鱼河地区居民要利用渡船，来往于双鱼河地区与深圳墟之间。渡船先在石湖墟旁的双鱼河上行驶，随后进入主流深圳河，由此溯河而上行至深圳墟，利用渡船来实现大墟（深圳墟）—小市（石湖墟）之间人与物的流通。

清代，今香港地区的墟市也十分繁荣。据清康熙和嘉庆《新安县志》记载，香港地区有圆朗墟（即大桥墩墟）、石湖墟（即天岗墟）、大步头墟和长洲墟等。大桥墩墟始建于何年，迄今无考。大桥墩墟原位于元朗河口西岸，新安县迁界后荒废。清康熙八年（1669），清廷取消迁界令，新安县复设，锦田邓氏在元朗西边围和南边围之间另建墟市，将原大桥墩墟迁至元朗，称为元朗墟，墟市内有长盛街、利益街和酒街三条主要街道，设有各行各业的店铺，成为锦田、屏山一带的农副产品的集散地。石湖墟位于今香港北区上水。该墟在清康熙《新安县志》中并无记载，到清嘉庆《新安县志》"墟市"条目中才收录了"石湖墟"，并附言"《旧志》'天冈'，今移石湖"②，表明石湖墟是由天岗墟迁建而来。天岗墟在

---

① 廖虹雷：《井，街，市：从深圳墟到东门商业区》，《世界建筑导报》2013年第1期。

② 深圳市史志办公室整理编辑：《嘉庆新安县志》卷二《舆略地一》，广州：华南理工大学出版社，2020年，第70页。

清康熙《新安县志》"墟市"条目中有明确记录。为纪念两广总督周有德和广东巡抚王来任在新安县复界中作出的贡献，石湖墟建有"报德祠"。大步墟（清康熙《新安县志》称为大步头墟）由新界五大氏族之首——邓族所建。清康熙十一年（1672），邓氏族人向新安知县申请在林村河以北一带"邓孝子祠"旁边建墟，言称利用墟市收入作为维持宗祠的香火之用，取名大步墟，即今大埔旧墟。大步墟面临大步海，与深圳墟紧密联系，成为一个优良的商业交易集散地。长洲墟位于香港地区今大屿山东南方的一个小岛。最早在明朝的时候，长洲已经发展成为渔船集散的地方。据《东粤宝安南头黄氏族谱》记载，宝安县南头黄氏在清乾隆时期移居此处，并获得岛上的土地拥有权。广东省布政司向当地黄姓大户发出承垦长洲田莆执照，将长洲中部土地归黄家所有，并代为管理，但需将一半税收上缴朝廷，岛上的商业在这个时候得以长足发展。据岛上北社天后庙中一个香炉上的刻记，最晚在清乾隆五十年（1785）时，长洲已被称为"墟"。在清嘉庆《新安县志》中，长洲岛被明确记录为新增的"墟"。

第四节　文化教育与县志编纂

　　清代前期，历任新安知县重视官学、督办私学，兴修书院、社学等蔚然成风，形成前所未有的文教兴盛局面。康熙年间知县靳文谟，嘉庆年间知县舒懋官分别主持编修的两部

《新安县志》，为深港地区留存下了不少珍贵的官方文献资料，为深圳古代社会历史面貌留下了珍贵的图景。新安县山水秀丽，康熙初年，知县李可成最早明确提出"新安八景"，提炼塑造出古代深圳旅游资源名片。

一、官办学校与书院

（一）官办学校

清代教育体制基本上承袭明制，中央设有国子监，地方设有府学、州学、县学。顺治初年，广东学政署成立。学政署之下，分设府学、州学和县学。"各学教官，府设教授，州设学正，县设教谕，各一，皆设训导佐之。"①依据清朝文官制度，新安县设置"儒学教谕一员，训导一员，司吏一名"②。顺治四年（1647），康应星任新安县教谕。新安县"教谕署，在县城南门内和阳街，中为皋比堂，后为内堂，前为仪门，仪门外为大门，大门前为照墙，大堂右为客厅，厅前为土地祠，又前为庠科。训导署，在教谕署之右"③。康熙三年（1664），裁撤教谕，只存训导署。康熙十六年（1677），又恢复重设教谕。

清初，新安县东门外建有学宫，这是当时新安县的最高学府。"康熙十年，飓圮，知县李可成详修，未果。十五年，海

---

①　《清史稿》，北京：中华书局，1977 年，第 3115 页。

②　深圳市史志办公室整理编辑：《嘉庆新安县志》卷五《职官志一》，广州：华南理工大学出版社，2020 年，第 102 页。

③　深圳市史志办公室整理编辑：《嘉庆新安县志》卷七《建置略》，广州：华南理工大学出版社，2020 年，第 146—147 页。

氛入寇，片瓦无存。十八年，知县张明达捐俸倡修。越岁，教谕黄衮裳到任，力襄之。二十一年，报竣。乾隆四十七年，知县吴沂重修。四十九年，知县李大根相继成之，遂如今制。"[1]虽然新安县地处偏远，但县学却办得很有分量，附近东莞、南海、番禺、顺德等地都有人到这里来读书而获得功名。如谭琏（东莞人，康熙五十四年乙未科徐陶璋榜第三甲）、陈之遇（东莞人，康熙五十七年戊戌科汪应铨榜第三甲）、劳发衡（顺德人，康熙四十一年壬午科，以《易经》中式）、罗朝彦（顺德人，康熙五十二年癸巳恩科，以《书经》中式）等。后来，此地又相继考取了6名文举和6名武举。这对一个偏远的小县来说，相当可观。

　　清代的府学、州学、县学属于正规的官办地方学校。府、州、县学与科举考试紧密相连。读书人只有进入这些不同级别的学校读书，才能具备参加科举考试的资格。清代的科举考试分为三级，即乡试、会试、殿试。清代各省乡试于顺治二年（1645）八月恢复举行，次年春按例恢复会试和殿试。在各级考试中，于省会开考的乡试是关键的一环，只有乡试中举，士子方能获得功名出身和参加会试的资格。但士子首先必经童试一关，成绩合格方被录取入学，之后才有资格参加后面的三级考试。清代的童生试，即地方儒学取录生员的考试，三年内举行两次，每次均分为县试、府试、院试三个阶段，童生必须依次通过这三次考试才能取得生员资格。县

---

① 深圳市史志办公室整理编辑：《嘉庆新安县志》卷七《建置略》，广州：华南理工大学出版社，2020年，第149页。

试为童生试的第一阶段，由知县组织本县童生进行考试。县试合格者，即可应府试，府试于县试后一或两个月内进行，由知府或知州、同知任主考，取中者造册申送学政。院试由学政巡回至各府主持。凡经院试录取者，即为生员，分别进入府、州、县学读书。

府、州、县学每届考试录取入学有固定的名额，学额配置又直接影响着读书人的科举仕途。清代科举考试与户籍制度紧密相连。一般而言，考生必须在原籍参加考试，并在原籍学额内录取。各地学额根据文风高下、赋税轻重、人口多寡来确定。新安县学的生员有廪生、增生，廪生能享有县府每月给予的廪膳，增生无此及待遇，地位也次于廪生。按规定，县学廪生、增生的学额①数为："廪额二十名，增额二十名，岁科试各入学八名，武岁试入学八名，文府学历拨一、二名，武府学历拨三、四名。"②广州府学每年录取生员名额也非常有限，取广州生员36名，另外东莞、新安生员各2名，共40名；番禺及南海两县学，每年各取生员20名，总共80名。③

由于新安县客籍众多，根据朝廷科举专设"寄籍应试之法"，客民在迁入地入籍满二十年，具有田产、庐墓等不动产，

①　如康熙九年（1670），规定大府学额20名、大州县学额15名、中县12名、小县7—8名。见光绪《大清会典事例》卷三七〇《礼部·学校·学额通则》，转引自李世愉、胡平：《中国科举制度通史·清代卷》，上海：上海人民出版社，2015年，第58页。
②　深圳市史志办公室整理编辑：《嘉庆新安县志》卷九《经政略二》，广州：华南理工大学出版社，2020年，第175页。
③　章深主编：《广州通史·古代卷》（下册），北京：中华书局，2010年，第844页。

实无原籍可归者，可以在取具族邻甘结等基础上向迁入地官府申请寄籍应试。关于客籍学额，新安县可以"岁试取进文学二名，武学二名，科试取进文学二名"。这是朝廷回应客民应召赴新安县垦荒，例外增补的名额。"新安自复界以来，土广人稀，奉文招垦军田。客民或由江西、福建，或由本省惠、潮、嘉等处，陆续来新，承垦军田，并置民业。"①自康熙五十五年（1716）奉例开设军籍，文、武学额各二名，为专供军籍（客籍）子弟考取的生员名额。至雍正十三年（1735）开始实行"军民合考"，客民以"民籍"身份参加科考。但实际上，由于科举学额不因人口迁入而增加，因此，客籍村落与本地村落面临学额竞争，客籍村落为争取加设客籍生员名额奔波，屡兴词讼。经过几代人的努力，至嘉庆七年（1802），清政府终于准许符合条件的新安县客籍生童在新安县参加岁科两试，并在原有 8 名学额基础上各增文、武 2 名学额。②成书于嘉庆十五年（1810）的《新安客籍例案录》记述了自乾隆十六年（1751）至嘉庆七年（1802），客籍人士为争取本籍子弟在新安县学读书的权利而展开的各种诉讼事由经过。道光九年（1829），新安县客家人在广州建立"同德堂文馆"，供客家考生参加省试时落脚。土客学额之争，体现出客民常因土著掌控当地优质教育资源、自身发展水平的限制而处于

---

① 深圳市史志办公室整理编辑：《嘉庆新安县志》卷九《经政略二》，广州：华南理工大学出版社，2020 年，第 176 页。

② 钱实甫编：《清代职官年表》（第 4 册），北京：中华书局，1980 年，第 2689 页。

劣势。

（二）书院

明代中后期，书院的讲会制度曾给社会带来一场思想上的大变动，威胁到统治阶级利益，直接导致明朝廷私毁书院，也给社会带来动荡。清代初年，政局不稳，清统治者害怕书院"聚徒讲学"，传播"反清复明"思想，对书院采取抑制政策，致使各地书院在很长一段时间陷于停滞状态。直至康熙二十年（1681）"三藩之乱"被彻底平定，朝廷的抑制政策有所松动，各地书院得以恢复发展。随着汉文化影响的加深，同时为笼络、限制汉族士大夫，清廷改变以前对书院教育戒备态度，逐渐予以扶持和发展。

清代前期新安县官办并以书院为名的教育机构共有3所，即宝安书院、文冈书院和凤冈书院。

宝安书院系康熙三十三年（1694）知县丁棠发创建，名之曰"宝安书院"，地址位于县城东门外学宫右侧。书院聘请的山长（书院院长）温泽孚为西乡人，为康熙二十九年（1690）庚午科举人，以《书经》中试，授崖州学正。温泽孚为人博学，遍览群籍，当时名士多从之游。宝安书院是清代新安县兴建最早的一座颇具规模的官办义学，招收众多贫寒子弟来此就读，加强了新安县的文教氛围。但后期宝安书院渐渐凋敝，"日久倾圮，废址犹存。嘉庆庚申年，改建水仙庙"①。

---

① 深圳市史志办公室整理编辑：《嘉庆新安县志》卷九《经政略二》，广州：华南理工大学出版社，2020年，第179页。

文冈书院是知县段巘生建于雍正二年（1724），地址在南头城西五通街。段巘生是湖广长宁人，进士出身。他在知县任内，政简刑清，礼贤下士，因感宝安书院已趋颓废，特倡建文冈书院，以兴教育。鉴于筑建书院室宇耗资过高，恐新安县经济难以承受，遂以金一百，"购为社学，颜之曰：'文冈书院'"。当时香港上水人廖九我得知要开办文冈书院时，即行响应，捐出田产作为书院社田；邑人刘壮华捐赠田产亦颇为慷慨。①他们热心捐助教育，一则是为方便自己的族人和自家子侄，可到县城去读书，以求深造，当然也出于他们对教育的重视和对书院育才功用的理解。新安县许多名士鸿儒都曾在此任教，如冼攀龙、陈振、邓晃、蔡珍、陈宗光等。嘉庆初年，宝安书院和文冈书院都已年久倾废，取而代之的是凤冈书院。

凤冈书院成立稍晚。嘉庆六年（1801），知县孙树新主持建校事宜，在城南和阳街原东莞场衙署上建立这所在深圳地区影响最大的书院。之后，孙树新、王廷锦等历任新安知县继续支持书院建设。广东布政司康基田题写匾额"凤冈书院"（"凤冈书院"石匾现立存于南头中学大门门厅处，石匾两边小字为阴文行书，右为"嘉庆癸亥清和月"，左为"合河康基田题"）。该校为一座三进式的院舍，前殿左右为讲堂，兼有露台；中殿为先贤堂；后殿为魁星楼，左右有书舍八间，两侧有东西两厢，建筑颇具规模。凤冈书院是新安县准备科

---

① 深圳市史志办公室整理编辑：《嘉庆新安县志》卷九《经政略二》，广州：华南理工大学出版社，2020年，第178页。

举的场所。道光元年（1821），南海县举人冯斯伟曾在此任山长。

新安县的书院与其他地方书院一样，办学形式为官办民助。为维持书院教育的运转，都置一定的田产，称为学田，以租赁的形式收取租谷供书院"膏火之需"。新安县素有重视教育的传统，有不少好善乐施者关心和乐于资助教育事业。凤冈书院开办之初，便"有邑人刘壮华等捐送田亩"①，这些由民间捐献的田产亦为学田，以租赁的形式收取租金，为书院办学运转提供经费保障，因而能够确保书院教育的持续发展。

二、社学、义学和私塾

新安县民间还兴建一些社学、义学和私塾。清代社学，沿袭明制，属于官办科举教育体系之外由民间社会力量自行筹办。清初的社学在较长时期处于停滞状态。雍正即位不久，认为生祠书院之设，不少已成为地方官员浮夸显名之所，便对康熙时期扶持书院发展的政策加以重要修改，谕令："其现在之生祠书院，如实系名宦去任之后百姓追思盖造者，准其存留，其余俱着地方官查明，一概改为别用，或为义学，延师授徒，以广文教。"与此同时，他还采纳礼部侍郎蒋廷锡建议，"敕督抚令所属州县乡堡立社学，择生员学优行端者充社师，量给廪"。根据这一规定，"各州县于大乡区镇各置社学，凡近乡子弟，年十二

---

① 深圳市史志办公室整理编辑：《嘉庆新安县志》卷九《经政略二》，广州：华南理工大学出版社，2020年，第178页。

以上，二十以下，有志学文者，令入学肄业"。①政府的兴学重点重新转向社学、义学，社学从而得以快速发展。义学属地方举办的初级启蒙教育机构。"义学，初由京师五城各立一所，后各省府、州、县多设立，教孤寒生童。"②其办学经费主要是由官绅捐资或捐置田产收取地租。

由于有官府的支持，新安县各地社学和义学随即兴盛，主要有梯云社学，在城外恩德乡中市铺；青云社学，在城外恩德乡崇镇铺；登云社学，在西乡村；固成社学，在固成村；梧山社学，在归城下村；碧溪社学，在碧头村。③这些社学和义学的兴办，是文教整体发展的组成部分，对帮助贫寒子弟就学有着积极的意义。

除此之外，民间各宗族姓氏均竞相设立书室、家塾以培养本族人才，"广教化，育英才"风气日益兴盛。诸如平湖的松柏藜映堂，沙井衙边村的平岗公家塾，辛养村的澜安公家塾，福永岭下文氏宗祠，西乡王大中丞祠、黄氏云野书室，南头向南村义云书室等，不胜枚举。在香港地区，则有大埔的敬罗家塾、艺完堂、善庆书室、正伦书室；上水区的万石堂、应龙廖公家塾、应凤廖公家塾、允升家塾；屏山区的观廷书室、述卿书室、五桂书室、圣轩公家塾、若虚书室；等等。清朝嘉庆、道光时期的书室、家塾等学舍比比皆是。

① （清）嵇璜纂：《皇朝文献通考》卷七十，《学校·考（八）》，清光绪八年刻本。
② 《清史稿·选举志》，北京：中华书局，1977年，第3119页。
③ 深圳市史志办公室整理编辑：《嘉庆新安县志》卷九《经政略二》，广州：华南理工大学出版社，2020年，第179页。

私塾则纯属民办的基础教育机构，有"专馆"与"散馆"之分。"专馆"是富庶人家自行礼聘教师在自己家中开设，专教家族子弟学习。"散馆"则是塾师自办，张贴"馆招"招生，收取一定学费以维持私塾运作。这些私塾一般集中于富商大贾居住区，其官方色彩较为淡薄，属于当时正规教育体系的一种补充形式。新安县客家地区宗族重视兴学教育子弟，"常常一座围堡就有一间私塾，位于围堡后围的望楼，平日就是族人子弟读书的场所"①。即使没有盖专门的书楼，这里的客家人也会为私塾专门盖书屋，形成"无村而不设之学"的崇文兴教盛况。②

三、文教名人

明清以后，新安县域内科举入仕渐成规模。清康熙《新安县志》记载："国朝鼎盛以来，广励学宫，兴贤育才，一时掇魁南宫，联袂不绝。邑之学校，渐冠岭南矣。"③顺治至嘉庆朝，新安县进士科共有8名及第（包括2位学籍在新安县的东莞人）。他们分别是：陈隽蕙，衙边人，顺治十八年（1661）辛丑科马世俊榜第三甲，授河南卫辉府汲县知县；文超灵，涌头人，康熙十五年（1676）丙辰科彭定求榜第三甲，任江南宜兴县知县；邓文蔚，锦田人，康熙二十四年（1685）乙

---

① 熊贤君：《深圳教育史》，北京：社会科学文献出版社，2010年，第113页。
② 刘丽川：《深圳客家研究》，海口：南方出版社，2002年，第208页。
③ 张一兵点校：《深圳旧志三种·康熙新安县志》，深圳：海天出版社，2006年，第322页。

丑科陆肯堂榜第三甲，授浙江衢州府龙游县知县；谭琏，东莞人，新安学，康熙五十四年（1715）乙未科徐陶璋榜第三甲，历官四川灌县知县；陈之遇，东莞人，新安学，康熙五十七年（1718）戊戌科汪应铨榜第三甲，授江南来安县知县；陈景芳，衙边人，乾隆十三年（1748）戊辰科梁国治榜第三甲；汪士元，大步涌人，乾隆十九年（1754）甲戌科庄培因榜第二甲；蔡学元，沙浦人，嘉庆十三年（1808）戊辰科吴信中榜第三甲，授咸安宫学汉教习，任肇庆府教授，调潮州府教授。①且有不少各类举人、贡生、钦赐恩爵等。而明朝新安县域内进士及第5人，宋代仅2人。可见，清代前期新安县文教之兴盛。

顺治八年（1651）至嘉庆二十四年（1819）的168年间，新安县共有何麟运、刘焜、陈蕴玉、陈隽蕙、邓文蔚、文超灵、梁伟仁、余龙、叶青、龙元、何有略、邓如臣、罗尚纲、张钟、冼攀龙、温泽孚、劳发衡、陈奇材、陈之遇、罗朝彦、谭琏、陈俊英、冼容、黄梦桂、梁大豹、陈廷对、邓与璋、王国斐、戴胄、陈景芳、汪士元、蔡珍、陈振、邓晃、曾恺、黄成元、陈明、陈宗光、曾煜、陈鉴莹、张敦信、侯倬云、龙田见、蔡学元、蔡淮、廖有执、曾湛、郑文瑞等48人乡科中举，钦赐举人的有曾联魁、曾家驹、麦维绚、曾若兰、蔡射光、陈书、文兰等7人。此外，还有经选拔进入国子监

---

① 深圳市史志办公室整理编辑：《嘉庆新安县志》卷一五《选举表一》，广州：华南理工大学出版社，2020年，第222—223页。

读书的贡生约200人。^①

新安县为军事重镇，民众特别重视武科，清代产生两位武科进士。麦萯，周家村人，武举人麦世球之子，康熙三十年（1691）辛未科，历任四川会川军民卫掌印守备、浙江衢州协中营都司、江南提标后营游击；麦锦琼，合水口人，武举人麦岐之子，嘉庆十九年（1814）丁丑科殿试，以营守备用。"嘉庆二十四年己卯，赞修《邑志》。"清代前期新安县还产生郑毅、麦世球、何以斌、黄绍勋、麦中达、曾文韬、霍锦、麦萯、郑光宪、叶达、吴昌宗、曾文光、赖翔凤、曾鹏量、郑雄、邓飞鸿、陈秉道、邓英元、黄大鲲、吴灿、麦岐、姜应煜、陈麒、吴懋修、邓瑞泰、黄河清、吴世璋、麦锦琼、邓大雄、黄志冲、黄展鹏、黄应彪、黄丕扬等33名武乡科举人。^②

四、《新安县志》编纂

编纂地方志是中华民族独有的优秀文化传统。秦汉至明朝万历以前，深圳地区先后隶属番禺县、博罗县、宝安县、东莞县，与其有关的地方志有《广州府志》《广东通志》《东莞县志》等。明万历元年（1573）析置新安县后，新安县修志较为频繁，至明末先后有万历《新安志》（知县丘体乾修）、

---

① 深圳市史志办公室整理编辑：《嘉庆新安县志》卷一五《选举表一》，广州：华南理工大学出版社，2020年，第226—236页。

② 深圳市史志办公室整理编辑：《嘉庆新安县志》卷一五《选举表一》，广州：华南理工大学出版社，2020年，第237—239页。

崇祯《新安志》（知县李玄修）、崇祯《新安志》（知县周希曜修），此三部县志均已散佚。

明万历十四年（1586），江西临川人丘体乾任新安知县，"创学田，修邑乘，勤于课士"①。在他主持下，修成明代第一本《新安志》。此时距离新安建县不过14年，可见丘体乾对修志的重视。崇祯八年（1635），福建漳平人李玄任新安知县，捐其俸禄，增补史事，重修《新安志》。"谋之两学蔡、李二公，集雅博庠友梁栋明等，访故老，收稗说，折衷而复志之。"②崇祯十三年（1640），江南旌德人周希曜任新安知县。他"留心民瘼，励志育材，修练储备，诸事整理，井井有条……见邑中登科甲者寥寥，以东门外之旧学基，坐文冈而朝杯渡，局势宏敞，不惮经始之劳，鼎建学宫"③。崇祯十六年（1643），再度重修《新安志》。

清代的史志编纂，在明代的基础上更加成熟。清政府利用官方权威将方志的撰修固定为一种体制常态。康熙十一年（1672），朝廷下诏各地分辑志书。雍正七年（1729）时，为修《大清一统志》，朝廷严命各县修撰方志，各省、府大都专门设立志局或志馆，由省、府长官领衔主修，聘请学界名宿俊彦主纂，从而形成持续不断的修志热潮，极大地推动了地

---

① 深圳市史志办公室整理编辑：《嘉庆新安县志》卷一四《宦迹略》，广州：华南理工大学出版社，2020年，第213页。

② 深圳市史志办公室整理编辑：《嘉庆新安县志》卷二三《艺文志二》，广州：华南理工大学出版社，2020年，第341页。

③ 深圳市史志办公室整理编辑：《嘉庆新安县志》卷一四《宦迹略》，广州：华南理工大学出版社，2020年，第215页。

方志的编纂。不久又令各省府州县六十年修志一次。而方志的修撰也在清代形成了一套固定的体例和完整的流程。自乾嘉时起，地方志开始形成一门学问。清代新安县的地方志编纂正是在全国修志热潮中继续获得发展，先后编纂有康熙《新安县志》（知县李可成修）、康熙《新安县志》（知县靳文谟修）、嘉庆《新安县志》（知县舒懋官修）三部。不过，后世存者仅后面两部《新安县志》。

康熙九年（1670），辽东铁岭人李可成任新安县令。面对着满目疮痍，李可成肩负着重振新安县的使命，开启了新安县的修志工作。康熙十一年（1672），清代第一部《新安县志》问世。但由于新安县地处边陲，内乱外患，史料散失，李可成的《新安县志》与明代的几本《新安志》一样，均已无存。唯有序文保存在嘉庆《新安县志》中。

康熙二十六年（1687），直隶大名府开州人靳文谟任新安县令。他到任新安知县的第二年，就开始奉诏主持修纂《新安县志》。尽管有几本前志在，但靳文谟的修志工作还是困难重重，此时距离新安复置还不到20年，新安县尚未恢复元气，能搜集到的档案资料太少。靳文谟在序中说道："海坻孤城，展界未久，而四顾徘徊，荒烟蔓草，依稀如故。且文物声华，尚尔有待，徒令海若山灵笑其冷落，大书特书，即欲侈张润饰，正苦无下笔处。"[1]靳文谟找到教谕黄衮裳、训导许光岳、进士邓文蔚参辑，广搜旁及，援古证今，继后承前。靳文谟

---

① 张一兵：《重修〈新安县志〉序》，《康熙新安县志校注》，北京：中国大百科全书出版社，2006年，第1—2页。

修志一年，于当年冬天告竣。该志共十三卷，分为"舆图志""天文志""地理志""职官志""宫室志""田赋志""典礼志""兵刑志""选举志""人物志""防省志""艺文志""杂志"等部类。现今有据可查的"深圳"地名最早出现于康熙《新安县志》，其卷三记有"深圳墟"，卷八记有"深圳墩台"等。由于志书是进贡专用，刊刻数量不多。原版县志（共四册）由专人送至京城，存入内阁大库。清亡后，新安县当地诸多康熙版《新安县志》陆续散佚，唯有内阁大库那部保存完好，后转入京师图书馆（即国家图书馆的前身），成为流传330多年的"孤本"。此志还有两个残本：一本藏于日本（存卷一至卷六及卷十二），一本藏于上海图书馆（存卷二至卷十三）。1962年，广东图书馆据国家图书馆藏本油印了誊写本。此本影响甚广，为后人研究康熙时期的深港历史提供了珍贵的史料。

嘉庆二十一年（1816），江西靖安县人舒懋官任新安知县。到任之初，他翻阅靳文谟所修康熙《新安县志》，有感于历经百余年后，新安县各方面已有较大变化，而该志又存在体例不精当、记载不准确、详略欠周全等不足，准备重修县志。但不久他调任香山知县，遂作罢。嘉庆二十三年（1818），舒懋官"改回"新安知县，"即殷然以此为念"。适逢朝廷修《大清一统志》，广东编修《广东通志》，"饬令采访事实，以备选录"。于是，他决定借机"一新县志"。嘉庆二十四年（1819）二月上旬，舒懋官聘请同乡、江西南城县副贡生、候选直隶州州判王崇熙为总纂。他们"考碑碣，收图籍，遐稽博览，广采兼收"，参考康熙《新安县志》，"其中讹者正之，冗者汰之，缺者补之，悉举其体例，而变通焉"[1]，二人"悉心商确，列门类，定凡例"，采访者"勤于搜罗"，纂校者"不遗余力"，再经王崇熙"斟酌其间"，舒懋官"就正得失"，"以三阅月而成"。[2]五月，嘉庆《新安县志》修成。嘉庆《新安县志》是一部体例精当、内容全面翔实、叙事准确的县志。其正文共二十四卷，分为"沿革志""舆地略""山水略""职官志""建置略""经政略""海防略""防省志""宦迹略""选举表""胜迹略""人物志""艺文志"等十三个部类，另有卷首"训典"，合计18万多字，"凡山川、城郭、户口、土田、官制、兵防，及夫庶事之废兴，旧章之沿革，百产之衰旺，人物、艺文之增踵，无不粲然具陈"[3]。嘉庆《新安县志》比较翔实地记述鸦片战争以前广东新安县即今深圳、香港地区的政治、军事、经济、文化、地理、风俗、物产、人物、吟咏等各方面内容，为研究深圳、香港地区古代历史提供了第一手珍贵可信的史料，具有较高学术价值。[4]

嘉庆《新安县志》是中国古代最后一部记载包括现今深圳、香港地区历史的官修县志。这为深圳古代社会历史面貌

---

① 深圳市史志办公室整理编辑：《嘉庆新安县志》（舒懋官序），广州：华南理工大学出版社，2020年。

② 深圳市史志办公室整理编辑：《嘉庆新安县志》（王崇熙序），广州：华南理工大学出版社，2020年。

③ 深圳市史志办公室整理编辑：《嘉庆新安县志》（舒懋官序），广州：华南理工大学出版社，2020年。

④ 深圳市史志办公室整理编辑：《嘉庆新安县志》（点校说明），广州：华南理工大学出版社，2020年。

留下了丰富的图景，也为深港地区留存了为数不多的官方文献资料。在英国到来之前，嘉庆二十四年版的《新安县志》对该地区进行了专一的、大规模的和全面的史料搜集整理与研究。该书确实构建了研究香港历史图景的宏观框架，并且对该地区的生活方式和治理风格提出了一些见解。现存嘉庆二十四年（1819）新安县署初刻本两部，分藏于天津图书馆和上海图书馆，均为残本。存嘉庆二十四年（1819）凤冈书院刻本七部，其中完本五部，分藏北京大学图书馆、上海辞书出版社资料室、广东省博物馆、广东省立中山图书馆（二部）；残本二部，分藏于中国科学院南京地理与湖泊研究所资料室、上海图书馆。①

五、新安八景

新安县山水秀丽，一些名人、寺观和神话传说更增添其魅力，"邑地枕山面海，周围二百余里，奇形胜迹，不一而足。而山辉泽媚，珍宝之气萃焉"②。康熙初年，知县李可成在《八景诗》中最早明确提出"新安八景"，即杯渡仙踪、赤湾胜概、梧岭天池、参山乔木、卢山桃李、龙穴楼台、鳌洋甘瀑和玉勒温泉。③

---

① 深圳市史志办公室整理编辑：《嘉庆新安县志》（点校说明），广州：华南理工大学出版社，2020年，第4页。

② 张一兵：《康熙新安县志校注》卷一《舆图志》，北京：中国大百科全书出版社，2006年，第14页。

③ 张一兵：《康熙新安县志校注》卷一二《艺文志》，北京：中国大百科全书出版社，2006年，第549—553页。

杯渡仙踪，又称杯渡禅踪，位于今香港青山。杯渡山"原名羊坑山，一名圣山。南汉时，封为瑞应山"①，因杯渡禅师曾在此地传教而得名。南朝时期有位印度禅师云游中国各地，"海上禅宗渡远山，掷将苇荻泛杯间"②，因相传该禅师曾用木杯渡海，人们称他为"杯渡禅师"。南朝宋元嘉五年（428），"杯渡禅师南下交、广，相传曾驻锡于屯门地区"③，此后去向不明。僧众为纪念他，在杯渡山修建杯渡寺，寺内造石佛岩，上供杯渡禅师石像，寺门两旁印有对联"十里松杉藏古寺，百重云水绕青山"。杯渡仙踪，被誉为新安县八景之首。④

赤湾胜概，位于南头半岛的南端。"由南山落脉，两翼盘护，天后宫殿在焉。前临海，洪涛万顷，一望无际；伶仃数峰，壁立海中，相峙如案。"⑤著名的天后庙也位于此，前来祈祷祭拜的船只源源不断。

梧岭天池，位于今深圳水库东侧的梧桐山山顶。县志记载梧桐山"三峰秀拔，周匝数十里，山阴垂距东洋，山阳延

① 深圳市史志办公室整理编辑：《嘉庆新安县志》卷四《山水略》，广州：华南理工大学出版社，2020年，第91页。
② （清）李可成：《八景诗》之《杯渡仙踪》，见张一兵：《康熙新安县志校注》卷一二《艺文志》，北京：中国大百科全书出版社，2006年，第549页。
③ 香港地方志中心编纂：《香港志·总述 大事记》，香港：香港中华书局，2020年，第66页。
④ 许锡挥、陈丽君、朱德新：《香港跨世纪的沧桑》，广州：广东人民出版社，1995年，第5页。
⑤ 深圳市史志办公室整理编辑：《嘉庆新安县志》卷一八《胜迹略》，广州：华南理工大学出版社，2020年，第259页。

衰境内。顶有天池，深不可测，多梧桐异草"①。梧桐山顶有幽深的天池，山上还有各种奇花异草，如茏葱竹和龙须草等，相传还有罕见的绿毛龟。②

参山乔木，位于今宝安沙井。参山又名参里山，是孝子黄舒的故里，乡亲都对孝行如曾参的黄舒非常敬佩，因而将他居住的地方称为"参里"，旁边的山改称为"参里山"。③山上乔木参天，还建有一座玉溪寺。

卢山桃李，位于今东莞市。卢山，又名百花林，山上有虎头潭，潭边有线路，有田可耕。明代时，此处驻有军队。清初的虎头潭古寨遗址尚存。山上有"桃李数株，入山，啖之则可，怀之则迷路"④。民间相传卢山桃李可以吃，但不能带走。如果拿走就会迷路。

龙穴楼台，与深圳沙井隔海相望，是座半月形的孤岛，远看似蟠龙盘踞，又称"龙穴洲"。县志记载，"龙穴洲，在城西，有蜃气，多蒸为楼观、城堞、人物、车盖往来之状，正月常见之"⑤。在正月里，常能见到海市蜃楼，多为楼观、

---

① 深圳市史志办公室整理编辑：《嘉庆新安县志》卷四《山水略》，广州：华南理工大学出版社，2020年，第90页。

② 张一兵：《康熙新安县志校注》卷三《地理志》，北京：中国大百科全书出版社，2006年，第103页。

③ 深圳市史志办公室整理编辑：《嘉庆新安县志》卷一九《人物志一》，广州：华南理工大学出版社，2020年，第263页。

④ 张一兵：《康熙新安县志校注》卷三《地理志》，北京：中国大百科全书出版社，2006年，第103页。

⑤ 深圳市史志办公室整理编辑：《嘉庆新安县志》卷四《山水略》，广州：华南理工大学出版社，2020年，第98页。

城堞、人物、车马往来之景象。此外，岛上有60多米高的龙穴山，青山环抱，绿树成荫。相传海上常有龙出没，以洞为穴，龙穴岛因而得名。

鳌洋甘瀑，位于今香港岛薄扶林的瀑布湾公园，是个形如巨鳌浮海的海岛，"有石，高十丈，四面咸潮，中有甘泉，瀑若自天而下"[1]。岛上有甘泉，外来船只驶经此处，远望甘泉飞瀑从天而降，遂停泊于此设法取得泉水，因瀑布之水甘甜而得名"甘瀑"。

玉勒温泉，也称玉勒汤湖。玉勒即玉律，汤湖即温泉，位于今石岩水库附近的玉律村（原称玉勒村）。县志记载，其"水温暖如汤，能疗疮疾；秋冬，泉有烟气"，明广州府海防同知周希尹曾派人在其四周砌上石块，方便人们沐浴。[2]

其实，新安美景远不止这八处，还有许多名胜古迹与民间传说。如城子冈的东官郡城古迹、大鹏王母洞村的王母妆台、城南大步海的媚川都、阳台山下的乌石岩、梅蔚山的景炎行宫、沙井村河边的龙津石塔、下梅林村侧崖顶的仙姬石、县署后方的钟鼓石、凤凰岩下望烟楼、桥头村侧的仙桥遗石、隔岸村前海滨的濒海石庙、归德里的锦波楼、南头海畔的钓鱼台、潭头村的千云塔及东门外松子岭的凌云阁等。[3]

---

[1]　张一兵：《康熙新安县志校注》卷三《地理志》，北京：中国大百科全书出版社，2006年，第103页。

[2]　张一兵：《康熙新安县志校注》卷三《地理志》，北京：中国大百科全书出版社，2006年，第100页。

[3]　深圳市史志办公室整理编辑：《嘉庆新安县志》卷一八《胜迹略》，广州：华南理工大学出版社，2020年，第256—260页。

第五节　多元文化与民间习俗

新安县复界后，一部分原住民回迁复业的同时，一些非原住民的家族也迁入。"新安自复界以来，土广人稀，奉文招垦军田。客民由江西、福建或由本省惠、潮、嘉等处，陆续来新，承垦军田，并置民业。"① "客民"就是"客家人"，他们在康熙年间复界之后迁入新安县及归善县龙岗（今深圳市龙岗区）、坪山（今深圳市坪山区）一带并自成村落。清代新安县的居民主要有广府、客家两大民系。深圳西部主要是广府人聚居区，遗留大量广府式民居；东部主要是客家人聚居区，有大量客家围屋；中部地区则以两者混合式建筑为多。② 此外，在河流湖海生活着以船为家的疍民，在大鹏所城还有明代以后来自天南地北的戍边官兵。广府文化、客家文化、疍家文化及海防文化在新安县共存共荣，形成深圳地区的多元文化与民俗，初步奠定移民文化的早期特质。

一、广府文化

深圳地区历史上的原住民，宋元以后主要是广府人，讲

---

① 深圳市史志办公室整理编辑：《嘉庆新安县志》卷九《经政略二》，广州：华南理工大学出版社，2020 年，第 176 页。

② 深圳市地方志编纂委员会编：《深圳市志·社会风俗卷》，北京：方志出版社，2014 年，第 434 页。

粤方言，即生活在珠江三角洲的行政划分隶属广州府的族群。今广府民系各姓氏的族谱大都记载其先祖是来自中原的汉族人，唐代末期为躲避战乱，落户于南雄珠玑巷，宋元时期再迁至环珠江口地区。深圳地区广府人多数在宋元之际，因避战乱，由南雄、番禺、增城、东莞等地，从北部和西部进入深圳地区，迁徙一直延至清末。落户深圳地区的北方移民，出于生存和防卫的需要，一般都是聚族而居，自然而然形成许多单一姓氏的村落。经过若干年后被当地文化所融合，从语言到生活习俗，再到建筑等方面逐渐广府化。清初迁海撤县，新安县广府人被迫毁弃家园，四处逃亡。康熙八年（1669），复置新安县。广府人重返家园，重建家业，以坚忍不拔的精神，继续繁衍生息。

深圳地区广府式村落主要分布在今宝安、光明等区以西乡、福永、沙井、松岗、公明街道为中心的广府民系片区，典型代表为福永凤凰村、松岗燕川村、石岩浪心村等传统村落。广府式村落的总体布局为棋盘格式，前后成列，左右成排，整齐划一，深圳地区的广府式村落也不例外。这种布局肯定是基于严密的规划之上，而且要数代乃至几十代人的严格遵循才行得通。村落内的建筑类型通常有民宅、碉楼、祠堂、书塾、神庙、水井、巷道、排水沟、围墙、围门及巷道门、水池等。[①]一般村落前有"风水池"，以半月形为多，主要建筑形式为排屋。村落内两列建筑之间的纵巷道宽度一般

---

① 周军、吴曾德编著：《深圳市第二次文物普查报告（下编）》，北京：科学出版社，2012年，第5页。

为1.5—2米。背靠山坡的村落，往往顺地势呈前低后高的布局。每个村落都有1—2口水井。村落围墙大多为夯土垒筑。民宅墙体的建筑材料大多为砖、土复合墙或土墙，如宝安沙井黄浦村洪田围民居、龙华观澜新田老围民宅等。也有一些民宅使用青砖墙，如宝安西乡乐群村内所有民宅的墙体都用青砖砌筑。此外，还有少数民宅因地制宜、就地取材，使用蚝壳墙或鹅卵石墙，如宝安松岗碧头村内有民宅用蚝壳作墙体，"蚝壳墙是用铁丝将蚝壳穿成排，用蚝壳灰泥浆，一层一层叠砌，内墙刷灰外墙裸露，墙体厚实，整齐而富有美感，隔热防潮，冬暖夏凉"。罗湖梧桐山社区坑背村有座五开间民宅，通面阔19米，进深10.9米，分为三门三户，其墙体都用鹅卵石砌筑，外抹石灰。[①]

深圳市现存的清代广府式民宅以三开间平瓦房为主，此外还有二开间、一开间等；有单进（无天井），有二进等。同一格局的布置基本相同。民宅的屋顶主要有尖山式硬山、仿悬山式硬山及镀耳式风火山墙三种。许多民宅的大门上方加盖门罩，具有浓郁的广府文化特色。门罩上装饰着"福禄寿喜"的喜庆内容：如以蝙蝠、佛手瓜等表示"福"，以海棠、牡丹等表示富贵，以石榴、葡萄等表示"多子多福"，以海棠表示"子孙满堂"，以宝瓶表示"平安是福"，以鹿示"禄"，以书本、剑等示意文武双全，以梅、兰、竹、菊等表示"文人气息""书香门第""读书做官"，以桃、仙鹤、松树、山石

---

① 周军、吴曾德编著：《深圳市第二次文物普查报告（下编）》，北京：科学出版社，2012年，第10页。

等示意长寿，以喜鹊、梅花等表示喜事连连，等等。另外在大门两侧院墙的墙檐甚至后墙的墙檐以及山墙搏风处"悬鱼"的装饰也很考究。彩绘或灰塑的内容除了龙、凤（祈望子女"成龙""成凤""龙凤呈祥"）、钱、山水等。[1]

　　福永凤凰村始建于元代，文天祥侄孙文应麟举家迁此开村。至今文姓仍为凤凰村主要姓氏。[2]该村的清代古建筑群保存较好，其中包括广府民居群落、凤凰塔、茅山公家塾、顾三书室、麟圃书室、捷卿公家塾、松庄祖祠、文氏宗祠等。凤凰村民居分为南、北两部分，南半部前后约15排，左右约14列。北半部前后17排，左右6列。单元房均为三开间两进，前天井后正房布局。开侧门或正门，有门罩，清水砖墙，条石砌墙角，墙檐和博风有灰塑，多为船形脊，个别为博古脊。[3]凤凰塔位于凤凰村东南入口处，始建于清嘉庆年间，坐西北向东南。平面呈六边形，为六层砖石木结构楼阁，高约20米。[4]凤凰塔是深圳市塔阁类型建筑的代表作，1984年成为深圳市文物保护单位。

　　沙井新桥村曾氏发源于鲁西北武城，于南宋初时流落到南雄珠玑巷，后经广州迁徙至归德盐场立村定居。新桥村现存9

① 深圳市地方志编纂委员会编：《深圳市志·社会风俗卷》，北京：方志出版社，2014年，第435页。

② 广东省人民政府地方志办公室编：《全粤村情·深圳市宝安区卷》，广州：华南理工大学出版社，2019年，第68页。

③ 参见深圳市地方志编纂委员会编：《深圳市志·社会风俗卷》，北京：方志出版社，2014年，第444—445页。

④ 深圳市史志办公室编：《深圳村落概览》第一辑《宝安卷》，广州：华南理工大学出版社，2020年，第124—125页。

座宗祠，其中曾氏大宗祠始建于清乾隆年间，清嘉庆三年
（1798）扩建。坐西南朝东北，占地面积1050平方米，五开间
三进，面阔21米，通深50米，由门楼、牌楼、中堂、后堂等
组成。门楼与中堂之间为天井，天井中央建有花岗岩砌筑的石
牌楼，前后用抱鼓石相护，横额书写"大学家风"四字。两侧
浮雕为袍服长须风度翩翩的人物和云鹤图案。祠内墙壁均画有
人物故事，大门悬挂"曾氏大宗祠"匾额，"天下斯文宗一贯；
古今乔木第三家"对联一副。①曾氏大宗祠是深圳市现存最大
的一座宗祠建筑。1984年成为深圳市文物保护单位。2007年
成为广东省文物保护单位。曾氏大宗祠四周有多间分祠，以及
观音天后古庙、桐轩书室、风水池等。村中的新桥河与茅洲河
相通，与珠江口相连，古代往来船只如梭，货物在此上船可以
出海转运至广州，所以新桥一带在清初已成为商业中心，北桥
头建有码头，桥东就是清平墟。曾氏族人修建村内石桥，即永
兴桥，也在清平墟上开了不少商铺。

松岗沙浦村蔡学元进士第始建于清嘉庆十三年（1808），
是深圳市现存唯一的进士第。松岗上山门村老围、塘下涌村老
围是现今保存基本完好的广府式围村，燕川村、罗田村、潭头
村的传统民居保存较完整，尤以燕川村民居建筑群具有鲜明的
岭南文化特色。燕川村村民主要为陈姓，奉陈朝举为一世祖。
现存民居60余间建于清代。其中较有代表性的一座民居坐北

---

① 深圳市史志办公室编：《深圳村落概览》第一辑《宝安卷》，广州：华南理工
大学出版社，2020年，第249页。

朝南，三开间两进布局，凹斗式大门，硬山顶，船型脊，门额有灰塑。村内还存有5座宗祠，7座私塾，3口古井等。此外，该村还有祥溪禅院、禾花妈庙坛、石狗公庙坛、北帝庙、三界庙、龙女庙、文武庙等寺庙建筑。松岗还留存连接燕川村与东莞大岭山的古道"莲花径"。①

二、客家文化

深圳地区的客家人大部分是在清朝"迁海""复界"后定居于此的。为逃避战乱和灾荒，客家先民于东晋至唐宋时期南迁到赣、闽、粤三省交界地区，与当地居民逐渐融合而形成客家人族群。康熙八年（1669）新安复界，允许居民返回故土，因在迁界过程中原居民大量流失，或留在迁入地不愿回去，故回迁者甚少。复界后第一次统计人口是在康熙十一年（1672），新安县总人口才3972人。②康熙二十三年（1684）全面复界。清政府鼓励广东东北部和福建西南部的客家人南迁。大批客家人应召垦令南迁。到嘉庆二十三年（1818），新安县的人口增至239 115人，村庄增至865个，其中专门为客家人设置的"客籍"村庄达345个。③深圳地区客家民

---

① 深圳市史志办公室编：《深圳村落概览》第一辑《宝安卷》，广州：华南理工大学出版社，2020年，第275、347—350页。

② 张一兵：《康熙新安县志校注》卷六《田赋志》，北京：中国大百科全书出版社，2006年，第176页。

③ 深圳市史志办公室整理编辑：《嘉庆新安县志》卷二《舆地略一》，广州：华南理工大学出版社，2020年，第70—75页；深圳市史志办公室整理编辑：《嘉庆新安县志》卷八《经政略一》，广州：华南理工大学出版社，2020年，第160页。

系保留了大量闽、粤、赣山区特别是粤东北梅州地区的传统习俗，其语言、服饰、生产生活习惯、民间风俗等，都与原居住地比较接近。自康熙年间南迁，客家人主要居住在今罗湖、盐田、龙华、龙岗、坪山的丘陵山地一带，深圳地区客家人在继承祖居地文化的基础上，为适应滨海地区的生态环境和文化环境，他们的生计方式、生活方式也发生了很大的变化。

聚族而居是客家人重要的居住模式，一座客家围就是一个大家族聚居的小社会。深圳地区客家围是中国"天人合一"传统文化哲理思想与深圳地区自然环境融合的结果，蕴含朴素的生态精神。客家围屋选址多依山傍水，围屋前多有半月形水塘，即"月池"；围屋后面种植有"风水林"，周边种植果木；围屋内建有天井、巷道、天街，具有通风、排水、防潮和采光的功能；建筑材料直接取材山地土石、木料等，质朴为美。深圳地区的客家围自成一体，是城堡式围楼建筑，是在继承粤东、粤北客家围龙屋和四角楼的基础上，又吸收广府"斗廊式"单元房建筑的优点而形成的，具有规模大、防御性强、居住舒适的特点。月池、禾坪、门楼、围楼、角楼、望楼、堂屋、横屋、祖公堂、花头、天街和水井等是构成深圳地区客家围楼的基本要素。①深圳地区客家围的平面布局大多为方形，最外面的建筑是围楼，一般前有月池、禾坪，围屋正面有门楼、倒座，围内有前、后天街，主体建筑

---

① 深圳博物馆编：《南粤客家围》，北京：文物出版社，2001年，第29页。

是堂、横屋，四角有角楼或碉楼，后围楼居中有望楼，俨然是一座壁垒森严的城堡。客家人出于敬天地、尊祖先、不忘本的传统观念，将宗祠置于中轴线上。宗祠是重大节庆日或商议处理重大家族事务的活动中心，也因此成为大家族治理的支撑。

深圳东北地区现存较大型的客家城堡式围楼有上百座之多①，总体保存状况较好，在全国较为罕见，而且形制多样具有地方特色。有确切纪年的客家围共20多座，从乾隆至光绪，中间没有间断，其中乾隆年间的就有5座，最早的是乾隆十八年（1753）的坑梓新乔世居。②深圳客家围屋规模较大，占地面积多为3000—5000平方米。其中龙岗罗瑞合村罗氏鹤湖新居、坪山大万村曾氏大万世居超过15 000平方米，均为省级文物保护单位。此外，坑梓黄氏族人相继兴建了龙湾世居、龙围世居、龙田世居、盘龙世居等36座围堡，星罗棋布，蔚为壮观。③

鹤湖新居始建于清乾隆四十四年（1779），建成于清嘉庆二十二年（1817），是全国现存规模最大的客家围屋之一，被誉为"客家建筑的活化石"。鹤湖新居集生产、生活、防御等多种功能于一体，坐西南朝东北，中轴对称、三堂两横、十

① 深圳市龙岗区文体旅游局、深圳市龙岗区文物管理办公室编著：《深圳东北地区围屋建筑研究》，北京：文物出版社，2014年，第96页。
② 深圳市地方志编纂委员会编：《深圳市志·社会风俗卷》，北京：方志出版社，2014年，第468页。
③ 杨宏海：《深圳客家的梅州渊源》（上），《梅州日报》2023年2月10日，第7版。

阁走马廊、斗廊院，原为依山面水，地势前低后高，取"步步高升"之意。整体建筑由内外两围环套而成，总占地面积（含半月池、禾坪）约25 000平方米。外围平面呈梯形，内围平面呈方形，内外围各有四角楼（望楼）。围屋整体倒座朝东北，正面开三门，中心为府第式三堂两横，老屋大门横额上镌刻"聚族于斯"，船形脊，覆盖灰瓦。内围中轴线上为三开间三进的罗氏宗祠，宗祠的两侧各有2条纵向天街。围屋内有300多间居室，最多可容纳1000余人。①

大万世居建于清乾隆五十六年（1791）。坐东向西略偏南，整体建筑为内外两围、三堂两横、八座角楼的布局。平面呈方形，边长127米，占地面积16 129平方米。②大万世居呈城堡式"宝斗"形，围屋有内、外两重墙，四角有炮楼。围屋以前堂的端义公祠为中轴，楼内以天街相隔，巷道相连，内部院落和巷道结构十分完整、严谨。房舍结构前围（倒座）和后围设单间通廊式，其余为单元式斗廊房。大万世居是客家祖先为聚族而居所兴建的由完整连续的围墙包绕的内部具有较为复杂街巷体系的围寨，在围龙屋的基础上，汲取了四角楼的防御特色而形成，像一座超大型的城堡，具有很强的防卫功能。③

---

① 广东省人民政府地方志办公室编：《全粤村情·深圳市龙岗区卷》（一），广州：华南理工大学出版社，2020年，第296页。

② 深圳市地方志编纂委员会编：《深圳市志·社会风俗卷》，北京：方志出版社，2014年，第494页。

③ 中华人民共和国住房和城乡建设部编：《中国传统建筑解析与传承（广东卷）》，北京：中国建筑工业出版社，2015年，第85—86页。

　　客家人大量迁入后，大力开垦荒地种粮，许多客家农民租种原住民的田地，或是租种书院膏火田等，也大大地促进了本地农业的发展。客家人祖上大都来自中原，秉承中原文化传统，受儒家传统思想的影响，尊崇儒家传统的"学而优则仕"，重视对子弟的教育。客家围屋多建有望楼，其重要功能就是瞭望兼做学堂；敬祖睦宗是维系整个宗族团结的精神纽带；每逢春节族人在祠堂举行家族聚会和祭拜祖先的仪式，以此来增强宗族凝聚力和荣誉感。此外，客家围屋多用族规家训、匾额对联、壁画窗花、木雕石刻等形式表达忠孝诚信、礼义廉耻等家风内容，使子女在家庭成长过程受到良好的教育和熏陶。

　　深圳地区客家人在发展本地农业，重视文化教育的同时，也大力发展商业经济。龙岗罗氏开山祖罗瑞凤在鹤湖村落户之后，便在当时较为发达的东莞开商铺做生意，积累财富，才有了资本兴建鹤湖新居。后来，罗氏进一步发展，远至广州、潮州、汕头都有他们的土地、商铺。

　　从闽粤赣聚居地迁向沿海地区的客家人走出大山来到深圳沿海地区，与当地原住民交融，文化观念都普遍地或多或少地发生一些变异和进步，生产方式为渔农结合，经济上亦农亦商，在发展农业的同时，亦大力发展商业经济，从传统的"重农抑商"转化为"重农而不抑商"，这是一种了不起的突破。客家人将原乡的山地客家文化与滨海地区海洋文化融为一体，既保留山地客家的耕读传统和勤劳坚韧的精神，又吸纳海洋文化的开放、重商、包容、进取的元素，从而形成深圳客家与山地客家文化有所不同的新质文化，即"滨海客家"文化。

三、疍家文化

渔业是清代深圳地区居民赖以生存的重要生产活动，"邑地滨海，民多以业渔为生"[①]。康熙八年（1669）复界后，从事渔业的民众主要有两类：一类是居于岸上，以农耕为主兼事渔业的居民；另一类是将家安在船上，随船四处漂泊，专门捕鱼为生，不从事农业耕种的渔民，即为疍户。雍正七年（1729），朝廷颁布谕旨《恩恤广东疍户》，"准其在于近水村庄居住，与齐民一同编列甲户，以便稽查，势豪土棍不得借端欺凌驱逐"[②]。此后，有的疍民开始在港湾搭起简易木棚居住，从事打鱼、开荒种地或做小买卖谋生。但是，大多数疍民仍然过着蜗居船舱的生活，直至中华人民共和国成立后政府鼓励并安置疍家人上岸居住，脚下终生无寸土的疍家人才陆续开始上岸建房，安家落户。

深圳地区疍家人主要生活在盐田、葵涌、南澳附近的溪流、港口、水道和岛屿上，其母语为粤方言中的疍家话，语音与粤语广州话相近，但词汇并不尽同，不属于汉族中的广府民系。长期以来，疍家漂泊于江河湖海，生活在社会底层，

---

① 深圳市史志办公室整理编辑：《嘉庆新安县志》卷二《舆地略一·风俗》，广州：华南理工大学出版社，2020年，第69页。

② 深圳市史志办公室整理编辑：《嘉庆新安县志》卷首《训典》，广州：华南理工大学出版社，2020年，第14页。

不准上岸定居，不许与陆上人通婚，被禁止读书识字，在特殊的生活环境中也逐渐形成独特的水上文化，习俗多与顺风顺水、平安吉祥、渔获丰收等愿望有关。

俗话说"行船走水三分命"。疍民以船为家，靠海生活，长期与大海、风浪为伴，生存环境十分险恶，故又称"水流柴"。日常生活禁忌很多，船上物品一律不许倒放，因为倒放意味着翻船；不准把碗筷丢下海，因为让碗筷掉下海意味着失去生路。说话忌带"翻""破""搁"等词语，遇到这些字都得换个说法，分别用"转""旧""放"等词语代替。疍民出海常受海啸、台风威胁，对海有一种既亲切又畏惧的心理，因此出海前通常要到附近的神庙祭祀。渔船上都安置有海神位，如遇风险便点烛、烧香、祈祷。深圳地区疍民大多敬奉天后"妈祖"为海上保护女神，沿海几乎每个村庄都有天后庙或妈祖庙。每年农历三月二十三日天后诞都要到天后庙或妈祖庙举行隆重的祭拜仪式，而且还在船上供奉天后神像，上贡品香火。每逢出海，必先焚香叩拜，祈求天后保佑平安，渔获丰收；出海归来，亦焚香叩拜，答谢神恩。①

今盐田区渔村的先民多为疍家人，于清初进入大鹏湾水域捕鱼为生。在每年的正月十二日，疍家人要举行隆重的祭海仪式，跳祭舞、舞龙灯、舞鱼灯，用独特的方式感恩大海，

---

① 参见深圳市地方志编纂委员会编：《深圳市志·社会风俗卷》，北京：方志出版社，2014年，第259—260页。

祈望平安与丰收。①

咸水歌是疍家文化的典型代表。疍家人以咸水歌这种口口相传、代代延续的独特吟唱方式，展现疍家群体的历史变迁、风俗习惯，表达日常生活中的喜怒哀乐。清屈大均《广东新语》记载："疍人亦喜唱歌，婚夕两舟相合，男歌胜则牵女衣过舟也。"②咸水歌没有固定的歌谱，基本上就一个调，歌词简洁生动、情感真挚，具有很强的感染力。他们出海打鱼时唱，织网聊天时唱，休闲欢聚时唱，在传承生活知识教育后代时唱，在青年男女谈情说爱时唱，在婚嫁和喜庆的日子里也唱。保留至今的咸水歌多以情歌为主，如"天上有星千万颗咧，海里有鱼千万条，哥你有情妹有意咧，只恨牛郎织女隔条天河哎咧"。疍家人的婚嫁都在海上举行，至今盐田渔村仍传承着这一民俗。迎亲当天，男方将两艘大艇并排连在一起，如同一艘大船，载着新郎，带着礼物，伴着赛龙舟的鼓点，由男方迎亲团二三十人持桨合力把船划到女方家船边，接新娘上船，带上嫁妆，让新郎新娘并排站在船头，敲锣打鼓地把船划回去。现今盐田区渔村的疍家人婚俗（扒龙船）被列入广东省非物质文化遗产名录。③

---

① 参见广东省人民政府地方志办公室编：《全粤村情·深圳市福田区 罗湖区 南山区 盐田区卷》，广州：华南理工大学出版社，2020年，第358—359页。

② （清）屈大均撰：《广东新语》卷一二《诗语》，北京：中华书局，1985年，第361页。

③ 广东省人民政府地方志办公室编：《全粤村情·深圳市福田区 罗湖区 南山区 盐田区卷》，广州：华南理工大学出版社，2020年，第360—361页。

四、海防文化

明洪武年间，为防沿海盗匪倭寇，朝廷在大鹏半岛设大鹏守御千户所。清代前期，大鹏所成为岭南海防要塞。"沿海所城，大鹏为最。"①"夫军政莫急于边防，而边防莫重于海徼。……至大鹏所，则毗连平海，防御惠、潮，亦重镇也。"②明清时期，大鹏所守军将士多携带家属在此聚居而逐渐形成村落。军户围绕所城练兵戍边、开荒屯田、守御海疆，形成特有的海防文化。

清雍正元年（1723），设立新安县丞，驻大鹏所城，协助新安县令分管新安县东部近百村庄，兼管大鹏营军粮，大鹏所城逐渐成为新安县东部的政治、经济、文化中心。清嘉庆、道光年间，海盗及鸦片走私盛行，大鹏所城在海防一线的战略地位凸显，驻防力量得以加强。大鹏所城占地呈不规则梯形，东西宽345米，南北长285米，东、南、西、北分别建有城门，四门均有瓮城，其中北门于清嘉庆年间被封塞。城墙全长约1200米，城外有护城河。明清时期城内有左营署、县丞署、参将府、守备署、军装局、火药局、关帝庙、赵公祠、晏公庙、华光庙、天后宫等建筑。

所城军官基本上由朝廷从北方各地选派而来，而士兵多半招募于广东、福建沿海一带，因而官与官、官与兵、兵与兵之

---

① 张一兵：《康熙新安县志校注》卷三《地理志》，北京：中国大百科全书出版社，2006年，第42页。

② 深圳市史志办公室整理编辑：《嘉庆新安县志》卷一二《海防略》，广州：华南理工大学出版社，2020年，第202页。

间语言难以沟通。来自天南地北的官兵，在一处巨大的军营堡垒中，逐渐形成自己的"大鹏话"，即大鹏军语。这种独特的军营专用语言现今依然作为当地居民的母语在生活中使用，被誉为语言"活化石"。大鹏所城每五年举行一次祭奠追念英烈的"太平清醮"活动，还流传下来崇军尚武的将军宴、大鹏凉帽等，具有深远的历史意义和丰富的文化内涵。①

大鹏所城涌现出多位将军、提督及一批忠臣良将，其中清代赖氏"三代五将"、刘氏"父子将军"是广东御寇抗敌的杰出代表。赖世超与其子赖英扬、赖信扬，其孙赖恩爵、赖恩锡在抵御外来侵略、保护中国东南海疆的战争中屡建战功，而且为官清廉、体恤部属，因而有"宋代杨家将、清代赖家帮"的美誉。

五、节日民俗

深圳地区民风淳厚，崇尚简朴实用。"士励学术而谨仕进，其弹冠膺职者，代有贤声焉。民多重农桑，而后商贾。农人种田，一年两收。器用取浑坚，不事淫巧。房屋多土墙，但蔽风雨。今尚黝垩，砌以砖石。嫁娶重门地，至贫不与贱者为婚。……婚姻必以槟榔、蒌叶、茶、果之属，曰'过礼'，不亲迎，昏夕即庙见。嫁女不以妆奁相夸耀，犹尚糖梅。"②新

① 参见广东省深圳市大鹏新区鹏城社区志编纂委员会编：《鹏城社区志》，北京：方志出版社，2019年，第169页。
② 深圳市史志办公室整理编辑：《嘉庆新安县志》卷二《舆地略一》，广州：华南理工大学出版社，2020年，第69页。

安县的祭典与传统节日繁多。政府特别重视文庙的祭典，也组织鞭春和万寿节等传统节日活动。民间流行的节日以正月间最为密集。传统节日以扫墓祭祖为主题的最多。

清代新安县的文庙供奉至圣先师孔子，崇圣寺供奉孔子五代祖先，重视儒家孝道精神可见一斑。祭祀时，须盥洗、行三跪九叩之礼，在孔子及孔子五代祖先前下跪、献锦帛、敬酒、叩首。下跪倾听教官宣读祝文后，在东面配位、西面配位及受胙位前下跪、行礼。春秋二仲月还须祭祀名宦祠、乡贤祠、忠义祠、节孝祠、汪刘二公祠、社稷坛等。为祈求风调雨顺，祭祀天后、关帝、农坛等也很流行。

政府组织鞭春等传统节日。始建于明代的南山区大南山春牛堂，经历代修缮，保存至今，鞭春仪式多在此举行。春牛用泥土制作，芒神即司春之神，用木头雕刻并穿上衣服。立春当天，文武官员将芒神和春牛迎接到县城外安放，第二天举行盛大的鞭春仪式。文武官员在神坛前行一跪三叩之礼后，民众抬着春牛和芒神到东郊南山下，大小官员手持红绿竹鞭环立春牛两旁，每人鞭牛三下。皇帝的生日为万寿圣节，也称万寿节。万寿节那天文武官员于五更时都穿上朝衣，分数批依次行三跪九叩之礼。在此前后三日，七品以上官员都穿正式官服。清代皇后的生日称为皇后千秋令节，本县官员也要在那天举行庆贺仪式。

民间流行的节日和习俗更多，正月里的节日最为集中。正月初一，人们起床后的第一件事就是拜神。早饭后，拜尊长和亲友，称为拜年。此后数日，连续宴请宾客，称为饮酒年。正月十五是元宵节，到处张灯结彩，民众都出来观灯游玩，"凡先年生男者，以是晚'庆灯'"。新安县民众将正月十九称为"天穿日"。民间传说女娲从昆山炼出五色石补天，为纪念女娲娘娘，祈祷风调雨顺，深圳地区百姓要制作"馎饦"，"以针线缝其上，祷于天，谓之'补天穿'"。①农历三月清明节、七月十五日的盂兰会、九月初九重阳节及十一月冬至是人们祭祀祖先的日子。在这些日子里，人们会烧纸衣、杀鸡鸭祭拜、扫墓或登高望远。此外，还有多种多样的其他节日，例如二月社日，大家都要杀鸡宰羊，祭拜社神；五月端午节，家家户户包粽子，举行划龙舟比赛；七月初七是乞巧节，要晾晒书籍和衣服，还要赏月、喝酒、吃芋头；除夕，一家老少都要洗澡，然后换桃符、贴金钱、点灯、放鞭炮，并喝酒守岁，丰富而热闹。

民间的舞狮、舞麒麟等娱乐活动多与喜庆节日紧密联系。节庆期间，福永、西乡、沙井、松岗、南头等广府人居住区流行舞狮。其中宝安福永桥头村舞狮习俗始于清乾隆年间。福永塘尾村的醒狮形成于清嘉庆年间，其后逐渐发展成为独具特色的岭南舞狮中的重要流派，并传承至今，为深圳市第一批市级非物质文化遗产。②龙华、观澜、坂田、石岩等客家人聚集的地区则盛行舞麒麟的民间习俗。龙华大浪大船坑麒

① 深圳市史志办公室整理编辑：《嘉庆新安县志》卷二《舆地略一》，广州：华南理工大学出版社，2020年，第69页。
② 广东省人民政府地方志办公室编：《全粤村情·深圳市宝安区卷》，广州：华南理工大学出版社，2019年，第83、87页。

麟舞民俗始于明代，是融舞蹈、杂技、音乐、工艺美术于一体的民间传统艺术，基本套路共有8段21套。2011年，大船坑麒麟舞被列入国家级非物质文化遗产名录。①盐田沙头角一带流行鱼灯舞，是当地渔民在长年的海上捕鱼和生活中创造出来的颇具岭南文化特色的广场舞蹈。2008年，鱼灯舞被列入国家级非物质文化遗产名录。②南澳渔民流行舞草龙的习俗。正月初二，渔民就近到山头割草，晾晒半天，黄昏时分将草扎成龙，在草龙身上插满高香。夜幕降临后，在沙滩上奉上祭品，数十人舞动点燃香火的草龙，随着锣鼓鞭炮声向海祭拜。祭毕，"火球"引导草龙从沙滩向渔村舞去。舞完后就地在海滩上将草龙焚化，意味着龙归大海，祈望龙王保佑来年风平浪静，渔获丰收。这一习俗延续至今。③

第六节　军备与海防

广东地处中国南部沿海，历来是中外交流的中心地带。新安县作为"全广门户"，海防地位十分重要。清嘉庆年间，以张保仔为首的海盗武装盘踞在香港部分岛屿，对新安县频频侵扰。与此同时，英国殖民者也蓄谋霸占香港地区。新安

① 广东省人民政府地方志办公室编：《全粤村情·深圳市宝安区卷》，广州：华南理工大学出版社，2019年，第452页。
② 广东省人民政府地方志办公室编：《全粤村情·深圳市福田区 罗湖区 南山区 盐田区卷》，广州：华南理工大学出版社，2020年，第307页。
③ 参见深圳市地方志编纂委员会编：《深圳市志·社会风俗卷》，北京：方志出版社，2014年，第277—278页。

县不断加强军备和海防，修筑炮台，增加兵力。1839年9月，大鹏营参将赖恩爵指挥九龙海战，成为中国抵御西方殖民主义者的第一场胜利。

一、军事设施增建

清代前期，广东海防由明代防范倭寇的"重防其入"，转变为限制民船出海和商船航行南洋贸易"重防其出"的海防思想，实行广州一口通商，采取"以禁为防"的"闭关自守"政策。在海防工事建设和军事部署方面，其功能具有明显的保守性、被动性，职责仅停留在防范反清复明势力、防范走私、缉拿海盗、防守海口方面。为加强新安县沿海各地的军事力量，清政府以大鹏所城和南头城东西两路为重心，增设营兵、墩台、塘房、营盘、汛房及炮台，形成较为严密的海防军备体系（图7-4）。

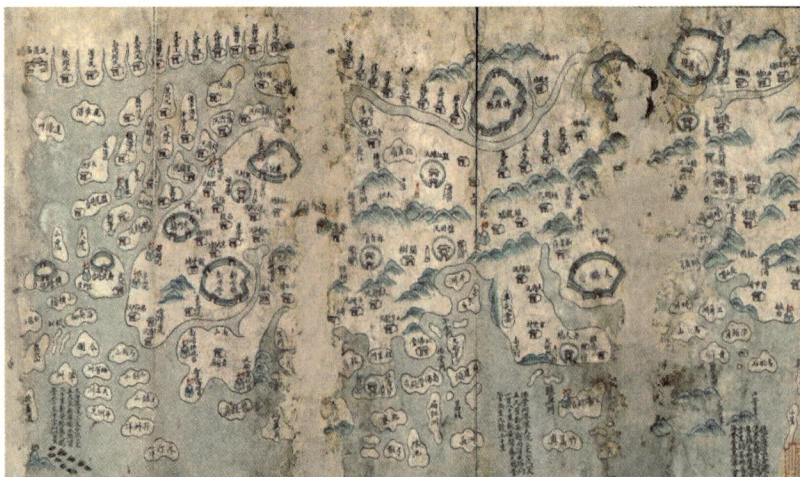

图7-4　清代广东内洋外洋海防图

资料来源：（清）阮元修，（清）陈昌齐等纂：（道光）《广东通志》卷一二四《海防二》，道光二年刻本

　　清顺治初年，新安寨改称新安营，并裁去参将（次正三品），专设守备1名（正五品）、千总1名（正六品）、把总2名（正七品），定额守兵500名。清康熙三年（1664），添设游击1名（从三品）、中军守备1名、千总2名、把总4名，并增兵500名，兵员数增至1000名，兼辖大鹏、东莞二营。清康熙七年（1668）八月，清廷派遣都统特晋到广东，会同平南王尚可喜、两广总督周有德、广东巡抚刘秉权、提督常进功等会勘广东沿海边界，认为"新邑为省会藩篱，则沿海台寨尤为吃紧"①，决定大鹏营应属惠州副将管辖。自此，新安营不再管辖大鹏所营，但仍兼防新安县防务。迁界后，新安县的军事寨台，千疮百孔；营盘破缺，城垣残塌。康熙七年（1668）新安县沿边奉设墩台21座，实造墩台只有8座：碧头墩台1座，兵额30名，茅洲墩台1座，兵额30名，嘴头角墩台1座，兵额30名，鳌湾角墩1座，兵额30名，屯门墩台1座，设千总1员，兵额50名；九龙墩台1座，兵额30名；大埔头墩台1座，兵额30名；麻雀墩台1座，设把总1名，兵额50名。②清康熙八年（1669），又在新安沿路地方起造塘房10座：阿公山塘房、栗木岗塘房、流塘塘房、龙塘塘房、平峰塘房、周家村塘房、白沙塘房、白石塘房、月冈塘房及麻雀岭塘房，每塘均设兵额4名。又经两广总督批准，将新安营由南头城内移至城东南，

---

①　（清）卢坤、邓廷桢主编：《广东海防汇览》卷三《舆地二》，王宏斌等点校，石家庄：河北人民出版社，2009年，第67页。

②　张一兵：《康熙新安县志校注》卷八《兵刑志》，北京：中国大百科全书出版社，2006年，第242页。

在辋井、水迳头、苦草峒、莲花洞、飞鹅埔、佛子凹建造6处营盘，每营驻官兵30名。康熙五十四年（1715），两广总督杨琳奏请朝廷在广东沿海修筑能够驻扎军队的炮台，称"一台之设，胜于兵船数十；一堡之兵，可当劲卒千余"[①]。他主持修建沿海炮台26处，其中在新安县的泥汀山、九龙汛、大屿山、赤湾左、右和南头寨共修筑6个炮台。[②]

清嘉庆年间，海盗骚扰愈演愈烈，新安营不断加建和巩固水陆军事设施。清嘉庆十五年（1810），清政府因为海防需要，在广东增设水师提督，驻扎虎门，下设五营[③]，新安营改为提标水师左营，其防区为：东至大鹏营，陆程130里；西至虎门寨，水程100里；西北至省，水程280里；南临海。设守备1名、千总1名、外委1名，兵522名，分防五汛千总1名、把总4名，外委4名，兵323名。[④]清嘉庆二十四年（1819）时，新安营有游击1名，中军守备1名，左、右哨千总2名、左、右哨把总4名、外委5名，均驻扎在南头城内。现额战守兵1000名，其中骑兵20名、步兵293名、守兵682名，战马25匹。新安营下辖的墩台减少2座（麻雀墩台废，九龙墩台归大鹏营），塘房减少3处（阿公山塘房、平峰塘房、月冈塘房），

---

① （清）卢坤、邓廷桢主编：《广东海防汇览》卷三一《方略二十》，王宏斌等点校，石家庄：河北人民出版社，2009年，第806页。
② （清）阮元修，（清）陈昌齐等纂：（道光）《广东通志》卷一二四《海防略二》，道光二年刻本。
③ 按：广东水师分中、左、右、前、后五营，节制阳江、碣石、琼州、北海、南澳等五镇。
④ （清）阮元修，（清）陈昌齐等纂：（道光）《广东通志》卷一七五《经政略十八》，道光二年刻本。

营盘减少1座（水迳头营盘废）。南山台1座，兵额30名，生铁炮8门；赤湾左、右炮台各1座，各安排生铁炮6门，兵额20名。共有防城炮，大小生、熟铁炮共99门。[①]

"沿海所城，大鹏为最。"[②]清代的大鹏防守营是新安县东部地区重要战略要塞。清初，大鹏守御所原设防守千总1名，兵额300名。清顺治十三年（1656），新安县知县傅尔植奏请改设大鹏所防守营，并设守备1名、把总1名，官兵500名。清康熙元年（1662）新安县迁界，沿海要塞几近毁败。清康熙七年（1668），两广总督周有德题请将大鹏所防守营划归惠州协所属，由惠州协副将管辖。新安营不再管辖大鹏营，而大鹏营仍兼防新安，时该营官兵共有400名，共设墩台8座：盐田墩台，设千总1名，兵额25名；鸦梅山墩台，东坑墩台及西山墩台，兵额各15名；另深圳、五通岭、大梅沙、小梅沙4墩台，后改瞭望台，兵额各10名。[③]

清康熙八年（1669）新安县复界之后，沿海交通及贸易随之发展。清廷恢复和加强大鹏营所辖洋面的海防。据清嘉庆《新安县志》记载："自复界后，海宇粢宁，而设险更为周密。虽今之汛地及设兵，皆与旧制不同。而大屿山、鸡翼角炮台，南头炮台，赤湾左、右炮台，最为险要；大鹏一城，

① 深圳市史志办公室整理编辑：《嘉庆新安县志》卷一一《经政略四》，广州：华南理工大学出版社，2020年，第196页。
② 张一兵：《康熙新安县志校注》卷三《地理志》，北京：中国大百科全书出版社，2006年，第42页。
③ 张一兵：《康熙新安县志校注》卷八《兵刑志》，北京：中国大百科全书出版社，2006年，第242页。

所以御东北也，与平海相连，而自惠潮至者，则大鹏适当其冲。"①为突出香港地区在"外防番舶"中的地位，清廷把位于香港岛中部北岸、与九龙半岛南端尖沙咀对峙的"红香炉"列入重点设防地。清康熙四十三年（1704），改大鹏所防守营为大鹏水师营，并增添游击1名、中军守备1名，设左右哨千总2名、左右哨把总4名、外委7名，兵员达到800名。其时，该营辖管塘汛9处：九龙汛、大屿山汛、盐田汛、上峒塘汛、关湖塘汛、下沙塘汛、老大鹏汛、红香炉汛及东涌口汛；另建炮台3座：大屿山炮台（炮8位，营房20间）、沱泞炮台（炮8位，营房26间）及佛堂门炮台（炮8位，营房15间），防所大炮共168位。②清雍正四年（1726）裁游击，改设参将1名，添设外委千把总7名，改隶广东水陆提标统辖；清康熙五十八年（1719）至雍正二年（1724），修建佛堂门炮台和大屿山炮台，归属大鹏营管辖。

清嘉庆十五年（1810），广东增设水师提督，下设5营，大鹏为外海水师营，设参将1名、中军守备1名、设左右哨千总2名、左右哨把总4名、外委千把总7名，俱驻大鹏所，归虎门水师提督管辖，兵额800名。其时大鹏营管辖范围东至归善县岭凹村陆路三十里，西至新安县独树村陆路九十五

① 深圳市史志办公室整理编辑：《嘉庆新安县志》卷一二《海防略》，广州：华南理工大学出版社，2020年，第202页。
② 深圳市史志办公室整理编辑：《嘉庆新安县志》卷一一《经政略四》，广州：华南理工大学出版社，2020年，第197页。

里，南至外洋，北至归善县西乡凹陆路三里。①同年，广东水师提督钱梦虎提出，佛堂门炮台年久失修，且离大鹏营二百余里，不易管控，建议移址到九龙汛附近改建。他的提议得到两广总督张百龄批准，最后由各地守军军官、地方官员和乡绅捐款建筑，即为九龙炮台。该炮台原位于今启德机场内，有官厅、兵房共10间。炮台墙高1丈1尺，城垛42个，各高3尺；正面城墙宽1丈3尺多，后墙宽5尺；城上有谯楼1间。南面墙上安炮8门，全为生铁炮：2000斤3门、1500斤1门、1200斤1门、1000斤1门、700斤1门，及300斤1门。九龙炮台设千总1名，配台兵丁42名。另协防外委带兵20名，分驻九龙海口汛。②九龙海口汛设于今官塘，官塘的得名即是由于它是九龙官兵驻扎的塘汛所在地。大屿山炮台设千总1名，分防兵48名，拨防兵30名。大屿山汛兵10名，上至东涌口，水程四十里，下至炮台，水程十里。东涌口汛，设外委1名，兵20名。另外，增设大米艇2只，中米艇3只，每只配兵40名，共230名，用以巡缉大鹏营所辖洋面。③九龙炮台和大屿山炮台的建立，以及附近各大汛口配备较强的兵力把守，使香港地区的防御力量大为增强。

清道光十一年（1831），清廷以大鹏营所辖之洋面宽广，

① （清）卢坤、邓廷桢主编：《广东海防汇览》卷五《道里》，王宏斌等点校，石家庄：河北人民出版社，2009年，第152页。
② 刘蜀永：《勘建九龙炮台文牍选》，见中国社会科学院"近代史资料"编辑组编：《近代史资料》（总74号），北京：中国社会科学出版社，1989年，第14—15页。
③ （清）阮元：（道光）《广东通志》卷一七五《经政略·十八》，清道光二年刻本。

难以防卫，遂分左右二营。左营即原大鹏营，驻扎大鹏城，设参将1名、守备1名、千总2名、把总3名，兵额505名。右营驻东涌所城，设守备1名、千总1名、把总3名，兵482名，[①]管辖大鹏所城对面海面至珠江口老万山，包括香港岛、九龙、大屿山在内的400里海岸线海防安全。同时，在香港岛东南还增设了赤柱汛。随着鸦片贸易和英国威胁的不断升级，清道光十九年（1839）三月，林则徐把驻守海门营参将赖恩爵调任到大鹏营任参将，驻守九龙炮台，主管九龙一带防务。

二、平定张保仔等海盗武装

清初，广东沿海的海盗活动仍然肆无忌惮。到清代嘉庆时期，广东沿海的盗寇活动最为强盛，不论从规模上还是从组织形式上都远远超过明代。这主要是由于该时期清朝开始由盛转衰，阶级矛盾尖锐，农民起义如火如荼，百姓谋生不易。"洋盗本系内地民人，不过因糊口缺乏，无计谋生，遂相率下洋，往来掠食。"[②]此外，嘉庆七年（1802），越南的西山政权垮台后，失去靠山的中国海盗由越南洋面返回中国沿海，进一步加剧了华南地区海盗的猖獗活动。

清嘉庆十年（1805），出身于广东"海盗世家"且实力雄厚的郑一，联合六家海盗集团首领签订一份"合约"，结成海

---

① （清）邓廷桢：《广东海防汇览》卷九《营制二》，清道光十八年刻本。
② （清）王先谦：《东华续录（嘉庆朝）》卷二九，清光绪十年铅印本。

盗联盟——各部编为天、地、玄、黄、宇、宙、洪七支[①]，以红、黄、青、蓝、黑、白六旗为帮派区别。各旗主要首领为：吴智青（混名东海伯）统领黄旗；麦有金（混名邬石二）统领蓝旗；郭学显（混名郭婆带）统领黑旗；梁宝（混名总兵宝）统领白旗；李尚青（混名虾蟆养）统领青旗；郑文显（混名郑一、郑一郎）统领红旗帮（郑一死后，其妻郑一嫂、张保仔掌握红旗帮大权）。各旗下都拥有数量不等的舰队和枪炮武装，其中"红旗遂独雄于诸部矣"[②]，总人数在七万人以上。[③]各旗帮派划分相应的活动"势力范围"：东、中两路即惠州、潮州、广州、肇庆为郑一嫂、郭学显、梁宝所占据。西路即高州、廉州等地为麦有金、李尚青、吴智青所占据。海盗各帮派相互协同联合出海，抢劫商船、收取保护费，或有计划地攻掠沿海村庄。单就对新安县的打家劫舍情况来看，据嘉庆《新安县志》记载，"嘉庆九年，郭婆带、邬石二、郑一等流劫海洋，掳掠居民，有财者勒赎，无财者迫之为贼，声势日炽，大小匪船，不下千余艘，不特海面纵横，即陆地亦遭焚劫"。县官府只好下令沿海各村庄设立丁壮防守。[④]

清嘉庆十三年（1808）闰五月二十一日，张保仔部数十

---

① 〔美〕穆黛安：《华南海盗（1790—1810）》，刘平译，北京：中国社会科学出版社，1997年，第59页。

② （清）袁永纶：《靖海氛记》上卷，第3页，转引自刘平、赵月星：《从〈靖海氛记〉看嘉庆广东海盗的兴衰》，《国家航海》2016年第1期。

③ 曾小全：《清代前期的海防体系与广东海盗》，《社会科学》2006年第8期。

④ 深圳市史志办公室整理编辑：《嘉庆新安县志》卷一三《防省志》，广州：华南理工大学出版社，2020年，第210页。

艘海盗船在新安县西部海面上劫掠。虎门镇总兵林国良率领十九艘战船出海围剿，大战于九龙口和孖洲洋。张保仔采用诱敌深入之计，先用小部队与清军在九龙口洋面作战后佯败，而以大部队藏于孖洲洋。林国良不知有诈，仍率军追击张保仔诱敌之部队。清军行至孖洲洋时，旋即被张保仔战舰围攻。林国良拼死抗击，发巨炮攻击张保仔所在战舰。张保仔战船被炮火覆盖，众人以为他此次必被炸死，不料烟散之后，张保仔端立如故。清军击杀不成后十分沮丧，而海盗气势更盛，最终清军大败，林国良被海盗俘获，张保仔想要招降林国良，但林以死自誓。张保仔本无杀林之意，但手下一人见林切齿狂骂，"以刃刺之"。清嘉庆十四年（1809）十月内，郭学显的数百艘船停泊在大屿山、赤沥角等处。新安县知县郑域轮亲率几艘战船和几艘渔船前去围剿，总督张百龄也调遣几百艘战船堵截港口，但最终由于天气原因，仍使其脱逃。清军屡剿不力，进一步助长海盗的嚣张气焰。据《粤小记》载，"嘉庆戊辰、己巳间海氛甚炽，初由洋海劫掠，继而延入内河，硇州围岛竟为盗薮，蜂屯蚁聚，各立旗号。……商船出口，估值给单作据，方可来往，名曰'打单'，令其党分驻会城巨镇，以便商人挂号，官军竟莫敢撄"①，海盗猖獗活动达到鼎盛。该匪等滋扰粤洋已有十余载，而西路居民受其荼毒者尤甚。无不以被害难堪，含恨切骨。②

广东海盗对整个广东沿海的航行与贸易的控制，也影响

---

① （清）吴绮等撰：《清代广东笔记五种》，广州：广东人民出版社，2006年，第426—427页。

② 《明清史料（庚编）》上册，北京：中华书局，1987年，第487页。

西方列强在东南沿海的商旅往来，扰乱他们在东方的贸易秩序，尤其是英国和葡萄牙的对华鸦片贸易受影响最为严重。因此，在对付海盗问题上，清政府、葡、英三方在一定程度上有着共同利益。英、葡便以提供火器、弹药及其他战备物资为条件，趁机从清政府那里获得贸易特权和其他好处。嘉庆十四年（1809）十月，中葡达成联合围剿张保仔红旗帮的协定。葡方派遣舰船 6 艘，装备火炮 118 门，总兵力 730 人；清朝水师船队派战舰 60 艘，1200 门火炮，18 000 名水手和士兵，双方联合组成一支剿盗海军力量。①时年十一月，张保仔数百艘船避风于大屿山、赤沥角。香山县知县彭昭麟获此情报后，向广东水师提督孙全谋汇报军情，中葡两军决定趁机一举将张保仔海盗集团消灭。据清光绪《广州府志》载："冬，贼数百艘避风于新安之赤大历（沥）角，（彭）昭麟侦其实，即请兵于提督孙全谋，并檄缯船、夷船分扼隘口。孙全谋军其西，（彭）昭麟军其东，为一举灭贼计。"②中葡联合舰队将张保仔部团团包围在大屿山洋面长达九日。其间，孙全谋尝试以火船攻击，然而又遇午后风向突变，火攻船不仅没有烧及盗船，反而自烧兵船 2 艘，最终仍使张保仔残部突围脱逃。最终，中葡联合剿捕海盗的大屿山赤沥角之战宣告失败。但张百龄在给皇帝的奏折中却夸大此次战役的成绩，言称歼灭匪盗

① 高美士：《张保仔船队的毁灭》，《文化杂志》1987 年第 3 期。
② 光绪《广州府志（三）》卷一一〇《宦绩录七》，见广东省地方史志办公室辑：《广东历代方志集成·广州府部（六）》，广州：岭南美术出版社，2007 年，第 1695 页。

2400 多名，以此邀功请赏。《清实录》载："歼擒匪伙二千四百余名，匪帮穷蹙远遁一折，已将在事出力文武各员，均照所请分别加恩矣。"①

张百龄坚持剿抚兼施平定海盗。一方面，"改盐船为陆运，骤封海港，商舶不通"。另一方面，严禁沿海民众接济海盗，实行坚壁清野，此举切断张保仔等与民众之间的接济。"每一檄下，耳目震新"。②同时，还对海盗展开招降，允诺招降后，贼众可返乡耕种，头目可给予把总、千总、副将等官职。

张保仔在赤沥角被围时，曾向郭学显求援，希望里应外合，夹击官军，但郭学显不为所动。当张保仔乘南风摆脱官军后，在硇洲遇到郭学显船队。双方话不投机，很快便放箭、放炮相杀。张保仔历经两战，火药不足，大败。郭学显夺其船 16 艘，斩杀超过 300 人，红旗帮与黑旗帮的联盟就此破裂。不久，郭学显考虑张保仔必将对其报复，而他的实力不足保仔的十分之一，根本无法与其对抗，最终决定向清军投降。郭婆带投降后，清廷未加处罚，反而授予其把总的官职，允许其改名郭学显，这在海盗内部引起不小的震动。张保仔权衡再三，也决定接受清廷招抚。

清嘉庆十五年（1810）元月，张百龄亲自起身前往张保仔海盗大本营进行第一次谈判，未果；四月，张百龄再次亲赴澳门与张保仔等进行第二次谈判，最终达成协议。四月二十日，

---

① 《清仁宗嘉庆实录》卷二一八，"嘉庆十四年九月壬申"条，北京：中华书局，1985 年。
② 《清史稿·百龄传》，北京：中华书局，1977 年。

张保仔红旗帮投降仪式在香山县的芙蓉沙举行。张保仔在投降书上签字，当时有17318名海盗连同226艘帆船、1315门火炮、2798件其他武器投归当局。张保仔本人被清廷授予千总职位，并改名为张宝，郑一嫂与他夫妻身份也得到朝廷承认，并允许他保留一支26—30艘帆船的船队，广东地方政府还拨给他一大笔钱，让他为部下在岸上买地建房安居。郑一嫂正式成为其妻子。但罪恶昭彰的海盗并没有被赦免，60人被判处流刑两年，151人被判终身充军，126人被处死刑，其中有14人的死刑就在澳门城门外执行。①盛极一时的红旗帮就此瓦解。

张保仔、郑一嫂投降后，协助清政府剿除其他海盗。清嘉庆十五年（1810），在清军与张保仔、郭学显的配合下，歼灭乌石二、乌石大等各帮派。至此，横行十多年的广东海盗六大帮尽数覆灭，新安县海盗得以平息。"沿海居民遂无烽烟之警，而安耕凿之常矣。"②

三、英殖民者蓄谋霸占香港

英人强占香港虽发生在鸦片战争时期，而在香港地区从事侵扰活动则在此前一个半世纪即已开始。清康熙二十三年（1684），英船"卡罗莱娜"号从英国来到中国广东海域。由于葡萄牙人不许他们在澳门经商，他们到大屿岛从事秘密交

---

① 〔美〕穆黛安：《华南海盗（1790—1810）》，刘平译，北京：中国社会科学出版社，1997年，第150页。
② 深圳市史志办公室整理编辑：《嘉庆新安县志》卷一三《防省志》，广州：华南理工大学出版社，2020年，第210页。

易，由于受到中国水师船的监视和拦阻，这艘船在大屿岛旁停留了2个多月才开往浪白澳（在今广东珠海市西南三灶岛之西）。这可能是在香港地区停泊最早的一艘英国船。清康熙二十八年（1689），英船"防卫"号碇泊于澳门东侧的15里格（1格约合45公里）处。据晚清曾任大清皇家海关总税务司官员马士推测，停泊的地点可能是香港港口或其邻近，也可能是急水门。①这是第二艘到达香港地区的英国船。清乾隆六年（1741），英国皇家兵船"百夫长"号载着海军司令安逊来到中国海域，进行武装窥探，曾在香港南部停泊修理，这是英国到中国的第一艘兵船，早于英国强占香港整整100年。②乾隆五十八年（1793），英使马戛尔尼使华，在向清政府提出的6点要求中，提出割让舟山附近小岛的同时，也提出准许他们在广州附近有同样的权利③，也就是将广州附近一块类似舟山小岛的地方让给英国。这里虽然没有明确点出香港，实际是指香港。至19世纪，英国侵占香港的活动明显加强。从清嘉庆十一年（1806）起，东印度公司的水文地理学家霍斯伯格连年在华南沿海进行勘测，后来他给英国外交部写一个调查报告，里面多处提到香港水域。他认为急水门是个可

---

① 〔美〕马士：《东印度公司对华贸易编年史》（第一、二卷），区宗华译，广州：中山大学出版社，1991年，第51—52、77页。

② 〔美〕马士：《"中华帝国"对外关系史（一八三四—一八六〇年冲突时期）》（第一卷），张汇文、章巽、倪徵噢，等译，北京：商务印书馆，1963年，第110页。

③ 〔美〕马士：《东印度公司对华贸易编年史》（第一、二卷），区宗华译，广州：中山大学出版社，1991年，第542页。

供各种船只停泊的锚地，香港岛和南丫岛之间的海峡是良好的避风港。香港北面的鲤鱼门形成一个可容纳大小船只的优良海港。港岛南部大潭湾也是一个良好的避风港。①19世纪20年代，英国夺得马六甲和新加坡殖民地作为贸易港口。同时，英国也一直寻找中国附近的一个地点作为驻地以便交易，当时舟山群岛、香港岛等皆在其考虑之列。清嘉庆二十一年（1816），英使阿美士德使华，当到达中国南海时，他趁机对于这一港口和全岛做仔细的调查。回国后他在报告中认为香港"是世界上无与伦比的良港"②。道光八年（1828），英国东印度公司曾以20万两白银的地价企图占据香港外之恃山，想把它作为"往来安歇地，在此建立楼房，可以积屯货物"，后因广东巡抚朱桂桢反对，才将"屿地追回，银未偿"。③清道光十三年（1833），曾任英国东印度公司驻广州特派委员会主席、英国下议院议员的小斯当东报告说："很多年来，香港是舰船停泊的良港，这是大家承认的。"在报告中，他竭力鼓吹在"中国口岸设立贸易中心，以脱离中国的管制"。④由此可以看出，英国侵占香港的野心，呼之欲出。

---

① Sayer G R. *Hong Kong 1841-1862: Birth, Adolescence and Coming of Age.* London: Oxford University Press, 1937: 23-24.
② 〔英〕赖德：《20世纪香港、上海及其他中国商埠印象记》，伦敦：劳埃德大不列颠出版有限公司，1908年，第56页。
③ 中国史学会主编：《鸦片战争》第3册，上海：上海人民出版社，1957年，第260页。
④ 〔英〕赖德：《20世纪香港、上海及其他中国商埠印象记》，伦敦：劳埃德大不列颠出版有限公司，1908年，第56页。

清道光十四年（1834），英国驻广州第一任商务监督律劳卑在给首相格雷的信中明确提出应该派兵强占香港岛，信中建议英印总督派一支军队随着西南季风进入中国海域，到达后应占领珠江口东部入口的香港岛，该岛非常适合达到一切目的。律劳卑成为第一个提议占领香港的人。清道光十五年（1835），继律劳卑、德庇时担任商务总监督的罗宾生建议，把全体在华英商都转移到船上，使他们驻在大屿山或香港附近的某个美丽的港口。清道光十六年（1836），罗宾生再次向英国外交大臣巴麦尊建议，把英国商船从伶仃洋这个在南方吹来季风时没有掩蔽的和难以停泊的锚地，迁到安全而又宽敞的港湾或香港这个港口。①在《巴麦尊子爵致中国皇帝钦命宰相书》中，英政府公然要求中国将英国全权公使所指定的面积敷用、位置适宜的沿海岛屿一处或数处，永久割让予英国政府，作为英国居民居住贸易的地方。②上述一系列事实证明，英国侵占香港是蓄谋已久，经过深入调查研究后确定的。侵占香港，是英国侵略中国的第一步，其目的就是把香港作为攫取对华利益的基地。

道光十七年（1837），两广总督邓廷桢下令禁止用趸船载运鸦片，不许趸船开进广州港口。这些趸船大量集中于香港和九龙尖沙咀之间海面，船上的英国人擅自在香港建立居

---

① 胡滨译：《英国档案有关鸦片战争资料选译》（上），北京：中华书局，1993年，第24、84、119页。
② 〔美〕马士：《"中华帝国"对外关系史（一八三四—一八六〇年冲突时期）》（第一卷），张汇文、章巽、倪徽暎，等译，北京：商务印书馆，1963年。

留地，对抗中国的禁烟运动。据邓廷桢查探，当时有趸船25
艘，其中有22艘集中于尖沙咀洋面。这揭示英国欲长期利
用尖沙咀港口作为贸易据点的野心。道光十八年（1838），
英印总督派遣远东舰队司令马他仑率领"威里士厘"号和"阿
吉林"号来华示威，企图阻止中国的禁烟运动，受到广东当
局的抵制，马他仑因众寡不敌，退驻香港。道光十九年
（1839），林则徐禁烟在广东取得明显成效，英国侵略者心急
如焚，积极策动侵华战争，极力主张占领香港。在英国外交
官安德鲁·韩德森致伦敦东印度和中国协会主席拉本特的函
中更大肆鼓吹："我们还需要占有一个海口，我们可以占据
大潭湾及岛（指香港）。这地作为港口较澳门为佳，海水又
深，陆地环绕，常年可用，易资防守。它是山地，但已经开
垦，在食物上可以独立。岛的西南方有一个地腰，是很好的
贮货所，这地方并且是自北方来的船只汇集之地，中国政府
便无法干涉它的船只将茶丝运到我们的船里来了。"[1]上述
事实表明，在19世纪30年代，香港已成为英国侵略者抗拒
中国禁烟、走私贩毒的巢穴。侵占香港，是英国经过长久考
虑后选定的首要目标。

四、九龙海战

清朝中后期，鸦片已到泛滥成灾，不可收拾的地步。许
多有识之士纷纷上书道光皇帝，要求禁烟。清道光十八年八

---

[1]　中国史学会主编：《鸦片战争》第 2 册，上海：上海人民出版社，1957 年，
第 664 页。

月初二日（1838年9月20日），湖广总督林则徐奏曰："当鸦片未盛行之时，吸食者不过害及其身，故杖徒已足蔽辜；迨流毒于天下，则为害甚巨，法当从严。若犹泄泄视之，是使数十年后，中原几无可以御敌之兵，且无可以充饷之银。"①道光帝采纳林则徐的意见，革除弛禁派代表人物许乃济的职务，道光十八年十一月十五日（1838年12月31日），清廷任命林则徐为钦差大臣，开赴广东查禁鸦片。林则徐到广州后，马上雷厉风行收缴鸦片，驱逐烟贩，并要求他们写下具结，声明"嗣后来船永不敢夹带鸦片，如有带来，一经查出，货尽没官，人即正法"②。道光十九年四月廿二日（1839年6月3日），林则徐在虎门海滩，把经过三个多月的努力，收缴到的英国、美国鸦片贩子的2 376 254斤鸦片当众销毁。虎门销烟之后，英国驻华商务监督义律和鸦片贩子负隅顽抗，频频挑起事端。

清道光十九年五月二十七日（1839年7月7日），英国水手酒后打死尖沙村村民林维禧，此即震惊中外的"林维禧事件"。林则徐通知义律交出凶手，义律辩称是水手酗酒误杀，拒不交凶。林则徐发布《严禁本地民人与外非法往来交易并勒令义律交凶告示》，同时断绝英国人的食物和淡水供应，谕令澳门葡萄牙当局驱逐英商，迫使其撤退到新安县尖沙咀和

---

① 林则徐全集编辑委员会编：《林则徐全集·奏折卷》（第三册），福州：海峡文艺出版社，2002年，第79页。

② 林则徐全集编辑委员会编：《林则徐全集·奏折卷》（第三册），福州：海峡文艺出版社，2002年，第143—144页。

潭仔（今氹仔岛）等处的货船和趸船上。与此同时，赖恩爵奉林则徐之命，率水师兵船3艘进驻九龙湾，禁绝走私鸦片的英国人的粮食和淡水供给。七月二十七日（9月4日），英国驻华商务总监督义律和"窝拉疑"号舰长斯密斯等率5艘舰船至九龙山炮台对面海面，要求清守军供应食物，未达到目的。恼羞成怒的斯密斯下令向在清军水师营兵船发动突然袭击。"夷人出其不意，将五船炮火一齐点放。"[1]赖恩爵随即指挥水师船和九龙炮台开炮反击，中英九龙海战爆发。

赖恩爵见英军来势凶猛，亟令各船及炮台弁兵，开炮反击，"击翻敌双桅船一只，在漩涡中滚转，夷人纷纷落水"。英军很快再次集结军船来攻，"炮弹蜂集"，清军用网沙等物，设法闪避，"连放大炮，轰毙夷人多名"。英军败退回尖沙咀。整个九龙海战，清军2名士兵阵亡、2名重伤、4名轻伤，战船稍有破损。而英军就近掩埋的尸体就有17具，还有夷尸"随潮漂淌"，"此外夷人受伤者尤不胜计"。[2]由于赖恩爵英勇善战，道光皇帝赐赖恩爵"呼尔察图巴图鲁"（勇士）称号，晋升副将（从二品）。后升任广东省水师提督，正一品，封"振威将军"。现大鹏城内有御题"振威将军第"的赖恩爵将军府仍保存十分完好。

九龙之战后两个月，英国侵略者不甘失败，再次到尖沙

[1]　林则徐全集编辑委员会编：《林则徐全集·奏折卷》（第三册），福州：海峡文艺出版社，2002年，第192页。
[2]　林则徐全集编辑委员会编：《林则徐全集·奏折卷》（第三册），福州：海峡文艺出版社，2002年，第193页。

咀洋面挑衅。九月廿九日（11月4日）至十月初八日（11月13日），英军依仗船坚炮利，先后6次进攻尖沙咀以北的官涌山清军阵地。在林则徐与两广总督邓廷桢和水师提督关天培的指挥下，赖恩爵会同新安知县梁星源及清军将士等利用地势优势，连续击退英军进攻。"计官涌一处，旬日之内，大小接仗六次，俱系全胜。"①义律所率英舰最终未能攻克官涌。

为防止英军长期盘踞在尖沙咀，林则徐下令赖恩爵等对尖沙咀、官涌一带进行勘察。"广东水师大鹏营所辖洋面，延袤四百余里，为夷船经由寄泊之区。其尖沙嘴（咀）一带，东北负山冈陵，西则有急水门、鸡踏门，东则有鲤鱼门、佛堂门，而大屿巨岛又即在其西南，四面环山，藏风聚气，波恬浪静，水势宽深，英夷船只久欲倚为巢穴。""尖沙嘴（咀）山麓有石脚一段，其形方长，直对夷船向来聚泊之所。又官涌偏南一山，前有石排一段，天生磐固，正对夷船南洋来路。若两处各建炮台一座，声势既相联络，而控制亦极得宜。"②清道光二十年（1840）三月，林则徐上呈《尖沙嘴官涌添建炮台折》，奏请在九龙半岛的尖沙咀、官涌建造炮台两座，分归左、右营防守，并把红香炉一度被裁撤的防汛重新恢复。尖沙咀炮台设千总1名，兵130名驻防；官涌炮台设把总1名，兵75名驻防，两处共安置大炮56门。

---

① 林则徐全集编辑委员会编：《林则徐全集·奏折卷》（第三册），福州：海峡文艺出版社，2002年，第220页。

② 林则徐全集编辑委员会编：《林则徐全集·奏折卷》（第三册），福州：海峡文艺出版社，2002年，第334页。

中英九龙海战和官涌系列战使清廷认识到大鹏营的防守地位至关重要。清道光二十年（1840）三月，林则徐会同广东巡抚怡良向清廷上奏《请改大鹏营营制折》，请求"应将大鹏改营为协"①，大鹏所城改设都司，统领左、右营两营，副将移驻九龙山居中调度；设中军都司一员，兼管左营，驻扎大鹏城。左营添设把总2名、外委2名、兵额291名。右营添设千总1名、把总1名、外委2名、额外（外委）2名，兵额共209名。并增添大中米艇4艘，快船2艘，重点加强尖沙咀洋面的防卫能力。

林则徐在广东沿海"密察周防，总不容一刻稍懈，且随处侦拿接济，严断汉奸"，使得英国侵略者无可乘之机。道光二十年五月（1840年6月），英军决定避开广东，"趁此南风盛发，辄由深水外洋扬帆窜越"②，向东南沿海侵扰，第一次鸦片战争打响。

---

① 清朝所称的"协"是属于海防地域军制的一种名称，极重要的海防地区称为镇，其次为协，再次为营。

② 林则徐全集编辑委员会编：《林则徐全集·奏折卷》（第三册），福州：海峡文艺出版社，2002年，第392页。

大事编年

新石器时代

前5000年至前2000年

存在深圳咸头岭、大黄沙、小梅沙、大梅沙、赤湾、上洞等遗址，香港沙头角新村、东湾、大湾、深湾、春坎湾、蟹地湾、涌浪南、龙鼓洲、虎地、过路湾、西湾、长沙栏等遗址。

商时期

存在深圳屋背岭遗址、向南村遗址、大梅沙村商时期墓葬、蛇口鹤地山遗址下文化层、咸头岭墓葬等遗址，香港大屿山万角嘴（咀）、蟹地湾等遗址。

春秋战国时期

存在大梅沙Ⅱ区遗址、观澜追树岭遗址、西丽水库西北区山岗遗址、叠石山遗址、屋背岭战国墓葬等遗址。

秦

秦始皇二十九年（前218）

尉屠睢率领50万秦军，兵分五路对岭南地区展开征伐。

秦始皇三十三年（前214）

秦统一岭南，设南海、桂林、象三郡，并向当地组织大批中原移民。深圳地区属南海郡番禺县。

秦二世二年（前208）

南海郡尉任嚣病重，任命龙川县令赵佗代理南海郡尉一职，共商割据岭南以避中原战祸。

西汉

汉高祖二年（前205）

南海郡尉赵佗兼并桂林郡和象郡。

汉高祖三年（前204）

赵佗割据岭南，管辖南海、桂林、象三郡，建立南越国，号称"南越武王"，定都番禺。南越国传五世历九十三年而亡。深圳地区隶属南海郡。

汉高祖十一年（前196）

汉廷派遣陆贾出使南越国，赵佗接受册封，首次对汉朝臣服，双方建立臣属关系。赵佗对南越国的统治也得到了中央政府的承认。汉高后五年（前183）春，吕后听信谗言，下令禁止在南越国边境的关市售卖铁器。赵佗公开称帝，与汉王朝分庭抗礼。汉文帝元年（前179），汉文帝派遣陆贾再次出使南越国，赵佗接受安抚废除帝号，上书称臣，再次与中央政府建立臣属关系。

元鼎五年（前112）秋

为讨伐吕嘉、赵建德叛军，汉武帝派遣伏波将军路博德、楼船将军杨仆等率领20万大军，兵分五路进攻南越国。元鼎六年（前111）冬，南越国灭亡。汉王朝在统一岭南和西南夷地区后，在新开辟地区创立并推行"初郡"制度。与"以往郡"相比，17个"初郡"享有"以其故俗治""毋赋税""各以地比"三项优惠政策。

元封元年（前110）

汉王朝在全国28个郡设置35处盐官，其中一处为南海郡番禺县的番禺盐官，负责管理南海郡的盐政。

元封五年（前106）

汉王朝设交趾刺史部，管辖岭南地区的南海、苍梧、郁林、合浦、交趾、九真、日南、珠崖、儋耳九郡，治所在苍梧郡。其中，南海郡下辖番禺、博罗、中宿、龙川、四会、揭阳六县。

东汉

建安八年（203）

改交趾刺史部为交州。建安二十二年（217），交州治所移至番禺。

东吴

黄武五年（226）

交趾太守士燮去世，东吴政权将交州一分为二，合浦以北为广州，交趾以南为交州。士燮之子士徽抗命，东吴平定士氏之后，广州、交州复合为交州。

永安七年（264）

交州划出南海、苍梧、郁林、高凉4个郡，另设广州，州治番禺，今深圳地区隶属广州南海郡番禺县。

甘露元年（265）

东吴政权在汉代番禺盐官旧地，设置"司盐都尉"，管理本地区盐业。司盐都尉官署——"司盐都尉垒"设在今深圳地区。

东晋

咸和六年（331）

析南海郡东南部设东官郡，郡治设在今深圳地区南头一带。增置宝安县，县治在今深圳地区南头一带。宝安县辖地大约为今深圳、东莞、香港、澳门、中山、珠海一带。

元兴三年（404）

农民起义首领卢循由海道攻占广州，义熙七年（411）被刘裕所部沈田子击败，起义群众溃散于沿海岛屿居住，以下海捕鱼为生，称为"卢亭"。

义熙九年（413）

析东官郡东部置义安郡，东官郡一分为二。

南齐

东官郡下属的安怀县改名为怀安县，东官郡治从宝安县迁到怀安县。

南梁

从南海郡、东官郡析出梁化郡，东官郡辖增城、宝安、陆安、兴宁、齐昌5个县，东官郡治从怀安县迁到增城县。

隋

开皇九年（589）

隋灭陈，以冼夫人为代表的岭南土著势力归顺隋朝，宝安县纳入隋朝统治。

开皇十年（590）

隋朝在全国范围内省并州郡，东官郡被废，宝安县改属广州总管府。其后，隋炀帝废总管府并改州为郡，宝安县属南海郡。

唐

武德五年（622）七月

岭南豪强冯盎降唐，岭南全境纳入唐朝版图，宝安县隶属广州总管府。

武德七年（624）二月

唐朝改全国总管府为都督府，宝安县所属广州总管府改为广州都督府。

开元二十四年（736）正月

唐朝在广州宝安县设置屯门镇，领兵两千人。

天宝三载（744）

南海太守刘巨鳞率屯门镇兵参与讨平江南东道海贼吴令光叛乱之战。

至德二载（757）

宝安县更名为东莞县。其后县治迁于到涌（今东莞市莞城街道）。

南汉

乾亨元年（后梁贞明三年，917）七月

清海、建武节度使刘岩即皇帝位于番禺，国号大越，改元乾亨，以广州为兴王府，东莞县属之。次年，改国号为汉。

大宝六年（963）

南汉政权在廉州海门镇成立了一支专门从事珍珠采集的军队，有兵两千人，号媚川都。东莞县大步海有媚川都采珠池。

宋

开宝四年（971）二月

南汉灭亡，今深圳地区入宋，属广州东莞县。开宝五年（972）东莞县一度并入增城县，六年（973）复置东莞县。

开宝五年（972）五月

宋太祖诏罢岭南道媚川都采珠，禁民不得以采珠为业。没过几年，宋朝官府又设场采珠。雍熙元年（984）十二月，宋朝政府再次罢岭南诸州采珠场，此后宋朝的珍珠来源"唯商船互市及受海外之贡"。直至宋末景炎二年（1277），才又下诏采珠。

绍兴二十二年（1152）

东莞县香山镇析出，置香山县。

庆元三年（1197）夏

广东提举茶盐司徐安国改变数十年来一定程度上默许的政策，派人到大奚山查捕私盐，岛民不安，激起民变，大奚山盐民起义军一度乘船攻抵广州城下。朝廷罢免徐安国。广州知州钱之望遣将商荣率水军在水战中打败起义军，攻下大奚山，镇压了这次起义。

嘉定元年（1208）

广南东路经略安抚使陈规裁撤广州属下大多数偏远盐场，只留东莞、静康（靖康）、归德、海晏4个盐场。除海晏场位于当时的新会县外，其余3个均在当时东莞县境内。其后宋朝政府又适当复设了一些盐场，由宋入元时，东莞县境内有静康（靖康）、归德、东莞、黄田、官富5个盐场。

景炎元年（1276）

东莞义士熊飞起兵抗元，在榴花村一战阵斩元将姚文虎，大败元军。九月，熊飞与新会县令曾逢龙合兵收复广州，斩杀降元叛官李性道。十月，熊飞、曾逢龙率兵抵挡越过梅岭南下的元军，曾逢龙在南雄战死，熊飞退到韶州，韶州守将降元献城，熊飞在城内巷战力竭，投水身亡。

景炎二年（1277）正月

宋端宗行朝入广州不得，转而经秀山到达梅蔚。四月到达官富场。六月，宋端宗出巡古塔。九月，宋端宗到达浅湾。十月，宋端宗越过珠江口出巡香山县，沙涌士绅马南宝"献粟千石以饷军"，随后宋端宗返回浅湾。

景炎二年（1277）十一月

行朝重臣陈宜中、张世杰、苏刘义等奉宋端宗再次出巡香山县，马南宝将自己的家宅提供给宋端宗作行宫，宋端宗在沙涌留驻一小段时间后启程返回浅湾，途中在香山岛附近海面遭遇元将哈剌歹部袭击，宋军战败，陈宜中部退往秀山，又遇大风，损失惨重。张世杰奉宋端宗回至浅湾附近，又遇元将刘深部袭击，只得退往秀山。十二月，行朝在秀山面临台风威胁，转往香山县南部的井澳。

祥兴二年（1279）正月

文天祥于祥兴元年（1278）十二月在海丰县五坡岭遇元军袭击被俘，随后拘押在元军前往进攻厓山的战船上，经过珠江口零丁洋，写下千古名篇《过零丁洋》。

元

至元十七年（1280）

元朝政府诏广州采珠。元贞元年（1295），东莞县屯门寨巡检刘进程、张珪报告东莞县大步海出产鸦螺珍珠，张珪又报告东莞县还有23处地方有珠母螺可以出产珍珠。大德四年（1300），本地人侯福向官府报告东莞县东部的横州等10处地方出产珍珠。延祐四年（1317）十二月，复广州采金银珠子都提举司，东莞县民张惟寅见此情况上陈情书《上宣慰司采珠不便状》，延祐七年（1320）六月元朝政府又罢去这一机构。泰定元年（1324）七月，罢广州、福建等处采珠疍户为民，结束了元朝政府的采珠活动。

至元二十年（1283）三月

东莞县盐户陈良臣发动东莞、香山两县盐场的盐户、盐贩起义。江西行省广东都转运盐使合剌普华与招讨使塔失蛮率兵镇压了这次起义。

至元二十二年（1285）正月

东莞县民张强等以"复宋"为名起义，聚众两万余人。元将王守信率兵镇压了这次起义。

大德四年（1300）

元朝政府在广州设置广东盐课提举司，所属盐场13所，其中靖康、归德、东莞、黄田4所在东莞县。

至正十五年（1355）

东莞县民王成、陈仲玉起兵，互相攻战。东莞县另一豪强何真当时担任元朝政府河源务副使官职，见此情景也弃官回到东莞，逃居坭冈，在此建立据点，发展势力。

至正十九年（1359）

何真向元朝江西行省请准后举兵平乱。先后擒获陈仲玉、王成，平定东莞，并以东莞县及周边地域为根据地扩充势力，逐渐控制了广州、惠州、循州等大片土地，累迁官职至元朝江西福建行中书省左丞，治于广州。

明

洪武元年（1368）四月

明征南将军廖永忠率军取广东，至东莞。何真率官属出见，正式降明。何真降明后得到明太祖的褒奖和优待，在明朝历任官职，封东莞伯。

洪武十六年（1383）

今深圳地区的笋岗一带爆发了民众起义，后来在都指挥同知花茂的指挥下将其镇压下去。

洪武二十七年（1394）

今深圳地区增设东莞守御千户所和大鹏守御千户所两个守御千户所，均隶属南海卫。

永乐八年（1410）

宦官张源出使暹罗，行前到珠江口的赤湾祭祀天妃庙，得吉兆，顺利归国。为了感谢天妃的庇佑，他在原天妃旧庙的东南捐资再建殿宇。

永乐十三年（1415）

明朝政府撤掉了整个广东的采珠人员，东莞县的采珠活动停止。政府还严禁私自采珠。

正德九年（1514）

殖民者热尔瓦·阿尔雷斯率领一支葡萄牙人探险队在屯门海澳占据一块地盘安营扎寨，以示永久占据。

正德十六年（1521）

广东巡海道汪铉率大军于屯门海澳大败葡萄牙军队。这场中葡屯门海战是中国和西方国家之间的第一场战争。

嘉靖十二年（1533）

海盗许折桂、温宗善入侵今深圳地区。东莞守御千户所副千户顾晟前往讨伐，阵亡。后经海道副使江良材、东莞知县林启合力追剿，方才平定。

嘉靖三十年（1551）

东莞南头海盗何亚八勾结西洋海盗劫掠东莞沿海。南海卫指挥使李茂材率军剿灭何亚八。

嘉靖四十年（1561）夏

东莞县及附近地区发生大饥荒，贫民为饥饿所迫，纷纷抢夺粮食。南头城内外大量的饥民聚集到各个公共场所，时有饥民啸聚掠米，乡绅吴祚耐心劝导，暂时平息饥民暴乱。此事后称"辛酉之变"。

嘉靖四十四年（1565）

明朝政府将南头"参将署"改为"南头寨"。下设参将1员、哨官5员、队兵330员，并且分拨出一哨人马约60人防守大鹏守御千户所，每半年更换一次。

隆庆四年（1570）

倭寇大规模侵扰东莞县沿岸。海盗曾一本与倭寇勾结，抢劫东莞县沿海村庄。

隆庆五年（1571）

倭寇再度登陆大鹏湾，攻击大鹏所城。

隆庆六年（1572）

刘稳由广西调至广东任提刑按察司副使，深入到南头城了解情况。南头父老推德高望重的长者吴祚向刘稳请愿设县。刘稳到南海找到母忧在家的原左副都御史何维柏，向其讲述巡海所见及想法，获得支持。置县计划上报朝廷。

万历元年（1573）

朝廷批复同意析东莞县建立新安县，取其"革故鼎新，去危为安"之义。新安县的县治设在东莞守御千户所城。新安县城在东莞守御所城的基础上加以修筑。吴大训为首任知县。

万历五年（1577）

新安知县曾孔志为巩固新安县城的防守，增建了县城东、西、南三门的子城，三门的城楼、四角的敌楼则用城砖加固。

万历十四年（1586）

明朝政府派总兵一员常驻南头，以代替原设的参将，辖佛堂门、龙船湾、大澳等汛营。

万历十五年（1587）

新安知县丘体乾主持初修《新安志》，该志已佚。

崇祯八年（1635）

新安知县李铉主持重修《新安志》，仅成稿本，未及刻印，该志已佚。

崇祯十六年（1643）

新安知县周希曜主持重修《新安志》，该志已佚。

清代前期

顺治三年（1646）

明朝新安县末任知县杨昌降清，张文煜到任成为清朝新安县第一任知县。至顺治七年（1650），随着县域内南明势力被平定，清朝才比较完整地建立起对新安县的统治。

顺治四年（1647）三月

东莞县万家租（今东莞市万江街道）人张家玉、新安县南头人陈文豹起兵反清，今深圳宝安西乡一带成为岭南抗清中心之一。

顺治十三年（1656）

总兵黄应杰围困抗清的李万荣部于大鹏山三个月，逼其粮尽降清。至此，新安县的抗清斗争宣告结束。清朝将大鹏守御所改为大鹏所防守营，并设守备一员、把总一员，官兵五百名。

顺治十八年（1661）

总镇张善到新安县沿海巡边勘界，为迁界作前期准备。

康熙元年（1662）二月

都统伊里布巡边立界，新安县三分之二的地方被划入迁界范围，其中今香港地区全在迁出之列。三月，惠州协镇总兵曹志、广东抚标左营游击将军马应秀率兵析界，强制沿海居民内迁50里。此为"初迁"。

康熙二年（1663）八月

都统伊里布、兵部左侍郎石图再到广东沿海巡视，计划把迁界扩大到新安县全境。广东巡抚卢兴祖上疏请求免于全迁，希望只迁东西二路共24个乡。

康熙三年（1664）三月

新安县城守蒋宏闰、知县张璞派遣官兵驱赶东西二路24个乡居民入界。迁界导致新安县人口仅剩下两千余人。此为"再迁"。

康熙五年（1666）

新安知县张璞奏请撤县，新安县并入东莞县。

康熙七年（1668）

根据两广总督周有德的奏请，大鹏营归并惠州协管辖，新安营不再管辖大鹏营，但大鹏营仍兼原属新安营时相应范围内防务。

康熙八年（1669）

正月，清廷宣布展界，原新安县居民可回原籍。七月，新安县复设，隶属广州府，由番禺县丞路一鳌代理新安知县。

康熙九年（1670）

李可成任复县后的新安县首任知县，着手恢复破败的县府机构，整顿县治。

康熙十年（1671）

官富巡检司的衙署由九龙半岛的官富村迁至赤尾村，离县治三十余里。但香港地区事务仍归其管辖。

康熙十一年（1672）

新安知县李可成主持重修《新安县志》，该志已佚。

康熙二十七年（1688）

新安知县靳文谟主持重修《新安县志》，现完本仅存孤本，藏国家图书馆。

康熙五十五年（1716）

新安县为客籍子弟单独设置科举学额，文、武学额各二名。

雍正十三年（1735）

新安县开始实行"军民合考"，客籍民以"军籍"身份参加科考。

乾隆五十四年（1789）

归靖盐场被裁撤。新安县的制盐业走向没落。

嘉庆十五年（1810）

广东增设水师提督，驻扎虎门，下设五营，新安营改为提标水师左营。同年，张保仔、郭婆带等海上武装降清，乌石二、乌石大、程粗章等各帮尽数覆灭，新安县海盗得以平息。

嘉庆二十四年（1819）

新安知县舒懋官主持重修《新安县志》。现存新安县署初刻本2部，分藏于天津图书馆、上海图书馆，均为残本。凤冈书院刻本7部，其中完本5部，分藏北京大学图书馆、上海辞书出版社资料室、广东省博物馆、广东省立中山图书馆（2部）；残本2部，分藏于中国科学院南京地理与湖泊研究所资料室、上海图书馆。

道光十九年（1839）七月

英国水手酒后打死不肯交易的九龙村民林维禧，此即震惊中外的"林维禧事件"。

道光十九年（1839）八月

九龙海战爆发，历时五小时，中方取得胜利。此战中方将领大鹏防守营参将赖恩爵后被道光帝赐予"呼尔察图巴图鲁"称号。

道光二十年（1840）三月

林则徐奏请在九龙半岛的尖沙咀、官涌建造炮台两座，分归左、右营防守。这两座炮台成为清政府防御英军向九龙半岛侵入的最重要防线。

道光二十三年（1843）

由于割让香港岛后，九龙半岛海防地位的空前提升，官富巡检司的衙署再次从赤尾村迁回九龙地区，并更改为"九龙巡检司"。其管辖范围大致包括今九龙和新界地区。

参考文献

一、古籍

《史记》，北京：中华书局，1959 年。

《汉书》，北京：中华书局，1962 年。

《后汉书》，北京：中华书局，1965 年。

《三国志》，北京：中华书局，1959 年。

《晋书》，北京：中华书局，1974 年。

《宋书》，北京：中华书局，1974 年。

《南齐书》，北京：中华书局，1972 年。

《陈书》，北京：中华书局，1972 年。

《隋书》，北京：中华书局，1973 年。

《旧唐书》，北京：中华书局，1975 年。

《新唐书》，北京：中华书局，1975 年。

《旧五代史》，北京：中华书局，1976 年。

《新五代史》，北京：中华书局，1974 年。

《宋史》，北京：中华书局，1977 年。

《元史》，北京：中华书局，1976 年。

《明史》，北京：中华书局，1974 年。

《清史稿》，北京：中华书局，1977 年。

《明清史料（庚编）》上册，北京：中华书局，1987 年。

《明实录》，北京：中华书局，2016 年。

《清实录》，北京：中华书局，1985 年。

《宋本册府元龟》，北京：中华书局，1960 年。

《资治通鉴》，北京：中华书局，1956 年。

（汉）孔安国传，（唐）孔颖达正义，黄怀信整理：《尚书正义》，上海：上海古籍出版社，2007 年。

（晋）皇甫谧撰，（清）宋翔凤、钱保塘辑：《帝王世纪》，刘晓东校点，沈阳：辽宁教育出版社，1997 年。

（晋）嵇含撰：《南方草木状》，广州：广东科技出版社，2009 年。

（梁）陶弘景撰，尚志钧辑校：《名医别录》（辑校本），北京：中国中医药出版社，2013 年。

（唐）杜佑撰：《通典》，王文锦、王永兴、刘俊文，等点校，北京：中华书局，1988 年。

（唐）韩愈：《韩愈文集汇校笺注》，刘真伦、岳珍校注，北京：中华书局，2010 年。

（唐）李吉甫撰：《元和郡县图志》，贺次君点校，北京：中华书局，1983 年。

（唐）李林甫等撰：《唐六典》，陈仲夫点校，北京：中华书局，1992 年。

（唐）李肇撰：《唐国史补》，上海：上海古籍出版社，1957 年。

（唐）刘恂撰：《岭表录异》，鲁迅校勘，广州：广东人民出版社，1983 年。

（唐）刘恂等：《历代岭南笔记八种》，鲁迅、杨伟群点校，广州：广东人民出版社，2011 年。

（唐）刘禹锡著，瞿蜕园笺证：《刘禹锡集笺证》，上海：上海古籍出版社，1989 年。

（唐）柳宗元撰，尹占华、韩文奇校注：《柳宗元集校注》，北京：中华书局，2013 年。

（唐）许嵩撰：《建康实录》，张忱石点校，北京：中华书局，1986 年。

（宋）陈均编：《皇朝编年纲目备要》，许沛藻、金圆、顾吉辰，等点校，北京：中华书局，2006 年。

（宋）高承撰，（明）李果订：《事物纪原》，金圆、许沛藻点校，北京：中华书局，1989 年。

（宋）李昉等编：《文苑英华》，北京：中华书局，1966 年。

（宋）李昉等撰：《太平御览》，北京：中华书局，1960 年。

（宋）李焘撰：《续资治通鉴长编》，上海师范大学古籍整理研究所、华东师范大学古籍整理研究所点校，北京：中华书局，2004 年。

（宋）宋敏求编：《唐大诏令集》，北京：中华书局，2008 年。

（宋）王溥撰：《唐会要》，北京：中华书局，1955 年。

（宋）王象之原著，李勇先校点：《舆地纪胜校点》，成都：四川大学出版社，2005 年。

（宋）文天祥撰：《文信国集杜诗》，《景印文渊阁四库全书》集部，第 1184 册，台北：台湾商务印书馆，1986 年。

（宋）徐天麟撰：《东汉会要》，北京：中华书局，1955 年。

（宋）佚名：《五国故事》，《景印文渊阁四库全书》经部，第 222 册，台北：台湾商务印书馆，1986 年。

（宋）余靖撰，黄志辉校笺：《武溪集校笺》，天津：天津古籍出版社，2000 年。

（宋）乐史撰：《太平寰宇记》，王文楚等点校，北京：中华书局，2007 年。

（宋）祝穆撰：《古今事文类聚》，上海：上海古籍出版社，1992 年。

（元）孛兰肸等撰，赵万里校辑：《元一统志》，北京：中华书局，1966 年。

（元）马端临撰：《文献通考》，北京：中华书局，1986 年。

（明）李东阳撰，（明）申时行修：《大明会典》，台北：新文丰出版股份有限公司，1976 年。

（明）欧大任撰：《百越先贤志》，上海：商务印书馆，1937 年。

（明）应槚辑，（明）凌云翼、刘尧诲重修：《苍梧总督军门志》，李燃标点，长沙：岳麓书社，2015 年。

（明）郑若曾撰：《筹海图编》，李致忠点校，北京：中华书局，2007 年。

（清）毕沅编著：《续资治通鉴》，"标点续资治通鉴小组"校点，北京：中华书局，1957 年。

（清）董诰等编：《全唐文》，北京：中华书局，1983 年。

（清）杜臻：《粤闽巡视纪略》，《钦定四库全书》史部，上海：上海古籍书店，1985 年。

（清）方世举撰，郝润华、丁俊丽整理：《韩昌黎诗集编年笺注》，北京：中华书局，2012 年。

（清）顾炎武撰：《天下郡国利病书》，黄坤等校点，南京：凤凰出版社，2019 年。

（清）顾祖禹撰：《读史方舆纪要》，贺次君、施和金点校，北京：中华书局，2005 年。

（清）黄淳等撰：《厓山志》，陈泽泓点校，广州：广东人民出版社，2018 年。

（清）黄芝撰：《粤小记》卷三，广州：广东中山图书馆，1960 年。

（清）江日升撰：《台湾外记》，台北：台湾银行经济研究室，1960 年。

（清）卢坤、邓廷桢主编：《广东海防汇览》，王宏斌等点校，石家庄：河北人民出版社，2009 年。

（清）穆彰阿、潘锡恩等纂修：《（嘉庆）大清一统志》，清史馆进呈钞本。

（清）彭定求等编：《全唐诗》，北京：中华书局，1960 年。

（清）钱大昕撰：《廿二史考异》，陈文和、张连生、曹明升校点，南京：凤凰出版社，2008 年。

（清）屈大均撰：《广东新语》，北京：中华书局，1985 年。

（清）孙楷撰，徐复订补：《秦会要订补》，北京：中华书局，1959 年。

（清）王聘珍撰：《大戴礼记解诂》，王文锦点校，北京：中华书局，1983 年。

（清）王先谦撰：《庄子集解》，沈啸寰点校，北京：中华书局，1987 年。

（清）吴任臣撰：《十国春秋》，徐敏霞、周莹点校，北京：中华书局，2010 年。

（清）徐松辑：《宋会要辑稿》，北京：中华书局，1957 年。

陈广忠译注：《淮南子》，北京：中华书局，2012 年。

崇祯《东莞县志》，见广东省地方史志办公室辑：《广东历代方志集成·广州府部（二二）》，广州：岭南美术出版社，2007 年。

大德《南海志》，见广东省地方史志办公室辑：《广东历代方志集成·广州府部（一）》，广州：岭南美术出版社，2007 年。

道光《广东通志》，见广东省地方史志办公室辑：《广东历代方志集成·省部（一六）》，广州：岭南美术出版社，2006 年。

方向东译注：《新书》，北京：中华书局，2012 年。

方勇译注：《庄子》（第二版），北京：中华书局，2015 年。

方勇译注：《孟子》，北京：中华书局，2017 年。

光绪《广州府志》，见广东省地方史志办公室辑：《广东历代方志集成·广州府部（六）》，广州：岭南美术出版社，2007 年。

嘉靖《广东通志》，见广东省地方史志办公室辑：《广东历代方志集成·省部（二）》，广州：岭南美术出版社，2006 年。

嘉靖《广东通志初稿》，见广东省地方史志办公室辑：《广东历代方志集成·省部（一）》，广州：岭南美术出版社，2006 年。

嘉靖《香山县志》，见广东省地方史志办公室辑：《广东历代方志集成·广州府部（三四）》，广州：岭南美术出版社，2007年。

康熙《东莞县志》，见广东省地方史志办公室辑：《广东历代方志集成·广州府部（二二）》，广州：岭南美术出版社，2007年。

康熙《香山县志》，见广东省地方史志办公室辑：《广东历代方志集成·广州府部（三四）》，广州：岭南美术出版社，2007年。

刘琳等校点：《宋会要辑稿》，上海：上海古籍出版社，2014年。

民国《东莞县志》，见广东省地方史志办公室辑：《广东历代方志集成·广州府部（二四）》，广州：岭南美术出版社，2007年。

天顺《东莞县志》，见广东省地方史志办公室辑：《广东历代方志集成·广州府部（二二）》，广州：岭南美术出版社，2007年。

同治《靖安县志》，《中国地方志集成·江西府县志辑47》，南京：江苏古籍出版社，1996年。

雍正《东莞县志》，见广东省地方史志办公室辑：《广东历代方志集成·广州府部（二三）》，广州：岭南美术出版社，2007年。

张一兵：《康熙新安县志校注》，北京：中国大百科全书出版社，2006年。

中山大学历史系中国近代现代史教研组、研究室编:《林则徐集·奏稿》,北京:中华书局,1965年。

二、近人著作

百越民族史研究会编:《百越民族史论丛》,南宁:广西人民出版社,1985年。

宝安县地方志编纂委员会编:《宝安县志》,广州:广东人民出版社,1997年。

卞仁海:《深港地名文化比较研究》,北京:中国社会科学出版社,2019年。

滨口重国:《秦汉隋唐史の研究》上卷,东京:东京大学出版社,1998年。

陈海滨:《深圳古代史》,深圳:深圳报业集团出版社,2015年。

陈杰、段炼、郑亚:《考古百问》,上海:上海古籍出版社,2002年。

陈尚君辑校:《全唐文补编》,北京:中华书局,2005年。

陈欣:《南汉国史》,广州:广东人民出版社,2010年。

陈衍德、杨权:《唐代盐政》,西安:三秦出版社,1990年。

陈寅恪:《陈寅恪集·唐代政治史述论稿》,北京:生活·读书·新知三联书店,2001年。

陈垣:《史讳举例》,北京:中华书局,2004年。

程建:《深圳古诗拾遗》,深圳:深圳报业集团出版社,2015年。

程建编著:《深圳风物志·村落往事卷》,深圳:海天出版社，2020 年。

邓聪：《邓聪考古论文选集》，香港：香港中文大学中国考古艺术研究中心，2021 年。

杜文玉：《五代十国制度研究》，北京：人民出版社，2006 年。

范信平等：《香港概览》，北京：海洋出版社，1990 年。

范玉春编著：《移民与中国文化》，桂林：广西师范大学出版社，2005 年。

方之光、周衍发、倪友春，等点校：《林氏家藏〈林则徐使粤两广奏稿〉》，南京：南京大学出版社，1988 年。

佛山地区革委会《珠江三角洲农业志》编写组（1963—1976）编：《珠江三角洲农业志》，广州：广东人民出版社，2020 年。

高添强编著：《香港今昔》（第三版），香港：香港三联书店，2005 年。

葛剑雄：《西汉人口地理》，北京：人民出版社，1986 年。

葛剑雄：《中国移民史（先秦至魏晋南北朝时期）》（第二卷），福州：福建人民出版社，1997 年。

葛剑雄：《中国人口史（导论、先秦至南北朝时期）》（第一卷），上海：复旦大学出版社，2002 年。

葛琳：《深圳近代教会建筑传播与影响研究》，南京：东南大学出版社，2016 年。

龚伯洪编著：《广府文化源流》，广州：广东高等教育出版社，1999 年。

古怡青：《唐代府兵制度兴衰研究：从卫士负担谈起》，台北：新文丰出版社，2002年。

谷霁光：《谷霁光史学文集·兵制史论》第一卷，南昌：江西人民出版社、江西教育出版社，1996年。

顾诚：《隐匿的疆土：卫所制度与明帝国》，北京：光明日报出版社，2012年。

广东省博物馆、佛山市博物馆编著：《佛山河宕遗址——1977年冬至1978年夏发掘报告》，广州：广东人民出版社，2006年。

广东省博物馆、曲江县博物馆编：《纪念马坝人化石发现三十周年文集》，北京：文物出版社，1988年。

广东省地方史志编纂委员会编：《广东省志·人口志》，广州：广东人民出版社，1995年。

广东省人民政府地方志办公室编：《全粤村情·深圳市宝安区卷》，广州：华南理工大学出版社，2019年。

广东省人民政府地方志办公室编：《全粤村情·深圳市福田区 罗湖区 南山区 盐田区卷》，广州：华南理工大学出版社，2020年。

广东省人民政府地方志办公室编：《全粤村情·深圳市龙岗区卷》，广州：华南理工大学出版社，2020年。

广东省深圳市大鹏新区鹏城社区志编纂委员会编：《鹏城社区志》，北京：方志出版社，2019年。

广东省统计局编：《广东省地县概况》，广州：广东省地图出版社，1985年。

广东省文物考古研究所编著：《博罗横岭山：商周时期墓地 2000 年发掘报告》，北京：科学出版社，2005 年。

广东省文物考古研究所、珠海市博物馆编著：《珠海宝镜湾——海岛型史前文化遗址发掘报告》，北京：科学出版社，2004 年。

郭正忠主编：《中国盐业史（古代编）》，北京：人民出版社，1997 年。

何成轩：《儒学南传史》，北京：北京大学出版社，2000 年。

胡阿祥、孔祥军、徐成：《中国行政区划通史·三国两晋南朝卷》，上海：复旦大学出版社，2014 年。

胡滨译：《英国档案有关鸦片战争资料选译》（上），北京：中华书局，1993 年。

胡戟、刘后滨主编：《唐代政治文明》，西安：西安出版社，2013 年。

胡守为：《岭南古史》，广州：广东人民出版社，1999 年。

黄镇国、李平日、张仲英，等：《深圳地貌》，广州：广东科技出版社，1983 年。

李平日、乔彭年、郑洪汉，等：《珠江三角洲一万年来环境演变》，北京：海洋出版社，1991 年。

李权时主编：《岭南文化》，广州：广东人民出版社，1993 年。

李新魁：《广东的方言》，广州：广东人民出版社，1994 年。

梁方仲：《中国历代户口、田地、田赋统计》，上海：上海人民出版社，1980 年。

梁启雄：《韩子浅解》，北京：中华书局，1960 年。

廖虹雷：《深圳民间熟语》，深圳：深圳报业集团出版社，2013 年。

廖虹雷：《深圳民间节俗》，深圳：深圳报业集团出版社，2015 年。

廖虹雷：《深圳风物志·风土人情卷》，深圳：海天出版社，2016 年。

廖虹雷：《深圳风物志·民间美味卷》，深圳：海天出版社，2016 年。

林天蔚、萧国健：《香港前代史论集》，台北：台湾商务印书馆，1985 年。

刘丽川：《深圳客家研究》，海口：南方出版社，2002 年。

刘蜀永主编：《简明香港史》，香港：香港三联书店，1998 年。

刘义章主编：《香港客家》（第二版），桂林：广西师范大学出版社，2007 年。

鲁金：《九龙城寨简史》，香港：香港三联书店，2018 年。

罗香林：《客家源流考》，北京：中国华侨出版公司，1989 年。

罗香林等：《一八四二年以前之香港及其对外交通：香港前代史》，香港：中国学社，1959 年。

吕思勉：《先秦史》，上海：上海古籍出版社，2020 年。

莫稚：《南粤文物考古集（1955—2002）》，北京：文物出版社，2003 年。

欧阳觉亚等编著：《广州话、客家话、潮汕话与普通话对照词典》，广州：广东人民出版社，2005 年。

彭全民：《深圳掌故漫谈》，深圳：深圳报业集团出版社，2015 年。

陕西历史博物馆编：《大唐遗宝：何家村窖藏出土文物展》，西安：陕西人民出版社，2010 年。

商志䓤：《香港考古论集》，北京：文物出版社，2000 年。

商志䓤、吴伟鸿：《香港考古学叙研》，北京：文物出版社，2010 年。

深圳博物馆编：《深圳考古发现与研究》，北京：文物出版社，1994 年。

深圳博物馆编：《深圳古代简史》，北京：文物出版社，1997 年。

深圳博物馆编：《深圳文博论丛（2003）》，北京：中华书局，2003 年。

深圳博物馆编：《深圳博物馆基本陈列·古代深圳》，北京：文物出版社，2010 年。

深圳博物馆编：《深圳博物馆基本陈列·深圳民俗文化》，北京：文物出版社，2010 年。

《深圳地质》编写组编：《深圳地质》，北京：地质出版社，2009 年。

深圳市宝安区文化局编：《深圳宝安文物图志》，郑州：中州古籍出版社，2007 年。

深圳市地方志编纂委员会编：《深圳市志·社会风俗卷》，

北京：方志出版社，2014年。

深圳市龙岗区文体旅游局、深圳市龙岗区文物管理办公室编著：《深圳东北地区围屋建筑研究》，北京：文物出版社，2014年。

深圳市史志办公室编：《深圳村落概览》第二辑《福田南山卷》，广州：华南理工大学出版社，2020年。

深圳市史志办公室编：《深圳村落概览》第二辑《龙岗卷》，广州：华南理工大学出版社，2020年。

深圳市史志办公室编：《深圳村落概览》第二辑《罗湖盐田卷》，广州：华南理工大学出版社，2020年。

深圳市史志办公室整理编辑：《嘉庆新安县志》，广州：华南理工大学出版社，2020年。

深圳市文物管理委员会编：《深圳文物志》，北京：文物出版社，2005年。

深圳市文物管理委员会办公室等编：《深圳7000年：深圳出土文物图录》，北京：文物出版社，2006年。

深圳市文物考古鉴定所编：《深圳咸头岭：2006年发掘报告》，北京：文物出版社，2013年。

深圳市政协文史资料委员会编：《深港关系史话》，深圳：海天出版社，1997年。

沈长云主编：《中国大通史2·夏商西周》，北京：学苑出版社，2017年。

舒国雄主编：《明清两朝深圳档案文献演绎》（第二卷），广州：花城出版社，2000年。

水利部珠江水利委员会、《珠江志》编纂委员会编：《珠江志》第一卷，广州：广东科技出版社，1991年。

宋春青、张振春编著：《地质学基础》，北京：人民教育出版社，1978年。

孙明：《深圳墓葬与研究》，杭州：西泠印社出版社，2018年。

谭其骧主编：《中国历史地图集》，北京：中国地图出版社，1982年。

谭元亨：《广府寻根》，广州：广东高等教育出版社，2003年。

唐长孺：《魏晋南北朝隋唐史三论——中国封建社会的形成和前期的变化》，武汉：武汉大学出版社，1992年。

唐长孺：《唐长孺文集·山居存稿续编》，北京：中华书局，2011年。

汪廷奎主编：《广东通史》（古代上册），广州：广东高等教育出版社，1996年。

王鲁民、乔迅翔：《营造的智慧：深圳大鹏半岛滨海传统村落研究》，南京：东南大学出版社，2008年。

王震中、李衡眉主编：《中国大通史1·导论·史前》，北京：学苑出版社，2017年。

王仲荦：《隋唐五代史》（上册），上海：上海人民出版社，1988年。

王子今：《秦汉盐史论稿》，成都：西南交通大学出版社，2019年。

温昌衍编著：《客家方言》，广州：华南理工大学出版社，2006 年。

文物编辑委员会编：《文物考古工作三十年（1949—1979）》，北京：文物出版社，1979 年。

吴钢主编：《全唐文补遗》第 1 辑，西安：三秦出版社，1994 年。

吴水田、陈平平：《岭南疍民文化景观》，北京：社会科学文献出版社，2017 年。

香港地方志中心编纂：《香港志·总述 大事记》，香港：香港中华书局，2020 年。

萧国健：《清初迁海前后香港之社会变迁》，台北：台湾商务印书馆，1986 年。

萧国健：《香港历史与社会》，香港：香港教育图书公司，1994 年。

萧国健：《香港古代史》，香港：香港中华书局，1997 年。

小野胜年：《入唐求法行历的研究》（下），《智证大师目珍篇》，京都：法藏馆，1982 年。

熊贤君：《深圳教育史》，北京：社会科学文献出版社，2010 年。

许锡挥、陈丽君、朱德新：《香港跨世纪的沧桑》，广州：广东人民出版社，1995 年。

杨式挺等：《广东先秦考古》，广州：广东人民出版社，2015 年。

杨子怡：《韩愈刺潮与苏轼寓惠比较研究》，成都：巴蜀书社，2008年。

叶春生：《简明民间文艺学教程》，广州：中山大学出版社，1999年。

叶灵凤：《香港方物志》，南昌：江西教育出版社，2012年。

余天炽、覃圣敏、蓝日勇，等：《古南越国史》，南宁：广西人民出版社，1988年。

曾大兴：《岭南文化的真相：岭南文化与文学地理之考察》，北京：社会科学文献出版社，2017年。

曾华满：《唐代岭南发展的核心性》，香港：香港中文大学出版社，1973年。

曾枣庄、刘琳主编：《全宋文》，上海：上海辞书出版社，合肥：安徽教育出版社，2006年。

张沛编著：《唐折冲府汇考》，西安：三秦出版社，2003年。

张荣芳：《秦汉史与岭南文化论稿》，北京：中华书局，2005年。

张荣芳、黄淼章：《南越国史》，广州：广东人民出版社，1995年。

张一兵校点：《深圳旧志三种》，深圳：海天出版社，2006年。

张一兵主编：《深圳通史·图文版01》，深圳：海天出版社，2018年。

张一兵等：《深圳风物志·传统建筑卷》，深圳：海天出版社，2016年。

张争胜主编：《广东地理》，北京：北京师范大学出版社，

2016 年。

章必功、傅腾霄主编：《移民文化新论》，北京：人民出版社，2010 年。

章深主编：《广州通史·古代卷》，北京：中华书局，2010 年。

赵芳编著：《中国古代丧葬》，北京：中国商业出版社，2015 年。

赵焕庭：《珠江河口演变》，北京：海洋出版社，1990 年。

赵善德：《先秦秦汉时期岭南社会与文化考察：以考古学为视角》，广州：暨南大学出版社，2014 年。

中共广东省委组织部、广东省人民政府地方志办公室编：《广东资政志鉴》，广州：广东人民出版社，2015 年。

中国史学会主编：《鸦片战争》，上海：上海人民出版社，1957 年。

中华人民共和国住房和城乡建设部编：《中国传统建筑解析与传承（广东卷）》，北京：中国建筑工业出版社，2015 年。

钟敬文主编：《民俗学概论》，上海：上海文艺出版社，2009 年。

周佳荣：《香港通史——远古至清代》，香港：香港三联书店，2017 年。

周军、吴曾德编著：《深圳市第二次文物普查报告（下编）》，北京：科学出版社，2012 年。

周绍良主编：《唐代墓志汇编》，上海：上海古籍出版社，1992 年。

〔美〕马士：《"中华帝国"对外关系史（一八三四—一八六〇年冲突时期）》（第一卷），张汇文、章巽、倪徵噢，等译，北京：商务印书馆，1963年。

〔美〕马士：《东印度公司对华贸易编年史》（第一、二卷），区宗华译，广州：中山大学出版社，1991年。

〔美〕穆黛安：《华南海盗（1790—1810)》，刘平译，北京：中国社会科学出版社，1997年。

〔日〕谷川道雄：《隋唐帝国形成史论》，李济沧译，上海：上海古籍出版社，2004年。

〔英〕赖德：《20世纪香港、上海及其他中国商埠印象记》，伦敦：劳埃德大不列颠出版有限公司，1908年。

〔越南〕陶维英：《越南古代史》，刘统文、子钺译，北京：商务印书馆，1976年。

Meacham W. *The Archaeology of Hong Kong*. Hong Kong: Hong Kong University Press, 2009.

Sayer G R. *Hong Kong 1841- 1862: Birth, Adolescence and Coming of Age*. London: Oxford University Press, 1937.

三、近人论文

白云翔：《香港李郑屋汉墓的发现及其意义》，《考古》1997年第6期。

蔡春利：《唐代出入境边防检查制度研究》，南开大学硕士学位论文，2009年。

陈国保：《唐初南疆交州地方建制中的几个问题的考释——兼对两〈唐书·地理志〉几则史料的考订》，见林超民主编：《西南古籍研究 2011 年》，昆明：云南大学出版社，2012 年。

陈运梅：《清代广东新安县客民科举研究》，武汉大学硕士学位论文，2019 年。

崔勇：《博罗县西埔上岭商时期至清代墓地》，见中国考古学会编：《中国考古学年鉴 2003》，北京：文物出版社，2004 年。

邓聪、商志醰、黄韵璋：《香港大屿山白芒遗址发掘简报》，《考古》1997 年第 6 期。

段塔丽：《秦汉王朝开发岭南述论》，《陕西师范大学学报（哲学社会科学版）》2000 年第 2 期。

冯孟钦等：《博罗县曾屋岭春秋墓地》，见中国考古学会编：《中国考古学年鉴 2011》，北京：文物出版社，2012 年。

高美士：《张保仔船队的毁灭》，《文化杂志》1987 年第 3 期。

顾成瑞：《韩国国博藏〈唐仪凤四年金部旨符〉残卷释录与研究》，见包伟民、刘后滨主编：《唐宋历史评论》第八辑，北京：社会科学文献出版社，2021 年。

广东省博物馆：《广东南海县灶岗贝丘遗址发掘简报》，《考古》1984 年第 3 期。

广东省博物馆、深圳博物馆：《深圳市南头红花园汉墓发掘简报》，《文物》1990 年第 11 期。

广东省博物馆、肇庆地区文化局、高要县博物馆：《高要县龙一乡蚬壳洲贝丘遗址》，《文物》1991 年第 11 期。

广东省文物管理委员会、中央美术学院美术史美术理论系：《广东增城、始兴的战国遗址》，《考古》1964 年第 3 期。

广东省文物考古研究所：《广东博罗银岗遗址发掘简报》，《文物》1998 年第 7 期。

广东省文物考古研究所：《广东博罗银岗遗址第二次发掘》，《文物》2000 年第 6 期。

广东省文物考古研究所、博罗县博物馆：《广东博罗县园洲梅花墩窑址的发掘》，《考古》1998 年第 7 期。

广东省文物考古研究所、珠海市平沙文化科：《珠海平沙棠下环遗址发掘简报》，《文物》1998 年第 7 期。

郭茹星、王社教：《论唐代岭南地区的渔业》，《中国农史》2015 年第 6 期。

何清谷：《试论秦对岭南的统一与开发》，《人文杂志》1986 年第 1 期。

黄崇岳：《华南新石器时代文化的领先性与滞后性初探》，《中原文物》1995 年第 2 期。

黄玲：《从深圳历次修志看深圳历史》，《广东史志》2002 年第 2 期。

黄镇国、李平日、张仲英，等：《珠江三角洲地区晚更新世以来海平面变化及构造运动问题》，《热带地理》1982 年第 1 期。

吉成名：《有关唐代海盐生产技术的几条材料剖析》，《盐业史研究》1993 年第 1 期。

焦天龙：《更新世末至全新世初岭南地区的史前文化》，

《考古学报》1994 年第 1 期。

黎诚:《"东莞"地名来由考辨——基于文献史料的"移民说"探析》,《岭南文史》2015 年第 3 期。

黎虎:《唐代军镇关津的涉外事务管理职能》,《北方论丛》2000 年第 2 期。

李伯谦:《广东咸头岭一类遗存浅识》,《东南文化》1992 年第 Z1 期。

李采梅:《明清广东新安县城市地理若干问题研究》,暨南大学硕士学位论文,2011 年。

李磋:《唐代广府地区的经济概况》,《岭南文史》1984 年第 2 期。

李凤艳、蓝贤明:《试论南诏东进安南与岭南道的应对》,《中国边疆史地研究》2021 年第 3 期。

李海荣、谢鹏:《深圳咸头岭遗址的发掘及其意义》,《南方文物》2011 年第 2 期。

李怀诚:《深圳铁仔山古墓群出土铜器腐蚀情况研究》,《文物保护与考古科学》2015 年第 1 期。

李浪林:《香港沿海沙堤与煮盐炉遗存的发现和研究》,见燕京研究院编:《燕京学报》新 24 期,北京:北京大学出版社,2008 年。

李平日:《六千年来珠海地理环境演变与古文化遗存》,见珠海市博物馆、广东省文物考古研究所、广东省博物馆编:《珠海考古发现与研究》,广州:广东人民出版社,1991 年。

李庆新:《明代屯门地区海防与贸易》,《广东社会科学》

2007 年第 6 期。

李子文：《龙穴沙丘遗址发掘及相关问题的考察》，见广州市文物考古研究所编：《广州文物考古集》，北京：文物出版社，1998 年。

刘健明：《再论唐代岭南发展的核心性》，见周天游主编：《地域社会与传统中国》，西安：西北大学出版社，1995 年。

刘均雄：《清初禁海迁界前后的新安县》，见张建雄主编：《明清海防研究论丛》第 2 辑，广州：广东人民出版社，2008 年。

刘丽川：《坑梓新村、卢屋客民语言状况考析——一种有趣的文化认同》，《深圳大学学报（人文社会科学版）》1999 年第 2 期。

刘丽川：《"客家"称谓年代考》，《北京大学学报（哲学社会科学版）》2001 年第 2 期。

刘丽川：《深圳客家宗族派衍与传统村落拓展——以龙岗坑梓黄氏为例》，《汕头大学学报（人文社会科学版）》2002 年第 3 期。

刘希为、刘磐修：《六朝时期岭南地区的开发》，《中国史研究》1991 年第 1 期。

刘啸虎：《唐代前期府兵与兵器关系初探——以敦煌吐鲁番军事文书为中心》，《敦煌研究》2018 年第 6 期。

刘玉峰：《唐代盐业政策新论》，《西北师大学报（社会科学版）》2002 年第 4 期。

刘智鹏：《屯门地名考》，《暨南学报（哲学社会科学版）》

2007 年第 4 期。

鲁西奇：《隋唐五代沿海港口与近海航路（下）》，见武汉大学中国三至九世纪研究所编：《魏晋南北朝隋唐史资料》第 30 辑，上海：上海古籍出版社，2014 年。

鲁延召：《明清时期广东中路海防地理研究》，暨南大学博士学位论文，2010 年。

鲁延召：《海防地理学视野下官富巡检司建置沿革研究——基于广东新安县的考察》，《中国历史地理论丛》2014 年第 3 期。

罗凯：《隋唐政治地理格局研究——以高层政治区为中心》，复旦大学博士学位论文，2012 年。

罗凯：《隋末唐初岭南政治势力探析》，《中国历史地理论丛》2013 年第 2 期。

毛军吉、陈文广：《赤湾妈祖庙与海上丝绸之路探析》，《特区实践与理论》2016 年第 5 期。

孟宪实：《唐代府兵"番上"新解》，《历史研究》2007 年第 2 期。

庞乃明：《明清中国负面西方印象的初步生成——以汉语语境中的三个佛郎机国为中心》，《史学集刊》2019 年第 5 期。

彭全民：《从考古材料看汉代深港社会》，《南方文物》2001 年第 2 期。

彭全民、廖虹雷：《深圳历史上的东官郡太守》，《深圳特区报》2013 年 8 月 14 日，第 B2 版。

区家发：《广东先秦社会初探——兼论 38 座随葬青铜器

墓葬的年代与墓主人问题》，《学术研究》1991 年第 1 期。

任式楠：《中国新石器时代纺织遗存的发现与研究》，《任式楠文集》，上海：上海辞书出版社，2005 年。

深圳博物馆：《深圳市叠石山遗址发掘简报》，《文物》1990 年第 11 期。

深圳博物馆、中山大学人类学系：《广东深圳市大黄沙沙丘遗址发掘简报》，《文物》1990 年第 11 期。

深圳博物馆、中山大学人类学系：《深圳市大鹏咸头岭沙丘遗址发掘简报》，《文物》1990 年第 11 期。

深圳市文管会办公室、深圳市博物馆、南山区文管会办公室：《深圳市南山向南村遗址的发掘》，《考古》1997 年第 6 期。

深圳市文物考古鉴定所、深圳市博物馆：《广东深圳市咸头岭新石器时代遗址》，《考古》2007 年第 7 期。

孙立川、郭杰：《再造古籍 还原历史——清嘉庆二十四年刊〈新安县志〉景印本后记》，《深圳大学学报（人文社会科学版）》2008 年第 5 期。

王承文：《论唐代岭南地区的金银生产及其影响》，《中国史研究》2008 年第 3 期。

王强：《唐代出入境管理制度初探》，《武警学院学报》2001 年第 6 期。

王一娜：《明清广东的"约"字地名与社会控制》，《学术研究》2019 年第 5 期。

王元林：《论唐代广州内外港与海上交通的关系》，《唐都学刊》2006 年第 6 期。

王元林、熊雪如：《历史上深圳地域与海上丝绸之路渊源初探》，《深圳大学学报（人文社会科学版）》2016 年第 3 期。

王月婷：《"煮盐""煎盐"考辨》，《西南交通大学学报（社会科学版）》2007 年第 4 期。

王子今：《论秦始皇南海置郡》，《陕西师范大学学报（哲学社会科学版）》2017 年第 1 期。

翁俊雄：《唐代的州县等级制度》，《北京师范学院学报（社会科学版）》1991 年第 1 期。

吴宏岐、周玉红：《秦南海郡辖南海县说商榷》，《中国历史地理论丛》2010 年第 4 期。

吴启琳：《虔贞女校：近世深圳客家文化符号的折射》，《地方文化研究》2016 年第 6 期。

吴新智：《马坝人在人类进化中的位置》，见广东省博物馆、曲江县博物馆编：《纪念马坝人化石发现三十周年文集》，北京：文物出版社，1988 年。

夏炎：《唐代刺史的军事职掌与州级军事职能》，《南开学报（哲学社会科学版）》2006 年第 4 期。

香港古物古迹办事处：《香港涌浪新石器时代遗址发掘简报》，《考古》1997 年第 6 期。

肖海博：《大鹏所城研究》，河南大学硕士学位论文，2007 年。

熊贤君：《明清时期新安县的书院论略》，《深圳职业技术学院学报》2010 年第 2 期。

许兆康：《珠江水系先秦史浅析》，《客家文博》2015 年第 1 期。

杨东晨：《论先秦至秦汉时期岭南的民族及其经济》，《深圳大学学报（人文社会科学版）》1994 年第 4 期。

杨歌：《学额纷争、移民族群和法律实践：以嘉庆朝广东新安县和江西万载县为例》，《杭州师范大学学报（社会科学版）》2013 年第 2 期。

杨建军：《岭南商周时期埋葬习俗的若干问题》，《江汉考古》2010 年第 2 期。

杨建军：《广东博罗横岭山墓地分析》，《东南文化》2012 年第 2 期。

杨式挺：《试论西樵山文化》，《考古学报》1985 年 1 期。

杨星星：《清代归善县客家围屋研究》，华南理工大学博士学位论文，2011 年。

杨耀林：《广东深圳宋墓清理简报》，《考古》1990 年第 2 期。

叶锦花、李飞：《清末户口调查与广东新安民变》，《广东社会科学》2021 年第 5 期。

叶农：《宋元以前香港地区的工商业及发展》，《暨南学报（哲学社会科学版）》1998 年第 4 期。

曾观来：《谈深圳地名的演变与讹变》，《深圳史志》2022 年第 2 期。

曾小全：《清代前期的海防体系与广东海盗》，《社会科学》2006 年第 8 期。

张国刚：《唐代府兵渊源与番役》，《历史研究》1989 年第 6 期。

张劲：《宋代陈朝举家族入粤路线与时间节点探析》，《深圳史志》2021 年第 4 期。

张平：《唐代龟兹军镇驻防史迹的调查与研究》，见霍旭初主编：《龟兹学研究》（第五辑），乌鲁木齐：新疆大学出版社，2012 年。

张强禄：《增城市浮扶岭新石器时代至元明墓地》，见中国考古学会编：《中国考古学年鉴 2011》，北京：文物出版社，2012 年。

张玉兴：《唐代县令任期变动问题研究》，《史学月刊》2007 年第 9 期。

章必功、傅腾霄：《移民文化：文化现代化建设中的一个重大论题——兼论深圳移民文化特色》，《深圳大学学报（人文社会科学版）》2007 年第 4 期。

竺可桢：《中国近五千年来气候变迁的初步研究》，《考古学报》1972 年第 1 期。

后记

　　为贯彻落实习近平关于中华文明探源工程和中华优秀传统文化传承发展工程的重要论述，经市委、市政府分管领导批示同意，深圳市人民政府地方志办公室（以下简称市地方志办）开展贯通深圳古今约7000年历史的《深圳通史》编撰工作，分为古代卷、近代卷、当代卷三卷。近两年来，市地方志办广泛征集资料，充分吸纳各级领导及专家学者意见，组织课题组精心撰写书稿，历经3次评审和5轮统稿修改，终于完成古代卷的写作任务。

　　本书在资料收集、文稿撰写及评审修改期间，自始至终得到了市委副书记余新国、副市长张华等市领导和郑轲、艾学峰、程步一、王强等历任分管市领导以及相关单位的关心和支持。2021年8月25日，市地方志办召开《深圳通史（古代卷）》篇目大纲研讨会，正式启动编撰工作。2022年5月，课题组完成初稿并进行多次修改。2022年8月25日、11月25日及2023年5月11日，市地方志办相继组织召开初审会、复审会及终审会。来自中国地方志工作办公室、广东省地方志办公室、广东省社会科学院、香港中联办、深圳市社会科学院、深圳市委党校、深圳博物馆、深圳市文化遗产保护中心考古所、南开大学、中山大学、暨南大学、深圳大学、南方科技大学、深圳职业技术大学、岭南大学、香港中文大学、东莞市地方志办公室、惠州市地方志办公室、深圳市宝安区地方志办公室、大鹏古城博物馆、广州地理研究所等单位的张英聘、侯月祥、王涛、张金超、曹二宝、黄玲、王地久、杨建、吴曾德、杨耀林、张一兵、周军、李海荣、彭全民、孙明、程建、陈新华、洪斌、何孝荣、郑君雷、赵利峰、问永宁、周建新、张小也、唐际根、蒋宗伟、刘智鹏、刘蜀永、邓聪、刘念宇、张世开、陈海滨、蔡保中、黄文德、曲文、王识歧、唐光良、吴启鹏等专家学者和老同志参加评审，对本书提出了许多宝贵的意见和建议。

本书记述了从距今约 7000 年前的新石器时代中期，到 1840 年鸦片战争之前深圳地区的历史进程。全书由杨立勋策划、统筹和审定，张妙珍、毛剑峰参与组织和审稿。执笔人如下：第一章由陈美玲、郭克撰写，第二章由林吟专、聂文撰写，第三章由黄瑞栋、李雨芹撰写，第四章由蓝贤明撰写，第五章由张劲撰写，第六章由张劲、蒋宗伟、周华、黄瑞栋、张伟撰写，第七章及本卷概述由蒋宗伟、周华撰写。周华、蒋宗伟负责本书统稿，张劲、蓝贤明参与统稿工作。黄瑞栋、郭克、林吟专、陈美玲、聂文、李雨芹、周蓝昕、张君平、钱淇锐、邱怡智参与图片资料编辑排版等工作。

在此，衷心感谢对本书编撰出版给予大力支持的市领导、老同志、专家学者和为本书提供资料的各有关单位。《深圳通史》时间跨度大，涉及面广，而古代深圳的相关史料比较缺乏，古代卷编撰难度相当大，加之编者学识所限，尽管竭尽全力，仍难免有不当之处。敬请各位方家和广大读者不吝赐教，以便日后择机更正。

编　者

2023 年 6 月